RASTILHOS DA MINA

Universidade Estadual de Campinas

Reitor
Antonio José de Almeida Meirelles

Coordenadora Geral da Universidade
Maria Luiza Moretti

Conselho Editorial

Presidente
Edwiges Maria Morato

Carlos Raul Etulain – Cicero Romão Resende de Araujo
Dirce Djanira Pacheco e Zan – Frederico Augusto Garcia Fernandes
Iara Beleli – Marco Aurélio Cremasco – Pedro Cunha de Holanda
Sávio Machado Cavalcante – Verónica Andrea González-López

Coleção Várias Histórias

Comissão Editorial
Lucilene Reginaldo, coordenadora (Unicamp)
Jefferson Cano (Unicamp) – Margarida de Souza Neves (PUC-RJ)
Sueann Caulfield (Michigan University)
Representante do Conselho: Iara Beleli (Unicamp)

Thiago Leitão de Araujo

RASTILHOS DA MINA
CONSPIRAÇÕES ESCRAVAS, O RIO DA PRATA E A ABOLIÇÃO DO TRÁFICO DE AFRICANOS NO BRASIL

EDITORA UNICAMP

FICHA CATALOGRÁFICA ELABORADA PELO
SISTEMA DE BIBLIOTECAS DA UNICAMP
DIVISÃO DE TRATAMENTO DA INFORMAÇÃO
Bibliotecária: Gardênia Garcia Benossi – CRB-8ª / 8644

Ar15r   Araujo, Thiago Leitão de, 1977-
          Rastilhos da mina : conspirações escravas, o Rio da Prata e a abolição do tráfico de africanos no Brasil / Thiago Leitão de Araujo. – Campinas, SP : Editora da Unicamp, 2024.

          1. Escravos – Tráfico – África. 2. Escravidão – Prata, Rio da (Argentina e Uruguai) – Fronteiras – Liberdade. 3. Escravos fugitivos. 4. Brasil – História – Lei da Abolição do Tráfico, 1850. I. Título.

                                              CDD – 306.362096
                                                    – 341.42
                                                    – 326.809
                                                    – 306.3620981

ISBN: 978-85-268-1715-9

Copyright © by Thiago Leitão de Araujo
Copyright © 2024 by Editora da Unicamp

Opiniões, hipóteses e conclusões ou recomendações expressas neste livro são de responsabilidade do autor e não necessariamente refletem a visão da Editora da Unicamp.

Direitos reservados e protegidos pela lei 9.610 de 19.2.1998.
É proibida a reprodução total ou parcial sem autorização, por escrito, dos detentores dos direitos.

Foi feito o depósito legal.

Direitos reservados a

Editora da Unicamp
Rua Sérgio Buarque de Holanda, 421 – 3º andar
Campus Unicamp
CEP 13083-859 – Campinas – SP – Brasil
Tel./Fax: (19) 3521-7718 / 7728
www.editoraunicamp.com.br – vendas@editora.unicamp.br

 COLEÇÃO VÁRIAS HISTÓRIAS

A COLEÇÃO VÁRIAS HISTÓRIAS divulga estudos sobre a produção de diferenças e desigualdades na perspectiva da história social. Os livros autorais e as coletâneas resultam de pesquisas relacionadas aos projetos desenvolvidos no Centro de Pesquisa em História Social da Cultura (Cecult), do Instituto de Filosofia e Ciências Humanas da Unicamp (www.unicamp.br/cecult).

VOLUMES PUBLICADOS

1 – ELCIENE AZEVEDO. *Orfeu de carapinha. A trajetória de Luiz Gama na imperial cidade de São Paulo.*

2 – JOSELI MARIA NUNES MENDONÇA. *Entre a mão e os anéis. A Lei dos Sexagenários e os caminhos da abolição no Brasil.*

3 – FERNANDO ANTONIO MENCARELLI. *Cena aberta. A absolvição de um bilontra e o teatro de revista de Arthur Azevedo.*

4 – WLAMYRA RIBEIRO DE ALBUQUERQUE. *Algazarra nas ruas. Comemorações da Independência na Bahia (1889-1923).*

5 – SUEANN CAULFIELD. *Em defesa da honra. Moralidade, modernidade e nação no Rio de Janeiro (1918-1940).*

6 – JAIME RODRIGUES. *O infame comércio. Propostas e experiências no final do tráfico de africanos para o Brasil (1800-1850).*

7 – CARLOS EUGÊNIO LÍBANO SOARES. *A capoeira escrava e outras tradições rebeldes no Rio de Janeiro (1808-1850).*

8 – EDUARDO SPILLER PENA. *Pajens da casa imperial. Juriconsultos, escravidão e a Lei de 1871.*

9 – JOÃO PAULO COELHO DE SOUZA RODRIGUES. *A dança das cadeiras. Literatura e política na Academia Brasileira de Letras (1896-1913).*

10 – ALEXANDRE LAZZARI. *Coisas para o povo não fazer. Carnaval em Porto Alegre (1870-1915).*

11 – MAGDA RICCI. *Assombrações de um padre regente. Diogo Antônio Feijó (1784- -1843).*

12 – GABRIELA DOS REIS SAMPAIO. *Nas trincheiras da cura. As diferentes medicinas no Rio de Janeiro imperial.*

13 – MARIA CLEMENTINA PEREIRA CUNHA (org.). *Carnavais e outras f(r)estas. Ensaios de história social da cultura.*

14 – SILVIA CRISTINA MARTINS DE SOUZA. *As noites do Ginásio. Teatro e tensões culturais na Corte (1832-1868).*

15 – SIDNEY CHALHOUB, VERA REGINA BELTRÃO MARQUES, GABRIELA DOS REIS SAMPAIO e CARLOS ROBERTO GALVÃO SOBRINHO (org.). *Artes e ofícios de curar no Brasil. Capítulos de história social.*

16 – LIANE MARIA BERTUCCI. *Influenza, a medicina enferma. Ciência e práticas de cura na época da gripe espanhola em São Paulo.*

17 – PAULO PINHEIRO MACHADO. *Lideranças do Contestado. A formação e a atuação das chefias caboclas (1912-1916).*

18 – CLAUDIO H. M. BATALHA, FERNANDO TEIXEIRA DA SILVA e ALEXANDRE FORTES (orgs.). *Culturas de classe. Identidade e diversidade na formação do operariado.*

19 – TIAGO DE MELO GOMES. *Um espelho no palco. Identidades sociais e massificação da cultura no teatro de revista dos anos 1920.*

20 – EDILENE TOLEDO. *Travessias revolucionárias. Ideias e militantes sindicalistas em São Paulo e na Itália (1890-1945).*

21 – SIDNEY CHALHOUB, MARGARIDA DE SOUZA NEVES e LEONARDO AFFONSO DE MIRANDA PEREIRA (orgs.). *História em cousas miúdas. Capítulos de história social da crônica no Brasil.*

22 – SILVIA HUNOLD LARA E JOSELI MARIA NUNES MENDONÇA (org.). *Direitos e justiças no Brasil. Ensaios de história social.*

23 – WALTER FRAGA FILHO. *Encruzilhadas da liberdade. Histórias de escravos e libertos na Bahia (1870-1910).*

24 – JOSELI MARIA NUNES MENDONÇA. *Evaristo de Moraes, tribuno da República.*

25 – VALÉRIA LIMA. *J.-B. Debret, historiador e pintor. A viagem pitoresca e histórica ao Brasil (1816-1839).*

26 – LARISSA VIANA. *O idioma da mestiçagem. As irmandades de pardos na América Portuguesa.*

27 – FABIANE POPINIGIS. *Proletários de casaca. Trabalhadores do comércio carioca (1850-1911).*

28 – ENEIDA MARIA MERCADANTE SELA. *Modos de ser, modos de ver. Viajantes europeus e escravos africanos no Rio de Janeiro (1808-1850).*

29 – MARCELO BALABAN. *Poeta do lápis. Sátira e política na trajetória de Angelo Agostini no Brasil Imperial (1864-1888).*

30 – VITOR WAGNER NETO DE OLIVEIRA. *Nas águas do Prata. Os trabalhadores da rota fluvial entre Buenos Aires e Corumbá (1910-1930).*

31 – ELCIENE AZEVEDO, JEFFERSON CANO, MARIA CLEMENTINA PEREIRA CUNHA, SIDNEY CHALHOUB (orgs.). *Trabalhadores na cidade. Cotidiano e cultura no Rio de Janeiro e em São Paulo, séculos XIX e XX.*

32 – ELCIENE AZEVEDO. *O direito dos escravos. Lutas jurídicas e abolicionismos na província de São Paulo.*

33 – DANIELA MAGALHÃES DA SILVEIRA. *Fábrica de contos. Ciência e literatura em Machado de Assis.*

34 – RICARDO FIGUEIREDO PIROLA. *Senzala insurgente. Malungos, parentes e rebeldes nas fazendas de Campinas (1832).*

35 – LUIGI BIONDI. *Classe e nação. Trabalhadores e socialistas italianos em São Paulo, 1890-1920.*

36 – MARCELO MAC CORD. *Artífices da cidadania. Mutualismo, educação e trabalho no Recife oitocentista.*

37 – JOANA MEDRADO. *Terra de vaqueiros. Relações de trabalho e cultura política no sertão da Bahia, 1880-1990.*

38 – THIAGO MORATELLI. *Operários de empreitada. Os trabalhadores da construção da estrada de ferro Noroeste do Brasil (São Paulo e Mato Grosso, 1905-1914).*

39 – ÂNGELA DE CASTRO GOMES, FERNANDO TEIXEIRA DA SILVA (orgs.). *A Justiça do Trabalho e sua história. Os direitos dos trabalhadores no Brasil.*

40 – MARCELO MAC CORD, CLAUDIO H. M. BATALHA (orgs.). *Organizar e proteger. Trabalhadores, associações e mutualismo no Brasil (séculos XIX e XX).*

41 – IACY MAIA MATA. *Conspirações da raça de cor. Escravidão, liberdade e tensões raciais em Santiago de Cuba (1864-1881).*

42 – ROBÉRIO S. SOUZA. *Trabalhadores dos trilhos. Imigrantes e nacionais livres, libertos e escravos na construção da primeira ferrovia baiana (1858-1863)*.

43 – ANA FLÁVIA CERNIC RAMOS. *As máscaras de Lélio. Política e humor nas crônicas de Machado de Assis (1883-1886)*.

44 – LARISSA ROSA CORRÊA. *Disseram que voltei americanizado. Relações sindicais Brasil-Estados Unidos na ditadura militar*.

45 – JACIMARA SOUZA SANTANA. *Médicas-sacerdotisas: Religiosidades ancestrais e contestação ao sul de Moçambique (c. 1927-1988)*.

46 – ANA FLÁVIA MAGALHÃES PINTO. *Escritos de liberdade: Literatos negros, racismo e cidadania no Brasil oitocentista*.

47 – LUCILENE REGINALDO E ROQUINALDO FERREIRA (org.). *África, margens e oceanos: Perspectivas de história social*.

Para meus pais,
Antônio Tadeu (*in memoriam*) e Moema

AGRADECIMENTOS

Este livro é uma versão modificada da primeira parte de minha tese, defendida em novembro de 2016 no Departamento de História da Universidade Estadual de Campinas (Unicamp). A pesquisa que resultou neste estudo começou em 2009, um ano após a defesa do mestrado, quando buscava fontes para escrever novo projeto. Nesse tempo muita coisa se passou, o rumo inicial da pesquisa encontrou outros caminhos e, posteriormente, a descoberta de novas fontes me levou – como a correnteza que tudo arrasta – à questão do papel desempenhado pelas lutas dos escravizados na abolição do tráfico de africanos no Brasil. A tese ficou parada anos a fio, tempo que custa lembrar, em que cada vez mais perdia contato com o ofício de historiador. Para minha sorte, em julho de 2022 surgiu a oportunidade de participar do Concurso da Coleção Várias Histórias, promovido pelo Centro de Pesquisa em História Social da Cultura (Cecult/Unicamp), cuja premiação era a publicação do trabalho. De lá para cá o texto foi revisado e corrigido, partes foram suprimidas, outras, ampliadas e o argumento, matizado. O resultado se oferece agora aos leitores!

Sou grato a todos os funcionários e funcionárias dos arquivos em que pesquisei, onde sempre contei com ajuda e boa vontade muito além de suas atribuições: no Rio Grande do Sul, o Arquivo Público e o Arquivo Histórico do Estado; no Rio de Janeiro, o Arquivo Histórico do Itamaraty e o Arquivo Nacional; em Montevidéu, o Archivo General de la Nación e o Archivo Histórico-Diplomático del Uruguay. Uma parte importante da pesquisa contou com financiamento da Fundação de Amparo à Pesquisa do Estado de São Paulo (FAPESP) (agosto de 2010 a julho de 2014), a quem agradeço. Outra parte, ao longo de dez anos, foi feita às próprias custas S.A. Nos últimos tempos, o custeio veio das aulas na educação básica nas redes públicas, ministradas, inclusive, a jovens e adultos. Essa experiência me tem feito retomar minhas pesquisas a partir de diferentes ângulos, e aproveito para agradecer aos meus alunos e alunas, que têm compartilhado comigo a longa espera para ver este trabalho vir ao mundo e vivem me perguntando: "Sor, quando sai seu livro?". Cá está, e muito me alegra saber que vocês se importam.

Dos tempos formativos na Universidade Federal do Rio Grande do Sul (UFRGS), agradeço à professora Helen Osório, por ter despertado meu interesse em história demográfica e econômica; à professora Regina Xavier, por tudo aquilo que se deve a quem nos ensina o ofício; e ao professor Enrique Serra Padrós (in memoriam), por fazer nosso sangue ferver contra todas as injustiças e nos fazer ter ódio dos usurpadores deste mundo. Devo muito ao excepcional curso sobre cultura popular ministrado pela professora Claudia Lee Williams Fonseca em 2006, na Pós-Graduação em Antropologia da mesma universidade.

No Cecult encontrei um excelente local de aprendizado e estrutura para pesquisa, onde foi possível desenvolver e debater estudos ligados à história social da escravidão. Agradeço ao professor Michael Hall, que, juntamente com o cafezinho, me apresentou a biblioteca de ciências humanas e me guiou em seus labirintos, bem como por ter me sugerido realizar pesquisas no Arquivo Histórico do Itamaraty. Muito aprendi com John Monteiro (in memoriam), profundo conhecedor de história indígena. Silvia Lara e Sidney Chalhoub me brindaram com sugestões na qualificação do doutorado, momento em que a abolição do tráfico de africanos ainda não era o tema central do meu estudo, além de suas aulas e dos debates na linha de pesquisa. Rebecca Scott ministrou um excelente curso, Escravidão, Direito e Justiça no Mundo Atlântico, na UFSC, em 2012, que me foi de grande valia. Agradeço à professora Lucilene Reginaldo, coordenadora da Coleção Várias Histórias, pelo apoio e pela paciência na produção deste livro (demorou, e não foi pouco). Flávia Peral foi sempre gentil e solícita, desde os tempos do doutorado e ainda agora. Muito obrigado pela ajuda na preparação dos originais. Sou grato às professoras Camillia Cowling e Iacy Maia Mata, pela leitura atenta, pelo parecer no concurso e, ainda, por aceitarem escrever a quarta capa e a orelha do livro. Ao professor Robert Slenes, meu orientador no doutorado, qualquer agradecimento seria pouco, pois a inspiração que resulta de seus trabalhos está presente em muitas partes deste livro. Agradeço por sempre compartilhar seus estudos, colocar à minha disposição textos ainda inéditos e por aceitar, mesmo estando com muitos afazeres, escrever o prefácio do livro. Obrigado, Bob!

Sou grato aos companheiros e companheiras de travessia – amigos de vida, de trajetórias acadêmicas e muito mais; vocês sabem quem são e a importância que têm. Peço desculpas por não nomear cada um e cada uma, mas, assim, evito o risco que certamente correria de esquecer alguém. Não posso deixar, contudo, de agradecer a Romualdo Paz, que sempre me recebeu de braços abertos durante as pesquisas no Rio de Janeiro; Flávio Gobbi, que me deu guarida num período da escrita, no já distante ano de 2016, na simpática Barra do Ribeiro (onde, aliás, descobri as fontes britânicas sobre a conspiração mina-nagô que mudaram o rumo deste livro); e ao historiador e amigo César Castro Pereira, pela excelente pesquisa que realizou nos inventários *post mortem* utilizados neste trabalho.

Aos meus pais devo uma imensidão, pois nunca teria chegado a lugar algum sem o apoio que sempre me deram. Tenho lembrança de, ainda pequeno, ter ouvido certa vez minha mãe falar: "Jamais vou dar um parecer que suje meu nome, minha assinatura vai estar lá para sempre". Tratava-se de algum relatório relacionado aos estudos de impacto ambiental que, como bióloga pesquisadora da Fundação Zoobotânica do Estado do Rio Grande do Sul, ela e demais colegas faziam em áreas que deviam ser mapeadas e protegidas dos impactos que seriam causados devido à implantação de hidrelétricas, polos carboníferos e petroquímicos etc. Relembro essa passagem de dona Moema, poderia ser outra do pai, pois a eles devemos (eu e meus irmãos) nossa formação, assentada no caráter, na ética, no sentimento de justiça, no respeito por todos os seres vivos e na integridade moral.

Jamais houve época em que a dialética da imposição da dominação e da resistência a essa imposição não fosse central no desenvolvimento histórico.
E. P. Thompson

SUMÁRIO

PREFÁCIO 19

PRÓLOGO 23

1. A EXPANSÃO DA FRONTEIRA ESCRAVISTA 33

2. TRÁFICO ILEGAL DE AFRICANOS E A ECONOMIA DO CHARQUE 81

3. A ESCRAVIDÃO ENTRE A GUERRA E A ABOLIÇÃO: FUGITIVOS E SOLDADOS NEGROS 129

4. A TERRÍVEL E INEVITÁVEL RETRIBUIÇÃO DA ÁFRICA: CONSPIRAÇÃO MINA-NAGÔ 181

5. 1848: REBELDIA ESCRAVA E A QUESTÃO DO TRÁFICO ILEGAL DE AFRICANOS 219

6. *NEC HERCULES CONTRA DUO*: A LEI DE 1850 E A ABOLIÇÃO DO TRÁFICO 305

EPÍLOGO 389

FONTES 405

BIBLIOGRAFIA 427

PREFÁCIO

Neste livro, Thiago Leitão de Araujo ressalta o papel da própria senzala na abolição do tráfico de africanos. Durante muito tempo, os estudos sobre o fim daquele comércio para o Brasil em 1850 enfocavam o crescente medo entre os senhores, ao longo das décadas anteriores, de que a Inglaterra, de um lado, e a Argentina e a "Banda Oriental" (Uruguai) (uma vez tendo estas últimas regiões abolido o cativeiro em seus territórios), de outro, entrariam em guerra contra o Brasil – guerra em que os ingleses iriam bloquear os portos, impedindo a exportação de açúcar e outros produtos e os países sul-americanos tentariam recuperar territórios perdidos para seu vizinho ao norte na virada do século 18 para o 19. Se isso acontecesse, o governo brasileiro temia que os inimigos externos poderiam ter o respaldo de aliados internos – os próprios escravizados. Isso porque seu número, especialmente o dos africanos, havia aumentado muito desde o final do século 18 e mais ainda após o "fim" do tráfico, em 1831, declarado por uma lei brasileira cada vez mais burlada nas duas décadas subsequentes.

Thiago se aprofunda, e muito, na pesquisa sobre essas questões. Em especial através de arquivos mantidos em segredo na época estudada, delineia o medo do governo e de seus agentes com respeito à possível aliança dos escravizados com os inimigos externos. Ele descobre, inclusive, que o medo era tão grande que discussões sobre o assunto tendiam a ser reservadas para sessões secretas do Parlamento, ou para correspondências sigilosas entre autoridades; e até mesmo esses documentos eram frequentemente "censurados" por seus autores em pontos críticos, com medo de que as informações vazassem – assustando fazendeiros e estimulando a rebeldia dos cativos. Por causa desses estratagemas, os historiadores não haviam ainda apreciado o real perigo de rebeliões escravas no contexto da época.

Mesmo os agentes do governo mais conhecedores desse perigo o subestimavam, por causa de seu racismo – sua presunção de que os africanos e seus filhos eram "bárbaros", sem bases culturais próprias para formarem uma efetiva resistência de grupo e dependentes de informações e incentivos introduzidos por gente livre (mascates, especialmente) para se unirem e contestarem sua condição. Thiago critica essa visão recorrendo a uma nova bibliografia sobre os "cultos de aflição-fruição", muito arraigados tanto na África Central quanto na África Ocidental. Tais cultos permitiam que cativos separados radicalmente de suas famílias e grupos de pertencimento – por exemplo, nos navios negreiros – formassem novos laços estreitos com seus "irmãos" de infortúnio. Como resultado, em todas as Américas os companheiros do mesmo navio negreiro se reconheciam como "barcos" (metonímia para "companheiros de barco"). Em regiões de grande mistura de gente das duas regiões africanas usava-se o nome para "barco" na língua da colônia europeia: "sipi" (corruptela de *ship*) na Jamaica; *carabela* em Cuba; e *bâtiment* em Saint-Domingue (Haiti). Já no Sudeste brasileiro, onde a grande maioria de cativos era da África Central (atual Angola e adjacências), usava-se *ma-lúngu* (em kikongo, plural de "canoa", mas plural, aqui, indicando grandeza – "navio" –, como "águas" em português, na expressão "as águas do oceano"). De *ma-lúngu* vem *malungo*, o substantivo que indica "grande amigo", usado até hoje no Brasil. Um exemplo brasileiro da força desse novo conceito de "família" é o caso de alguns escravizados da África Ocidental que chegaram ao Rio de Janeiro no mesmo navio negreiro em 1821 e, em 1836, já libertos, fretaram um navio para levá-los de volta a sua terra de origem.[1]

Agora, além dos malungos do mesmo barco, havia também "malungos" formados em "cultos de aflição-fruição" na mesma fazenda (ou fazendas vizinhas), ou em pequenas propriedades na mesma cidade. Uma característica comum a esses cultos era o ritual final em que se raspava o cabelo, sinal da formação do novo laço de parentesco. Ora, se cativos da África Ocidental e Central não tinham a mesma palavra para significar "malungo" (daí, em casos de mistura dos dois grupos, o recurso à palavra da língua europeia dominante em cada região), eles tinham, sim, a mesma prática simbólica para indicar seu pertencimento à nova família: o raspar do cabelo, prática corrente nas duas regiões da África – e, hoje, característica das cerimônias de iniciação dos candomblés (de origem *nagô*, ou misto, *nagô-bantu*).

Enfim, os cativos africanos (e seus filhos) no Brasil não precisavam de informações introduzidas por gente externa, como mascates, para se organizarem contra suas duras condições de escravizados. Daí que o perigo de eles se revoltarem contra essas condições certamente era bem maior do que pensavam os políticos brasileiros que receavam tais reações. Como exemplo disso, termino observando que a estratégia – descrita por Thiago em seu capítulo 4 – de raspar o cabelo "para baixo em linha reta de orelha a orelha", empregada pelo grupo (predominantemente de origem nagô) que contestava sua escravização em Pelotas, muito provavelmente era uma variante – usada por ser menos ostensiva e chamativa – da prática de raspar o cabelo por inteiro.

Desejo aos leitores "boa viagem" neste novo livro malungo!

Robert W. Slenes

Notas

1 Ver Slenes, "Malungu, n'goma vem", 1991/1992; "L'Arbre *nsanda* replante", 2007; "Metaphors to Live by in the Diaspora", 2018 e "Exigindo respeito", 2023, citados no livro de Thiago. Sobre o retorno dos africanos ocidentais a sua terra de origem, ver Walter Hawthorne. "'Being Now, as it Were, One Family': Shipmate Bonding on the Slave Vessel *Emilia*, in Rio de Janeiro and throughout the Atlantic World". *Luso-Brazilian Review* (special issue, "'ReCapricorning' the Atlantic", org. Peter M. Beattie), vol. 45, n. 1, 2008, pp. 53-77.

PRÓLOGO

A abolição da escravidão no Estado Oriental do Uruguai na década de 1840 abriu novas possibilidades às lutas dos escravos e impactou a política interna e externa do Império do Brasil. Embora com o território dividido e organizado de forma distinta durante a chamada Guerra Grande, nenhum dos governos da República Oriental entregou novamente à escravidão os fugitivos da província de São Pedro do Rio Grande do Sul (salvo rara exceção), apesar das insistentes instâncias do governo imperial. O governo colorado da *Defensa* de Montevidéu, comandado por Fructuoso Rivera, aboliu a escravidão em 12 de dezembro de 1842, enquanto o governo *blanco* do *Cerrito de la Victoria*, presidido por Manuel Oribe, em 26 de outubro de 1846. O primeiro contava com o apoio francês e dos unitários argentinos e estava sitiado na capital. O segundo, desde o início de 1843 havia cercado Montevidéu, e após o final de 1845 passou a dominar toda a campanha, que, ao norte, divisava com a província do Rio Grande do Sul e mantinha uma aliança com Juan Manuel de Rosas, governador de Buenos Aires.

Centenas de escravos apostaram sua sorte na tentativa de atravessar a fronteira e se unir aos exércitos aliados do Rio da Prata, comandados por Oribe. Após o decreto de 1846, os escravos passaram a contar com a perspectiva de que era possível alcançar uma terra onde ninguém mais podia ser escravizado, onde os fugitivos podiam encontrar refúgio, proteção e liberdade. Ainda que a grande maioria dos fugitivos tenha sido engajada nas fileiras do exército *blanco* e muitos não tenham encontrado a liberdade à qual aspiravam, dia após dia mais e mais escravos fugiam da província de São Pedro, tornavam-se soldados emancipados e eram armados.[1]

Tanto Juan Manuel Rosas, chefe supremo das relações exteriores da Confederação Argentina, quanto Manuel Oribe, segundo presidente legítimo do Uruguai, contestavam os limites territoriais com o Brasil, conforme definido pelo tratado de 1777. Isso significava reivindicar o território ocupado pelos luso-brasileiros na expansão levada a cabo a partir da conquista de 1801, que resultou na duplicação da província de São Pedro. Essa mesma expansão levou junto a escravidão, formando uma fronteira escravista que abarcava também boa parte do norte uruguaio, ocupado por centenas de estâncias povoadas com escravos e milhares de reses – ocupação que se desenvolveu e tomou corpo durante a invasão e conquista luso-brasileira da Banda Oriental (1816-1828), futuro Uruguai, e ainda depois.

Na década de 1840, pela primeira vez a fronteira entre o Uruguai e o Brasil estava dividida entre um território livre e outro escravista. Os decretos de abolição compreenderam todos os escravos que estavam em território uruguaio, a maioria propriedade de senhores brasileiros, muitos dos quais haviam emigrado durante a guerra civil para fugirem às confiscações dos farrapos (1835-1845). Além da liberdade aos escravos advinda com os decretos de abolição e da proteção dispensada aos fugitivos por *blancos* e colorados, Oribe proibiu a passagem de gado do Uruguai para o Brasil, medida que no final da década de 1840 passou a incluir o confisco massivo dos rebanhos e a desapropriação de pelo menos uma centena de estâncias. Ao reivindicarem parte do território do Rio Grande do Sul segundo os limites de 1777, tanto Oribe quanto Rosas estavam colocando em causa, ao mesmo tempo, a escravidão ali incrustada.

Ao passo em que avançava o processo abolicionista no Uruguai na década de 1840, a escravidão estava sendo expandida e revigorada na província de São Pedro, especialmente pelo *boom* nas exportações de charque. A produção incessante e em contínuo aumento de carne-seca desde 1843 dinamizou a economia provincial, e a expansão econômica foi lastreada pela importação massiva de escravos africanos, todos eles ilegalmente escravizados em vista de o tráfico estar proibido no Brasil desde a lei de 7 de novembro de 1831. Nos municípios rio-grandenses fronteiros ao Uruguai (Jaguarão, Bagé, Santana do Livramento, Alegrete e Uruguaiana), como, de resto, em praticamente toda a província, as estâncias de criação de gado eram dependentes da escravidão, e raras unidades produtivas não contavam com o trabalho escravo, sobretudo dos denominados campeiros e domadores, que formavam o núcleo principal dos fugitivos, por terem uma mobilidade incomum quando comparada a outros regimes de escravidão, pois, via de regra, trabalhavam em campo aberto e a cavalo.

No quadro mais amplo da escravidão no século 19, como observa Dale Tomich, ao mesmo tempo que a instituição escravista estava sendo abolida na maior parte das Américas, ela também estava sendo expandida em "escala maciça" em "áreas relativamente atrasadas para atender à crescente demanda mundial de algodão, café e açúcar", respectivamente no sul dos Estados Unidos, no Sudeste brasileiro e em Cuba. "Se a escravidão foi ao fim e ao cabo abolida em todos os quadrantes do hemisfério, o 'século antiescravista' foi, não obstante, o apogeu de seu desenvolvimento".[2] Ada Ferrer nota, contudo, que "parte do que distingue a segunda da primeira onda da escravidão moderna é que ela se desenvolveu em uma era ascendente do antiescravismo". A revolução dos negros em São Domingos, que levou à criação do Haiti em 1804, e "a crescente hegemonia do abolicionismo britânico constituíram um desafio importante à instituição escravista".[3]

A história aqui contada encontra-se numa encruzilhada entre a expansão da escravidão no Rio Grande do Sul e a liberdade que se firmava no contexto bélico uruguaio e seus efeitos recíprocos. A abolição na fronteira oriental no momento em que a escravidão se fortalecia no território rio-grandense criou um contraponto antes inexistente para os escravizados, impôs desafios ao domínio senhorial e trouxe perigos à manutenção da ordem escravista. Desde então a escravidão deixou de ser onipresente nas fronteiras do Sul da América, e tornou-se possível imaginar e mesmo alcançar um território onde vigorava a liberdade.

Este livro analisa as tensões na fronteira com a emergência da cisão entre territórios com jurisdições legais distintas, ou a clivagem entre a escravidão e a liberdade, e dimensiona o impacto das lutas dos escravos no Rio Grande do Sul no contexto da abolição no Uruguai em meio ao agravamento das relações diplomáticas entre o Brasil e a Argentina e o governo *blanco* de Oribe; e, ainda nesse contexto, o papel que o potencial de enfrentamento dos escravizados desempenhou na tomada de decisão do Estado imperial quanto à abolição do tráfico transatlântico em 1850 – insurgência explicitada na fuga de mais de mil escravos para o Uruguai e para a Argentina e em planos de insurreições descobertos na província de São Pedro e em outras províncias brasileiras em 1848 e 1849, num período de ilegalidade do tráfico (1831-1850), em que cerca de 800 mil africanos foram introduzidos no Brasil.

A abolição definitiva do tráfico de africanos no início da década de 1850 tem sido um dos temas mais percorridos pela historiografia. Não é para menos. Dos aproximadamente 10.707.000 africanos trazidos forçosamente às Américas desde o início da Era Moderna, 4,7 milhões desembarcaram no Brasil, ou 44% de todos os africanos escravizados no Novo Mundo.[4] As razões que levaram à aprovação da lei de repressão ao tráfico em 4 de setembro de 1850 foi objeto de inúmeros estudos, a começar pelo clássico de Leslie Bethell, que colocou no centro de sua análise as pressões diplomáticas e as investidas navais da Grã-Bretanha, mas sem deixar de destacar o papel do gabinete conservador, "o mais estável e o mais forte que o Brasil conhecera desde a sua independência"; o isolamento internacional brasileiro na questão do tráfico, que prosseguia somente em Cuba; a situação no Rio da Prata, que estava se tornando cada vez mais crítica; e "questões de ordem puramente doméstica". O fator decisivo, contudo, que provocou "uma crise política no Brasil" e levou à aprovação da lei e ao seu cumprimento foram as investidas da marinha de guerra britânica contra os navios negreiros no litoral e portos brasileiros em meados de 1850.[5]

Esse é um ponto aparentemente consensual entre os historiadores, que, no entanto, têm trazido ao debate outros fatores que pesaram na decisão do governo imperial de abolir o tráfico de africanos, ou que tornaram possível, como: a descoberta de planos bem organizados de insurreições e o efetivo levantamento de escravos, bem como o medo de que a contínua introdução de africanos aumentasse o desequilíbrio demográfico entre livres e escravizados e provocasse mais levantes ou tentativas de levantes;[6] a pressão abolicionista no final da década de 1840 dos agentes britânicos no Brasil na defesa dos "africanos livres" (escravos emancipados depois de resgatados de navios apresados e condenados por tráfico) e dos ilegalmente escravizados;[7] a epidemia de febre amarela que grassou no país no final de 1849, havendo suspeitas de ter sido trazida pelos navios negreiros;[8] a capacidade dos estadistas conservadores de aprovar a lei e conduzir a efetiva repressão do tráfico por conta de suas relações com os escravistas do Sudeste e sua ascendência sobre eles, tanto por terem atuado na repressão de revoltas escravas quanto pelo papel que desempenharam na reabertura em larga escala do contrabando negreiro e em sua defesa política.⁹

Na composição da questão platina, por sua vez, apontam-se as seguintes razões que levaram o Brasil a intervir no Rio da Prata no final de 1851: opor uma barreira às pretensões expansionistas de Juan Manuel de Rosas, pois a conquista do Uruguai e do Paraguai romperia o equilíbrio de forças a favor da Confederação Argentina; o receio de que Rosas e Oribe contestariam militarmente a região das Missões Orientais que foi conquistada pelos luso-brasileiros em 1801, mas que, segundo o tratado de 1777, pertencia à Espanha; garantir a livre navegação dos afluentes do rio da Prata, pois, desde os rios Paraná e Paraguai, se chegava à província do Mato Grosso; a importantíssima questão da definição dos limites territoriais com o Uruguai; e a influência que o Brasil pretendia ter no Estado Oriental, que acabaria se efetivando em cinco tratados celebrados em 12 de outubro de 1851. As razões apontadas, com exceção da última, foram referidas num discurso do ministro dos estrangeiros Paulino José Soares de Souza, em meados de 1852, quando o Brasil e aliados já haviam derrubado os caudilhos platinos e, de fato, eram pontos importantes na agenda da política imperial no Rio da Prata, especialmente o expansionismo de Rosas e a reivindicação dos limites com o Brasil, como tem sido enfatizado por diversos historiadores.¹⁰

José Antônio Soares de Souza há muito observou que o governo imperial foi obrigado a acabar com o tráfico para poder resolver suas questões com a Argentina, que se agravaram imensamente no primeiro semestre de 1850, ao mesmo tempo que a Grã-Bretanha passou a atacar a ferro e fogo (literalmente) o contrabando negreiro.¹¹ Leslie Bethell aponta que o governo brasileiro estava cada vez mais preocupado com o risco que corria a independência do Uruguai e a integridade territorial do Império. Numa guerra contra a Argentina, o Brasil ao menos precisaria que a Inglaterra se mantivesse neutra, e melhor se pudesse contar com seu apoio, "coisa que possivelmente só seria conseguida chegando-se a um acordo sobre o tráfico negreiro".¹² Bethell, no entanto, ainda que por diversas vezes mencione essa interligação, não se detém nos motivos que vinham agravando as relações entre o Brasil e a Argentina e o governo de Manuel Oribe; ao passo que Soares de Souza traz à tona vários pontos importantes de conflito, mas sem mencionar que eles estavam intimamente ligados à abolição da escravidão no Uruguai e ao aumento das lutas dos escravos.

Nas últimas décadas, os estudos ligados ao fim do tráfico ignoraram por completo a situação no Rio da Prata,[13] enquanto os trabalhos sobre a questão platina não levaram na devida consideração a questão da escravidão. A perspectiva de o Estado imperial se ver obrigado a enfrentar ao menos uma guerra estrangeira (com a Argentina ou a Inglaterra, ou com ambas simultaneamente), no entanto, era considerada com a perspectiva de que essa situação poderia levar a graves enfrentamentos com os escravos, antevendo a possível eclosão de levantes em vários recantos do Brasil (os *rastilhos da mina*, prestes a fazerem explosão, como por vezes aludiu Justiniano José da Rocha em seu periódico *O Brasil*). Não faltavam exemplos recentes de conspirações escravas bem organizadas. O momento trazia sérias apreensões. Naqueles anos eram arrastados para a escravidão dezenas de milhares de africanos desembarcados anualmente nas costas brasileiras para serem escravizados ilegalmente no país.

*

O capítulo 1 analisa aspectos da formação da fronteira, e descrevo brevemente a expansão sobre terras espanholas. Num segundo momento, a partir de inventários *post mortem* para os municípios fronteiros ao Uruguai, entre 1845-1850, enfoco a formação das estâncias e como todo o processo produtivo era dependente da escravidão, e a importância do avanço das terras, do gado e dos escravos para a constituição da fronteira escravista. Na sequência, relaciono o perfil demográfico com as fugas de escravos na fronteira, cruzando informações de inventários com listas de escravos fugidos, no que procuro dimensionar o impacto das fugas e dos recrutamentos sobre as unidades produtivas. Por fim, relaciono todas essas questões com as controvérsias diplomáticas a respeito da questão de limites.

No capítulo 2 analiso a economia provincial e a correlação entre o crescimento vertiginoso da produção e exportação de charque na década de 1840 com o aumento da importação de escravos para o Rio Grande do Sul no período de ilegalidade do tráfico. Enfatizo ainda a mudança do perfil demográfico dos escravos africanos na província e sua relação com mudanças no comércio africano, com destaque para uma maior presença dos oeste-africanos (minas e nagôs) e dos escravos provenientes do Congo Norte (especialmente congos e cabindas) na população africana escravizada. A introdução significativa de escravizados nagôs, principalmente nos municípios de Rio Grande e Pelotas, e a concentração deles nas charqueadas desta última localidade possibilitaram a articulação de uma bem tramada conspiração insurrecional marcada para romper no início de 1848. Em conjunto, os dois primeiros capítulos demonstram o enraizamento e a extensão da escravidão na província.

O capítulo 3 volta-se inicialmente para a história política do Uruguai e a luta entre os caudilhos na década de 1830, que levaram à Guerra Grande e, em pouco tempo, à abolição da escravidão, decretada no final de 1842 pelo governo de Montevidéu, a fim de alistar os escravos emancipados no exército. Desde então o governo colorado negou-se a devolver os escravos fugidos do Brasil com base em preceitos seguidos por outras nações que já haviam abolido a escravidão. Apesar de ainda não constar com a denominação "solo livre", o governo colorado fazia uso do princípio de que a liberdade do solo liberta o escravo que o toca. A inteligência dada à lei de emancipação garantiu asilo, proteção e liberdade aos escravos fugidos, vista pelo Estado imperial como um perigo em potencial, pois poderia gerar funestas consequências no Rio Grande do Sul ao servir de incentivo a mais fugas e mesmo a insurreições. Nesse momento, a questão do destino a ser dado aos soldados negros que compunham as hostes farrapas estava na ordem do dia, e o governo imperial estava particularmente preocupado, pois os considerava em estado de sublevação e prováveis focos de insurreições escravas. O tema, nesse particular, é tratado como um problema de Estado, tanto interno quanto externo. O capítulo também acompanha o agravamento das questões diplomáticas entre o Brasil, a Argentina e o governo de Oribe. Desde o decreto de abolição de 1846 a situação na fronteira ficou mais tensa, já que os *blancos* passaram a recrutar os escravos, incitar fugas e proteger e armar os fugitivos. Rumores atravessavam o Rio da Prata, alertando que, em uma guerra, se lançaria mão da emancipação e da sublevação dos escravos a fim de fustigar por mais de um flanco o Império.

Não só a proteção dispensada aos escravos fugidos se tornou um problema, já que as armas empunhadas pelos soldados negros em breve poderiam se voltar contra o Brasil. Em fevereiro de 1848 um grande plano insurrecional foi descoberto em Pelotas, envolvendo centenas de escravizados africanos de nação mina-nagô, foco de análise do capítulo 4. Pairaram fortes suspeitas de que a conspiração contou com o incitamento de agentes oribistas e até efetivo apoio e armamento dos escravos. Desde então o governo imperial passou a levar na mais séria consideração o perigo de que agentes orientais e argentinos procurassem insuflar e apoiar sublevações, cujo fim último era desestabilizar o sistema social baseado na escravidão, sempre tensionado por si mesmo.

O capítulo 5 analisa as repercussões da conspiração africana em Pelotas no Parlamento e na imprensa. As tensões na fronteira sul e uma série de conspirações e movimentações escravas em diversas províncias do país contribuíram para a apresentação de um antigo projeto para a repressão do tráfico, posto em discussão na Câmara dos Deputados pelo gabinete liberal Paula Souza, em setembro de 1848. Debates parlamentares e jornais ligados aos partidos políticos, além de outras fontes, sugerem que parte importante da elite política passou a considerar a continuidade do tráfico um grave problema à segurança do Estado imperial.

O ano de 1848, ademais, despontou com o receio de que chegaria ao fim a intervenção anglo-francesa no Rio da Prata, que bloqueava o porto de Buenos Aires desde 1845. As vistas expansionistas de Rosas sobre o Uruguai, o Paraguai e parte do território do Brasil passaram a guiar a política imperial no final da década, pois era dado como certo que, depois de desembaraçada das questões com a França e a Grã-Bretanha, a tomada de Montevidéu, defendida pelos colorados, seria consumada. O fim da intervenção passou a ser uma variável extremamente importante no cálculo político do governo imperial, tanto para a apresentação do projeto de repressão ao tráfico em 1848 quanto em 1850, pois havia fortes suspeitas de que Rosas e Oribe, logo em seguida, levariam a guerra ao Brasil, além de o fim da intervenção significar o deslocamento da esquadra naval britânica para o litoral brasileiro. Em suma, este capítulo procura descobrir as razões que levaram à apresentação do projeto em 1848 e os motivos pelos quais ele não seguiu adiante.

O capítulo 6 acompanha os desdobramentos da questão platina e das relações do Brasil com a Grã-Bretanha, propondo outra leitura para o fim do tráfico de africanos. O estudo centra-se na percepção dos estadistas em relação ao crescimento do contrabando no final da década de 1840 e aos movimentos de luta dos escravizados no contexto de quase ruptura das relações do Brasil com a Inglaterra e a Argentina. Procura, enfim, demonstrar que a abolição do tráfico em 1850 estava inserida em uma conjuntura na qual o Estado imperial passou a temer seriamente uma guerra estrangeira (ou duas) juntamente com uma guerra interna dos escravos (ou várias).

Notas

1. A forma de entender a questão guarda inspiração em Ada Ferrer. "Haiti, Free Soil, and Antislavery in the Revolutionary Atlantic". *American Historical Review*, vol. 117, n. 1, 2012, pp. 40-66.
2. Dale Tomich. "A 'segunda escravidão': trabalho escravo e a transformação da economia mundial no século XIX". *Pelo prisma da escravidão. Trabalho, capital e economia mundial*. São Paulo, Edusp, 2011, pp. 81-97 (citação nas páginas 82-83). Ver, ainda, Robin Blackburn. *A queda do escravismo colonial: 1776-1848*. Rio de Janeiro, Record, 2002.
3. Ada Ferrer. *Freedom's Mirror. Cuba and Haiti in the Age of Revolution*. Cambridge, UK, Cambridge University Press, 2014, p. 13. Sobre o movimento antiescravista atlântico, ver Seymour Drescher. *Abolição: uma história da escravidão e do antiescravismo*. São Paulo, Editora Unesp, 2011.
4. Utilizo a estimativa ajustada de Alex Borucki; David Eltis & David Wheat. "Atlantic History and the Slave Trade to Spanish America". *American Historical Review*, April 2015, pp. 433-461; Idem. "Introduction" e "The Size and Direction of the Slave Trade to the Spanish Americas". In: Idem. *From the Galleons to the Highlands. Slave Trade Routes in the Spanish Americas*. Albuquerque, University of New Mexico Press, 2020, pp. 1-14 e 15-46.
5. Leslie Bethell. *A abolição do tráfico de escravos no Brasil. A Grã-Bretanha, o Brasil e a questão do tráfico de escravos, 1807-1869*. Rio de Janeiro/São Paulo, Expressão e Cultura/Edusp, 1976, esp. cap. 11 e 12 e pp. 295-298, 322-323 e 343.
6. Robert Slenes. "'Malungu, n'goma vem!': África coberta e descoberta no Brasil". *Revista da USP*, n. 12, 1991/1992, pp. 48-67; Idem. "L'Arbre *nsanda* replanté. Cultes d'affliction kongo et identité des esclaves de plantation dans le Brésil du sud-est (1810-1888)". *Cahiers du Brésil Contemporain*, n. 67/68, 2007, (partie II), pp. 217-313 (esp. pp. 290-304); Sidney Chalhoub. *Visões da liberdade. Uma história das últimas décadas de escravidão na Corte*. São Paulo, Companhia das Letras, 1990, pp. 194-198; Dale Graden. "An Act 'Even of Public Security'. Slave Resistance, Social Tensions, and the End of the International Slave Trade to Brazil, 1835-1856". *Hispanic American Historical Review*, vol. 76, n. 2, May, 1996, pp. 249-282; Idem. "Slave Resistance and the Abolition of the Trans-Atlantic Slave Trade to Brazil in 1850". *História Unisinos*, vol. 14, n. 3, 2010, pp. 282-293; Idem. *Disease, Resistance and Lies. The Demise of the Transatlantic Slave Trade to Brazil and Cuba*. Baton Rouge, Louisiana State University Press, 2014a, pp. 120-149; Jaime Rodrigues. *O infame comércio. Propostas e experiências no final do tráfico de africanos para o Brasil (1800-1850)*. Campinas, Editora da Unicamp, 2000, pp. 55-62; Beatriz Mamigonian. *To Be a Liberated African in Brazil. Labour and Citizenship in the Nineteenth Century*. Tese de Doutorado. Ontario, University of Waterloo, 2002, pp. 184-190; Idem. *Africanos livres. A*

abolição do tráfico de escravos no Brasil. São Paulo, Companhia das Letras, 2017, pp. 209-283.

7 Beatriz Mamigonian. *To Be a Liberated African in Brazil*, pp. 184-190; Idem. "A Grã-Bretanha, o Brasil e as 'complicações no estado atual da nossa população'. Revisitando a abolição do tráfico atlântico de escravos (1848-1851)". *Anais do 4º Encontro Escravidão e Liberdade no Brasil Meridional*. Florianópolis, UFSC, 2009. Idem. *Africanos livres*, pp. 209-283.

8 Sidney Chalhoub. *Cidade febril: cortiços e epidemias na Corte Imperial*. São Paulo, Companhia das Letras, 1996, pp. 71-76; Dale Graden. "An Act 'Even of Public Security'", pp. 270-273 e 280-282; Idem. *Disease, Resistance and Lies*, pp. 62-80.

9 Jeffrey Needell. "The Abolition of the Brazilian Slave Trade in 1850: Historiography, Slave Agency and Statesmanship". *Journal of Latin American Studies*, vol. 33, n. 4, 2001, pp. 681-711; Tâmis Parron. *A política da escravidão no Império do Brasil, 1826-1865*. Rio de Janeiro, Civilização Brasileira, 2011, pp. 245-246.

10 Paulino José Soares de Souza. Discurso de Paulino José Soares de Souza na Sessão do dia 4 de junho de 1852 na Câmara dos Srs. Deputados. *Três discursos do Ill.mo. e Ex.mo. Sr. Paulino José Soares de Souza Ministro dos Negócios Estrangeiros*. Rio de Janeiro, Typographia Imp. e Const. de J. Villeneuve e C., 1852, pp. 63-96; José Antônio Soares de Souza. *A vida do Visconde do Uruguai (1807-1866)*. São Paulo, Brasiliana, 1944, pp. 228-299; José Pedro Barrán. *Apogeo y crisis del Uruguay pastoril y caudillesco (1839-1875)*. Ediciones de la Banda Oriental, Montevideo, 2007 [1974], pp. 5-47; Moniz Bandeira. *O expansionismo brasileiro e a formação dos Estados na Bacia do Prata. Argentina, Uruguai e Paraguai. Da colonização à Guerra da Tríplice Aliança*. 3ª ed. Rio de Janeiro/Brasília, Revan, 1998, pp. 56-72; Wilma Peres da Costa. *A espada de Dâmocles. O exército, a Guerra do Paraguai e a crise do Império*. São Paulo, Hucitec/Editora da Unicamp, 1996, p. 103; Gabriela Nunes Ferreira. *O Rio da Prata e a consolidação do Estado imperial*. São Paulo, Hucitec, 2006, pp. 221-229.

11 José Antônio Soares de Souza. *Honório Hermeto no Rio da Prata (Missão Especial de 1851/1852)*. São Paulo, Companhia Editora Nacional, 1959, pp. 24-25; Idem. *A vida do Visconde do Uruguai*, pp. 200-299. Soares de Souza também foi biógrafo de seu avô, o ministro Paulino José Soares de Souza.

12 Leslie Bethell. *A Abolição do tráfico de escravos no Brasil*, p. 277.

13 Os poucos a mencionarem a questão nada avançam além de Soares de Souza e Leslie Bethell, como, por exemplo, Jeffrey Needell. "The Abolition of the Brazilian Slave Trade in 1850", pp. 708-709. Para um balanço recente, que não leva em conta a questão platina, ver Aderivaldo Ramos de Santana *et al*. "Repensando o tráfico transatlântico de africanos escravizados na era da ilegalidade". *Afro-Ásia*, n. 65, 2022, pp. 12-41.

A EXPANSÃO DA FRONTEIRA ESCRAVISTA

Na década de 1840, quando os governos da República Oriental decretaram a liberdade geral de todos os escravos existentes em seu território, a escravidão formava o principal regime de trabalho nas estâncias de criação de gado nos municípios fronteiriços da província de São Pedro, produzindo riqueza através da exploração de milhares de africanos e seus descendentes, que trabalhavam tanto nas lides pecuárias quanto nas roças de alimentos. A expansão da pecuária escravista pelos luso-brasileiros também havia penetrado nas terras orientais após as invasões (1811 e 1816) e a conquista da Banda Oriental (1820), desde então província Cisplatina, que veio a ser incorporada pelo nascente Império do Brasil. O movimento de expansão, iniciado em 1801 com a conquista das Missões Orientais, incorporou ao domínio da América portuguesa um vasto território pertencente aos domínios espanhóis.

Como parte do Império do Brasil, a província Cisplatina não durou muito, e três anos após o início da segunda fase da guerra de libertação viria a ser criado o Estado Oriental do Uruguai, em 1828.[1] A Convenção Preliminar de Paz entre o Brasil e as Repúblicas Unidas do Rio da Prata, que contou com a intermediação da Grã-Bretanha, ao mesmo tempo que colocou fim à guerra iniciada em 1825 e garantiu a independência do Uruguai – a despeito da pretensão de ambos os contendores –, esteve longe de aplainar as causas do conflito. Um Tratado Definitivo de Paz nunca chegou a ser firmado, em decorrência tanto da questão de limites quanto dos interesses expansionistas do Brasil e da Confederação Argentina sobre o território da antiga Banda Oriental do Uruguai, outrora parte do vice--reino do Rio da Prata.

Ainda que se tornasse um país independente, o Uruguai não teve seus limites definidos, e tal situação não poderia menos que se agravar. O Brasil pretendia uma definição de fronteira a mais vantajosa possível, enquanto os orientais reivindicavam os limites de 1777 estabelecidos no

Tratado de Santo Ildefonso, o que importava o território que os luso--brasileiros haviam arrebatado aos orientais a partir da expansão iniciada em 1801.[2] A ocupação desse imenso território significou a dilatação da fronteira escravista, que na década de 1840 passou a divisar não apenas com um sistema político republicano, avesso ao regime monárquico, mas com um território livre.

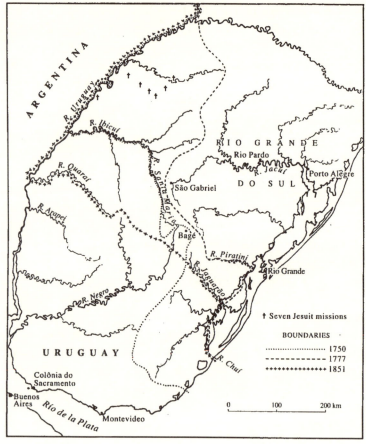

Fonte: Bell, 1998, p. 22.

Duarte da Ponte Ribeiro, diplomata brasileiro com atuação em diversos países da América, entre os quais Peru, Bolívia, Chile e Confederação Argentina, iniciou sua *Memoria sobre o atual estado das relações do Império do Brazil com as Republicas do Rio da Prata*, oferecido ao governo imperial em junho de 1844, referindo-se à natural antipatia dos espanhóis para com os portugueses, antipatia "mais pronunciada pelos que habitam o Rio da Prata, em razão, sem duvida, de ter sido ele o teatro das mais porfiadas disputas sobre ocupação, posse, e limites do território de ambas Coroas":

> Os fundamentos por vezes lançados a Montevidéu pelos Portugueses; o Estabelecimento da Colônia de Sacramento, tão fecundo em sucessos desgraçados; as ruidosas questões de Limites desde que a execução do Tratado de 1750 revelou aonde chegava o direito de posse adquirido pelos Portugueses; a conquista e retenção dos *Povos de Missões* além da Raia tida por definitiva pelos Espanhóis; a ocupação de Montevidéu pelos Portugueses em 1817; o Tratado com o Cabildo daquela cidade em 1819, &. tudo tem concorrido para a conservação e incremento dessa antipatia. A forma de Governo que adotaram ao separar-se da pátria-mãe, sendo abraçada ali com extrema exaltação, e prevenções próprias da Propaganda do século contra a Monarquia, veio também aumentar a aversão dos Argentinos aos Portugueses.[3]

Os luso-brasileiros teriam herdado essa "antipatia", e a questão de limites, ponto central das controvérsias entre o Brasil e a Argentina em meados da década de 1840 segundo a avaliação de Ponte Ribeiro, elevara-se a ponto de um possível rompimento e guerra entre os dois países. O interesse luso-brasileiro em expandir seus domínios ao Rio da Prata não era novo, mas na virada para o século 19 estavam em curso transformações políticas e econômicas significativas. Pelo tratado de 1777, Portugal perdeu definitivamente a Colônia de Sacramento, e as Missões Orientais, ou Povos das Missões, voltaram novamente à Espanha. Entre os domínios das duas Coroas foram criados os campos neutrais. O povoamento do Continente de São Pedro estava assim comprimido na zona de ocupação mais antiga, tendo como limites imprecisos as fronteiras de Rio Pardo e Rio Grande. Desde essa época ocorreram contínuos avanços da fronteira, expandida palmo a palmo, num contexto em que a competição pelo mercado pecuário tomou novo patamar. Continentinos e orientais passaram a disputar cada vez mais o controle e o domínio das exportações de charque e dos subprodutos do gado para o Brasil e outros países, impulsionados por profundas mudanças na economia mundial que estimularam o crescimento do mercado interno colonial.[4]

No final do século 18, comerciantes do Rio Grande do Sul representaram à Sua Majestade pedindo providências para obstar a concorrência de Montevidéu no mercado pecuário, medidas contra o contrabando de gado e a proibição do comércio de escravos para o Rio da Prata, que alimentava a produção dos saladeiros rio-platenses.[5] Apesar do tratado de 1777, os portugueses conservaram o projeto de anexar a margem oriental do estuário do rio da Prata, vista em sua dimensão geopolítica como "artéria essencial à articulação da América portuguesa". As tentativas de recuperar as Missões Orientais e expandir as fronteiras sul e oeste não cessaram, "provocando conflitos e invasões, em que interesses particulares de estancieiros e comerciantes se confundiam ou eram as próprias razões de Estado". A guerra entre Espanha e Portugal (Guerra das Laranjas) serviu de pretexto para o avanço e a conquista de 1801.[6]

Gabriel Ribeiro de Almeida, um dos protagonistas do assalto às Missões, escreveu uma Memória sobre ditos feitos de 1801. Logo que chegou a notícia da guerra entre Portugal e Espanha, esta foi tida por inimiga. "Não há palavras com que se explique o alvoroço de todos os habitantes daquela capitania, na esperança de imporem, com as armas na mão, uma demarcação de limites mais vantajosa". O exército foi dividido em dois corpos, seguindo um para a fronteira de Rio Grande (ao sul) e outro para a fronteira de Rio Pardo (a oeste). Os mais "poderosos da capitania" pediram licença ao governador para armar sua própria gente contra o inimigo, e "os mais pobres se juntavam em ranchos para o mesmo fim, e como todos levavam fácil concessão [de terras], concorria para o exército gente inumerável".[7] Além de particulares (tropas irregulares) e oficiais do governo, a conquista de 1801 contou com a participação decisiva dos índios missioneiros.[8]

Manoel Antônio de Magalhães, em suas reflexões políticas do estado da capitania do Rio Grande de São Pedro, escritas para o "Augusto Príncipe e aos povos" em 1808, pugnou que os tratados anteriores proibindo o contrabando de gado nas fronteiras se tornaram rotos desde que franceses e espanhóis entraram em Portugal e obrigaram a família real portuguesa "a passar às suas Américas". Sustentou não poder mais haver contrabando algum, somente os que afetassem os interesses reais e de seus súditos, sendo muito favorável a entrada de gados vindos da Banda Oriental, pois rendiam muito mais arrobas de carne, embora reconhecesse que já havia no Rio Grande "algumas estâncias com belíssimas crias".

Fonte: Disponível em <https://bdlb.bn.gov.br>.

Previa que no futuro a capitania poderia "ter gados para toda a América, e ainda para exportar muitas carnes salgadas para fora", mas era preciso que os estancieiros administrassem suas fazendas com mais acuidade, fazendo os precisos rodeios para amansar o gado. Para isso, no entanto, era necessário grandes despesas e trabalho com peões e cavalos, e uma medida benéfica seria uma "rigorosa proibição que deve haver para não passarem aos domínios espanhóis, vários gêneros que prejudicam a nação em geral". Além dos artigos de guerra, jamais se deveria permitir a exportação de escravos, pois não apenas enfraquecia "nossas colônias" como dava força ao inimigo, e era bem sabida a grande falta de escravos na costa leste do Brasil e o quanto nas colônias e países adjacentes havia necessidade deles, "*não obstante a voz geral que corre, e seja muito provável se realize, de sermos em breve senhores de Montevidéu*, contudo eu falo no caso presente e não futuro". Nesse sentido, se ressentia com a exportação de charque de Montevidéu para todas as partes do Brasil, principalmente para o Rio de Janeiro, pois, segundo Magalhães, conseguiam colocar no mercado um produto 50% mais barato, pondo "em precipício todo o comércio desta capitania, que bem se sabe ser a maior força dela a carne, por isso parece que a exportação desse gênero de um país estrangeiro deve ser proibida, a querer salvar esta capitania do abismo em que se vai precipitar, continuando a entrar a sobredita carne".[9]

Em 1810 tiveram início os processos de independência no então vice-reino do Rio da Prata, pertencente à Espanha, abrindo possibilidades para a almejada conquista da Banda Oriental. O governo português, sediado no Brasil, interveio militarmente na região em 1811 e 1816, a fim de coibir que José Gervasio Artigas triunfasse na luta de libertação oriental. Objetivos geopolíticos, econômicos e de segurança interna ditaram as intervenções. Artigas colocara em execução seu projeto de reforma agrária, que beneficiava aos mais despossuídos, e era preciso conter a subversão republicana que ameaçava se alastrar pela fronteira. Além do mais, reivindicava o território das Missões, concedia asilo aos escravos fugidos e suspeitava-se pretender sublevar os escravos do Rio Grande do Sul.[10] Magalhães, no entanto, permite entrever o interesse anterior de muitos rio-grandenses em tornarem-se "senhores de Montevidéu", pois a concorrência dos charqueadores e pecuaristas platinos prejudicava a produção sulina, justamente num momento de visível expansão das exportações da capitania de São Pedro. Para tanto, sugeria que se boicotasse ao máximo o desenvolvimento econômico platino, fazendo vista grossa ao contrabando, proibindo a exportação de charque oriental para o Brasil e de escravos para o Rio da Prata, pelo menos, presume-se, até que levassem a cabo a ocupação da região e se assenhoreassem das ricas pastagens orientais.

A arrancada no processo de crescimento e mercantilização da economia rio-grandense data das últimas duas décadas do século 18, lastreada na exportação de charque, trigo e couro.[11] A alta nas exportações entre 1810 e 1825 tem sido relacionada às convulsões geradas com os processos de independência no Rio da Prata e com a conquista da Banda Oriental. A produção não apenas foi desorganizada como os exércitos se apropriaram e consumiram parte dos rebanhos, enquanto a ocupação permitiu a pilhagem de centenas de milhares de reses que alimentaram as charqueadas do Rio Grande do Sul, propiciando a consolidação do território conquistado a partir de 1801 e um novo movimento de expansão das estâncias de criação de gado.[12]

Saint-Hilaire, escrevendo em 1820, deixou registrada a dimensão desse processo enquanto ele ainda ocorria. Ao descrever a cidade de Rio Grande, disse que seu progresso se devia "unicamente ao fato de ali estar situada a alfândega, e de ser ponto obrigatório para transportar todas as mercadorias destinadas ao norte [do Brasil]". No momento, era "o centro de considerável comércio de carne-seca, couros, sebo e trigo, produzidos em grande parte da capitania". Porém, observou que fazia apenas "oito anos que o comércio do Rio Grande prosperou e que esta cidade começou a florescer":

> Antes dessa época, Montevidéu e Buenos Aires estavam, principalmente, de posse do comércio de couros e de carne-seca, mas o comércio se trasladou para esta capitania, depois que as colônias espanholas desta parte da América se tornaram o teatro de discórdias civis, e a planície de Montevidéu, em particular, o de uma guerra externa. Mateus da Cunha Teles relata que no decorrer da guerra atual os portugueses roubaram um milhão de reses das estâncias espanholas; as charqueadas dos arredores de Montevidéu tiveram, assim, de ser defendidas, para não ficar o país na contingência de morrer de fome. A Capitania do Rio Grande tornou-se, pois, riquíssima em gado, à custa de pilhagem, ao mesmo tempo que desfrutava, pelo menos no interior, uma paz favorável ao seu comércio e da qual os mesmos vizinhos estavam privados. Há oito anos, não se viam aqui senão choupanas e, atualmente, conta-se grande número de casas bonitas e assobradadas. Naquela época, um iate, apenas, bastava ao comércio do Rio Grande; hoje os

negociantes possuem mais de cem iates, que transportam de mil a dois mil alqueires [cada].[13]

Ao dificultar o desenvolvimento econômico de seu principal concorrente, arrebatando-lhe terras e saqueando milhares de reses, foi possível expandir não só a fronteira e as estâncias como a própria escravidão. Para tanto, cumpriu papel fundamental o tráfico negreiro. Se nas últimas décadas do século 18 a média anual de escravos traficados, principalmente via porto do Rio de Janeiro, girava em torno de 331 por ano, entre 1802 e 1810 a média alcançou 789. Entre 1811 e 1824 nunca baixou de 1.300, tendo entrado anualmente, em média, 1.901 escravos. Segundo Gabriel Aladrén, existiam "limites estruturais" para o desenvolvimento do complexo pecuário-charqueador, que só podia expandir mediante a "incorporação de mais terra, de mais gado e da ampliação da força de trabalho, para o que era necessário comprar escravos". Tais limites se "tornaram vantagens" com as guerras de independência e as invasões da Banda Oriental, pois "garantiram à economia gaúcha todas as condições de que precisava: gado, terras, escravos e preços favoráveis no mercado".[14]

A conquista de novas terras e a pilhagem de gado têm sido ressaltadas desde os que escreveram nas primeiras décadas do século 19 até autores contemporâneos. Como Magalhães, várias autoridades censuravam os estancieiros pelo pouco cuidado na criação dos rebanhos, ou, como Saint--Hilaire, creditaram a expansão econômica à rapinagem. Pouca dúvida resta da importância da incorporação desses fatores de produção para o desenvolvimento da pecuária extensiva, dinamizada pela indústria do charque, que, por sua vez, se expandia quanto maior fosse o fluxo de gado. Porém, nesse quesito, o objetivo de Magalhães era pugnar por uma maior racionalização na criação de gado, a fim de acelerar o crescimento mercantil que então se processava.

No entanto, expansão da fronteira, pilhagem, contrabando e fluxo de gado do Uruguai, administração mercantil das estâncias, aquisição de força de trabalho escrava e incentivo à reprodução endógena, além da contratação de peões livres nas épocas de pico da produção, eram partes do mesmo processo. O estancieiro ávido por mais terras que avançava a fronteira da pecuária escravista podia se beneficiar do saque ao gado oriental e manter uma administração bastante eficaz de suas estâncias a fim de atender parte da demanda cada vez maior de reses, fruto do crescimento das exportações de charque. Com os lucros advindos, podia adquirir escravos nos momentos de expansão econômica via tráfico negreiro, ainda que um percentual significativo dos escravos na pecuária houvesse nascido no Rio Grande do Sul, ou aplicar capital na montagem de outros empreendimentos pastoris. O mesmo pode ser dito em relação às charqueadas, todavia esses estabelecimentos concentravam um número desproporcional de homens escravizados e mais da metade de sua escravaria era composta de africanos, ao menos durante a primeira metade do século 19.

A partir de um estudo de caso centrado em uma família, é possível perceber como esses elementos se entrecruzavam e como os grandes estancieiros-militares podiam utilizá-los para enriquecerem nesse período em meio à disputa pelo avanço da fronteira e da escravidão.

Em meados de 1810, Antônio José da Silveira Casado passou instruções para que seu filho, Bibiano José Carneiro da Fontoura, tomasse conta e administrasse suas fazendas do Carmo e Jaguari, pelo que receberia 25.600 réis por mês. Bibiano devia se "interessar no aumento dessas duas fazendas trazendo-as bem costeadas, e metendo em ambas peões suficientes para o seu costeio, e domações de potros, mandando retovar [cobrir de couro] os burrinhos no tempo competente, cuidando da cria de bestas com desvelo". No tempo da parição do gado, devia "parar rodeios amiudados para se irem assinalando os terneiros tanto em Jaguari como no Carmo; e no tempo da marcação devereis principiá-la cedo nas duas fazendas". Somente depois deveria mandar fazer a recoluta (juntar o gado disperso, arrebanhá-lo), "e depois de marcado se pastoreará o que for de Jaguari em Jaguari, e o que for do Carmo no Carmo; a capação da tourada deve ser cedo para ter tempo de engordar".[15]

Bibiano devia fazer registro de todos os animais saídos da fazenda de Jaguari, não devendo vender os potros, pois estes deviam ser amansados para o costeio do gado, embora pudesse "vender alguns novilhos para as despesas das mesmas fazendas". Caso houvesse quem comprasse as bestas (mulas), "as vendereis pelo preço que poderei alcançar, passando bilhete ao tropeiro onde deve declarar a marca, para quando vierem despachar--se". Devia, portanto, se encarregar da contabilidade das estâncias, dando aviso de tudo a seu pai e remetendo-lhe as contas das marcações separadas, "como também as despesas de uma e outra fazenda devem ser feitas a parte".[16]

Trata-se de instruções bastante detalhadas dos trabalhos pecuários e da administração contábil a fim de aumentar a rentabilidade do empreendimento. O gado vacum devia ser marcado, castrado e engordado para ser vendido; os cavalos, domados, para costearem o gado, e as mulas, criadas com desvelo, já que alcançavam um bom valor no mercado. Além do mais, Silveira Casado recomendava uma política de boa vizinhança. Antes de fazer as marcações, Bibiano devia avisar os vizinhos "para virem apartar o que for seu", devendo de pronto dar rodeio quando lhe pedissem para que "vos façam o mesmo". Não devia nunca carnear gado para o consumo das fazendas "senão das marcas das mesmas, e caso se mate alguma alheia logo devereis fazer assento da marca para se restituir a seu dono".[17]

Documento notável, que antecipa em duas décadas a redação de instruções para o gerenciamento de estâncias, em geral datadas da década de 1830, quando o Conde de Piratini redigiu instruções ao capataz da estância da Música, contendo 58 artigos, alguns dos quais versam sobre a administração dos escravos: tratamento de enfermidades, vestuário, alimentação e catecismo.[18] A difusão de técnicas para um melhor aproveitamento do gado data provavelmente do século 18, numa espécie de transmissão geracional do conhecimento adquirido pelos mais antigos. Silveira Casado escreveu a Bibiano: "Como o teu tio Batista quer ir em tua companhia, e ele tem muita experiência do que são fazendas, não te afastes das direções que ele der, e deves te lembrar que ele é teu tio".[19] A contabilidade dos negócios pecuários também é bem mais antiga do que se costuma supor, revelando muito da estrutura da força de trabalho nos empreendimentos pastoris. No testamento do cirurgião-mor Manoel Francisco Machado, datado de 1790, consta a "conta de despesa feita com capatazes e peões da estância do Erval", situada em Rio Pardo, de janeiro de 1783 a outubro de 1789; incluindo despesas com vestuário, alimentação, catecismo e curativos das enfermidades dos escravos. Quando faleceu, Machado possuía dez escravos: sete homens e três mulheres, dos quais quatro africanos (metade de seus escravos formava uma família).[20]

Os peões livres não estavam ausentes dos trabalhos pastoris, muitos deles indígenas ou forros, sendo ajustados especialmente nos momentos de maior serviço no trato do gado, como na época dos rodeios, marcação e castração – embora algumas propriedades pudessem contratar esses trabalhadores por bem mais tempo, como no caso dos peões e capatazes de Manoel Francisco Machado, ou valer-se do trabalho de agregados. A estrutura da força de trabalho das estâncias, no entanto, era formada por um contingente estável de escravos.[21] Não é possível saber a quantidade possuída por Antônio José da Silveira Casado e por Bibiano José Carneiro da Fontoura em 1810, mas no testamento do primeiro, oito anos depois, constavam 20 escravos. Nas instruções, Silveira Casado ainda declarou ter libertado o escravo mulato Floriano, "que o forrei de graça para te acompanhar nessa fazenda três anos, e vem a ser a sua obrigação ajudar ao serviço dela, e te acompanhar para onde fores".[22] Floriano devia ser um exímio campeiro, destro em todas as tarefas expostas nas instruções, a ponto de conquistar sua liberdade pela experiência adquirida nas lides pecuárias.

Antônio José Silveira Casado provinha da elite de Viamão, um dos locais de ocupação mais antiga do continente. Seu pai, o capitão-mor Francisco José da Silveira Casado, nascido em Açores em 1734, tornou-se um dos homens mais prósperos do local, sendo sócio e compadre de Bento Manuel da Rocha, um dos mais ricos do Rio Grande. Em 1781, "por ocasião da indicação do novo capitão-mor do Continente", vivia "suficientemente remediado das produções de uma boa fazenda que possui costeada por seus escravos". Em 1784 recebeu uma sesmaria em Pedras Brancas, do outro lado do lago Guaíba (portanto, de Porto Alegre), onde tinha sociedade com Rocha. A fazenda chamava-se Santa Isabel, de onde seu filho Antônio José redigiu as instruções para seu neto Bibiano. Em 1790, Francisco José possuía 24 escravos.[23]

O sargento-mor Manoel José Pires da Silveira Casado, um dos filhos de Francisco José, participou da conquista da Banda Oriental e, da mesma forma que muitos outros estancieiros-militares, aumentou sua fortuna através do roubo de gado e da apropriação de novas terras, sem descuidar do gerenciamento de seus negócios pecuários na capitania do Rio Grande de São Pedro.[24] Quando redigiu as instruções para Bibiano assumir suas fazendas, Antônio José pensava que ele já não encontraria seu tio Manoel José Pires, "e quando aches lhe pedirá te supra alguns cavalos para a marcação, e recolutas". As atividades dos irmãos Silveira Casado demonstram o interesse que tinham na expansão da fronteira e como estavam organizando as novas zonas de ocupação, embora não tenham desfeito seus empreendimentos mais antigos. Os vastos campos em Pedras Brancas foram tocados por ambos, cada qual em sua parte, desenvolvendo a pecuária extensiva e produzindo charque para exportação.

Manoel José Pires faleceu em 1832, ano em que possuía 67 escravos. Mais de três quartos da escravaria era formada por homens e, embora o índice em que não consta a informação seja alto (38%), ainda assim, pelo menos 44% dos escravos eram africanos (apenas 18% crioulos). Não resta dúvida de que investiu bastante na aquisição de africanos escravizados, dos quais mais da metade provinha da África Ocidental, descritos como minas e nagôs. Poucos inventários fornecem informações completas sobre a ocupação dos escravos, mas, neste caso, todos os homens tiveram seus ofícios declarados. Pelo menos 23 (43%) estavam envolvidos nos trabalhos da charqueada (14 charqueadores e nove salgadores), 14 desempenhando todos os serviços e tarefas atinentes à produção pecuária (campeiros) e 14 trabalhando na agricultura (roceiros).[25]

Antônio José da Silveira Casado também deu continuidade aos empreendimentos de seu pai e os ampliou. Entre 1791 e 1806, teve uma sociedade com Antônio José de Araújo Mendes, "negociante da cidade da Bahia", que fazia o transporte de mercadorias em um bergantim comprado em partes iguais.[26] Em 1808 aparece na Relação dos Comerciantes da Capitania do Rio Grande, atuando em Porto Alegre.[27] Embora pouco tempo depois tenha passado a administração das fazendas do Carmo e Jaguari a Bibiano (ao que tudo indica, de ocupação recente), o negócio pecuário continuou sendo de seu maior interesse e, portanto, de lucros. Mais importante, ampliou seus negócios seguindo a fronteira em expansão da pecuária escravista. As fazendas do Carmo e Jaguari, coladas uma na outra, localizavam-se no que depois seria o distrito de Lavras, pertencente a Caçapava, a meio caminho de Bagé, importante município fronteiro ao Uruguai, cuja ocupação e povoamento datam de 1810.[28]

Em seu testamento, redigido em novembro de 1818, um ano antes de sua morte, Antônio José declarou possuir criação de animais vacuns e cavalares na fazenda do Carmo, "e pelas marcações que me tem dado meu filho Bibiano [...] julgo haverem 6.000 reses", "cujos campos é uma sesmaria de três léguas e param os títulos em poder de meu filho".

Disse ser proprietário de 20 escravos (embora no inventário tenham sido arrolados 16), de um escaler aparelhado, além de possuir um conto de réis no Banco Nacional. Declarou "que todo o gado de corte de minha fazenda do Carmo[,] bem entendido os novilhos[,] os tenho vendido a Domingo de Castro Antiqueira[,] charqueador no Rio Grande[,] para a safra vindoura de 1819". O preço dos animais seria os que estivessem "correndo quando os apartar no meu rodeio", observando que Antiqueira já havia adiantado oito mil cruzados "em moeda corrente do Nosso Reino", quantia que devia ser abatida "no cômputo em que importam os novilhos que saírem de minha fazenda do Carmo[,] e ele entregará o resto a meu filho Bibiano como administrador dela".[29]

Antiqueira, por sua vez, fazia parte do seleto grupo da primeira geração de charqueadores, um dos mais ricos de Pelotas, tendo atuado no comércio marítimo de longo curso, exportando e importando por meio de consignações através do porto de Rio Grande. Conquanto tivesse parceiros comerciais no interior da província, no Rio de Janeiro e em Pernambuco, seu principal parceiro era um negociante egresso do Rio Grande do Sul que atuava na Bahia, envolvido nos negócios do charque e no tráfico de escravos. Antiqueira, futuro barão e visconde do Jaguari, "apoiou a expansão do Império português sobre a Banda Oriental no período joanino, ajudou a financiar a Guerra da Cisplatina (1825-1828) e combateu os rebeldes na Revolta dos Farrapos", atuações que lhe valeram seus títulos, como pontua Jonas Vargas. Com interesse no fluxo de gado vindo do Uruguai, vários charqueadores forneceram "altos montantes de dinheiro para financiar a campanha militar na Cisplatina".[30]

Dona Maria Joaquina de Castro, sua segunda esposa, faleceu em 1829, mas o inventário só foi realizado em 1840, pois Antiqueira estava "embaraçado" com a "liquidação de grandes contas que tinha em diferentes praças do Rio de Janeiro", além de ter sido obrigado a emigrar de Pelotas para Rio Grande quando os farrapos atacaram a cidade em 1836. Possuía uma chácara na ilha dos Marinheiros, bens na cidade de Pelotas, uma estância em Piratini, outra denominada Feitoria (localizada na Serra dos Tapes), além de muito mais terra. Portanto, mesmo sendo um comerciante-charqueador, também estava envolvido com a criação de gado e com a produção de alimentos, pois dos 84 escravos que ainda estavam em seu poder, 39 foram descritos como roceiros.[31]

Antônio José mantinha relações comerciais de vulto, negociando seu gado diretamente com Antiqueira, um dos maiores potentados de Pelotas. Além de outras propriedades, declarou estar de posse de três léguas de campo no rincão de São Nicolau, "na fronteira do Rio Pardo além do rio Santa Maria", que seu filho Isidoro Belmonte Ursua de Montojos, "Estandarte dos Dragões", "havia pedido à Sua Majestade pelo Desembargo do Paço" – embora as terras estivessem em litígio com o capitão Joaquim José de Brito. Mesmo em disputa, Isidoro havia entrado com os campos enquanto Bibiano povoou as terras com animais vacuns e cavalares, formando uma sociedade. No entanto, a sociedade não chegou a se efetivar "por andar o regimento pela fronteira onde não havia escrivães", "e por que meu filho faleceu na presente campanha em um dos ataques que tem havido".[32]

Os dois irmãos lutaram na guerra de conquista da Banda Oriental, iniciada em 1816, mas Isidoro foi abatido combatendo as tropas de Artigas. Muito provavelmente o litígio pelos campos do rincão de São Nicolau era recente, fruto da própria expansão da fronteira, em meio à guerra que se travava. Ditos campos localizavam-se a oeste, seguindo a fronteira de Rio Pardo, que em pouco tempo seria denominada fronteira de Alegrete, cujo território se localizava na margem esquerda do Ibicuí, entre os rios Santa Maria, Uruguai e Quaraí. Velloso da Silveira informa que, após a conquista das Missões, o capitão-mor Manoel José Pires e o sargento-mor Bibiano José Carneiro da Fontoura receberam concessões de terra na região, provavelmente outros campos anteriores à disputa pelo Rincão de São Nicolau.[33] Na *Breve relação de roubos de gados* escrita pelo sargento-mor Rebello em 1818, consta que Manoel José Pires Casado, "com a proteção do marquês [de Alegrete], tem arreado indistintamente quanto gado encontra, e em grande número".[34] Ao mesmo tempo que dinamizavam o gerenciamento de suas propriedades no Rio Grande do Sul e adquiriam escravos para expandir a produção, participavam das guerras de conquista, arrebatavam quanto gado pudessem e se assenhoreavam das terras orientais. Enquanto isso, a fronteira da pecuária escravista continuou expandindo, mais e mais, a sul e a oeste.

Em 1845, seguindo a tradição familiar, Bibiano redigiu uma carta--instrução para seu filho Isidoro Belmonte Ursua de Montojos (nome que prestava homenagem a seu irmão morto na guerra), e fez questão de registrá-la em cartório. Dizia já se encontrar cansado de muito trabalhar, por isso lhe encarregava da "administração da fazenda do Carmo, e Jaguari, e Santa Ritta, *assim como de todos os mais campos que me pertencem nas fronteiras tanto do Rio Pardo, como de Alegrete, Rio Grande ou Missões*". Passou a seu filho uma cópia das instruções redigidas pelo seu pai, na qual Antônio José providenciou acerca de seu salário e "do costeio e direção das mesmas fazendas". Dessa forma, "eu providencio pois da mesma maneira, e muito te recomendo que te não afastes dos declames que se acham na dita carta, que deve ser por ti religiosamente observada", da mesma forma que "eu observei e cumpri tudo o quanto me foi determinado por meu pai". Contava com a energia e eficiência de seu filho, ordenando para não lhe faltar "com avisos e participações do que for ocorrendo". Ficavam sob a sua administração "as referidas fazendas de São José, denominada do Carmo, e de Santa Anna, denominada Jaguari, e a de Santa Ritta, denominada Vacacoá, *assim igualmente os mais campos que por mui lugares tenho, e não só a respeito* [desses] *como sob o mais que me pertença e possa pertencer pela Campanha*".[35]

Desde os avanços iniciais a partir das fronteiras de Rio Pardo e Rio Grande, a expansão levada a cabo pelos luso-brasileiros foi protagonizada e seguida pelos irmãos Silveira Casado e por Bibiano Carneiro da Fontoura, que também passaram a possuir campos nas fronteiras de Alegrete e Missões. Em 1861, quando Bibiano faleceu, continuava em poder das fazendas do Carmo e Jaguari, que já haviam sido fruto do avanço da década de 1810, e possuía uma fazenda chamada Santa Cruz, em Pedras Brancas, local em que a família tinha propriedades desde o fim do século 18. Os campos de São Nicolau, em litígio por volta de 1818, ora lhe pertenciam. Na década de 1820, lutou na Cisplatina, e seguiu avançando pela recente fronteira oeste de Alegrete. Em Santana do Livramento, adquiriu a fazenda de Santa Rita e, em Bagé, a estância Quebraxo, duas regiões limítrofes ao Uruguai.

Apenas nas fazendas do Carmo e Jaguari, possuía mais de 3.500 reses, centenas de cavalares, além de burros, mulas e ovelhas. O monte--mor de seu pai, pouco mais de 28 contos de réis em 1819, parecia diminuto perto do dele, embora fosse uma fortuna. Os bens de Bibiano alcançavam 395 contos, fruto da eficaz administração que empreendeu em seus campos, das guerras de conquista, que lhe proporcionaram mais terra e gado, e do trabalho escravo. Mesmo uma década após o fim do tráfico transatlântico de africanos, Bibiano ainda possuía 51 escravos. Dos 36 homens, apenas 15 tiveram sua ocupação declarada, entre eles dez campeiros: peões negros escravizados que realizavam os rodeios, marcavam e castravam o gado, domavam os potros e carneavam as reses para o consumo das estâncias, preparavam os couros para exportação e labutavam na criação de muares.[36]

*

As trajetórias dos Silveira Casado e de Bibiano Carneiro da Fontoura, obviamente, não esgotam o processo de expansão da fronteira escravista, mas jogam um pouco de luz sobre como os grandes estancieiros estavam organizando a pecuária extensiva nos campos conquistados. Ademais, após o assalto às Missões, foi instituído um governo militar nas novas terras, "com poderes para decidir todas as questões, mesmo as pertencentes à jurisdição civil, com recurso ao governo da capitania". Tais postos foram exercidos por oficiais superiores do Exército, os comandantes-gerais das Missões. Além das atribuições militares e civis, os comandantes-gerais tinham a faculdade de distribuir terras e cartas de sesmaria, cuja concentração ficou nas mãos dos potentados que haviam participado das campanhas militares, num processo provavelmente não muito diferente dos Silveira Casado.[37]

Na década de 1840 centenas de outros proprietários já haviam ocupado as regiões que seguiam as fronteiras de Missões e Alegrete, esta última localizada na campanha do Rio Grande do Sul, na fronteira com o Uruguai. Embora a ocupação dessas regiões não tenha ocorrido ao mesmo tempo, nem de forma linear, tampouco sem contestações – já que umas principiaram depois de 1801, a maior parte, a partir da década de 1810 e outras, ainda depois –, somente na década de 1830 foram criadas jurisdições, tendo início a organização política, administrativa e jurídica das localidades. Em 1833 criou-se a Comarca das Missões, compreendida pelos termos de Alegrete, Cruz Alta e São Borja, este último cabeça da comarca. Desde então deixaram de existir os governos militares instaurados em 1801.[38] Em 1835 sobreveio a Guerra dos Farrapos, e a incipiente organização se desfez, de modo que a documentação de caráter serial só passa a ter regularidade em 1845.

Na análise a seguir, utilizo inventários *post mortem* no período entre 1845 e 1850, visando a um estudo demográfico da população escravizada na campanha rio-grandense e a envergadura econômica dos criadores de gado na disputada fronteira meridional: de leste a oeste, no lado brasileiro, os municípios de Jaguarão, Bagé, Santana do Livramento, Uruguaiana e Alegrete.[39]

Fonte: Carta topographica e administrativa da provincia de São Pedro do Sul. Erigida pela combinação das paisagens muito diversamente appresentadas pelos mapas ate agora publicados e augmentado dos novos municipios e freguezias creados na assemblea provincial em 1846 e outros documentos officiaes pelo Vcde. J. de Villiers de L'Ile Adam. Rio de Janeiro: Firmin Didot Frères, 1847. Disponível em <http://objdigital.bn.br>.

O estudo privilegia um momento em que os dados não podem ser considerados padrão, se é que algum existiu em determinado momento. Em decorrência da guerra civil entre farrapos e legalistas anterior e concomitante à Guerra Grande no Estado Oriental, tanto a participação dos escravos quanto a composição dos animais nas estâncias sofreram diminuições. As fugas e o recrutamento forçado de escravos para os exércitos impactaram negativamente as escravarias, bem como a necessidade de consumo de gado e a utilização de cavalos pelas forças beligerantes alterou a composição dos rebanhos, afetados, todavia, sobretudo pela peste devastadora que atingiu o gado e a seca que grassou nos campos na segunda metade da década de 1840. Por isso mesmo, torna-se ainda mais significativa a análise de uma conjuntura de guerra associada à abolição da escravidão no Estado Oriental, haja vista que os dados trazem as marcas desses acontecimentos. Ademais, somente ao se analisar a composição demográfica dos escravizados é possível dimensionar o peso que as fugas para o território livre oriental tiveram na zona da fronteira escravista brasileira.

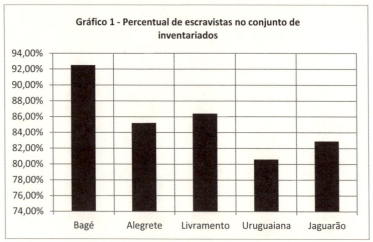

Fonte: APERS. Inventários *post mortem* dos municípios de Bagé, Alegrete, Santana do Livramento, Uruguaiana e Jaguarão (1845-1850).

Os senhores de escravos representavam 85,2% do total, um percentual significativo de escravistas entre os proprietários que tiveram seus bens inventariados. No entanto, como observa Sobrado Correa, entre os aspectos mais criticáveis da utilização de inventários se destacam seu grau de representatividade e de confiabilidade e sua falta de homogeneidade, assim como as omissões mais ou menos sistemáticas de informação que apresentam. Em relação ao mundo rural, referem--se principalmente às pessoas mais bem posicionadas na estrutura social, deixando muitas vezes de incluir camponeses com escassas terras, jornaleiros e agregados, pois os gastos derivados da escritura eram bastante elevados para os setores populares, equivalendo ao salário de várias jornadas de trabalho (relação entre o custo da escritura e a seleção social). O mundo dos errantes, instáveis e emigrantes escaparia aos inventários, pois seu raio de ação limita-se a uma sociedade basicamente estável.[40] Ademais, os inventários também tendem a privilegiar as pessoas mais velhas (com taxas de mortalidade mais altas), portanto, as que acumularam mais riqueza. Em que pesem as limitações apontadas, os inventariados que possuíam escravos invariavelmente tinham seus bens arrolados e avaliados nesse tipo de escritura e informam bastante sobre a estrutura demográfica da população escravizada e da vida material das pessoas daquela época.

O número de inventários variou conforme a localidade, da mesma forma que a participação dos escravistas, conforme o gráfico 1. Bagé e Uruguaiana encontram-se nos extremos, com o primeiro tendo a participação de 92,5% de escravistas no total de inventariados e o segundo, 80,6%. Jaguarão (82,9%) apresenta um percentual mais próximo de Uruguaiana, enquanto a participação de escravistas em Alegrete e Santana do Livramento era semelhante, com respectivos 85,2% e 86,4%. Apesar das diferenças, o percentual de escravistas sempre esteve acima da casa dos 80%, índice considerável em vista da ocupação recente da região.

TABELA 1: ESTRUTURA DE POSSE DE ESCRAVOS DA CAMPANHA RIO-GRANDENSE: BAGÉ, ALEGRETE, SANTANA DO LIVRAMENTO, URUGUAIANA E JAGUARÃO (1845-1850).

Faixa de tamanho das escravarias	Número de proprietários	Percentuais do total de proprietários	\multicolumn{5}{c}{Números e percentuais por faixa de tamanho da escravaria}	Percentual total de escravos
			M	%	F	%	T	
1 a 4	72	38,9%	96	53	85	47	186	12%
5 a 9	62	33,5%	232	55,4	187	44,6	414	26,7%
10 a 19	37	20%	282	57,9	205	42,1	487	31,4%
20 a 61	14	7,6%	279	60,1	185	39,9	464	29,9%
Total	185	100%	889	57,3	662	42,7	1.551	100%

Fonte: APERS. Inventários *post mortem* dos Cartórios da Vara de Família, Provedoria e Cível dos municípios de Bagé, Alegrete, Santana do Livramento, Uruguaiana e Jaguarão (1845-1850).

A estrutura de posse de escravos revela que os pequenos escravistas, possuidores de um a nove escravos, representavam aproximadamente três quartos dos senhores (72,4%), embora concentrassem 38,7% dos escravos. A razão de masculinidade para essa faixa variava entre 122 e 124 homens para cada cem mulheres. Já os médios e grandes senhores de escravos, respectivamente os que possuíam entre dez e 19 cativos e os que possuíam 20 ou mais representavam pouco mais de um quarto dos escravistas (27,6%), mas concentravam significativos 61,3% dos escravos. Nessas duas faixas a razão de masculinidade aumentava, variando entre 137 e 150 homens para cada cem mulheres. A maioria dos escravizados estava em unidades produtivas com dez ou mais cativos, o que, segundo a bibliografia, favorecia a formação de famílias escravas. No entanto, quanto maior o número de escravos, maior se apresentava a desigualdade entre homens e mulheres, resultando em uma maior taxa de masculinidade.

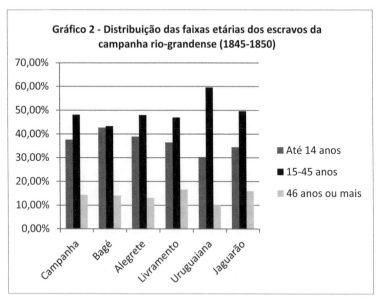

Fonte: APERS. Inventários *post mortem* dos municípios de Bagé, Alegrete, Santana do Livramento, Uruguaiana e Jaguarão (1845-1850).

A relação entre as faixas etárias indica um percentual elevado de crianças, alcançando 37,6% dos cativos (gráfico 2). Os escravos em idade produtiva (entre 15 e 45 anos) compreendem 48,1%, e os com 46 anos ou mais, 14,3%. Novamente existem variações dependendo de cada município específico, o que chama a atenção, porém, é o percentual de crianças, que varia entre 42,7% em Bagé e 30,3% em Uruguaiana. Nessas duas localidades os escravos em idade produtiva variavam sua participação entre 43,3 e 59,6%; e, entre os escravos com 46 anos ou mais, entre 14 e 10%. Novamente, Bagé e Uruguaiana apresentam os dados mais díspares, enquanto Alegrete, Santana do Livramento e Jaguarão mantêm certa correspondência nos percentuais apresentados.

Em relação à naturalidade dos escravos (gráfico 3), 69,3% haviam nascido no Brasil (crioulos), enquanto 30,7% provinham de regiões africanas. Santana do Livramento e Bagé apresentam o menor percentual de africanos, respectivamente 24,5% e 25,4%, enquanto sua participação em Alegrete e Jaguarão ficava entre 31,8% e 33,9%. Se nesses quatro municípios a população de escravizados africanos variava sua participação entre um quarto e um terço da população escrava, em Uruguaiana, por sua vez, representava 39,8%.

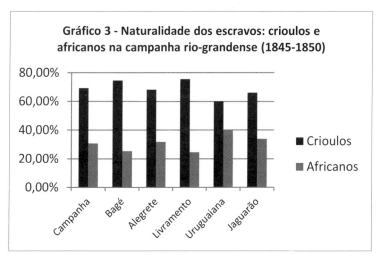

Fonte: APERS. Inventários *post mortem* dos municípios de Bagé, Alegrete, Santana do Livramento, Uruguaiana e Jaguarão (1845-1850).

No entanto, isolando as informações referentes aos escravizados com 8 anos ou mais (gráfico 4), a participação de africanos apresenta um índice considerável, alcançando 41,3% na região de fronteira e variando seu percentual entre 35,2% em Bagé e 47,3% em Uruguaiana. Isso sugere que a grande presença de crianças (37,6%) tendeu a encobrir a significativa participação de africanos na fronteira meridional. Ainda mais, pois, considerando apenas os escravizados com 15 anos para cima, a participação de africanos alcança 49% do total (43,5% dos escravos em idade produtiva eram africanos; enquanto, no universo dos que tinham 46 anos ou mais, esse percentual chega a 76,3%).

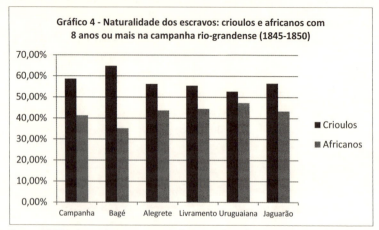

Fonte: APERS. Inventários *post mortem* dos municípios de Bagé, Alegrete, Santana do Livramento, Uruguaiana e Jaguarão (1845-1850).

Esses dados esclarecem alguns movimentos interessantes. Entre os cativos mais velhos, os africanos representavam três quartos dos escravizados, de onde se infere que, na época de sua chegada ao sul do Brasil, não apenas eles conformavam a maioria dos escravos como o nascimento de crioulos ainda não havia conseguido mudar tal configuração. Aqui há que se considerar que a ocupação da região foi tardia e gradual, o que talvez explique, em parte, uma menor participação (em relação ao cômputo total) de crioulos nas faixas etárias acima dos 15 anos. Com o passar de duas ou três décadas, esse quadro sofreu alterações, com os crioulos sobrepujando os africanos na faixa etária de escravos em idade produtiva, já que representavam 56,5% dos trabalhadores escravizados no final da primeira metade do século 19.

Para entender o crescimento dos crioulos, deve-se ainda levar em consideração uma introdução menor de africanos em relação às áreas escravistas exportadoras do Sudeste e Nordeste do Brasil, conjugada a um maior crescimento endógeno dos escravos na fronteira sul do Império. No entanto, como veremos no segundo capítulo, durante a década de 1840, quando as exportações de charque conheceram notável expansão, milhares de escravos foram introduzidos no Rio Grande do Sul, e uma parte (difícil de aferir) foi comprada por estancieiros da fronteira, ainda que a maioria tenha sido vendida em Pelotas, Rio Grande e Porto Alegre.

A fim de analisar a envergadura econômica dos criadores, selecionei apenas os inventários dos proprietários que possuíam gado vacum, ou 82% do conjunto de inventariados. Em 91,6% dos casos os criadores eram proprietários de escravos e concentravam 94% do total de cativos da amostra mais ampla, justificando o recorte efetuado. A tabela 2 permite uma visão geral da envergadura econômica dos criadores e sua posse de escravizados por faixa de tamanho do rebanho.

A desigualdade entre os criadores se fez presente tanto na posse de escravos quanto na concentração de animais. No entanto, os criadores de gado numa conjuntura "estável" deveriam apresentar um maior número de animais, já que a guerra, a peste e a seca influíram na composição e no volume dos rebanhos, de modo que os percentuais apresentados devem ser considerados nesse contexto. Os agricultores-pastores, que possuíam até cem reses de criar, representavam 23,6% dos que possuíam gado vacum, detinham 17% dos escravos e 2% do rebanho.[41] Os pequenos criadores (101 a 500 reses) representavam aproximadamente um terço dos criadores, detinham 21,6% dos escravos e 11,3% do rebanho. Isto é, os agricultores-pastores e os pequenos criadores representavam, juntos, mais da metade dos criadores de gado da campanha (56,2%), detendo 38,6% dos escravos e ínfimos 13,3% do rebanho. Ainda assim, os criadores de menor envergadura também se beneficiaram com o avanço da fronteira e, em conjunto, 85% deles exploravam o trabalho escravo para tocar seus empreendimentos.

À primeira vista, os médios criadores (501 a 1000 reses) não estavam mais bem aquinhoados que os pequenos, mas como sua representatividade entre os criadores era de 16,8%, metade da participação social dos pequenos, sua posse de escravos (14%) e do rebanho (11,5%) deve ser considerada bem mais expressiva. Os grandes estancieiros (mais de mil reses), por sua vez, representavam pouco mais de um quarto dos criadores (27%), mas concentravam quase a metade dos escravos da região (47,4%) e três quartos do rebanho (75,2%). Os dados não deixam margem à dúvida, em que pesem os elementos conjunturais assinalados: eram eles os grandes estancieiros escravistas da campanha rio-grandense e os que mais se beneficiaram com o avanço da fronteira, expansão que eles mesmos haviam empreendido. Possuíam vastas extensões de terra, milhares de cabeças de gado e um número considerável de escravos para os trabalhos pastoris, conforme demandado pela pecuária extensiva.

Não deixava, no entanto, de ser um grupo relativamente bem representativo naquele universo pecuário. Na comarca de Cruz Alta, por exemplo, região localizada no planalto rio-grandense (norte da província), distante, portanto, da fronteira com o Uruguai, a produção pecuária estava dividida entre a criação de mulas, exportadas para as feiras de Sorocaba, e a criação de gado vacum remetido às charqueadas. Ali os grandes estancieiros representavam tão somente 6,4%, concentravam 18,6% dos escravos e 38,6% do rebanho.[42] Em comparação com essa região, também fruto do avanço da fronteira escravista no início do século 19, os grandes estancieiros da fronteira rio-grandense tinham uma representatividade considerável (27%), concentravam sob seu poder metade dos escravos da campanha e eram donos de três quartos do rebanho existente no lado brasileiro da fronteira.

A participação de escravistas entre os criadores de gado deixa evidente a dependência que tinham do uso da força de trabalho escrava se quisessem aumentar a produção. Os criadores que tinham até 500 reses possuíam escravos sempre acima da casa dos 80%, enquanto todos os médios e grandes criadores eram senhores de escravos. Dito de outra forma, uma pequena parte dos criadores de gado da campanha rio-grandense não utilizava o trabalho escravo em suas estâncias em meados do século 19. Torna-se visível por que a expansão da fronteira se constituiu ao mesmo tempo a expansão da pecuária escravista sobre as novas terras conquistadas.

TABELA 2: ENVERGADURA ECONÔMICA DOS CRIADORES, POSSE DE ESCRAVOS E CONCENTRAÇÃO DO REBANHO: BAGÉ, ALEGRETE, SANTANA DO LIVRAMENTO, URUGUAIANA E JAGUARÃO (1845-1850).

	Criadores	Participação entre os criadores	Criadores escravistas	Participação na posse de escravos	Rebanho possuído	Participação no rebanho	Média de gado vacum	Média do rebanho
Até 100 reses	42	23,6%	83,3%	17%	4.716	2%	41	112
101 a 500	58	32,6%	86,2%	21,6%	26.556	11,3%	244,4	457,8
501 a 1000	30	16,8%	100%	14%	26.771	11,5%	658	892,3
Mais de 1.000	48	27%	100%	47,4%	175.732	75,2%	2.945	3.661,7
Totais	178	100%	91,6%	100%	233.775	100%	-----	-----

Fonte: APERS. Inventários *post mortem* dos Cartórios da Vara de Família, Provedoria e Cível dos municípios de Bagé, Alegrete, Santana do Livramento, Uruguaiana e Jaguarão (1845-1850).

Esses dados são ainda mais significativos em vista da marcante diminuição do gado no período e de uma visível diminuição da média de escravos entre as diferentes faixas de criadores. Os anos de guerra civil concorreram para a diminuição dos rebanhos, vitais para o consumo das tropas e para a manutenção dos esquadrões de cavalaria. Quando a guerra terminou, algumas propriedades contavam com poucos animais e seus proprietários estavam endividados e, embora não soubessem, logo teriam que enfrentar a peste que se abateu sobre os rebanhos. Pelas queixas contidas nos inventários, é possível que alguns municípios tenham sido mais afetados que outros. As notificações de perda de gado na segunda metade da década de 1840 provinham principalmente da zona oeste da fronteira (Alegrete, Uruguaiana e Santana do Livramento), onde parece que as consequências mais se fizeram sentir.[43]

No entanto, todos os municípios da fronteira perderam animais no período. A composição dos rebanhos era majoritariamente constituída de gado vacum: em Alegrete, Santana do Livramento e Jaguarão eles compreendiam aproximadamente três quartos do total de animais; em Bagé, 85,7%, e em Uruguaiana, 62,3%. Os animais cavalares compunham entre 10% e 19%, enquanto a criação de ovino era significativa apenas em Uruguaiana (19,4%) e um pouco menos em Jaguarão (9,5%). Outros tipos de criação não representavam nem 1% do rebanho total.

Mesmo não havendo dados para comparar a média dos rebanhos com um período imediatamente anterior a 1845-1850 (principalmente em decorrência da guerra), para 1858 conta-se com um mapa estatístico das estâncias, rebanhos e trabalhadores empregados em vários municípios da província.[44] Em comparação com as médias de gado vacum dos inventários de Bagé, Alegrete, Livramento e Jaguarão no primeiro período, em 1858 houve um aumento mínimo da média em 482 cabeças em Alegrete e um máximo de 669 em Santana do Livramento. Se um número aproximado de estâncias declaradas no mapa de 1858 existisse nessas localidades em 1845-1850, em 1858 o número total do rebanho vacum nesses quatro municípios teria tido um aumento em torno de meio milhão de cabeças. Embora seja um cálculo aproximado e indireto, é possível que não esteja muito longe do aumento ocorrido, o que indica uma diminuição significativa dos rebanhos no período em foco.[45]

*

As médias de escravos por faixa de tamanho do rebanho, por sua vez, são menores quando comparadas às que vêm sendo apresentadas por outros estudos. De modo geral, quanto maior o número de gado possuído pelos criadores, maior se apresenta a média de escravos.[46] Não é o que se verifica em relação aos pequenos e médios criadores da fronteira, pois aparecem com uma média menor do que os proprietários com até cem reses de criar, indicando uma diminuição do número de escravos desses proprietários. Argumento nas páginas seguintes que esse decréscimo foi fruto (em boa medida) das fugas de escravos, ainda que os dados demográficos da população escravizada na campanha aparentemente indiquem o contrário, ou seja, uma grande proporção de homens em idade produtiva. No entanto, é provável que muitos senhores tivessem recorrido ao mercado ilegal de escravos, já que na década de 1840 foram introduzidos e vendidos milhares de cativos no Rio Grande do Sul.[47]

Os farrapos utilizaram meios diversos para aumentarem suas forças a partir da incorporação de escravos em suas hostes: solicitaram a seus partidários que cedessem cativos com a promessa de ressarcimento futuro, fomentaram fugas de escravos dos dissidentes e também os expropriaram sempre que puderam.[48] Os escravos aproveitaram a guerra civil para empreenderem suas próprias estratégias, fugindo para as repúblicas vizinhas ou se aquilombando em terras rio-grandenses. As fugas, sempre recorrentes, ganharam novas dimensões durante a Guerra Grande no Uruguai e, notadamente, após a abolição da escravidão na república vizinha, impactando diversas escravarias e contribuindo para a diminuição da média de escravos, como pode ser verificado na tabela abaixo.

TABELA 3 – POSSE E MÉDIA DE ESCRAVOS DOS CRIADORES DE GADO POR FAIXA DE TAMANHO DO REBANHO: BAGÉ, ALEGRETE, SANTANA DO LIVRAMENTO, URUGUAIANA E JAGUARÃO (1845-1850)

	Criadores	%	Com escravos	%	Nº de escravos	Posse de escravos por criadores	Média de escravos
Até 100 reses	42	23,6	35	83,3	248	17%	7
101 a 500	58	32,6	50	86,2	316	21,6%	6,3
501 a 1.000	30	16,8	30	100	204	14%	6,8
Mais de 1.000	48	27	48	100	692	47,4%	14,4
Totais	178	100%	163	91,6	1460	100%	8,95

Fonte: APERS. Inventários *post mortem* dos Cartórios da Vara de Família, Provedoria e Cível dos municípios de Bagé, Alegrete, Santana do Livramento, Uruguaiana e Jaguarão (1845-1850).

Dos 185 inventários com escravizados, em 26 foram arrolados escravos fugidos ou que haviam sido recrutados (14%). Nesses casos, os fugitivos foram relacionados junto aos bens do inventariado, sendo avaliados em alguns casos e em outros, não, embora, como regra geral, se declarasse que, se fossem capturados, deveriam ser sobrepartilhados. No entanto, compõem apenas 3% dos 1.551 escravizados arrolados pela fonte, percentual que sub-representa o número real de prófugos, como passamos a ver. José Dutra da Silveira era senhor de 20 escravos em 1848, quatro dos quais haviam sido recrutados. O preto Antônio andava fugido desde 1825, "e consta achar-se no Estado Oriental do Uruguai, para onde foi levado nas guerras daquele tempo". Já os escravos Benedito, Francisco e Mateus haviam sido "tirados pelas forças da rebelião que apareceu nesta província em 1835, e ainda não voltaram ao casal, quando [se] sabe com certeza existirem os mesmos escravos em Camaquã". Em 1850, a inventariante declarou "que o escravo Francisco, que foi tirado pelas forças farroupilhas, que existia em Camaquã com outros, se acha hoje em seu poder, pois o mandou buscar de propósito de onde se achava, e por isso deverá ser avaliado". Os outros três escravos não tiveram seus valores determinados.[49]

José Moreira Lopes possuía 16 escravos, entre eles quatro fugitivos. O pardo Adão, filho de Teodora, fugiu no início da década de 1850, e ignorava-se seu destino. Sua irmã, Luiza, escapou levando consigo seu filho Joaquim, aproximadamente na mesma época. O africano Manoel, "o qual, tendo andado muito tempo fugido, e aparecendo em minha ausência, meu genro Antônio José de Vargas, a quem eu tinha encarregado como meu procurador neste lugar, por eu ser morador em São Martinho, o recebeu, de cujo poder, pouco tempo depois, tornou a fugir e me consta existir no Salto do Estado Oriental". Mesmo fugidos, com exceção de Joaquim, os outros três escravos foram avaliados.[50] Em 1848, o inventariante dos bens de Cipriana Maria de Jesus informou que o preto Jorge fugira "há tempos para o Estado Oriental do Uruguai, por onde ainda existe, e que, se tornar a aparecer, [será] então sobrepartilhado". Da mesma forma que Joaquim, Jorge não foi avaliado.[51]

O fato é que muitos fugitivos não foram arrolados entre os bens dos inventariados, mesmo sendo citados durante o processo de inventário, geralmente na parte reservada às declarações do inventariante. Nesses casos, como não foram relacionados entre os bens, também não os adicionei ao rol de escravos dos proprietários. Em 1850, Antônio Ayres de Azevedo arrolou quatro escravos em inventário. Tratava-se de Luiza e seus três filhos, que haviam fugido para Corrientes, província da Confederação Argentina, "onde foram agarrados, e conduzidos para esta província". No entanto, declarou "que não foram descritos no presente inventário, os escravos Salvador, preto da Costa, e Thomásia, crioula, pertencentes a esta herança, por se acharem fugidos há muitos anos, e não se saberem notícias deles".[52]

Da mesma forma, a viúva Joaquina Rosa de Jesus deu a inventário três escravos, mas no termo de declaração disse ter "dado à carregação todos os bens, à exceção tão somente de três escravos que andam fugidos, de nomes Manoel Sapateiro, africano, Manoel Alfaiate, pardo, e Joaquim, crioulo campeiro; os quais logo que apareçam procederá à sobrepartilha".[53] Joaquim de Souza Nunes arrolou cinco escravos entre seus bens em 1848, mas "declarou que, tendo três escravos fugidos, [...] se algum dia aparecerem, requer que entrem em sobrepartilha". Referia-se aos africanos João, Antônio e Joaquim, ambos fugidos para Corrientes. Sua esposa ainda apresentou uma conta que atestava o pagamento de 20 mil e 800 réis "para pagar as despesas do escravo Bento, que veio preso do Uruguai".[54] Bento também não foi arrolado entre os bens do inventário, provavelmente por ter sido vendido, prática corrente quando se conseguia capturar um fugitivo. Muitos fugitivos, portanto, ainda que tenham sido mencionados na parte reservada às declarações dos inventariantes, não foram arrolados entre os bens que seriam avaliados e depois partilhados entre os herdeiros, algo que repercute nas médias de escravos por faixa de envergadura dos criadores.

Em artigo conjunto, Manolo Florentino e Marcia Amantino, utilizando como aporte documental os inventários *post mortem*, sustentam a baixa frequência das fugas de escravizados nas Américas, argumentando que as fugas foram muito menos frequentes do que se costuma supor. Para tanto, baseiam-se na análise de 1.200 inventários da capitania do Rio de Janeiro (1789-1835) e Taubaté (1730-1830), além de bibliografia pertinente a outras paragens. Menos de 3% dos inventários analisados faziam referência a escravos fugidos, e o total de fugitivos era inferior a 1% dos quase 14 mil escravos arrolados. Segundo os autores, "ao derivarem de escravos que senhores à beira da morte, ou os seus herdeiros, davam por inapelavelmente perdidos, anotados ademais no intuito de dirimir dúvidas acerca dos valores a serem partilhados, estes índices parecem bastante fiáveis". De tal aporte metodológico, supõem poderem extrair conclusões como: "a baixa frequência das fugas era uma das mais contundentes expressões da multissecular estabilidade do escravismo americano, resultante tanto da força dos mecanismos de controlo social quanto, em especial, dos processos que aceleravam a aculturação e mitigavam parte da opressão".[55]

Através de uma notável relação de escravos fugidos organizada no Rio Grande do Sul por ordem do governo imperial em fins da década de 1840, que tinha por objetivo sustentar reclamações do Brasil perante as repúblicas do Rio da Prata para a devolução dos fugitivos, é possível, no entanto, contrapor os dados dos inventários.[56] Em 1848, Jerônimo Ferreira Serpa, morador em Uruguaiana, declarou entre seus bens apenas "uma negra velha", avaliada em 350 mil réis. Na *Relação de fugitivos de 1850*, contudo, foram listados quatro escravos fugidos para outros países. O africano nagô Ignácio, de 42 anos, havia fugido em 1828, último ano da Guerra da Cisplatina, e constava estar no Povo de Salada, província argentina de Entre Rios; enquanto José, da mesma nação, fugiu em 1834 para a província de Corrientes. Vicente, crioulo da Bahia, de 36 anos, havia "sido visto há pouco tempo no exército do general Servando Gomes como soldado" das hostes *blancas* de Oribe. O africano João, de 30 anos, escapou em 1848 para o departamento do Salto, no Estado Oriental. Nenhum dos quatro fugitivos foi mencionado no inventário, mesmo que as duas últimas fugas fossem recentes.[57]

A *Relação de fugitivos de 1850* compreende 632 prófugos de 257 senhores diferentes. Através dos nomes dos proprietários constantes na relação, consegui localizar 109 inventários dentre os 257 senhores que declararam escravos fugidos. Em 100 inventários, ou em 91,7% dos casos, não foi arrolado nem declarado nenhum escravo fugido, mas os mesmos senhores ou seus herdeiros o fizeram na *Relação de fugitivos de 1850*.[58] Dos municípios da campanha, apenas Uruguaiana enviou as listas solicitadas pelas delegacias de polícia, de modo que somente neste caso é possível estabelecer comparações. Entre 1845 e 1850 foram abertos 31 inventários nessa localidade, dos quais 25 arrolaram 129 escravos. Desses, apenas oito constam como fugidos, propriedade de quatro senhores. Na *Relação de fugitivos de 1850*, todavia, foram listados 122 escravos fugidos do município de Uruguaiana: 57 haviam escapado para o Uruguai, 38 para Entre Rios e 29 para Corrientes.[59]

O resultado do cruzamento das duas fontes é esclarecedor, prova que tanto o percentual de inventários da campanha com escravos fugidos (14%) como o de fugitivos entre o conjunto de escravos (3%) está distorcido, apresentando percentuais significativamente mais baixos do que de fato o eram, diminuindo, assim, o impacto real das fugas nas escravarias. Enquanto os inventários apresentam apenas quatro proprietários que perderam escravos em Uruguaiana, a *Relação de fugitivos de 1850* relaciona 53 escravistas. Carece de rigor analítico, portanto, estudos que sustentam argumentos sobre a "ordem de grandeza das evasões" a partir de inventários *post mortem*, pois tal fonte, ainda que fundamental para diversos aportes metodológicos, não permite avaliar a dimensão, a frequência e o impacto das fugas em uma dada sociedade, pois não dá conta do número real de fugitivos. Antes, pelo contrário, em vista de 90% dos senhores não terem declarado escravos fugidos em tal fonte. Por quê?

Um primeiro elemento refere-se ao tempo da fuga. Quanto mais distante da época em que o escravo havia fugido, mais provável que os herdeiros o considerassem propriedade perdida, como declarou Antônio Ayres de Azevedo: Salvador e Thomásia não foram descritos no inventário, pois se achavam fugidos há muitos anos e não se tinha notícia alguma deles. Joaquim Corrêa Mirapalheta informou a fuga do preto Antônio na *Relação de fugitivos de 1850*: havia fugido para o Uruguai em 1837 e servia como soldado no Forte de Santa Tereza sob as ordens do comandante Bernardino. Em seu inventário, aberto em 1874, Antônio não constava como fugitivo, mas Pedro, fugido há nove anos, sim.[60]

Por outro lado, muitos senhores sabiam perfeitamente que o inventário, no máximo, serviria para dirimir futuras questões de herança, caso o fugitivo viesse a ser capturado, mas não impedia uma solução de partilha independentemente de o escravo ter sido ou não relacionado entre os bens. Isso talvez ajude a explicar a razão pela qual a imensa maioria dos senhores não arrolava os escravos fugidos. Não se tratava, pois, de uma necessidade para resolver questões de heranças futuras, mas, muitas vezes, tão somente de partilhar o prejuízo advindo com as fugas de escravos (algo que também não necessitava constar no inventário). Ademais, pouca serventia tinha para o proprietário que ainda desejasse reaver sua propriedade a menção dos fugitivos no inventário. O africano de nação cabinda Damião fugiu para o Uruguai no ano de 1843, e assim foi descrito em 1850, todavia não constava entre os bens de Manoel Silveira de Azevedo em 1847, ano em que teve início seu inventário.[61] Ou seja, os herdeiros de Azevedo queriam (se fosse possível) reaver sua propriedade, e por isso listaram Damião na *Relação de fugitivos de 1850*, mas não tiveram interesse em fazê-lo quando, três anos antes, procederam ao inventário de Azevedo.

Um caso instrutivo refere-se ao inventário, datado de 1840, de Dona Maria Joaquina de Castro, segunda esposa de Domingos de Castro Antiqueira. Foram arrolados entre os bens do casal 84 escravos, de um total de 106 cativos que chegaram a possuir. Na parte reservada às declarações, Antiqueira listou 22 "Escravos Fugidos e Aliciados pelo Partido Rebelde". Na *Relação de fugitivos de 1850*, o já Visconde do Jaguari listou apenas cinco fugitivos, todos escapados para o Uruguai, dos quais três constavam entre os bens uma década antes, o que indica terem fugido depois da feitura do inventário de Dona Joaquina. Apenas um aparece como fugitivo no inventário de sua esposa, e o outro provavelmente foi comprado no decorrer da década de 1840, mas logo descobriu que do outro lado da fronteira era possível fugir da escravidão.

O Visconde faleceu em 1852, ano em que possuía menos da metade dos escravos que outrora tivera. Dos 41 escravos que ainda estavam em seu poder, nove foram libertados "por cartas que deixou o falecido de seu punho e assinatura", mas cujas promessas de liberdade datam da década de 1840, quando tentou por essa forma frear o ímpeto de seus escravos rebeldes. Se Antiqueira conseguiu dessa forma manter os beneficiários da promessa sob seu domínio, não impediu, contudo, que outros escravos fugissem para o Uruguai nos anos 1840. No inventário de 1852, no entanto, não foi arrolado sequer um escravo fugido, mesmo que 26 tivessem sido recrutados ou houvessem escapado entre 1836 e o fim da década de 1840, totalizando um quarto dos escravos existentes em meados da década de 1830.[62]

Em suma, em 1840 Antiqueira mencionou na parte reservada às declarações 22 escravos que haviam fugido ou sido aliciados em 1836, quando os farrapos atacaram a cidade de Pelotas, mas nenhum chegou a ser avaliado. O motivo que o levou a listá-los me escapa, mas pode ser que acreditasse que isso poderia servir como um testemunho, caso conseguisse uma pouco provável devolução desses escravos, haja vista que a guerra estava em curso e não era possível saber o destino de centenas deles que serviam às hostes farrapas. Talvez não tenha sido totalmente em vão, já que conseguiu a indenização de dois escravos (400 mil réis por cada um) que, ao término da guerra, foram remetidos com outros 88 negros farrapos para o Rio de Janeiro (embora não seja possível saber se, para isso, contribuiu mencioná-los ou não no inventário).[63] O fato é que deu por perdida a maioria dos escravos fugidos ou recrutados, já que listou apenas um dos fugitivos relacionados no inventário de Dona Maria Joaquina na *Relação de fugitivos de 1850*. Seus herdeiros, por sua vez, não sentiram necessidade nem viram proveito em mencionar qualquer fugitivo no inventário do Visconde em 1852.

Os dados agregados e cruzados permitem afirmar que o recrutamento e as fugas concorreram para a diminuição dos escravos, e análises de casos específicos demonstram que o impacto das fugas em determinadas escravarias foi significativo. Seria possível citar uma porção de exemplos a partir de estudos de caso que demonstram como dezenas de proprietários tiveram perdas que montavam porcentagens significativas de suas propriedades em seres humanos escravizados. Além da *Relação de fugitivos de 1850*, ainda existe outra lista de fugitivos datada de 1851, que, juntas, somam 922 fugitivos pertencentes a 444 senhores de escravos.[64] Isso bastaria para dar uma dimensão das fugas no período, não fosse o fato de os números citados ainda sub-representarem tanto os proprietários quanto os escravos fugidos.

Por fim, cumpre buscar uma explicação para a média mais alta de escravos dos proprietários com até 100 reses de criar em relação aos pequenos e médios criadores (tabela 3). Em primeiro lugar, a diminuição dos rebanhos na segunda metade da década de 1840 acarretou uma migração de parte dos pequenos criadores para a faixa dos agricultores--pastores, bem como dos médios para os pequenos, contribuindo para que, no final das contas, a média dos proprietários com até 100 reses apareça mais elevada. Porém, essa explicação não basta, ainda que seja uma constatação importante. Os agricultores-pastores escravistas tiravam seu sustento principalmente da agricultura, tendo entre seus escravos um número maior de roceiros, que tinham uma mobilidade bem mais restrita quando comparada aos campeiros, presentes em maior número entre os pequenos, médios e grandes criadores. Os escravos campeiros, por sua vez, formavam o núcleo principal dos fugitivos, o que explica que as médias de escravos de todos os criadores com mais de 100 reses tenham sido as mais afetadas pelas fugas de escravizados. Tratava-se, pois, de negros campeiros que trabalhavam em campo aberto e dominavam com destreza a montaria. O domínio dos cavalos em uma extensa fronteira aberta foi um fator diferencial.

*

A expansão da fronteira escravista também alcançou o território oriental, principalmente após a segunda campanha militar iniciada em 1816. Ainda que vigorasse a escravidão no Uruguai, ela foi recrudescida pelos escravistas luso-brasileiros. Conforme Alfredo Castellanos, após a conquista foram concedidas aos oficiais e soldados vastas extensões de terras situadas ao norte da antiga Banda Oriental, em uma zona escassamente povoada, mas com abundância de gado. Vastos campos pertencentes a chefes artiguistas ou que haviam sido abandonados por seus proprietários foram distribuídos entre os luso-brasileiros e, em face da depreciação do valor das terras, outros tantos as adquiriram a preço irrisório. Desde a tomada de Montevidéu em 1817, o general português Carlos Frederico Lecor contou com o apoio da oligarquia oriental contrária à revolução artiguista e, em 30 de janeiro de 1819, firmou um tratado com o Cabildo da cidade através do qual foram cedidos para a anexação do Rio Grande do Sul os territórios situados ao norte do rio Arapey, além das fortalezas de Santa Tereza e São Miguel, em troca da construção de um farol na ilha das Flores e do cancelamento de dívidas contraídas pelo Cabildo.[65]

O tratado era absolutamente nulo segundo o direito internacional, já que fora celebrado entre autoridades do mesmo Estado e sob a coação de um exército invasor, como observa Castellanos. Não surpreende que Duarte da Ponte Ribeiro tenha citado o tratado de 1819 como um dos motivos para a conservação e o incremento da antipatia dos espanhóis para com os portugueses. Pelas bases da incorporação da Cisplatina ao Reino de Portugal, Brasil e Algarves em 1821, através de um "simulacro de Assembleia Nacional" cuja deliberação não chegou a ser ratificada por Dom João VI, acordava-se que os limites reconhecidos seriam os existentes no princípio da "revolução", ao norte do rio Quaraim, sem prejuízo de futura reclamação dos limites de 1777.[66] Os acontecimentos na Europa (Revolução do Porto) e a independência do Brasil deixaram a questão de limites nessa indefinição, pois, não sendo ratificada a incorporação, também não foi estabelecida oficialmente a linha divisória, situação herdada pelo Império quando manteve o domínio da Cisplatina. Embora a jurisdição do território entre os rios Arapey e Quaraim tenha sido mantida pelos orientais, os luso-brasileiros já haviam avançado e ocupado o território. Nenhum dos libertadores do Uruguai deixou de reivindicar os territórios tomados a partir de 1801, ponto importante que teve desdobramentos de transcendência durante a maior parte do século. Os territórios ao norte dos rios Quaraim (a oeste) e Jaguarão (a leste) era ponto definido pelo Império, que não abriria mão deles, a não ser pela força das armas, enquanto conservava a pretensão de uma definição de limites ainda mais ao sul.[67] Quando o governo colorado decretou a abolição em 1842, grande parte do norte do Estado Oriental, fronteiro à província de São Pedro, pertencia a estancieiros rio-grandenses, que também haviam estabelecido suas estâncias com base no trabalho escravo.

No início da guerra de independência no Rio da Prata foram decretadas medidas contra a escravidão. Em 1812, as Províncias Unidas proibiram o tráfico de escravos e, no ano seguinte, a Assembleia Geral Constituinte, reunida em Buenos Aires, decretou a Lei do Ventre Livre, pela qual ninguém mais poderia nascer escravo. Ainda que as leis tenham tido um alcance limitado a Buenos Aires, a liberdade do ventre teve vigência no Uruguai; e, embora muitos casos tivessem que ser disputados nos tribunais, colocara no horizonte a questão da emancipação dos escravos.[68] Com a ocupação luso-brasileira, entre 1817 e 1828, houve um retrocesso das medidas abolicionistas, e a escravidão recrudesceu: não se reconheceu a liberdade do ventre, o tráfico de escravos foi reativado e houve um aumento da população escravizada na fronteira norte do Uruguai.[69]

O peso demográfico dos escravos no norte uruguaio variou em cada comunidade, sendo mais significativo nas regiões de ocupação mais recente, como constatado por Borucki, Chagas e Stalla. Em Rocha, Taquarembó e Cerro Largo, jurisdições limítrofes ao Brasil, a população escravizada antes da Guerra Grande, que teve início em 1839, alcançava índices que variavam entre 25 e 30% da população.[70] Depois de 1835, com o início da Guerra dos Farrapos, centenas de proprietários rio-grandenses emigraram com suas famílias, gado e escravos para o Uruguai, a fim de fugirem das confiscações dos rebeldes, que passaram não somente a saquear os rebanhos como a recrutar compulsoriamente e a incentivar a fuga de escravos dos dissidentes. Ainda que a maioria dos emigrados fosse legalista, muitos republicanos também estabeleceram seus negócios no Uruguai, e ambos levaram seus cativos. Nesse deslocamento, outras centenas de estâncias foram estabelecidas no norte do Estado Oriental e algumas charqueadas foram montadas em Montevidéu.[71]

Uma ideia da expansão luso-brasileira em terras orientais é proporcionada por um levantamento realizado entre junho e setembro de 1850. Por ordens do governo imperial, em 4 de junho de 1850, o presidente da província, José Antônio Pimenta Bueno, exigiu aos comandantes da fronteira a confecção de relações contendo o número de estâncias pertencentes a súditos brasileiros no Estado Oriental, com os nomes dos proprietários, extensão das terras, número de gados e escravos. Em ofício ao ministro dos Estrangeiros Paulino José Soares de Souza, Pimenta Bueno comunicou que, a partir dessa relação, o governo imperial pode "compreender em toda a sua extensão a importância dos prejuízos que os brasileiros estão sofrendo no Estado Oriental", em vista de uma centena de estâncias ter sido embargada por Oribe e mais de 80 terem sido abandonadas pelos seus proprietários.

Na fronteira de Chuí e São Miguel existiam 36 estâncias; ao norte do rio Negro, fronteira com Jaguarão, 154 propriedades; no departamento de Taquarembó, também ao norte do rio Negro, mas fronteiro a Bagé, 87; entre o norte do Arapey Grande e ao sul do Quaraim, entre terras possuídas ou arrendadas, nada menos do que 161 propriedades foram listadas. Embora esta última região fosse uma das mais contestadas, a expansão havia seguido ainda mais para o sul: entre estâncias pertencentes ou arrendadas por brasileiros entre o sul do Arapey e o norte da Coxilha do Haedo, mais 77 estâncias. Ainda há outra relação, mais volumosa, abrangendo diversas localidades, mas bem menos detalhada, que traz apenas o nome e a extensão das terras de três centenas de proprietários. As seis relações, portanto, dão a dimensão da expansão luso-

-brasileira, especialmente nas jurisdições ao norte do Uruguai. A única que traz todas as informações solicitadas, referente à fronteira de Chuí e São Miguel, informa a existência de 36 estâncias, das quais 28 possuíam escravos (77,8%), em número de 208, numa média de 7,4 escravos por proprietário. Pimenta Bueno observou, contudo, que a fronteira de Chuí e São Miguel era aquela em que os brasileiros menos possuíam bens, principalmente em comparação com a fronteira do Quaraim até o Arapey.[72]

Fonte: AGN-A (Archivo General de la Nación – Argentina). "Mapa del Uruguay, coloreado, realizado en el período de la Confederación Argentina 1835/1852". Documentos escritos. Sala VII. Fondo y Colección Angel Justiniano Carranza. Legajo 755.

Entre 1845 e 1850, 47 inventariantes declararam alguma propriedade, arrendamento de campos, invernada ou negócios no Estado Oriental. Para os cinco municípios da fronteira, um quinto dos inventariados, ou 45 brasileiros, possuía gado no Uruguai (não necessariamente eram proprietários de terras), e todos eram senhores de escravos. Pouco mais da metade dos criadores (53,3%) possuía de um a nove cativos, numa média de cinco por proprietário. Um terço possuía entre dez e 19, com média de 13,7; e 15% possuía 20e ou mais escravos, tendo em média de 30,8 cativos. Os inventários não informam em qual jurisdição se encontravam os escravos, mas não é difícil imaginar quem realizava os trabalhos cotidianos das estâncias em ambos os lados da fronteira. As médias bastante altas de escravos apresentadas por esses proprietários sugerem que, dentro desse grupo, os médios e grandes estancieiros foram favorecidos por terem terras no Brasil e no Uruguai, pois puderam se proteger contra o confisco de escravos realizado pelos farrapos. No final da guerra civil, provavelmente retornaram ao Rio Grande do Sul a fim de se protegerem de outro tipo de confisco, desta vez determinado pelas leis de abolição no Uruguai. Essas médias mais altas, por outro lado, realçam ainda mais a perda sofrida pelos criadores que só tinham campos no lado escravista brasileiro, pois, ao que parece, foram os que mais sentiram o impacto das fugas e do recrutamento de escravos.[73]

Não fosse o suficiente, Juan Manuel de Rosas e Manuel Oribe reivindicavam os limites territoriais segundo o tratado de 1777, que compreendiam "todos os povos de Missões, Vilas de Alegrete, Bagé, Jaguarão; todos os estabelecimentos que temos além do Piratini e da Coxilha Grande, e outros", como se referiram os conselheiros de Estado em junho de 1845. No início da década de 1850 nenhum dos contendores duvidava que haveria guerra e que, em caso de invasão, o exército aliado do Rio da Prata ocuparia o território contestado, que então fazia parte da província de São Pedro.[74] Praticamente todos os trabalhos que se dedicaram ao estudo da intervenção militar brasileira no Rio da Prata (final de 1851, início de 1852) sustentam que uma das principais questões que levaram o Brasil à guerra no extremo-sul foi a questão de limites.[75] O que esses estudos não perceberam, contudo, é que, àquela altura, a imprecisa fronteira estava demarcada entre um território livre e outro escravista.

Tal situação não apenas ameaçava a integridade territorial do Estado imperial como punha em risco a própria ordem social baseada na escravidão. O Império escravocrata do sul da América não podia permitir que se chegasse a esse ponto, tampouco os estancieiros rio-grandenses que haviam avançado a fronteira com base no trabalho escravo. Manter a integridade territorial significava manter, ao mesmo tempo, a integridade da escravidão nas zonas ocupadas pelo avanço luso-brasileiro no início do século. Contestar esse território, por sua vez, era deslegitimar a escravidão ali estabelecida, além do fato de que uma guerra pela definição de limites produziria nova clivagem no território escravista.

Notas

1 Em 25 de agosto de 1825, o Governo Provisório declarou a independência da Província Oriental do Rio da Prata. No mesmo dia, a Sala de Representantes sancionou a incorporação às Províncias Unidas do Rio da Prata. O ato de incorporação não elidia a independência oriental, mas optava por manter a antiga "unidade com as demais províncias argentinas". Antonio T. Caravia. *Colleccion de Leyes, Decretos y Resoluciones Gubernativas, Tratados Internacionales, Acuerdos del Tribunal de Apelaciones y Disposiciones de Cáracter Permanente de las demas Corporaciones de la República Oriental del Uruguay por Antonio T. Caravia*, tomo primeiro. Nueva edicion revisada y correjida. Montevideo, 1867, pp. 9-11. Logo depois, a República das Províncias Unidas, futura Confederação Argentina, reconheceu a incorporação, o que fez com que o Brasil lhe declarasse guerra. No final de 1826, já surgira um "partido independentista" na Província Oriental visando livrar-se tanto dos bonaerenses quanto dos luso- -brasileiros, ainda que os orientais estivessem divididos em muitos partidos e os interesses estrangeiros fossem vários, incluindo os da Grã-Bretanha. Inés Cuadro Cawen. "La crisis de los poderes locales. La construcción de una nueva estrutura de poder institucional en la Provincia Oriental durante la guerra de independencia contra el Imperio del Brasil (1825-1828)". In: Ana Frega (coord.). *Historia regional e independencia del Uruguay. Processo histórico y revisión crítica de sus relatos*. Montevideo, Ediciones de la Banda Oriental, 2011, pp. 65-100; Ana Frega. "La mediación británica en la guerra de las Provincias Unidas y el Imperio del Brasil (1826-1828): una mirada desde Montevideo". In: Ana Frega. *Historia regional e independencia del Uruguay*, pp. 101-130. A Convenção Preliminar de Paz foi firmada entre o Brasil e a República das Províncias Unidas do Rio da Prata em 27 de agosto de 1828. Nela ambas concordaram em declarar a independência da antiga Banda Oriental, como se

a luta de libertação não houvesse sido travada pelos próprios orientais. O texto da Convenção encontra-se em Antonio T. Caravia. *Colecção das Leis do Império do Brazil de 1828*. Parte Segunda. Rio de Janeiro, Typographia Nacional, 1867, pp. 121-132.

2   Tau Golin. *A fronteira. Governos e movimentos espontâneos na fixação de limites do Brasil com o Uruguai e a Argentina*. Porto Alegre, L&PM, 2002, vol. 1.

3   Duarte da Ponte Ribeiro. *As relações do Brasil com as Republicas do Rio da Prata de 1829 a 1843*. Rio de Janeiro, Officinas Graphicas do Archivo Nacional, 1936, pp. 4-5, grifo no original.

4   Sobre as mudanças na economia mundial no período, ver Dale Tomich. "A 'segunda escravidão': trabalho escravo e a transformação da economia mundial no século XIX". *Pelo prisma da escravidão. Trabalho, capital e economia mundial*. São Paulo, Edusp, 2011, pp. 81-97.

5   Corcino Medeiros dos Santos. *Economia e sociedade do Rio Grande do Sul: século XVIII*. São Paulo/Brasília, Ed. Nacional/INL/Fundação Nacional Pró--Memória, 1984, pp. 102-103.

6   Luiz Alberto Moniz Bandeira. *O expansionismo brasileiro e a formação dos Estados na Bacia do Prata — Argentina, Uruguai e Paraguai: da colonização à Guerra da Tríplice Aliança* [1985]. 3ª ed. Rio de Janeiro/Brasília, Revan, 1998, p. 40.

7   Gabriel Ribeiro de Almeida. "Memória sobre a tomada dos Sete Povos de Missões da América Espanhola (1806)", transcrita em Hemetério José Velloso da Silveira. *As Missões Orientais e seus Antigos Domínios* [1909]. Porto Alegre, Companhia União de Seguros Gerais, 1979, pp. 67-80 (citação nas páginas 67-68).

8   Elisa Frühauf Garcia. *As diversas formas de ser índio. Políticas indígenas e políticas indigenistas no extremo sul da América portuguesa*. Rio de Janeiro, Arquivo Nacional, 2009, pp. 173-226; Idem. "A conquista das Missões de 1801: história e historiografia em perspectiva indígena". *In*: Fábio Kuhn & Eduardo Neumann (org.). *História do extremo sul. A formação da fronteira meridional da América*. Rio de Janeiro, Mauad X, 2022, pp. 91-116; Karina Melo. *Histórias indígenas em contextos de formação dos Estados argentino, brasileiro e uruguaio. Charruas, guaranis e minuanos em fronteiras platinas (1801-1818)*. Tese de Doutorado. Campinas, Universidade Estadual de Campinas, 2017, pp. 64-96.

9   Manoel Antônio Magalhães. "Almanack da Vila de Porto Alegre (1808)". *In*: Décio Freitas. *O capitalismo pastoril*. Porto Alegre, Escola Superior de Teologia São Lourenço de Brindes, 1980, pp. 76-102 (citações nas páginas 77-81), grifo meu.

10 Luiz Alberto Moniz Bandeira. *O expansionismo brasileiro e a formação dos Estados na Bacia do Prata*, pp. 38-44; Aldo Janotti. "Uma questão mal posta: a teoria das fronteiras naturais como determinante da invasão do Uruguai por D. João VI". *Revista de História*, n. 103, São Paulo, 1975, pp. 315-341.

11 Fernando Henrique Cardoso. *Capitalismo e escravidão no Brasil Meridional. O negro na sociedade escravocrata do Rio Grande do Sul* [1962]. Rio de Janeiro, Civilização

Brasileira, 2003; Berenice Corsetti. *Estudo da charqueada escravista gaúcha no século XIX*. Dissertação de Mestrado. Rio de Janeiro, Universidade Federal Fluminense, 1983; Corcino Medeiros dos Santos. *Economia e sociedade do Rio Grande do Sul*; Helen Osório. *O império português ao sul da América. Estancieiros, lavradores e comerciantes*. Porto Alegre, Editora da UFRGS, 2007, pp. 183-223.

12 Spencer Leitman. *Raízes sócio-econômicas da Guerra dos Farrapos. Um capítulo da história do Brasil no século XIX*. Trad. Sarita Linhares Barsted. Rio de Janeiro, Graal, 1979, pp. 79-102; Luís Augusto Farinatti. *Confins meridionais. Famílias de elite e sociedade agrária na fronteira sul do Brasil (1825-1865)*. Santa Maria, Ed. da UFSM, 2010, pp. 68-77; Gabriel Aladrén. *Sem respeitar fé nem tratados. Escravidão e guerra na formação histórica da fronteira sul do Brasil (Rio Grande de São Pedro, c. 1777-1835)*. Tese de Doutorado. Niterói, Universidade Federal Fluminense, 2012, pp. 50-74.

13 Auguste de Saint-Hilaire. *Viagem ao Rio Grande do Sul*. Trad. Adroaldo Mesquita da Costa. Brasília, Senado Federal/Conselho Editorial, 2002, pp. 106-108.

14 Gabriel Aladrén. *Sem respeitar fé nem tratados*, pp. 60-61 e 74, de onde provêm os números do tráfico de escravos. Os limites estruturais da pecuária e a necessidade de incorporação de fatores de produção arrebatados aos orientais já haviam sido ressaltados por Spencer Leitman. *Raízes sócio-econômicas da Guerra dos Farrapos*, p. 101; Décio Freitas. *O capitalismo pastoril*, pp. 45-47; Luís Farinatti. *Confins meridionais*, pp. 71-72.

15 Fazenda de Santa Isabel, 12 de julho de 1810. José Antônio da Silveira Casado a Bibiano José Carneiro da Fontoura. Arquivo Público do Estado do Rio Grande do Sul (APERS). Livro Notarial de Transmissões e Notas (LNTN), Bagé, livro 2 (1856-1858), ff. 61-62.

16 *Idem, ibidem*.

17 *Idem, ibidem*.

18 Guilhermino Cesar. *O Conde de Piratini e a Estância da Música. Administração de um latifúndio rio-grandense em 1832*. Porto Alegre, Escola Superior de Teologia São Lourenço de Brindes, 1978, pp. 37-48. Antecipa, na verdade, até mesmo as instruções de Juan Manuel de Rosas, redigida, segundo uns, em 1825 e, segundo outros, em 1819. Juan Manuel de Rosas. *Instrucciones a los mayordomos de estancias*. 1. ed. 6. reimp. Buenos Aires, Theoría, 2007.

19 Fazenda de Santa Isabel, 12 de julho de 1810. José Antônio da Silveira Casado a Bibiano José Carneiro da Fontoura. APERS, LNTN, Bagé, livro 2, 1856-1858, ff. 61-62.

20 Testamento do Cirurgião-Mor Manoel Francisco de Bastos. APERS, Provedoria de Rio Pardo, Comarca do Rio Grande do Sul e de Santa Catarina, cx. 007.0342, processo n. 94, 1790; Inventário *post mortem* do Cirurgião--Mor Manoel Francisco de Bastos, processo n. 3, 1788. *In*: Rio Grande do Sul. Secretaria da Administração e dos Recursos Humanos. Departamento

de Arquivo Público. *Documentos da Escravidão. Inventários. O escravo deixado como herança*. Bruno Stelmach Pessi (coord.). Porto Alegre, Companhia Rio--Grandense de Artes Gráficas (Corag), 2010, vol. 1, p. 87.

21 Helen Osório. *O império português ao sul da América*, pp. 146-160; Luís Augusto Farinatti. *Confins meridionais: famílias de elite e sociedade agrária na fronteira sul do Brasil (1825-1865)*. Tese de Doutorado. Rio de Janeiro, Universidade Federal do Rio de Janeiro, 2007, pp. 290-297; Thiago Leitão de Araujo. *Escravidão, fronteira e liberdade. Políticas de domínio, trabalho e luta em um contexto produtivo agropecuário (vila da Cruz Alta, província do Rio Grande de São Pedro, 1834-1884)*. Dissertação de Mestrado. Porto Alegre, Universidade Federal do Rio Grande do Sul, 2008, pp. 38-115.

22 Fazenda de Santa Isabel, 12 de julho de 1810. José Antônio da Silveira Casado a Bibiano José Carneiro da Fontoura. APERS, LNTN, Bagé, livro 2, 1856-1858, ff. 61-62.

23 Fábio Kühn. *Gente da fronteira. Família e poder no continente do Rio Grande (Campos de Viamão, 1720-1800)*. São Leopoldo, Oikos, 2014, pp. 117-118 e 232. Ainda conforme Kühn (p. 233), José Antônio, pai de Bibiano, "casou com uma moça oriunda da família Carneiro da Fontoura, uma das pouquíssimas verdadeiramente nobres do Continente".

24 Sobre a aquisição de terras e a pilhagem de gado, frutos da conquista, ver abaixo.

25 Inventário *post mortem* de Manoel José Pires, processo n. 1142, 1833. In: *Documentos da Escravidão. Inventários*, vol. 1, p. 452.

26 Inventário *post mortem* do coronel José Antônio da Silveira Casado. APERS, Comarca do Rio Grande de São Pedro e Santa Catarina, 1º Cartório de Órfãos de Porto Alegre, cx. 04.822, processo n. 644, 1819.

27 Manoel A. Magalhães, "Almanack da Vila de Porto Alegre (1808)", p. 94.

28 A referência à localidade das fazendas foi retirada do inventário de Bibiano. Inventários *post mortem* de Anna Barbará Macedo da Fontoura e do coronel Bibiano José Carneiro da Fontoura. APERS, Comarca de Porto Alegre, 2º Cartório de Órfãos de Porto Alegre, cx. 04.1439, processo n. 158, 1857/1861.

29 O testamento encontra-se anexo ao inventário. Inventário *post mortem* do coronel José Antônio da Silveira Casado. APERS, Comarca do Rio Grande de São Pedro e Santa Catarina, 1º Cartório de Órfãos de Porto Alegre, cx. 04.822, processo n. 644, 1819.

30 Jonas Vargas. *Pelas margens do atlântico. Um estudo sobre elites locais e regionais no Brasil a partir das famílias proprietárias de charqueadas em Pelotas, Rio Grande do Sul (século XIX)*. Tese de Doutorado. Rio de Janeiro, Universidade Federal do Rio de Janeiro, 2013, pp. 129, 131, 135-136, 450 e 458-459.

31 Inventário *post mortem* de Dona Maria Joaquina de Castro. APERS, Comarca do Rio Grande, 1º Cartório Cível de Rio Grande, maço 3, processo n. 74, 1840.

32 Inventário *post mortem* do coronel Antônio José da Silveira Casado. APERS, Comarca do Rio Grande de São Pedro e Santa Catarina, 1º Cartório de Órfãos de Porto Alegre, cx. 04.822, processo n. 644, 1819.
33 Velloso da Silveira. *As Missões Orientais*, p. 393.
34 *Apud* Tau Golin, *A fronteira*, vol. 1, p. 327.
35 Bibiano José Carneiro da Fontoura a Isidoro Belmonte Ursua de Montojos, Porto Alegre, 4 de agosto de 1845. APERS, LNTN, Bagé, 13 de abril de 1857, livro 2, 1856-1858, ff. 62v-63v, grifos meus.
36 Inventários *post mortem* de Anna Barbará Macedo da Fontoura e do coronel Bibiano José Carneiro da Fontoura. APERS, Comarca de Porto Alegre, 2º Cartório de Órfãos de Porto Alegre, cx. 04.1439, processo n. 158, 1857/1861.
37 Velloso da Silveira, *As Missões Orientais*, pp. 102-104.
38 *Idem*, p. 105.
39 Inventários *post mortem* dos Cartórios da Vara de Família, Provedoria e Cível dos municípios de Bagé, Alegrete, Santana do Livramento, Uruguaiana e Jaguarão. APERS, 1845-1850. Foram analisados todos os inventários dos cinco municípios, totalizando 217 processos: Bagé (40 inventários), Alegrete (54), Santana do Livramento (22), Uruguaiana (31), Jaguarão (70). Para maiores informações, vide fontes.
40 Hortensio Sobrado Correa. "Los inventarios *post-mortem* como fuente privilegiada para el estudio de la historia de la cultura material en la edad moderna". *Hispania*, 63/1, n. 215, 2003, pp. 825-862 (citações nas páginas 834-835).
41 Os criadores com até cem reses podem ser denominados agricultores--pastores, pois, em decorrência do número de animais, obtinham seu sustento principalmente da agricultura. Helen Osório. *O império português*, pp. 79-179; Luís Augusto Ebling Farinatti. "Um campo de possibilidades: notas sobre as formas de mão de obra na pecuária (Rio Grande do Sul, século XIX)". *História*, São Leopoldo, Unisinos, n. 8, vol. 7, jul./dez. 2003.
42 Thiago Leitão de Araujo. *Escravidão, fronteira e liberdade*, p. 38 ss.
43 Vários são os exemplos. APERS. Inventário *post mortem* de Luís Antônio de Camargo e de José Bernardes da Silva. Cartório da Vara de Família, Comarca de Missões, Alegrete, cx. 009.0164, processo n. 98, 1849; Inventário *post mortem* de Maria Teresa de Jesus. Cartório da Vara de Família, Comarca de Missões, Alegrete, cx. 009.0164, processo n. 99, 1849; Inventário *post mortem* de Joaquim Alves Duca. Cartório da Vara de Família, Comarca de Rio Pardo, Bagé, cx. 016.0093, processo n. 38, 1846; Inventário *post mortem* de Josefina das Chagas Rocha e seu marido Manoel da Costa Leite. Cartório de Órfãos e Ausentes, Comarca de Rio Pardo, Santana do Livramento, cx. 165, processo n. 9, 1847; Inventário *post mortem* de Antônio Francisco Ferreira. Cartório da Vara de Família, Comarca de Missões, Uruguaiana, cx. 095.0278, processo n. 16, 1845; Inventário *post mortem* de José Antônio Carneiro. Cartório da Vara

de Família, Comarca de Missões, Uruguaiana, cx. 095.0278, processo n. 26, 1847; Inventário *post mortem* de José da Câmara Canto. Cartório da Vara de Família, Comarca de Missões, Uruguaiana, cx. 095.0278, processo n. 19, 1846. Ver, ainda, "Relatório do Presidente da Província de São Pedro do Rio Grande do Sul o Tenente General Francisco Joze de Souza Soares de Andrea na Abertura da Assembleia Legislativa Provincial no 1º de Junho de 1849. Acompanhado do orçamento da receita e despeza para o anno de 1849-1850". Porto Alegre, Typographia do Porto-Alegrense, 1849, p. 10.

44 O mapa apresenta informações detalhadas para poucos municípios, em outros somente para alguns distritos, além de as informações não serem constantes (algumas regiões, por exemplo, discriminam os peões empregados no costeio do gado entre livres e escravos, a maioria não). No caso dos rebanhos, o levantamento, aparentemente, é mais completo. "Mappa numérico das Estancias existentes dos diferentes Municipios da Provincia, de que até agora se tem conhecimento oficial, com declaração dos animaes que possuem, e crião por anno, e do numero de pessoas empregadas no seu costeio". Arquivo Histórico do Rio Grande do Sul (AHRS), Fundo Estatística, maço 2 (1823--1944), documento avulso.

45 Isto é, presumo que as médias mais altas em 1858 apontam um crescimento do gado vacum a partir de 1850 (por reprodução, principalmente) e que, cotejando as médias com o número aproximado de estâncias, se pode ter uma ideia aproximada da diminuição dos rebanhos entre 1845-1850.

46 Helen Osorio, *O império português*, p. 168; Thiago Leitão de Araujo, *Escravidão, fronteira e liberdade*, p. 42 ss.

47 Veja a discussão no capítulo 2.

48 Spencer Leitman. "Negros farrapos: hipocrisia racial no sul do Brasil no século XIX". *In*: José Hildebrando Dacanal (org.). *A Revolução Farroupilha: história & interpretação*. Porto Alegre, Mercado Aberto, 1985, pp. 61-78; Moacyr Flores. *Negros na Revolução Farroupilha: traição em Porongos e farsa em Ponche Verde*. 2ª ed. rev. e ampl. Porto Alegre, EST, 2010; Silmei Sant'ana Petiz. *Buscando a liberdade: as fugas de escravos da província de São Pedro para o além fronteira (1815-1851)*. Passo Fundo, UPF, 2006; César Augusto Barcellos Guazzelli. "Libertos, gaúchos, peões livres e a Guerra dos Farrapos". *In*: Monica Duarte Dantas (org.). *Revoltas, motins, revoluções: homens livres pobres e libertos no Brasil do século XIX*. São Paulo, Alameda, 2011, pp. 231-261; Daniela Vallandro de Carvalho. *Fronteiras da liberdade: experiências negras de recrutamento, guerra e escravidão (Rio Grande de São Pedro, c. 1835-1850)*. Tese de Doutorado. Rio de Janeiro, Universidade Federal do Rio de Janeiro, 2013.

49 Inventário *post mortem* de José Dutra da Silveira. APERS, Cartório da Vara de Família e Sucessão, Comarca de Piratini, Jaguarão, cx. 008.0037, processo n. 229, 1848.

50 Inventário *post mortem* de José Moreira Lopes. APERS, Cartório da Provedoria, Comarca de Missões, Alegrete, cx. 009.0273, processo n. 26, 1845.

51 Inventário *post mortem* de Cipriana Maria Gonçalves. APERS, Cartório da Vara de Família e Sucessão, Comarca de Piratini, Jaguarão, cx. 008.0037, processo n. 227, 1848.

52 Inventário *post mortem* de João Pereira de Lima. APERS, Cartório da 1ª Vara de Família, Comarca de Missões, Uruguaiana, cx. 095.0279, processo n. 52, 1850.

53 Inventário *post mortem* de Apolinário Antônio de Jesus. APERS, Cartório da 1ª Vara de Família, Comarca de Missões, Uruguaiana, cx. 095.0279, processo n. 47, 1850.

54 Inventário *post mortem* de Dona Isabel Maria de Camargo. APERS, Cartório da 1ª Vara de Família, Comarca de Missões, Uruguaiana, cx. 095.0279, processo n. 35, 1848, e inventário da mesma senhora aberto na 1ª Vara Cível de Uruguaiana, Comarca de Missões, cx. 095.0001, 1850.

55 Manolo Florentino & Marcia Amantino. "Fugas, quilombos e fujões nas Américas", *Análise Social*, vol. 47, n. 203, 2012, pp. 236-267 (citações nas páginas 238 e 241).

56 *Relação e descrição dos escravos (por proprietários) fugidos da província para Entre--Rios, Corrientes, Estado Oriental, República do Paraguai e outras províncias brasileiras.* AHRS, Fundo Estatística, documentação avulsa, maço 1, 1850. No texto, a partir de agora, denomino *Relação de fugitivos de 1850*. Uma análise detalhada dos debates diplomáticos que levaram à confecção e organização da relação é realizada no sexto capítulo.

57 Inventário *post mortem* de Balbina Antônia Ferreira. APERS, Cartório da 1ª Vara de Família, Comarca de Missões, Uruguaiana, cx. 095.0278, processo n. 31, 1848; "Relação e descrição dos escravos (por proprietários) fugidos...". AHRS, Fundo Estatística, maço 1, 1850.

58 Para os inventários, utilizei as informações constantes em Rio Grande do Sul. Secretaria da Administração e dos Recursos Humanos. Departamento de Arquivo Público. *Documentos da Escravidão. Inventários. O escravo deixado como herança*. Bruno Stelmach Pessi (coord.). Porto Alegre, Companhia Rio--Grandense de Artes Gráficas (CORAG), 2010, 4 vol.

59 "Relação e descrição dos escravos (por proprietários) fugidos...". AHRS, Fundo Estatística, maço 1, 1850; Inventários *post mortem* de Uruguaiana, 1845-1850. APERS, Comarca das Missões, Uruguaiana, 1ª Vara Cível, cx. 095.0001; 1ª Vara de Família, cx. 095.0278 e 095.0279.

60 *Documentos da Escravidão. Inventários*, vol. 4, Jaguarão, processo n. 613, 1874, p. 70; "Relação e descrição dos escravos (por proprietários) fugidos...". AHRS, Fundo Estatística, maço 1, 1850.

61 *Documentos da Escravidão. Inventários*, vol. 2, Rio Grande, processo n. 536, 1847, p. 217; "Relação e descrição dos escravos (por proprietários) fugidos...". AHRS, Fundo Estatística, maço 1, 1850.

62 Inventário *post mortem* de Dona Maria Joaquina de Castro. APERS, Comarca do Rio Grande, 1º Cartório Cível de Rio Grande, maço 3, processo n. 74,

1840; Inventário *post mortem* do Visconde do Jaguari. APERS, Comarca do Rio Grande, 1º Cartório da Vara Cível de Pelotas, maço 24, processo n. 348, 1852; "Relação e descrição dos escravos (por proprietários) fugidos...". AHRS, Fundo Estatística, maço 1, 1850.

63 Sobre a entrega e captura de negros farrapos e sua posterior remessa ao Rio de Janeiro, bem como o destino deles na Corte, ver Daniela Vallandro de Carvalho. *Fronteiras da liberdade*, esp. pp. 206-257. Tirei as informações dos dois escravos do Visconde do Jaguari do anexo 5 (pp. 309-311). Tratava-se dos negros Domingos Antiqueira, adido do 3º Regimento, e Joaquim Antiqueira, adido do 2º Regimento.

64 "Rellação dos Escravos fugidos da Província do Rio Grande cujos proprietários me authorizarão por suas cartas de Ordens para captura-los, conforme os signaes de cada hum 1851". *Processo Crime. Parte: a justiça. Réus: Maria Duarte Nobre, e Manoel Marques Noronha*. APERS, Comarca de Rio Grande, Tribunal do Júri (Juízo de Direito da Comarca do Rio Grande em Pelotas), processo n. 442, cx. 006.0309 (antigo maço 10a), 1854, ff. 40-44v.

65 Segundo Castellanos, a região entre os rios Arapey e Quaraim compreendia mais de 100 mil quilômetros quadrados. Alfredo Castellanos. *La Cisplatina, la independencia y la republica caudillesca (1820-1838)* [1974]. Montevideo, Ediciones de la Banda Oriental, 2011, p. 7 ss.

66 *Idem*, pp. 14-15; Duarte da Ponte Ribeiro. *As relações do Brasil com as Republicas do Rio da Prata*, pp. 4-5. O "simulacro de Assembleia Nacional, composta não de deputados livremente eleitos por esse povo, mas escolhidos e convocados" por Lecor, foi referido pelo ministro de Dom João VI, Silvestre Pinheiro Ferreira, em ofício endereçado a Lecor, onde reprovava sua conduta. José Antônio Soares de Souza. "O Brasil e o Rio da Prata até 1828". *In*: Sérgio Buarque de Holanda. *História geral da civilização brasileira*. São Paulo/Rio de Janeiro, DIFEL, 1976, t. 2, O Brasil monárquico, vol. O processo de emancipação, pp. 300-328 (citação na p. 324).

67 Tau Golin. *A fronteira*, vol. 1, pp. 311-378.

68 Ana Frega *et al*. "Esclavitud y abolición en el Río de la Plata en tiempos de revolución y república". *La ruta del esclavo en el Río de la Plata*. Montevideo, Unesco, 2005.

69 *Idem*; Alex Borucki. *Abolicionismo y tráfico de esclavos en Montevideo tras la fundación republicana (1829-1853)*. Montevideo, Biblioteca Nacional/Universidad de la Republica/Facultad de Humanidades y Ciencias de la Educación, 2009, p. 34; Gabriel Aladrén. *Sem respeitar fé nem tratados*, pp. 278-284.

70 Alex Borucki; Natalia Stalla & Karla Chagas. *Esclavitud y trabajo. Un estudio sobre los afrodescendientes en la frontera uruguaya – 1835-1855*. 2ª ed. Montevideo: Mastergraf, 2009 [2004], pp. 161-173 e 181; Natalia Stalla. "A população de origem africana e afrodescendente no litoral e na fronteira do Estado Oriental na década de 1830: um olhar comparativo através dos censos". *In*:

Keila Grinberg (org.). *As fronteiras da escravidão e da liberdade no sul da América*. Rio de Janeiro, 7Letras, 2013, pp. 43-68. Ver ainda Eduardo Palermo. *Tierra esclavizada: el norte uruguayo en la primera mitad del siglo 19*. Montevidéu, Tierradentro, 2013, pp. 181-196 e 245-252. Embora a maioria dos escravizados pertencesse a proprietários brasileiros, muitos estavam em posse de senhores uruguaios e de outros estrangeiros, de modo que não se pode tomar tais números como se todos fossem escravos de súditos do Império.

71 Arquivo Histórico do Itamaraty, RJ. Missões Diplomáticas Brasileiras, Montevidéu, ofícios, códice 221-3-3, notas n. 45, 46, 79 e 82, de 9 e 13 de agosto e de 23 e 28 de dezembro de 1842, respectivamente.

72 As relações estão reproduzidas no *Relatório da Repartição dos Negócios Estrangeiros apresentado à Assembleia Geral Legislativa na terceira sessão da oitava legislatura pelo respectivo Ministro e Secretario de Estado Paulino José Soares de Souza*. Rio de Janeiro, Typographia Universal de Laemmert, 1851. Anexo A, Negócios do Rio da Prata, pp. 36-73 (citação na página 40). Sobre as relações, ver, ainda, Susana Bleil de Souza & Fabrício Pereira Prado. "Brasileiros na fronteira uruguaia: economia e política no século XIX". *In*: Luiz Alberto Grijó *et al*. *Capítulos de história do Rio Grande do Sul*. Porto Alegre, Editora da UFRGS, 2004, pp. 121-145; e, especialmente, Carla Menegat. "Em interesse do Império, além do Jaguarão: os brasileiros e suas propriedades na República Oriental do Uruguai". *In*: Keila Grinberg. *As fronteiras*, pp. 91-110, que contabilizou 843 propriedades, pertencentes a 828 brasileiros.

73 Inventários *post mortem* dos Cartórios da Vara de Família, Provedoria e Cível dos municípios de Bagé, Alegrete, Santana do Livramento, Uruguaiana e Jaguarão. APERS, 1845-1850. Evidentemente, todos que tinham campos no Uruguai eram proprietários de terras, gado e escravos na província do Rio Grande do Sul, onde foram realizados os inventários. A média geral de escravos para esse grupo (um quarto do total de inventariados com escravos, ou 45 proprietários) montava a 11,5 cativos; enquanto, para os que possuíam propriedades somente no Rio Grande do Sul (140 escravistas), a média era de 7,3 escravos.

74 *Consultas da Seção dos Negócios Estrangeiros*, vol. 1. Consultas de 1842-1845. Direção, introdução e notas de José Francisco Rezek. Brasília, Câmara dos Deputados, 1978, p. 349. Sobre a reivindicação de limites, ver Nota de 16 de setembro de 1849. AHRS, Avisos do Ministério dos Estrangeiros, códice B-1.27 (1847-1853).

75 Wilma Peres da Costa. *A espada de Dâmocles. O Exército, a Guerra do Paraguai e a crise do Império*. São Paulo, Hucitec/Editora da Unicamp, 1996; Tau Golin. *A fronteira*, vol. 1, pp. 311-378; Idem. *A fronteira. Os tratados de limites Brasil – Uruguai – Argentina, os trabalhos demarcatórios, os territórios contestados e os conflitos na bacia do Prata*. Porto Alegre, L&PM, 2004, vol. 2, pp. 7-23; Gabriela Nunes Ferreira. *O Rio da Prata e a consolidação do Estado imperial*. São Paulo, Hucitec, 2006.

2

TRÁFICO ILEGAL DE AFRICANOS E A ECONOMIA DO CHARQUE

> Nestes últimos cinco ou seis anos muitos escravos têm sido importados no Rio Grande do Sul, e creio que continuam a ser introduzidos diariamente naquela província, onde antes não havia um só. [...] Espero que o porto de Rio Grande esteja agora vigiado em consequência de uma recomendação que fiz ao Commodoro Herbert, a fim de evitar a espécie de mistério que existe a respeito da entrada do porto, mistério que me parece se faz de propósito para facilitar o tráfico.[1]

Lorde Howden, ministro britânico no Brasil, deu seu testemunho na Câmara dos Lordes em 25 de abril de 1849, na comissão instaurada para inquirir sobre os melhores meios a adotar para a extinção do tráfico da escravatura. Segundo relatou, os escravos traficados para o Rio Grande do Sul geralmente eram levados a Pelotas para dali serem distribuídos pela província, e pela "maior parte são da mesma raça dos que vão para a Bahia", procedentes do norte da linha do Equador. "Provavelmente a sua superior capacidade faz com que sejam preferidos pelos criadores de gado". Howden referia-se aos "africanos minas", cujo nome originava-se "de um lugar chamado Elmina, ao nascente, não muito longe de Cape Coast". Localizou a região de proveniência dos minas entre Whydah (Uidá) e Lagos, onde, de fato, se encontravam os principais portos escravistas do chamado golfo do Benim, na África Ocidental, e de onde, afirmou, se originavam quase todos os escravos importados na Bahia.[2]

Segundo a vossa declaração – lhe foi perguntado – os escravos minas são importados exclusivamente na Bahia e no Rio Grande do Sul? "Não digo exclusiva, mas principalmente; estou certo que existem agora 15 mil escravos no Rio Grande do Sul, e há 5 anos não poderiam existir mais de 500". Sobre "a causa desta mudança de circunstâncias", respondeu ter havido há alguns anos uma rebelião na província (referia--se à Guerra dos Farrapos) que levou muitos indivíduos a emigrarem para o Uruguai, multiplicando assim "extraordinariamente o gado bravio". Ademais, o comércio aumentara em consequência da guerra no Rio da Prata, "e assim acharam os traficantes de escravos um favorável ensejo para as suas criminosas especulações, suprindo a falta de braços com cativos africanos".[3]

Das informações prestadas pelo ministro britânico emergem pistas sobre o período do contrabando negreiro para o sul, proibido no Brasil desde 7 de novembro de 1831 – tema ainda pouco conhecido e explorado da escravidão sulina, em parte pela alegada escassez de fontes decorrente da ilegalidade do tráfico. A lei de 1831, aprovada na esteira do tratado antitráfico anglo-brasileiro de 1826, declarava livre todos os escravos vindos de fora do Império e impunha penas aos importadores de escravos. Conforme seu artigo primeiro, "todos os escravos que entrarem no território ou portos do Brasil, vindos de fora, ficam livres". Nos primeiros anos após sua aprovação as autoridades regenciais procuraram obstar o tráfico, e o número de africanos contrabandeados diminuiu, embora não tenha cessado. A partir de meados da década, no entanto, o tráfico foi retomado em larga escala, para o que cumpriu papel decisivo a aliança tácita de políticos ligados ao regresso conservador e cafeicultores do Sudeste brasileiro. Entre 1831 e 1850, centenas de milhares de africanos foram introduzidos e escravizados ilegalmente em território brasileiro.[4]

No início de 1847, lorde Howden foi enviado em missão especial a Buenos Aires e Montevidéu, seguindo depois para a Corte imperial no Rio de Janeiro, onde atuou como embaixador entre agosto de 1847 e abril de 1848 (no entanto, ao que parece, ainda continuava atuando como agente britânico no Brasil no começo de 1849, como se depreende de seu depoimento). Aportou no Rio de Janeiro com instruções para negociar um novo tratado antitráfico, seguindo o modelo do que fora firmado (coercitivamente) com Portugal em 1842, e não deveria reatar negociações para um tratado comercial com o Brasil antes de resolvida a primeira questão. Segundo Leslie Bethell, como se não chegasse a um acordo, em vista de o governo brasileiro impor como condição a revogação do Bill Aberdeen de 1845, lei unilateral da Grã-Bretanha para a repressão do tráfico de escravos, Howden, "por natureza pouco paciente", passou a "adotar uma linha mais dura".[5]

O ministro britânico, portanto, estava muito bem informado das questões relativas ao contrabando negreiro (que somente no biênio 1847--1848 ultrapassou a cifra de 130 mil africanos traficados).[6] Embora os números que citou da população escrava não correspondam à população escravizada existente no Rio Grande do Sul, seu testemunho dá uma dimensão aproximada do aumento do tráfico para a província, que, de fato, contou com uma porcentagem significativa de africanos provenientes da África Ocidental. Não menos importante, data com exatidão o momento de uma introdução mais significativa de escravos e localiza parte de suas circunstâncias políticas e econômicas, não se equivocando ao supor que eles continuassem sendo introduzidos nos idos de 1849.

Este capítulo segue as pistas que Lorde Howden deixou, mas procurando ir além. Num primeiro momento analiso a correlação entre a exportação de charque e o aumento na importação de escravos para o Rio Grande do Sul no decorrer da década de 1840, quando em espaço de apenas três anos a produção de carne-seca triplicou. Como o capítulo anterior centrou-se especificamente na escravidão na região de fronteira, analiso números da demografia escrava em Pelotas, Rio Grande e Porto Alegre, e enfatizo o crescimento tanto dos oeste-africanos (minas e nagôs) quanto dos escravos provenientes do Congo Norte (especialmente congos e cabindas) na população africana escravizada dessas regiões. A introdução significativa de escravizados nagôs em Rio Grande e Pelotas, bem como sua concentração nas charqueadas deste último município, possibilitou a articulação de uma bem tramada conspiração insurrecional marcada para romper no início de 1848.

*

Após o ataque e a tomada de Pelotas pelas forças farrapas em 1836, feito que obrigou os proprietários legalistas a fugirem para o município vizinho de Rio Grande,[7] a produção de charque foi desorganizada, e no ano seguinte foram exportadas apenas 156 mil arrobas, ou 2.292 toneladas. A ocupação de Pelotas – principal centro produtor de charque, mas não o único – não durou muito, e em 1839 a província já dava sinais de retomada da produção (6.361 toneladas). Em 1841 se exportaram 8.818 toneladas, quatro vezes o que havia sido em 1837, mas foi em 1843 que a produção deu um salto estupendo, dobrando a quantidade de charque exportado dois anos antes (16.344 toneladas). Os desdobramentos da Guerra dos Farrapos tiveram repercussões no desenvolvimento econômico provincial. Se os primeiros anos de conflito levaram a uma diminuição da produção de charque – no que também pesaram os vários cercos a Porto Alegre, capital da província –, no início da década de 1840 o quadro sofreu alterações. As hostes farrapas foram obrigadas a se circunscreverem na zona de fronteira, de onde podiam se refugiar mais facilmente no lado oriental quando cercados ou fustigados pelos imperiais. A situação piorou para os rebeldes a partir do final de 1842, quando o general Caxias assumiu o comando das tropas imperiais, fazendo com que os efeitos da guerra na região da laguna (Rio Grande, Pelotas e São José do Norte) fossem cada vez menos sentidos. Exatamente na mesma época, a guerra no Rio da Prata tornou-se efetiva e o território oriental foi ocupado pelos exércitos de Juan Manuel de Rosas e de Manuel Oribe, levando a uma crescente desorganização da produção no Uruguai.[8]

Fonte: vide nota.[9]

Em 1845, com o fim da luta entre farrapos e imperiais e o recrudescimento da guerra no estado vizinho, a exportação de charque dobrou novamente (33.256 toneladas), e entre 1846 e 1848, em média, foram exportadas 36.422 toneladas. No ano seguinte a exportação ainda se manteve pouco acima das 30 mil toneladas, mas entre 1850 e 1853 alcançou em média 25.681 toneladas. Várias são as causas da diminuição da produção de charque a partir de 1849, embora a ênfase geralmente seja colocada num ponto específico, fazendo eco às reclamações dos charqueadores e estancieiros escravistas da província. Para Jonas Vargas, o principal motivo para a diminuição das exportações teria sido a proibição da passagem de gado do Uruguai para o Brasil, decretada por Oribe no início de 1848, medida que causou grande prejuízo aos produtores do Rio Grande do Sul. Em vista do decreto e dos vexames sofridos por brasileiros no Estado Oriental, prossegue o autor, a elite política e econômica da província se mobilizou a fim de pressionar o governo imperial a intervir militarmente no Uruguai. Ainda que o Império tivesse interesses específicos, no início da década de 1850 eles convergiram com os dos proprietários rio-grandenses, pois ambos queriam a derrocada dos *blancos*.[10]

A guerra no Rio da Prata (1851-1852) é questão complexa, como veremos. Por ora, importa ouvir outras vozes e ponderar elementos diversos na equação. A Guerra dos Farrapos teve sua parte na diminuição do rebanho e na desorganização dos trabalhos pecuários, mas não na diminuição das exportações, já que o salto no comércio de charque ocorreu ainda durante o conflito e a queda, somente alguns anos depois. De grande importância foram a seca e a peste que assolaram a província na segunda metade da década de 1840, dizimando milhares de animais. Os estancieiros da campanha tiveram que enfrentar essa situação num momento em que procuravam retomar o costeio e a criação de gado após a guerra, fato que potencializou os efeitos da seca que se espalhou pelos campos e da peste que abateu o gado. Lúcio Bueno da Rocha, por exemplo, declarou em 1847 que "pela peste, seca e revolução desta província não podem as fazendas existir bem costeadas; por isso que não podendo saber ao certo o número de gado que existe, só dá a inventário 375 reses xucras de criar e 155 ditas mansas".[11] Joaquina do Canto possuía vastas extensões de terra em Uruguaiana, três escravos e três mil reses, embora esse número fosse incerto devido ao "extravio e peste que os gados sofreram, assim como pela falta de costeio por causa da revolução".[12]

Segundo o inventariante Militão José do Campo, também era "da maior notoriedade a grande e geral perda dos gados que sobreveio nesses tempos, tanto que talvez nem um só fazendeiro, cujas estâncias se achavam alçadas, não perdessem mais de 2/3 de todos os seus gados dos anos de 1847 a 1850; tanto por causa da seca e da peste como [do] excessivo furto de gados que se tornaram como rés nulos, ou bens sem dono que pertencia a quem os pegava".[13] A declaração de Militão talvez fosse exagerada, mas dá conta dos problemas que enfrentavam os estancieiros nesses anos. Umbelina Firmina da Câmara declarou possuir 3.540 reses em 1846, "mas sucede que as secas e outros inconvenientes deram lugar a grande extravio nesse gado; e para que lhe não prejudique o prejuízo, que apenas hoje existe 2.500 reses".[14] Essa declaração foi dada dois anos após a descrição dos bens, e a perda de gado montava mil reses de criar. Os estancieiros tiveram de lidar com fenômenos que não podiam controlar, situação que seria agravada com a proibição da passagem de gado do Uruguai para o Brasil, mas eles raramente colocavam em questão a própria administração com que geriam seus empreendimentos. Ainda assim, os métodos de criação e a comercialização do gado não passaram despercebidos a contemporâneos, e críticas contundentes foram feitas.

Em meados de 1849, o presidente Soares de Andrea relatou que o "gênio da destruição" tinha se apoderado dos habitantes da província. Não bastasse a peste que devorara "imensos animais vacuns", os estancieiros, em vez de remediar "este grande flagelo", procuravam "extinguir de todos as raças, vendendo para as charqueadas até as vacas de criação". Observou com espanto que havia estancieiros que as vendiam, negociantes que as compravam e charqueadores que as abatiam, "e todos gritam que o negócio está perdido, sem repararem que são mesmo eles a causa principal deste mal". Matavam milhares de éguas apenas para aproveitarem a graxa, conservavam suas estâncias alçadas, negavam rodeio aos vizinhos, e eram pouco escrupulosos com seu próprio gado. Chegavam a ponto de, mesmo com os campos despovoados de animais, mandarem tropas às charqueadas, prática que necessitava algum remédio, na avaliação do presidente. Segundo ponderou, "além da falta real de gado que sofre esta província, e por consequência tem diminuído, e continuará a diminuir a exportação de charque, e dos couros, tem sido este mal aumentado pela proibição que por muito tempo existe, de passarem gados do Estado Oriental para este lado".[15]

No início do ano, Soares de Andrea já havia tratado do assunto com o ministro dos estrangeiros, Visconde de Olinda. Relatou as medidas decretadas por Oribe, em especial o estabelecimento de charqueadas no Buceo, a proibição da passagem de gado e o levantamento de milhares de reses de brasileiros no Uruguai, situação que tinha exaltado os estancieiros em ambos os lados da fronteira, muitos dos quais queriam um rompimento para pôr tudo a "ferro e fogo". A seu modo de ver, todavia, se as charqueadas sofriam a falta de animais, isso se devia ao elevado preço que se pedia pelos gados, e a escassez que "nem faz conta charquear, nem há o que, e deste modo terá este gênero de subir a grande preço", concluindo taxativamente que "a peste que deu o ano último no gado vacum é a primeira causa da escassez de gado".[16] A mortandade de 1848 foi sentida no ano seguinte, justamente quando as exportações começam a diminuir, com leve retomada em 1851 e queda acentuada em 1852. Segundo Sebastião Ferreira Soares, a província sofreu muito com a guerra fratricida de nove anos, "e depois pela peste que desde 1845 até 1851 devastou os seus gados".[17]

A queda nas exportações de charque, no entanto, não teve o mesmo impacto dependendo da região em análise. As rendas de mesas provinciais, onde se cobravam os impostos de exportação, acusam diferenças significativas entre os portos de Porto Alegre, São José do Norte e Rio Grande, o que significa dizer que a análise dos dados agregados perde especificidades importantes da economia. Em 1852 a exportação de charque apresentou uma queda de 39,2% em relação ao que fora exportado em 1848; mas, se a intenção é destacar os efeitos das medidas de Oribe na baixa das exportações, mais correto seria considerar o ano de 1851, quando elas ainda estavam em vigor e o caudilho dominava a maior parte do território oriental.[18]

Em 1851 a província exportou 22,3% a menos do que em 1848, uma queda significativa, mas não tão acentuada como a que aconteceria em 1852. Acontece que as charqueadas que mais sentiram a falta de gado foram as localizadas próximas à capital, especialmente as de Triunfo. As exportações pela alfândega de Porto Alegre sofreram uma diminuição de 47% em 1851 e de 67,8% no ano seguinte, em comparação com 1848. A queda em São José do Norte foi de 36% e 53%, respectivamente. O porto da cidade de Rio Grande, principal escoadouro da produção deste município e de Pelotas, apresentou uma queda de apenas 9,2% em 1851, mas que chegou a 25% no ano seguinte, sempre comparativamente a 1848.[19]

Se a queda acentuada das exportações em 1852 não pode ser creditada às medidas de Oribe que já não mais vigoravam, embora ainda fosse possível sentir seus efeitos e a falta de gado no lado oriental, conclui-se que até 1851 a diminuição das exportações de charque foi sentida sobretudo nas alfândegas de Porto Alegre e São José do Norte. Pelotas e Rio Grande apresentaram uma queda pequena até 1851, pois se beneficiaram da mudança interna no fluxo do gado em detrimento de outras regiões. Em 1854, o presidente da província informou que a riqueza do município de Triunfo era atestada pelas numerosas charqueadas que, desde a barra do arroio dos Ratos até o povo de São Jerônimo, bordavam a margem direta do Jacuí. Atualmente, porém, estava "decadente, pela mudança que se operou no movimento das tropas de gado, que ora seguem para as charqueadas de Pelotas".[20]

Os efeitos da seca e da peste e a proibição da passagem de gado do Uruguai levaram à concentração do envio das tropas para os principais núcleos charqueadores, diminuindo o impacto da escassez de animais em Pelotas e Rio Grande. Não pode haver, por outro lado, exagero quanto à importância da peste na diminuição das exportações de charque. Em 1854, Cansanção de Sinimbu, presidente da província, fez ver que a criação de gado vacum e cavalar era responsável pela principal riqueza da província, ainda que se exportassem alguns produtos da agricultura. O charque era exportado principalmente para as províncias do norte, enquanto os demais produtos do gado – couro, crina, aspas, sebo, graxa e ossos – eram vendidos para a Europa. Segundo observou, "a indústria pastoril sofreu grande diminuição em consequência da epizootia que lavrou nos anos posteriores à pacificação, e produziu o que nove anos de guerra não tinham conseguido, a quase total extinção dos gados da província". Da mesma forma que Soares de Andrea, também notou que, além da "assoladora epidemia", havia contribuído para a diminuição do rebanho provincial o costume dos estancieiros de enviarem "às charqueadas os gados que sobraram sem atenção à idade e qualidade".[21]

Em suma, fator de grande importância para a compreensão da queda nas exportações de charque, a peste e a seca grassaram num momento em que os estancieiros procuravam retomar a criação após a desorganização provocada pelo conflito farrapo, e seus efeitos se estenderam durante a segunda metade da década de 1840. A escassez de animais foi acentuada quando não puderam contar com o gado existente nas estâncias de brasileiros localizadas no Estado Oriental, e tal quadro tendeu a se agravar ainda mais pelos métodos predatórios de muitos estancieiros, que, em vez de procurarem cuidar de seus rebanhos e esperarem o momento certo para colocá-los no mercado, estavam eles mesmos contribuindo para retardar a retomada do crescimento da criação de gado vacum e cavalar.

Se a partir de 1849 houve um decréscimo das exportações, não resta dúvida de que os anos entre 1845 e 1848 é que foram excepcionais. Em nenhum período anterior se havia exportado tanto charque. Na década de 1790, momento de expansão das charqueadas, se exportaram em média 5.770 toneladas, passando para 11.969 toneladas na década seguinte e alcançando em média 15.655 toneladas entre 1810 e 1819, com pico em 1814 (20.561 toneladas).[22] Ademais, após os saltos de 1843 e 1844, as cifras sempre estiveram acima ou pouco abaixo de dois milhões de arrobas até 1851, exportação ainda bastante considerável. O *boom* nas exportações de charque foi lastreado e superou a grande expansão da produção de café no Vale do Paraíba e de açúcar na Bahia e em Pernambuco. Entre 1842 e 1847 a exportação de café passou de 84.221 toneladas para 141.810 toneladas e manteve correlação com os milhares de africanos comprados após 1835, momento em que os fazendeiros do Vale do Paraíba e os grupos políticos ligados ao Regresso conservador concorreram para reabrir o tráfico de escravos em larga escala.[23] Em 1846 a Grã-Bretanha alterou os direitos cobrados pela importação do açúcar brasileiro, equiparando com o de suas colônias, o que veio a estimular a indústria açucareira e o tráfico ilegal de africanos na segunda metade da década de 1840. Pernambuco, por exemplo, passou de 41.000 toneladas em 1844-1845 para 73.000 toneladas em 1848-1849.[24]

Comparada ao aumento do volume de café e açúcar exportados na década de 1840, a expansão da indústria do charque foi notável, e massacrante em termos de exploração e sofrimento dos africanos e seus descendentes escravizados: enquanto nem o café nem o açúcar chegaram a dobrar no período, a exportação de charque mais que triplicou em apenas três anos: passou de 10.697 toneladas em 1842 para 33.256 toneladas em 1845, com pico em 1846 (37.553 toneladas), e acima das 30 mil toneladas até 1849, tendo como destino as principais províncias brasileiras. Em 1841 e 1842, saíram pelo menos 115 carregamentos de charque do porto de Rio Grande para o Rio de Janeiro, 37 para Pernambuco e 25 para a Bahia.[25] O charque, como afirmaram os conselheiros de Estado em 1854, "pode considerar-se como matéria-prima de uma parte considerável da nossa indústria agrícola", pois não só alimenta as "classes pobres" da Corte e de outras regiões do Império como "a escravatura de grande parte de nossas fazendas".[26]

As consequências não podiam ser mais dramáticas. A produção escravista em larga escala supria demandas geradas pela industrialização, cada vez mais acelerada na Europa, assentada em novos padrões de consumo. Para tanto, se escravizavam milhares de africanos e seus descendentes para produzirem milhares de toneladas de charque, que, por sua vez, alimentavam milhares de outros escravizados que produziam milhares de toneladas de café e açúcar que eram exportadas para suprir o consumo em massa das classes trabalhadoras na Europa num período de expansão da industrialização. Como observa Robin Blackburn, eram "os resultados nefastos e opressivos da aceleração da globalização", ou da economia-mundo capitalista, como se queira.[27]

Assim como a expansão da produção de café e de açúcar foi conseguida à custa da compra de milhares de africanos ilegalmente contrabandeados, na província do Rio Grande do Sul não foi diferente. Embora inexistam estatísticas sobre a importação de escravos para a província depois de 1831, pelo fato óbvio de sua ilegalidade, consegui localizar os valores de impostos pagos pela transmissão da propriedade escrava, denominada meia sisa, necessária cada vez que se realizava uma transação de compra e venda. Os dados cobrem a série de anos entre 1835 e 1850 (com exceção de 1836) e permitem ao menos estabelecer uma estimativa baixa do contrabando de escravos.[28]

Ainda que os valores incluam escravos transacionados entre senhores residentes na província, não podendo, portanto, ser tomados única e exclusivamente como números de escravos importados, é seguro afirmar que a imensa maioria dos valores se refere a escravos vindos de fora. Da mesma forma, embora entre os escravos introduzidos se incluíssem crioulos, a maioria dos que foram traficados provinham de regiões africanas, exportados principalmente de outros portos do Brasil.[29] Para fins de análise, considero a meia sisa como um indicativo da tendência do meia sisa de escravos no Rio Grande do Sul, mas não de seu volume, pois a fonte sub-registra em muito os escravos efetivamente traficados no período.

Fontes: vide nota.[30]

O índice de exportação de charque, como já havia sido no final do século 18 e primeiras décadas do 19, manteve correlação estreita com a importação de escravos (e vice-versa), pelo menos para a primeira metade do século.[31] Cada vez que a conjuntura se apresentou propícia para a expansão da produção, mais e mais escravos foram introduzidos no Sul, e somente por meio da exploração de seu trabalho foi possível atingir altas taxas de produção e exportação. Na falta de dados sobre a importação de escravos, o volume em expansão da produção de charque pode servir como termômetro para se medir a maior ou menor introdução ou compra e venda de escravos nas principais áreas escravistas da província. O contrário é verdadeiro. Isso significa que a indústria do charque, quando em expansão, tinha o poder de movimentar a economia mais ampla da província – especialmente a pecuária, mas também a agricultura e o comércio urbano – e, evidentemente, aguçava a cobiça já desmedida dos estancieiros rio-grandenses sobre as terras e o gado do Estado Oriental.

Os gráficos acima são bastante coerentes com o da exportação de charque, salvo os anos que seguem a partir de 1848. Pelas estimativas baseadas na meia sisa, em 1835, 1837 e 1838 foram comprados 208, 155 e 164 escravos, respectivamente. Só temos dados para os dois últimos anos quanto à exportação de charque, que ainda se encontrava baixa (pouco mais de duas mil toneladas). Em 1839 a produção saltou para 6.361 toneladas, e foram comprados 270 escravos, caindo para 229 no ano seguinte, quando também diminuiu a produção (5.835 toneladas). Em 1841 e 1842 a exportação atingiu 8.818 e 10.697 toneladas, e foram comprados 316 e 399 escravos. Entre 1843 e 1848 a produção cresceu de forma acelerada, sendo exportadas em média 36.422 toneladas nos últimos três anos. Os números são significativos: a partir de 1843 foram comprados pelo menos 650, 650, 810, 1.111, 1.111 e 857 escravos, respectivamente.

Embora 1848 tenha sido um excelente ano de exportação, despontou com o plano de insurreição em Pelotas. Seria de se esperar uma diminuição ainda mais acentuada na compra de escravos, mas a ganância escravocrata preferia redobrar a repressão e a vigilância a ter de diminuir seus lucros. Ainda que em 1849 e 1850 houvesse queda nas exportações, que, mesmo assim, se mantiveram em patamares altos, foram comprados 1.103 e 1.096 cativos. Provavelmente a perspectiva de uma nova lei de repressão ao tráfico tenha levado os escravistas a investirem mais, projetando uma retomada da produção. Se assim pensaram, estavam corretos, pois em 1851 se exportaram pelo menos mil toneladas a mais que no ano anterior. Em relação ao ano de 1850, o presidente da província observou que, não sendo "ainda bastante vigorosa a repressão do tráfico de africanos, o comércio de escravos foi mais animado, e por isso mesmo mais rendoso o respectivo imposto".[32]

Não obstante se tratar de estimativas baseadas no imposto, o aumento ou a diminuição da exportação de charque e o número de escravos comprados mantém nítida correlação. Com base na meia sisa, entre 1835 e 1850 foram comprados pelo menos 9.129 escravos, 80,9% a partir de 1843, ano em que Howden localizou a guinada na importação de cativos e que marca o *boom* nas exportações. Minha estimativa com base na meia sisa, todavia, é notoriamente baixa. A série de dados não inclui 1836, ano em que foi apresado em São José do Norte o patacho Dois Irmãos, com um carregamento de 80 africanos novos (43 homens e 37 mulheres). Todos eles foram embarcados em Angola, mas provinham de várias regiões da África Centro-Ocidental: do norte do Congo (Congo), do norte de Angola (Ambaca e Cassange) e do sul de Angola (Benguela). No interrogatório feito por um intérprete a alguns africanos contrabandeados, disseram ter desembarcado no Rio de Janeiro, onde permaneceram perto de um ano, e somente depois é que foram remetidos para o Rio Grande do Sul.[33]

Para o biênio 1841-1842, Gabriel Berute localizou 122 embarcações que desembarcaram escravos no porto de Rio Grande, mas observa não ser possível saber o número exato de cativos, pois em 12 carregamentos foram registradas "expressões genéricas como 'escravos' e 'vários escravos'". Em 1841, a estimativa com base na meia sisa indica a compra de 316 escravos, enquanto os dados de Berute apontam a introdução de 223, mas esta cifra compreende apenas os escravos desembarcados no porto de Rio Grande, não contabilizando os despachados para Porto Alegre. Em 1842, pelo menos 582 escravos foram remetidos de outras províncias brasileiras para o referido porto, especialmente do Rio de Janeiro e da Bahia, enquanto a meia sisa aponta somente 399 compras de cativos, 31,5% a menos do que o verificado por Berute, que também apresenta dados incompletos por conta da fonte.[34] Não bastasse isso, o navio Deliberação embarcou 490 africanos num porto desconhecido da África Centro-Ocidental, partindo da costa africana em 6 de agosto de 1842. Os 444 africanos que sobreviveram à travessia foram desembarcados na província do Rio Grande do Sul e entregues aos seus "donos originais".[35] Os dados agregados de Berute e do TSTD para 1842 indicam o desembarque de pelo menos 1.026 escravos, aproximadamente 61% a mais do que o calculado com a meia sisa.

TABELA 4 – ESTIMATIVA COM BASE NA MEIA SISA DOS ESCRAVOS COMPRADOS NO RIO GRANDE DO SUL (1835-1850)

1835	208	1844	650
1837	155	1845	810
1838	164	1846	1.111
1839	270	1847	1.111
1840	229	1848	857
1841	316	1849	1.103
1842	1.026	1850	1.096
1843	650	Total	9.756

Fontes: vide nota.[36]

Essa é uma constatação importante, pois revela uma defasagem de mais de 60% para o único ano em que foi possível cotejar a cifra obtida a partir da meia sisa com outras fontes, todavia incompletas. Dessa forma, a tabela 4 se baseia nos dados disponíveis e deve ser considerada uma estimativa consideravelmente baixa dos escravos negociados entre 1835 e 1850, talvez não mais que a metade dos escravos efetivamente comprados no Rio Grande do Sul, ainda mais quando é sabido que o imposto era frequentemente burlado. Em 1846, ao coligir dados referentes à população livre com o objetivo de organizar uma estatística provincial, o conselheiro Antônio Manuel Corrêa da Câmara observou que "de largo tempo um interesse particular tem influído para a diminuição no rol dos escravos do seu verdadeiro número[,] a sisa, e o imposto ultimamente percebido sobre os escravos de ambos os sexos (intramuros das povoações sujeitas à décima urbana)".[37] Além disso, é improvável que em 1842 tenham sido comprados mais escravos do que nos anos que formam o triênio 1843- -1845, pois esse foi justamente o período que marca o grande salto das exportações. Em vista da pouca precisão da fonte, não cabe dúvida que o tráfico de escravos no período analisado foi bem mais expressivo do que sugere a tabela acima.

Na década de 1810 foram importados 13.855 escravos, e a média de exportação de charque foi de 15.655 toneladas, alcançando um máximo de 20.561 toneladas. Não há dados de exportação para a década de 1820, mas foram importados nesse período pelo menos 11.985 cativos. Somente entre 1826 e 1833 entraram 5.759.[38] Como nunca antes se exportara tanto charque como entre 1843 e 1851, é pouco provável que fossem comprados menos escravos do que nas décadas ou períodos anteriores. Indiscutivelmente houve forte demanda de cativos nesses anos, e o mercado brasileiro de escravos podia supri-la com extrema facilidade. Entre 1832 e 1850 entraram no império 780 mil africanos ilegalmente escravizados, dos quais 371.450 entre 1843 e 1850. Todavia, cabe frisar, um percentual (difícil de aferir) dos escravos remetidos para o Sul havia nascido no Brasil, portanto, crioulos.[39]

A dimensão do impacto do tráfico para o Rio Grande do Sul, aliás, foi testemunhada por contemporâneos, a quem devemos ouvir com bastante atenção, pois jogam luz às evidências obtidas a partir de outras fontes documentais. Em março de 1846, o presidente Caxias expressou receio com a introdução de africanos na província, quando se podia utilizar o trabalho dos índios que vagavam "por esses desertos ínvios" e "que muito úteis nos podiam ser, como muitos deles tem sido, enquanto que a custa de tantos perigos e despesas vamos buscar braços africanos que nos ajudem".[40] Em agosto de 1847, Saturnino de Souza e Oliveira afirmou no Senado imperial que a província tinha "três cidades muito populosas, Rio Grande, Pelotas e a capital":

> Digo muito populosas, porque qualquer delas é muito maior do que grande número de capitais de outras províncias: seu comércio é em grande escala, tanto de importação como de exportação, além do grande número de vilas sempre crescentes, e cujo aumento, apesar do que a província sofreu durante a guerra civil que a paralisou, mas que atualmente parece reivindicar rapidamente o tempo em que esteve estacionada. *A introdução de comerciantes e braços úteis à lavoura, criação de gados e salga de suas carnes, chamadas charqueadas, é espantosa.*[41]

Sabemos perfeitamente quem eram os braços úteis que estavam sendo introduzidos de forma espantosa na província. Entre 1825 e 1850, 61% da população escravizada do município de Rio Grande era africana;

em Pelotas, entre 1831 e 1850, 58,2%; e em Porto Alegre, entre 1820 e 1850, 52,2%.[42] Ao contrário das regiões pecuaristas, onde predominavam os crioulos, os africanos constituíam maioria onde a escravidão urbana e a produção de charque se faziam presentes. O ministro britânico Howden não fazia apenas uma estimativa (bastante equivocada) da população escrava do Rio Grande do Sul naquele abril de 1849, que teria passado de 500 para 15.000 almas. Seu depoimento, antes de tudo, expressa a magnitude da importação de escravos nesses anos. Sobre a questão, ainda lhe foi perguntado: "temos algum retorno que mostre a suposta importação anual [de escravos] dos últimos anos? Acho que os retornos consulares dão isso", respondeu; ou seja, 15 mil africanos traficados para o Rio Grande do Sul nos últimos cinco ou seis anos. Howden ainda afirmou ter enviado as informações para o Foreign Office, mas pensava "haver incerteza considerável em todos esses retornos consulares quanto à importação de escravos".[43]

O periódico liberal *O Philantropo*, surgido em abril de 1849, e desde setembro do ano seguinte "órgão da sociedade contra o tráfico de africanos, e promotora da colonização e civilização dos indígenas", publicou em 8 de novembro de 1850 uma nota com pretensão estatística, como estampada em seu título: "O tráfico: [um]a notícia importante, que pode servir de dado estatístico-econômico". Iniciava com a informação de um brasileiro que, voltando de uma viagem a Minas Gerais, disse ter conversado com certo Cornélio, que lhe dissera: "desde que a introdução de africanos é contrabando no Brasil, tenho n'elle introduzido setenta mil (70:000) negros". O redator do jornal prosseguia: "dizem por aí que depois da pacificação da província do Rio Grande do Sul, Manoel Pinto da Fonseca tem lá introduzido quase vinte mil negros. Que *inocente* que é o tal menino!".[44]

Duas semanas depois, em matéria intitulada "A colonização: a substituição de braços livres na alfândega do Rio Grande do Sul" – onde louvava o inspetor Antônio de Sá e Brito por ter expedido ordem que vedava o trabalho escravo no serviço da capatazia da alfândega de Rio Grande e por sustentar na Assembleia provincial a colonização e o trabalho livre –, *O Philantropo* voltou à carga contra o tráfico, os traficantes e os africanos. Com "pesar amargo" haviam anunciado ao público "que o abutre contrabandista de carne humana Manuel Pinto da Fonseca havia introduzido na nossa província para cima de vinte mil africanos livres, reduzidos à escravidão contra a lei de 7 de novembro de 1831". Outrora o Rio Grande do Sul era uma terra que possuía poucos escravos, poucos negros, "onde a mescla africana era escassa". "Todos os nossos patrícios se alardeavam desta circunstância, que tornava miseráveis as outras províncias, especialmente Rio, Bahia e Minas":

> Mas hoje! Quarenta a cinquenta mil escravos, segundo pensamos, ali estão com a clava da ignorância, e, talvez, da vingança, horrivelmente esmagando o cancro de um povo que podia triunfar sempre dos prejuízos e más ideias que por aqui vogam; quarenta a cinquenta mil *escravos*, ali estão para embrutecerem as novas gerações que forem brotando [...]. Miséria! A província que amamos [...] acha-se hoje coberta dessa ignorância atroz que nos atira à face, em paga de nossa covardia, o bruto traficante de africanos. Ignomínia eterna![45]

O redator do jornal, José Antônio do Valle Caldre Fião, literato rio-grandense formado em medicina na Corte, devia ser bem informado dos negócios da província, a ponto de denunciar que "um *contrabandista de carne humana*, um *réu* da lei de 7 de novembro de 1831", tivera votos para senador pelo Rio Grande do Sul, "à expensas de grandes esforços de um seu devedor, chamado Sales, morador defronte da alfândega de Porto Alegre".[46] Além disso, e sem dúvida mais importante, seu testemunho está de acordo com o de Howden e Saturnino. O ministro britânico datou a guinada na importação de escravos em 1843 e relacionou-a com o aumento do comércio provincial e com a guerra no Rio da Prata, e declarou terem sido introduzidos 15 mil escravos entre esse ano e 1848; Caldre Fião referiu-se a 20 mil após a pacificação da província; enquanto Saturnino, em 1847, fez ver na tribuna do Senado que a introdução de escravos se tornara espantosa. Todos, portanto, expressaram a magnitude tomada pelo tráfico durante a década de 1840, justamente quando as exportações de charque alcançaram um crescimento vertiginoso. Não há razão para desprezarmos essas cifras mais altas de importação, pois são fortes os indícios de que a meia sisa não representa nem a metade dos escravos efetivamente comprados, além do que atestam outras evidências.

Em conclusão, estimo que entre 1835 e 1850 entraram aproximadamente 20 mil escravos na província, mas considerando a cifra de Howden, que, cumpre ressaltar, eram retornos oficiais a Londres, mesmo que houvesse incerteza quanto ao número de traficados, provavelmente por ainda subestimar o ingresso real de africanos contrabandeados.[47] A introdução de milhares de cativos na década de 1840 contribuiu de forma decisiva para o crescimento da população escravizada na província, certamente mais elevada do que pensava o redator d'*O Philantropo*. Os levantamentos populacionais na primeira metade do século 19 são bastante deficientes, tanto no Rio Grande do Sul como alhures, mas algumas tentativas de sistematização de dados foram realizadas, mesmo que os resultados raramente fossem satisfatórios. Ainda assim, nesse período foi se constituindo uma tradição estatística rio-grandense, pioneira em relação às demais províncias brasileiras, que permite ao menos tentar uma estimativa da população escrava provincial em meados do século.[48]

TABELA 5 – POPULAÇÃO ESCRAVA PROVINCIAL (1780-1873)[49]

Ano	Livres	Escravos	População total	% dos escravos
1780 (a)	12.821	5.102	17.923	28,5
1798 (a)	19.904	11.740	31.644	37,1
1802 (a)	23.751	12.970	36.721	35,32
1814 (b)	50.045	20.611	70.656	29,17
1846 (c)	179.363	53.808	233.171	23
1850 (d)	-----	60.000	-----	-----
1858 (e)	213.533	71.911	285.444	25,2
1860 (e)	233.367	76.109	309.476	24,59
1861 (e)	266.639	77.588	344.227	22,54
1862 (e)	294.725	75.721	370.446	20,44
1863 (e)	315.306	77.419	392.725	19,71
1872 (f)	367.022	67.791	434.813	15,59
1873 (g)	367.022	83.370	450.392	18,50

O crescimento da população escravizada nos três primeiros quartos do Oitocentos foi impressionante e põe por terra (mais uma vez) visões que sustentam a pouca importância da escravidão sulina. Dos pouco mais de 12 mil escravos no início do século 19, a província alcançou o ano de 1873 com 83.370 pessoas escravizadas em seu território, ficando atrás, em número absoluto de escravos, apenas de Minas Gerais, Rio de Janeiro, Bahia, São Paulo e Pernambuco.[50] Na primeira metade do século tal crescimento foi impulsionado sobretudo pelo tráfico de escravos, via outros portos do Brasil, ainda que a província apresentasse um percentual significativo de crioulos, cada vez mais presentes ao passar das décadas. Entre 1800 e 1850 pelo menos 50 mil escravos desembarcaram na província, a grande maioria, africanos. As diferenças percentuais entre africanos e crioulos, no entanto, muito dependiam das características econômicas de cada localidade, e tais especificidades devem ser levadas em conta.[51] Após o fim do tráfico transatlântico o crescimento endógeno da população escrava teve um peso bem mais importante do que a importação de cativos, que, no entanto, em algumas conjunturas, se fez presente via comércio interprovincial de escravos.[52]

Por volta de 1850, estimo a população escrava da província em pelo menos 60 mil almas e passo a explicar como cheguei a esse número. Em 1845, o conselheiro Antônio Manuel Corrêa da Câmara foi incumbido dos trabalhos estatísticos pelo presidente Caxias. Apesar das dificuldades encontradas, em 1846 já conseguira organizar um quadro da população livre utilizando listas paroquiais (eclesiásticas) e de delegados de polícia. Após "cálculos, comparações, observações, e adições de estatística", seguindo sempre os principais métodos de seu tempo, Corrêa da Câmara chegou a um total de 179.363 habitantes livres, número que considerava não pecar por exagerado, mas por achar-se "muito aquém da cifra real da população atual". Não satisfeito, utilizou seus dados em comparação a outros mapas de população tentados desde o início do século e estimou que a "população atual da província corrigida, e mais aproximada da verdade que a do quadro anterior", não baixava de 199.218 almas. Seus manuscritos (ou parte deles), que existem no Arquivo Histórico do Rio Grande do Sul, ao que parece, nunca foram publicados, ainda que o quadro da população livre de 1846 tenha sido impresso no *Quadro Estatístico e geográfico da província* de 1868, organizado pelo engenheiro Antônio Eleutério de Camargo, que manteve sua primeira contagem.[53]

A partir do quadro da população livre de 1846, Corrêa da Câmara considerou que nada exagerava "pondo na época atual a população livre igual em número à população escrava", e passava a apresentar diversos cálculos para sustentar sua estimativa – de fato implausível, pois dá uma população escrava de 200 mil almas. Em todo caso, considerando que a população livre do quadro de 1846 se "aproxima da verdade", como gostavam de se referir os estatísticos, calculei sobre essa cifra apenas 30% para os escravos (menos de um terço do percentual por ele utilizado), chegando a uma população de 53.808 almas. Tal cifra representaria 23% da população total da província, abaixo do percentual de escravos em 1814 e em 1858, e ainda de sete mapas específicos de população que sobreviveram ao levantamento de 1846.[54]

Não exagero, portanto, ao estimar uma população escrava de 53.808 almas em 1846, ou 23% dos habitantes da província. Acrescendo pelo menos 5.278 cativos comprados entre 1846 e 1850 (tabela 4), chego à cifra de 59.086 escravos em meados do século. Todavia, a meia sisa subestima em muito a compra de escravos, e não leva em conta o crescimento endógeno da população, por menor que fosse. Entre 1859 e 1863 calculei um crescimento de pelo menos 1% ao ano por reprodução natural, mas não é crível que tal existisse na década de 1840, embora, aparentemente, viesse aumentando nas regiões de pecuária.[55] Entre 1845 e 1850, para todos os municípios fronteiros ao Uruguai, o percentual de escravizados até 14 anos alcançava 37,6%, variando entre 42,7% em Bagé e 30,3% em Uruguaiana, percentuais mais altos do que os encontrados para outros municípios pecuários da província em períodos anteriores.[56]

Dito isso, minha estimativa de 60 mil escravos em 1850 joga por baixo, ainda mais quando o censo de 1858 arrolou uma população de 71.911 almas, o que significa que, em oito anos, a população teria de ter aumentado em cerca de 10 mil cativos, algo pouco provável depois do fechamento do tráfico transatlântico. É verdade que os contemporâneos viram problemas no censo de 1858, "por dar uma população livre inferior por certo à que temos, e por exagerar talvez o censo da população escrava", como referido pelo presidente da província.[57] Sebastião Ferreira Soares tinha a mesma opinião, estimando a população provincial em 500 mil habitantes em 1860 (440 mil livres e 60 mil escravos). Acontece que nem no Recenseamento Geral do Brasil de 1872, o mais completo do século 19, a população livre chega perto dessa cifra, e os dados mais confiáveis da população escrava são os referidos na matrícula de 1873, que juntos somam pouco mais de 450 mil habitantes, tornando insustentável a estimativa de Ferreira Soares para a década anterior. Ademais, as atualizações estatísticas que foram sendo realizadas nos primeiros anos da década de 1860 sustentam em tese o censo de 1858 quanto ao número de escravos. As evidências sugerem, portanto, que a população escravizada em 1858 estava mais próxima dos 70 mil, sem dúvida uma cifra mais coerente com a população de 83.370 escravos existente em 1873.[58] Considerada nesses termos, não menos de 60 mil escravizados labutavam na província em 1850, cerca de um terço traficados há pouco tempo para o Rio Grande do Sul.

*

Em relação à procedência dos africanos traficados para a província, duas pistas foram deixadas por contemporâneos. Além de reforçarem e serem reforçadas por evidências localizadas em outras fontes, também encontram sustentação em estudos sobre o tema. O redator d'*O Philantropo* denunciou Manoel Pinto da Fonseca como o principal introdutor de escravos naqueles anos, enquanto Howden afirmou que a maioria dos que aportavam na província era da "mesma raça" dos vendidos na Bahia. O primeiro era um dos mais importantes traficantes do Sudeste do Brasil, com conexões com a África Central, enquanto os africanos que Howden denominava minas desembarcavam na Bahia, vindos, nessa época, especialmente do golfo do Benim. Duas pistas, portanto, a sugerirem duas rotas principais de intermediação do tráfico ilegal de africanos, que não contempla, todavia, a existência de um comércio interno de crioulos. Em outras palavras, não se pode tomar a estimativa do tráfico como se se tratasse apenas da introdução de africanos ilegalmente escravizados, já que um percentual menor (difícil de estimar) havia nascido no Brasil.

Durante a era do tráfico transatlântico os escravizados eram nomeados ou se identificavam segundo as denominadas "nações africanas" (congo, cabinda, angola, benguela, mina, nagô etc.), que podiam se referir tanto a uma denominação externa quanto interna. Segundo Luis Nicolau Parés, "os povos incluídos sob uma mesma denominação de nação são definidos a partir de vários fatores intimamente relacionados, a saber: as zonas ou portos onde os escravos eram comprados ou embarcados, uma área geográfica relativamente comum e estável de moradia e uma semelhança de componentes linguístico-culturais". Entretanto, "foi a língua – a possibilidade de os africanos se comunicarem e se entenderem – o que levou, no Brasil, à absorção dessas denominações como formas de autoinscrição e à consequente criação de novas comunidades ou sentimentos de pertença coletivos". João José Reis observa que "a nomenclatura também variou de acordo com o período e as diferentes regiões", mas que ainda assim "uma lógica africana estava em geral inscrita nos nomes de nação", o que sugere "a combinação de dois movimentos complementares: por um lado, a imposição de identidades criadas no circuito do tráfico, por outro, a assimilação dessas identidades por parte dos africanos, num franco processo de etnogênese".[59]

Em seu estudo sobre o tráfico negreiro entre 1790 e 1825, Gabriel Berute demonstrou haver um "tráfico interno" que comercializava crioulos e *africanos ladinos* (estrangeiros com alguma experiência da língua, costumes e da escravidão no Brasil), e o que denominou "etapa interna do tráfico atlântico", uma rota de redistribuição de africanos novos, recém-chegados ao país (*boçais*). Entre 1809 e 1824, 95% dos escravos despachados de outras províncias para o Rio Grande do Sul, principalmente do Rio de Janeiro, havia nascido em alguma região africana. Porém, como adverte o autor, seus dados incluem praticamente *africanos ladinos*. Aproximadamente três quartos foram embarcados em algum porto da África Central (74%), destacando-se os designados benguela (18%), cabinda, angola e congo (entre 11 e 13% cada). Não obstante continuarem sendo a maioria dos escravos desembarcados na província, os centro-africanos diminuíram sua participação (eram 97% entre 1788 e 1802), enquanto os africanos orientais (especialmente moçambiques) e os oeste-africanos (sobretudo minas) aumentaram sua representatividade entre os traficados, respectivamente para 16 e 10% (ainda assim bem atrás dos embarcados na África Centro-Ocidental).[60]

Após 1831, no período do contrabando ilegal, historiadores têm constatado mudanças no padrão do tráfico e na procedência dos africanos introduzidos na província. Jovani Scherer, cotejando dados compulsados em inventários de Rio Grande com informações dos escravos despachados da Bahia conforme estudo de Albertina Vasconcelos, chamou a atenção para dois pontos: a conexão Bahia/Rio Grande do Sul tomou maiores proporções a partir de 1835, ano do levante malê em Salvador, e um número cada vez maior de oeste-africanos (minas e nagôs) passaram a compor a população escrava do município de Rio Grande. Na primeira metade do século 19, com base nos passaportes e guias de despachos de escravos da Bahia para o Rio Grande do Sul, 6.953 escravos vindos de portos baianos desembarcaram na província, dentre os quais 3.875 africanos (55,7%). Considerando apenas os casos em que há designação da nação ou do porto de embarque na África (2.895), 62,8% dos africanos remetidos da Bahia eram nagôs (1.817) e, junto com outros oeste--africanos, chegavam a 76,6% (2.217).[61]

Entre 1825 e 1830, os oeste-africanos compunham 11,2% da população africana do município de Rio Grande e, entre 1831 e 1850, passaram para 22%. Além do crescimento dos africanos designados minas, uma mudança do primeiro para o segundo período é o aparecimento dos nagôs. No período que vai de 1851 a 1865 os oeste-africanos passaram a compor 42% dos africanos escravizados em Rio Grande, com os minas representando 23% e os nagôs, aproximadamente 14%.[62] No entanto, apesar da impressão errônea que os dados sugerem de um crescimento da participação dos oeste-africanos após 1850, esse aumento decorre da fonte e aponta para a magnitude com que estavam aportando na década de 1840. Com isso, quero dizer que esse crescimento reflete, antes de tudo, o tempo da morte dos senhores, indicando que sua entrada em larga escala no município de Rio Grande era muito recente, fruto do *boom* nas exportações de charque, por isso não aparecem com tanto peso no período anterior (1831-1850).[63] Mas não foi apenas em Rio Grande que os oeste--africanos aportaram em grande número nesse período. Pesquisas recentes demonstram um padrão semelhante para outros municípios, de modo que já é possível lançar um olhar mais abrangente sobre esse processo.

Em Pelotas, na década de 1840, os senhores com 20 ou mais escravos concentravam 61% dos escravos do município (quase 10% a mais do que no período imediatamente anterior), e os possuidores de 50 escravos para cima triplicaram sua representatividade, o que significa que os grandes escravistas, sobretudo os charqueadores, estavam comprando cada vez mais escravos. Antes de 1831 a participação dos oeste-africanos em Pelotas era modesta (menos de 10%), mas entre 1831 e 1850 passaram a representar 38,9% dos africanos do município (embora os dados incluam a designação genérica "da costa"). Excluindo tal designação, os oeste-africanos representavam 27,5% dos africanos escravizados, um crescimento ainda bastante considerável, enquanto os centro-africanos compunham 63,9%, e os africanos orientais, 8,6%.[64]

Cumpre ressaltar, no entanto, que entre 1831 e 1850 o percentual de oeste-africanos em Pelotas era mais alto do que em Rio Grande (27,5% contra 22%) e, nesta última localidade, como visto, eles passaram a 42% entre 1851 e 1865, fruto de sua contínua e significativa introdução durante a década de 1840, motivo pelo qual só vão aparecer mais significativamente nos inventários da década seguinte (percentual que deve ter sido aumentado pela morte de centro-africanos e africanos orientais mais antigos na região, quando o abastecimento de escravos via tráfico negreiro havia sido encerrado). Esse mesmo movimento certamente ocorreu em Pelotas, onde, afinal de contas, se processava o notável crescimento das exportações de charque. Informação preciosa foi deixada por John Morgan, cônsul britânico em Rio Grande, que afirmou que 1.500 escravos de nação mina estavam prontos para o levante em Pelotas, no início de 1848. Se essa cifra estiver correta, e há evidências que a sustentam, os oeste-africanos perfaziam aproximadamente 40% dos africanos escravizados no município, considerando que os africanos representavam 60% dos 6.000 escravos de Pelotas. Em vista disso, o percentual efetivo de oeste-africanos (leia-se minas-nagôs) no final da década de 1840 devia ser bem mais expressivo do que sugere a análise dos inventários. Nessa época, provavelmente os centro-africanos representavam em torno de 54% dos africanos escravizados no município pelotense, os oeste-africanos, 40%, e os africanos orientais, 6%.[65]

Ao contrário do que Lorde Howden afirmou, os escravos eram desembarcados especialmente em Rio Grande, mas também em Porto Alegre e talvez em São José do Norte, e dali distribuídos para outros municípios do Rio Grande do Sul. A partir dos inventários para os municípios da fronteira, entre 1845 e 1850, constata-se que uma fração dos traficados no período da ilegalidade também fora vendida nessa região. Os africanos compunham 41,3% da população escravizada com 8 anos ou mais, e entre eles os centro-africanos representavam 65,8%, os oeste-africanos, 24,6%, e os africanos orientais, 9,6%. Em relação às faixas etárias, 36,3% tinham entre 14 e 30 anos, o que indica terem sido comprados a partir da década de 1830. Se a estes se somarem os que tinham entre 31 e 45 anos, os africanos em idade produtiva compreendiam dois terços. Tratava-se, portanto, de uma população africana em grande parte jovem ou adulta nos municípios fronteiriços.[66] Em Porto Alegre também aumentou a presença dos oeste-africanos, mas numa proporção menor. Seguindo os mesmos critérios, os centro-africanos representavam 71,5% (principalmente congos, benguelas e cabindas), os oeste-africanos, 17,9% (sobretudo minas e nagôs) e os africanos orientais, 10,6%.[67]

Independentemente dos percentuais exatos, o fato é que os oeste-africanos aumentaram sua presença no Rio Grande do Sul no período do tráfico ilegal, ainda que os centro-africanos compusessem a maioria dos africanos escravizados. Esse período de fato marcou transformações demográficas importantes na população escrava desses municípios. Os oeste-africanos causaram forte impacto político e cultural nas escravarias e nos regimes de escravidão em que se encontraram (ou se reencontraram) forçosamente, como fica evidente no plano insurrecional muitíssimo bem organizado pelos africanos minas-nagôs em Pelotas e na capacidade de se associarem em trabalho e juntarem dinheiro para se libertarem.[68] A análise a seguir procura datar com um pouco mais de precisão sua chegada à província e tecer algumas considerações (com base na bibliografia) ao que o termo se refere.

Lorde Howden afirmou que os africanos que estavam sendo introduzidos na província na década de 1840 eram os mesmos traficados para a Bahia, vindos da região compreendida entre Uidá e Lagos. Interessante que o cônsul britânico tenha sublinhado que todos os que provinham dessa região se encontravam sob uma "denominação comum": minas.[69] O estudo de Albertina Vasconcelos, no entanto, revela que 62,8% de todos os africanos enviados da Bahia foram designados nos passaportes e guias de despachos como nagôs (ou seja, falantes de iorubá) e, dentro do universo dos oeste-africanos, eles compunham 82% dos que foram introduzidos no Rio Grande do Sul. Isto é, o que os traficantes e senhores de escravos designavam como minas no sul do Brasil se referia nessa época aos africanos denominados nagôs na Bahia.[70]

Foi ao longo do século 19, conforme João José Reis (em artigo conjunto com Beatriz Mamigonian), que os escravos falantes de iorubá (ou o que mais tarde veio a ser assim denominado) passaram a ser identificados como um grupo específico, especialmente quando passaram a desembarcar em quantidades cada vez mais expressivas na Bahia de meados da década de 1820 a 1850. Ali ficaram conhecidos como nagôs, enquanto no resto do país eram identificados como minas, designação atribuída aos escravos embarcados na Costa da Mina (também conhecida como Costa dos Escravos ou golfo do Benim). Em 1820, 67% dos africanos escravizados na Bahia haviam nascido na África Ocidental, e entre eles 16% eram falantes de iorubá, enquanto em meados do século eles passaram a representar três quartos dos africanos e 86% dos oeste-africanos. Esses números resultaram de uma concentração quase exclusiva do comércio de escravos da Bahia nas áreas iorubás entre as décadas de 1820 e 1850 (sudoeste da atual Nigéria e parte do leste da vizinha República do Benim).[71]

Se o etnônimo nagô fora inventado no circuito do comércio de escravos na África Ocidental pelos seus vizinhos do Daomé, os falantes de iorubá "tornaram-se nagôs na Bahia antes de se tornarem iorubás na África", sendo a identidade nagô uma criação brasileira, mais especificamente baiana. Os escravos teriam utilizado "parte de seu passado africano comum para se reconhecerem como parentes", palavra portuguesa adotada para "significar vínculo étnico". O elemento identitário mais saliente era a linguagem, mas também compartilhavam uma "origem mítica comum" e podiam ser identificados através de marcas específicas de suas nações expostas em escarificações faciais. A maioria dos escravizados falantes de iorubá na Bahia provinha do reino de Oyó, sendo, portanto, o "subgrupo iorubá mais importante na criação de uma identidade nagô local", o que não elidia identidades africanas regionais mais específicas (Ilesa, Egba, Ijebu, Ketu etc.). Dessa forma, "a nação nagô era uma confederação de diferentes subgrupos étnicos" falantes de iorubá, mas João José Reis adverte que a identidade "era altamente fluida e empregada estrategicamente, de acordo com a situação".[72]

Ainda assim, pode-se afirmar que a maioria dos africanos vindos da Bahia para o Rio Grande do Sul a partir de meados da década de 1830 compartilhava características identitárias (especialmente a linguagem, mas não somente) semelhantes às dos escravos e libertos que em 1835 se levantaram contra a escravidão baiana. Esse movimento de uma nova migração forçada alimentaria em muitos a perspectiva de novo levante, especialmente quando passaram a se concentrar em grande número numa faixa geográfica bastante circunscrita, como era o caso das charqueadas em Pelotas.

A revolta dos malês teve repercussão imediata no Rio Grande do Sul, em vista de a província ser tida pelos contemporâneos como destino para escravos rebeldes de outras partes do Brasil. Em 1º de julho de 1820, Saint-Hilaire anotou em seu diário: "Segundo o depoimento de um dos membros da junta [criminal de Porto Alegre, criada pelo Marquês de Alegrete em 1814], os crimes são muito frequentes nesta capitania, principalmente entre os negros, o que não é de se admirar, devido ao costume, no Rio de Janeiro, de mandar vender aqui todos os escravos de que se querem livrar". Em 28 do mesmo mês reprisou a questão, mas para abonar logo em seguida o bom tratamento recebido pelos escravos. "Como já disse, os habitantes do Rio de Janeiro, desgostosos de seus escravos, vende-os para esta capitania e, quando querem intimidar um negro, ameaçam-no de enviá-lo para o Rio Grande".[73] A província como destino para escravos rebeldes era algo corrente entre os habitantes daquele território, talvez por se tratar de uma região fortemente militarizada e envolvida em guerras estrangeiras desde o seu nascedouro. Teoricamente, teria mais condições de "por na linha" os escravos rebeldes e debelar tentativas insurrecionais. De qualquer forma, isso não foi suficiente para elidir o receio e temor de algumas autoridades com a revolta malê.

Em 27 de fevereiro de 1835, pouco mais de um mês após a insurreição em Salvador, os membros da Câmara Municipal de Pelotas se reuniram em sessão extraordinária para "deliberar sobre os meios de manter a tranquilidade, e segurança dos habitantes do seu município", e para "tomar na devida consideração objeto de tanta transcendência". A notícia da revolta chegou rápido ao Rio Grande do Sul, considerando o tempo da viagem de um a outro porto, entrega do impresso (periódico) e das cartas em Pelotas e a convocação e reunião extraordinária da Câmara para tratar de assunto de "tanta transcendência". Informações detalhadas sobre a revolta passaram a ser do conhecimento das autoridades e, embora a insurreição tivesse sido sufocada, ainda poderia "causar danos irreparáveis" se os rebeldes viessem a ser vendidos no Sul. A província do Maranhão já não aceitava negros insurgentes, enquanto o Rio Grande do Sul mantinha seu posto de "receptáculo dos escravos de má conduta". O que mais impressiona é a rapidez com que senhores e traficantes baianos (e portugueses) estavam procedendo para venderem os escravos que não haviam caído nas malhas da lei, já que uma porção de nagôs e haussás estavam sendo remetidos para a província, e tudo levava a crer tratar-se dos implicados na insurreição. Isso tudo, passado nem um mês do levante ocorrido em Salvador. Para os vereadores, era evidente que pelo menos uma parte desses escravos seria vendida às charqueadas, motivo de apreensão em vista da concentração de 2 a 3 mil escravos "quase em contato uns com os outros".[74]

As charqueadas estavam concentradas entre as margens dos arroios Pelotas e Santa Bárbara e do rio São Gonçalo, ponto estratégico para o escoamento da produção em iates que navegavam até a cidade de Rio Grande – a porta para o Atlântico –, de onde seguia para outras províncias brasileiras. Os escravistas de Pelotas já tinham motivos suficientes para se preocuparem com sua população escravizada, fortemente masculina, africana e em idade produtiva. Em dezembro de 1833, a Câmara apresentou à presidência da província um Mappa da População da Villa bastante detalhado. De uma população de 10.873 almas, nada menos do que 51,7% era escrava (5.623). Entre os escravizados, 67,4% eram africanos (3.791), com uma taxa de masculinidade de 232 homens para cada 100 mulheres. Em relação às faixas etárias, 65,6% tinha entre 16 e 45 anos de idade.[75]

De fato, não seria prudente sob o ponto de vista escravocrata importar escravos sediciosos em tal contexto. A Câmara não podia negar o direito dos senhores de comprarem escravos, mas era preciso conciliar o direito de propriedade "com o bem estar do povo". Por isso, sugeria a conveniência de que todos os escravos nagôs e haussás que viessem da Bahia fossem detidos na vila de Rio Grande até que se tomassem os esclarecimentos necessários e, caso se tratasse de sediciosos, deveriam ser devolvidos.[76] Não se sabe o teor da resposta da presidência da província, mas, após o levante malê, o Rio Grande do Sul passou a receber escravos nagôs vindos daquela província – vendas motivadas pela insurreição, mas também como parte de uma mudança no abastecimento de cativos no período de ilegalidade.[77]

Ora, como é sabido desde os estudos de João José Reis, o muçulmano nagô formou a espinha dorsal do levante malê de 1835. Somente os nagôs, entre escravos e libertos, compunham 72,6% de todos os réus da insurreição, embora nem todos fossem devotos do Islã.[78] Pelo menos dois contemporâneos assinalaram um "parentesco" entre os rebeldes nagôs da Bahia e os "africanos minas" implicados no plano insurrecional de 1848, mas não é possível, no estágio atual da pesquisa, determinar se parte deles era muçulmana ou não.[79] Ainda assim, alguns certamente foram introduzidos a partir de 1835.[80] O fato é que a província, apesar da reprovação de diversas autoridades, continuou a receber escravos tidos por rebeldes. Em 1839, quase duas décadas depois dos comentários de Saint-Hilaire, quatro anos após o ofício da Câmara de Pelotas e apenas um da descoberta de uma escola muçulmana em Porto Alegre, Nicolau Dreys emitiu parecer semelhante:

> De tempo muito remoto, e quase desde a sua descoberta, o Rio Grande tem sido considerado como uma espécie de purgatório dos negros; até a explosão da guerra civil, quando um negro das outras províncias do Brasil manifestava alguma disposição viciosa, Rio Grande era o destino que se lhe infligia como um castigo; e ainda há pouco, quase todos os dias, os periódicos da Corte ofereciam negros para vender, com a condição expressa de serem exportados para o Rio Grande [do Sul].[81]

Da mesma forma que Saint-Hilaire, Dreys considerava essa opinião errônea e afiançava seu testemunho por ter comprado escravos na província. Pouca consideração merece a opinião de um senhor sobre o tratamento dos escravos, a não ser por informar sobre a mentalidade escravocrata, embora Dreys considerasse o trabalho das charqueadas mais exigente que o das estâncias. No entanto, deixou registrado que a província seguia sendo "receptáculo" de escravos "viciosos", e não é improvável que entre os remetidos do Rio de Janeiro se encontrassem nagôs, pois, depois de 1835, o Rio também passou a receber um número maior de iorubás vendidos de Salvador. Apesar das qualidades positivas atribuídas aos africanos muçulmanos, Mary Karasch informa que nem sempre eram apreciados como escravos. Os senhores passaram a temê-los cada vez mais em vista de "seu potencial para a revolta", principalmente depois da insurreição de 1835.[82]

Se os nagôs passaram a ser vendidos na província depois do levante malê, sua chegada em números mais expressivos ocorreu no decorrer da década de 1840, especialmente após o crescimento nas exportações de charque. Em 1841, o Rio de Janeiro mantinha-se como principal exportador de escravos para o porto de Rio Grande, concentrando 60,5% dos carregamentos e 46,6% dos cativos traficados, enquanto da Bahia aportaram 23,7% dos navios e 32,7% dos escravos. As evidências sugerem, no entanto, que esse quadro estava sofrendo transformações. Em 1842, 66,7% das remessas provinham do Rio e 25%, da Bahia. Ainda que a maioria dos carregamentos continuasse a vir da Corte, a Bahia estava igualando a quantidade de escravos traficados. Do Rio vieram 41,2% dos escravos e da Bahia, 40,9%. Além disso, se Pernambuco enviou apenas 4,5% dos escravos despachados em 1841, no ano seguinte esse percentual subiu para 15,3%.[83]

Importa frisar, portanto, que, mesmo por pequena diferença, o Rio de Janeiro continuava sendo o principal fornecedor de escravos para a província e que a mudança do padrão de envio de cativos no período da ilegalidade – ou seja, uma quantidade maior de escravos remetidos da Bahia e indícios de um aumento na participação de Pernambuco – foi um acontecimento que se processou nos primeiros anos da década de 1840, e não antes. É possível que a Bahia tenha superado o Rio nos anos seguintes, mas o mais provável é que as proporções de escravos traficados não tenham se mantido tão distantes, inclusive com o Rio de Janeiro mantendo sua preponderância.

Em todo caso, em 22 de outubro de 1846, a secretaria de polícia da Bahia enviou ofício ao chefe de polícia da província em que se evidencia que essa rota do tráfico estava a pleno vapor. Constava "que muitos escravos têm sido transportados desta cidade [Salvador] sem passaporte, e com prejuízo da fazenda, atento o meio fraudulento de se subtraírem os respectivos senhores ao pagamento de direitos provinciais, e fazendo--os embarcar depois da visita policial, e quando à vela as embarcações". Solicitava "toda a vigilância e atividade" da polícia do Rio Grande do Sul e terminantes ordens "para que em ato de rigorosa visita apreendidos sejam os escravos que se não apresentarem munidos dos competentes passaportes", a fim de serem reenviados.[84]

O ofício denuncia que *muitos escravos* estavam sendo traficados da Bahia em meados da década de 1840, justamente quando se processava a grande vaga de introdução de escravizados na província. Os senhores e traficantes baianos, todavia, estavam burlando o fisco através do subterfúgio de embarcá-los logo após a revista policial, fato que resultava na não emissão de passaportes e no não pagamento do imposto. Ora, a principal fonte de Albertina Vasconcelos são justamente passaportes e guias de despachos de escravos, e, ainda assim, foram arrolados pelo menos 1.800 nagôs remetidos para o Rio Grande do Sul. A introdução de nagôs só poderia ter ocorrido de forma não residual a partir de meados da década de 1830, mas ela se deu principalmente na década seguinte (fato que chegou a surpreender o ministro britânico), de modo que, nessa época, a quantidade de escravizados em geral introduzidos na província, e de nagôs em particular, foi mais expressiva do que parece à primeira vista. Além do mais, passaportes e guias provavelmente informam sobre o envio de crioulos e *africanos ladinos*, não dando conta daquilo que Berute chamou de "etapa interna do tráfico atlântico". Tratando-se de uma operação de redistribuição de africanos recém-chegados, os traficantes tinham o maior interesse em manter seus negócios fora do alcance de toda e qualquer autoridade ou ato administrativo e fiscal, haja vista tratar-se de um período em que o contrabando negreiro se realizava ao arrepio da lei.

Se até aqui tenho destacado as exportações de escravizados vindos da Bahia e o crescimento da presença dos oeste-africanos (ênfase que guarda relação com o estudo sobre a conspiração de 1848), um volume de escravos provavelmente em maior proporção estava sendo introduzido via Rio de Janeiro, local onde desembarcavam principalmente centro-africanos, de resto o grupo que compunha a maioria dos africanos escravizados no Rio Grande do Sul. Entre 1831 e 1850 os centro-africanos compunham 71,5% dos africanos em Porto Alegre; 66,8% em Rio Grande e 63,9% em Pelotas (todavia os percentuais deviam ser um pouco mais baixos), com uma presença mais significativa dos congos, benguelas e cabindas. Nas três localidades os centro-africanos em geral haviam diminuído sua representatividade, já que entre 1809 e 1824 representavam em torno de 76,5% dos africanos traficados para a província.[85] O que importa destacar, entretanto, é que após 1831 ocorreram mudanças no peso relativo de cada nação ou região de embarque que refletiam transformações no comércio de escravos na África.

No primeiro quarto do século 19 os africanos vindos do Congo Norte (a costa entre a foz do rio Zaire e o atual Gabão, de onde provinham os denominados congos, cabindas e monjolos) representavam 27% dos escravos traficados para o Rio Grande do Sul, mas entre 1831 e 1850 aumentaram sua presença entre os africanos de Porto Alegre (39,5%), Rio Grande (31%) e Pelotas (32,3%), com destaque para os congos, seguido dos cabindas.[86] Como nesse intervalo de tempo altas taxas de mortalidade e algum percentual de alforrias e fugas somente poderiam forcejar o decréscimo populacional – 42% dos fugitivos africanos que escaparam para as repúblicas do Rio da Prata provinham do Congo Norte, principalmente congos e cabindas –, é fácil concluir que o aumento da presença dos centro-africanos originários dessa região apenas teria sido possível se estivessem sendo traficados em grande número para a província, como de fato estavam.[87]

Os percentuais nos três municípios referidos eram maiores do que a presença dos centro-africanos provenientes do Congo Norte no Rio de Janeiro, onde, segundo dados de Karasch, alcançavam em torno de 30% nas décadas de 1830 e 1840. Robert Slenes, no entanto, pondera que esse percentual devia ser mais alto, "pois no mesmo período o norte de Angola também começou a incluir em suas remessas de escravos um número grande de gente proveniente do antigo Reino do Kongo ou comercializada através dele". Nessa época as exportações de escravos por Luanda encolheram e se deslocaram para Ambriz (norte de Angola), em vista de o comércio de escravos ter se tornado ilegal nos portos portugueses em 1830, embora somente na década seguinte se tornassem efetivas as medidas que levaram ao fim do tráfico em Luanda, conforme estudo de Roquinaldo Ferreira. Essas mudanças estão de acordo com os dados de Joseph Miller, que indica que entre 1831 e 1850 os principais portos de embarque na África Centro-Ocidental eram Congo/Cabinda, Ambriz e Benguela.[88]

Vistas numa perspectiva mais ampla, as mudanças na configuração das origens dos africanos transportados para o Rio Grande do Sul mantêm correlação com as transformações do comércio de escravos na África Centro-Ocidental, o que só poderia acontecer se o volume do tráfico fosse considerável. Tomando o exemplo de Pelotas, os provenientes do norte de Angola (especialmente os denominados angolas, cassanges e rebolos) representavam 12,9% dos africanos escravizados, enquanto somente os benguela (sul de Angola) alcançavam 16,4%. Em Porto Alegre e em Rio Grande os percentuais de Angola Norte eram maiores (17,4 e 18,3%, respectivamente), mas englobavam mais designações do que Angola Sul, onde apenas os benguelas representavam 14,1% e 17% de todos os africanos escravizados nos referidos municípios.[89] O que se pode precisar no momento é que no período do tráfico ilegal houve um crescimento dos africanos provenientes do Congo Norte (além, é claro, dos oeste-africanos) e uma diminuição dos traficados do norte de Angola, enquanto os benguelas continuaram com uma presença importante no cômputo geral dos africanos, mesmo que também tenham diminuído consideravelmente sua representatividade em relação ao primeiro quarto do século 19.[90]

Em relação ao papel do Rio de Janeiro no envio de escravos, o redator d'*O Philantropo* nos deixou uma pista e, embora não seja possível chegar a uma assertiva, vale a pena averiguá-la. Manoel Pinto da Fonseca, denunciado de ter introduzido 20 mil africanos no Rio Grande Sul (cifra evidentemente exagerada), dividia com José Bernardino de Sá a fama de serem os "mais notórios e influentes traficantes" do Rio de Janeiro. Os dois tiveram carreira meteórica no tráfico, passando de empregados em pequenos armazéns a grandes contrabandistas, dirigindo interesses financeiros poderosos e contando com "considerável influência política". Pinto da Fonseca reconheceu publicamente ter enviado 12 navios à costa africana para trazerem quatro ou cinco mil escravos que havia mandado reunir, apenas no ano de 1846. Chegou a receber altas honrarias do governo imperial e, segundo diziam, era companheiro de jogo do chefe de polícia do Rio de Janeiro e aparentado com o Visconde de Macaé; senador e conselheiro do imperador.[91] Em nota ao ministro britânico Hudson no início de 1847, o Barão de Cairu, ministro dos Estrangeiros, fez ver sua impotência para fazer valer a lei de 7 de novembro de 1831, em vista dos poderosos interesses envolvidos no tráfico de africanos. Sobre o influente contrabandista, escreveu:

> Quem mais requestado, quem mais festejado na cidade do que Manuel Pinto [da Fonseca]? Todo mundo sabe que ele é o grande traficante *par excellence* do Rio [de Janeiro]. Contudo, tanto ele quanto dezenas de outros traficantes menores vão à Corte – sentam-se à mesa dos cidadãos mais ricos e respeitáveis – ocupam cadeiras na Câmara como nossos representantes e têm até voz no Conselho de Estado.

Estão cada vez mais vigilantes, perseverantes, audazes – os que eles não ousam afastar, procuram comprar.[92]

Em 1837, Manuel Pinto da Fonseca e seus irmãos já estavam bastante ativos no tráfico, e em sete ou oito anos ele tornara-se "um dos homens mais ricos do Brasil" – "a deslumbrada classe dos novos-ricos milionários", conforme escreveu um oficial da marinha britânica.[93] Salvo raros momentos, como quando assumiu publicamente seu envolvimento com o tráfico, dificilmente encontramos informações diretas sobre o contrabando, de modo que se torna quase impossível avaliar sua efetiva participação na introdução de escravos na província. Ainda assim, sabemos que ele mantinha relações comerciais com o Rio Grande do Sul. Em 1836, duas embarcações saídas de Porto Alegre e do porto de Rio Grande – carregadas de carne-seca, sebo, couros e crinas – rumaram para o Rio de Janeiro para lhe serem entregues. Nos dois anos seguintes pelo menos cinco carregamentos seguiram o mesmo destino. Entre 1842 e 1845 mais 11 embarcações despacharam produtos do gado o tendo como destinatário, quase todas saídas do porto de Rio Grande. Em 1842 um carregamento de carne-seca lhe fora enviado de Buenos Aires, e em 1844 para lá exportou açúcar. Em 1848 recebera açúcar e aguardente da Bahia, em navio que depois seguiu para Rio Grande. Em 1849, ao que parece, seus negócios no sul haviam migrado para o Rio da Prata, de onde recebeu pelo menos três carregamentos de carne-seca, remetidos de Buenos Aires.[94]

Embora não possamos ir além, um dos maiores contrabandistas de africanos do Rio de Janeiro, e homem íntimo de notáveis figuras do governo imperial, mantinha vínculos comerciais estreitos com o Rio Grande do Sul. Nesse sentido, vale lembrar a apreciação de Howden, quando disse que em decorrência do aumento no comércio provincial os traficantes acharam "um favorável ensejo para as suas criminosas especulações", suprindo a falta de braços com escravos africanos. Além de estarem documentadas suas ligações comerciais com a província e com o Rio da Prata, consta uma denúncia pública impressa num jornal abolicionista da época. O comércio de cabotagem entre as províncias, aliás, englobava transporte de passageiros, gêneros e escravos, às vezes em um só carregamento. E, o que é mais importante, suas ligações com o tráfico de africanos realizavam-se na África Central. Em 1842, por exemplo, autoridades britânicas apreenderam um de seus navios e destruíram a feitoria que havia montado na costa de Cabinda, resgatando escravos que lá estavam (ao que tudo indica) para serem embarcados para o Brasil.[95]

Notas

1 Depoimento de Lord Howden, 25 de abril de 1849. Great Britain. Parliament. House of Lords. *Report from the Select Committee of the House of Lords, appointed to consider the best Means which Great Britain can adopt for the Final Extinction of the African Slave Trade; and to report thereon to the house; together with the minutes of evidence and an appendix and index thereto. Session 1849.* London, by the House of Commons, 1850, p. 14.
2 *Idem*, pp. 14-15.
3 *Idem, ibidem*.
4 Tâmis Parron. *A política da escravidão no Império do Brasil, 1826-1865*. Rio de Janeiro, Civilização Brasileira, 2011, pp. 123-191; Leslie Bethell. *A Abolição do tráfico de escravos no Brasil. A Grã-Bretanha, o Brasil e a questão do tráfico de escravos, 1807-1869*. Trad. Vera Nunes Neves Pedroso. Rio de Janeiro, Expressão e Cultura/São Paulo, Edusp, 1976, pp. 70-94; Robert Conrad. *Tumbeiros. O tráfico escravista para o Brasil*. São Paulo, Editora Brasiliense, 1985, pp. 90-117; Beatriz Mamigonian. *Africanos livres. A abolição do tráfico de escravos no Brasil*. São Paulo, Companhia das Letras, 2017, pp. 90-127. O texto da lei de 7 de novembro de 1831 encontra-se em *Collecção de Leis do Imperio do Brazil de 1831*, parte 1. Rio de Janeiro, Typographia Nacional, 1875, pp. 182-184.
5 Leslie Bethell. *A abolição do tráfico de escravos*, pp. 265-267.
6 SlaveVoyages. *The Trans-Atlantic Slave Trade Database* (TSTD). Disponível em <http://www.slavevoyages.org>. Acesso em 5/4/2016.
7 *Relatório da Repartição dos Negócios da Justiça apresentado à Assembleia Geral Legislativa na Sessão Ordinária de 1837, pelo respectivo Ministro e Secretário de Estado Gustavo Adolfo de Aguilar Pantoja*. Rio de Janeiro, Typographia Nacional, 1837.
8 Sobre esses pontos da Guerra dos Farrapos, ver Tristão de Alencar Araripe. *Guerra Civil no Rio Grande do Sul. Memória acompanhada de documentos lida no Instituto Histórico e Geográfico do Brasil* [1881]. Porto Alegre, Corag, 1986; Spencer Leitman. *Raízes sócio-econômicas da Guerra dos Farrapos. Um capítulo da história do Brasil no século XIX*. Trad. Sarita Linhares Barsted. Rio de Janeiro, Edições Graal, 1979; Gabriel Santos Berute. *Atividades mercantis do Rio Grande de São Pedro. Negócios, mercadorias e agentes mercantis (1808-1850)*. Tese de Doutorado. Porto Alegre, Universidade Federal do Rio Grande do Sul, 2011,

pp. 50-53. Sobre os efeitos da Guerra Grande na economia uruguaia, ver José Pedro Barrán & Benjamín Nahum. *Historia rural del Uruguay moderno (1851--1885)*. Montevideo, Ediciones de la Banda Oriental, 1967, pp. 14-59.

9 Para os anos fiscais de 1837-38 a 1843-44, ver "Mapa da exportação da Província do Rio Grande de São Pedro do Sul nos exercícios 1837-38 a 1844-45". *Appenso ao Quadro Estatístico e geográfico da província* [...] *de 1868*. Arquivo Histórico do Rio Grande do Sul (AHRS), Estatística, Códices, Anexos ao E-1 (1803-1867). Para 1844 e 1845, *Relatório do Presidente da Província de S. Pedro do Rio Grande do Sul o Senador Conselheiro Manoel Antônio Galvão* [...] *de 1847*. Para 1846, *Relatório do Vice-Presidente da Província de São Pedro do Rio Grande do Sul João Capistrano de Miranda e Castro* [...] *de 1848*. Para o ano de 1847, fiz uma estimativa com base nos valores arrecadados pelos cofres públicos: em 1846 a província exportou 2:556.765 arrobas de charque que renderam 203:774$861 (relatório de 1848); no ano de 1847 a renda foi de 193:660$522, ou aproximadamente 2:428.000 arrobas (ver *Orçamento da Receita e Despeza para o anno financeiro de 1849-1850*. Porto Alegre, Typographia do Porto-Alegrense, 1849). Para os anos de 1848 a 1853, *Relatório do Presidente da Província de São Pedro do Rio Grande do Sul João Lins Vieira Cansansão de Sinimbú* [...] *de 1853* e *Relatório do Presidente da Província de S. Pedro do Rio Grande do Sul, Angelo Moniz da Silva Ferraz* [...] *de 1858*. Converti os milhões de arrobas — medida utilizada na época — em toneladas para que se possa ter uma melhor compreensão dos números exportados.

10 Jonas Vargas. *Pelas margens do atlântico. Um estudo sobre elites locais e regionais no Brasil a partir das famílias proprietárias de charqueadas em Pelotas, Rio Grande do Sul (século XIX)*. Tese de Doutorado. Rio de Janeiro, Universidade Federal do Rio de Janeiro, 2013, pp. 306-310, 327-332, *passim*.

11 Inventário *post mortem* de Josefina das Chagas Rocha e seu marido Manoel da Costa Leite. Arquivo Público do Estado do Rio Grande do Sul (APERS), Cartório de Órfãos e Ausentes, Comarca de Rio Pardo, Santana do Livramento, cx. 165, processo n. 9, 1847.

12 Inventário *post mortem* de Antônio Francisco Ferreira. APERS, Cartório da Vara de Família, Comarca de Missões, Uruguaiana, cx. 095.0278, processo n. 16, 1845.

13 Inventário *post mortem* de José Antônio Carneiro. APERS, Cartório da Vara de Família, Comarca de Missões, Uruguaiana, cx. 095.0278, processo n. 26, 1847.

14 Inventário *post mortem* de José da Câmara Canto. APERS, Cartório da Vara de Família, Comarca de Missões, Uruguaiana, cx. 095.0278, processo n. 19, 1846.

15 *Relatório do Presidente da Província de São Pedro do Rio Grande do Sul o Tenente General Francisco Joze de Souza Soares de Andrea na Abertura da Assembleia Legislativa Provincial no 1º de Junho de 1849. Acompanhado do orçamento da receita e despeza para o anno de 1849-1850*. Porto Alegre, Typographia do Porto-Alegrense, 1849, p. 10.

16 Ofício Reservado n. 3, de 23 de janeiro de 1849 (presidente da província, Soares de Andrea, ao ministro dos Estrangeiros, Visconde de Olinda). AHRS, Correspondências Expedidas pelos Presidentes de Província ao Ministério dos Negócios Estrangeiros (CEPP/MNE), A-2.19 (1848-1849), s.p.

17 Sebastião Ferreira Soares. *Notas estatisticas sobre a producção agricola e a carestia dos generos alimenticios no Imperio do Brazil*. Rio de Janeiro, Typ. Imp. e Const. de J. Villeneuve e Comp., 1860, p. 195.

18 Jonas Vargas toma o ano de 1852 como parâmetro e indica uma queda de 40% nas exportações em relação a 1848, sem fazer qualquer menção à peste e à seca que assolaram a província nem aos métodos de criação, tampouco às diferenças regionais de exportação. Jonas Vargas. *Pelas margens do Atlântico*, passim.

19 Sobre a diferença na arrecadação de impostos com a exportação de charque em Rio Grande, São José do Norte e Porto Alegre, ver as tabelas demonstrativas do valor e da quantidade dos diversos produtos do gado vacum exportados entre 1848-1852, despachados pelas respectivas Mesas de Rendas, anexas ao *Relatório do Presidente da Província de S. Pedro do Rio Grande do Sul João Lins Vieira Cansansão de Sinimbú na Abertura da Assembleia Legislativa Provincial em 6 de outubro de 1853*. Porto Alegre, Typographia do Mercantil, 1853, s/p.

20 *Relatório do presidente da província de São Pedro do Rio Grande do Sul. João Lins Vieira Cansansão de Sinimbú na abertura da Assembleia Legislativa Provincial em 02 de outubro de 1854*. Porto Alegre, Typographia do Mercantil, 1854, p. 48.

21 *Idem*, p. 45.

22 Maximiliano Menz. *Entre dois impérios. Formação do Rio Grande na crise do antigo sistema colonial (1777-1822)*. Tese de Doutorado. São Paulo, Universidade de São Paulo, 2006, p. 175; Gabriel Aladrén. *Sem respeitar fé nem tratados. Escravidão e guerra na formação histórica da fronteira sul do Brasil (Rio Grande de São Pedro, c. 1777-1835)*. Tese de Doutorado. Rio de Janeiro, Universidade Federal Fluminense, 2012, p. 65 ss.

23 Rafael Marquese & Dale Tomich. "O Vale do Paraíba escravista e a formação do mercado mundial do café no século XIX". In: Keila Grinberg & Ricardo Salles (org.). *O Brasil imperial*. Rio de Janeiro, Civilização Brasileira, 2009, pp. 341-383 (esp. pp. 360-367), vol. 2: 1831-1889. Sobre o regresso conservador e a reabertura do tráfico negreiro, ver Tâmis Parron, *A política da escravidão*.

24 Leslie Bethell & José Murilo de Carvalho. "Brasil (1822-1850)". In: *Historia de América Latina*. Barcelona, Editorial Crítica, 1991, pp. 319-377 (dados citados na página 361), vol. 6: *América Latina independiente, 1820-1870*. Bethell, *A abolição do tráfico de escravos*, pp. 260-261, 270-271, 284, *passim*; Pierre Verger. *Fluxo e refluxo do tráfico de escravos entre o Golfo do Benin e a Bahia de Todos os Santos. Dos séculos XVII a XIX*. Trad. Tasso Gadzanis. 3ª ed. Salvador, Corrupio, 1987, pp. 383-384; Robert Conrad. *Tumbeiros*, pp. 132-136.

25 Gabriel Berute. *Atividades mercantis do Rio Grande*, p. 70. De 35 carregamentos saídos do porto de Rio Grande em 1848, 19 seguiram para Pernambuco, 10 para o Rio de Janeiro, três para a Bahia, dois para Havana (Cuba), um

para Santa Catarina e outro não é informado. Consultei o banco de dados de Gabriel Berute para os destinos de envios em 1848, a quem agradeço.
26 "Brasil–Uruguai. Proposta Uruguaia de Reforma do Tratado de Comércio e Navegação de 12 de outubro de 1851. Consulta de 20 de novembro de 1854". *Conselho de Estado, 1842-1889*. Brasília, Câmara dos Deputados/Ministério das Relações Exteriores, 1979, p. 345, vol. 4, Consultas da Seção dos Negócios Estrangeiros.
27 Robin Blackburn. "Por que segunda escravidão?". *In*: Rafael Marquese e Ricardo Salles. *Escravidão e capitalismo histórico no século XIX: Cuba, Brasil e Estados Unidos*. Rio de Janeiro, Civilização Brasileira, 2016, pp. 13-54 (citação na página 42).
28 Para realizar as estimativas, utilizei os valores arrecadados com o imposto de meia sisa e um termo médio dos valores dos escravos. Entre 1836 e 1840 utilizei os dados de Aladrén (2012, p. 114), que dá um termo médio de 464$103 réis para os escravos entre 15 e 40 anos. Para todos os outros anos, usei os dados coligidos a partir dos inventários *post mortem* para a fronteira (1845-1850), como analisado no capítulo anterior (vide fontes), somente para os africanos entre 14 e 25 anos, termo médio de 564$918 réis. Analisando as transações de compra e venda, é possível saber que se cobrava de imposto de meia sisa 5% do valor do escravo, respectivamente 23$215 e 28$000 réis para as médias acima citadas. Para se chegar à estimativa de escravos comprados, portanto, dividi os valores arrecadados pelos cofres públicos por estes últimos. Note-se que entre 1841 e 1844, por falta de outra estimativa, utilizo os da segunda metade da década, o que equivale a dizer que os escravos comprados no primeiro período foram em maior número do que os apresentados. A taxa de 5% sobre o valor do escravo foi regulamentada pelo decreto n. 151, artigo 15, de 11 de abril de 1842: *Dando Regulamento para a arrecadação da Taxa, e Meia Siza dos escravos. Colecção de Leis do Imperio do Brasil de 1842*, tomo 5, parte 2, secção 33. Rio de Janeiro, Typographia Nacional, 1843, pp. 227-234.
29 Entre 1788 e 1802, 12% dos escravos despachados para o Rio Grande do Sul de outros portos do Império, sobretudo do Rio de Janeiro, eram crioulos. Entre 1809 e 1824, apenas 5%. Gabriel Santos Berute. *Dos escravos que partem para os portos do sul: características do tráfico negreiro do Rio Grande de São Pedro do Sul, c. 1790- c. 1825*. Dissertação de Mestrado. Porto Alegre, Universidade Federal do Rio Grande do Sul, 2006, p. 51. Dos escravos enviados da Bahia, entre 1800 e 1850, 27,9% foram registrados como crioulos; percentual que sobe para 43 se incluídos os designados cabras, mulatos e pardos. Albertina Lima Vasconcelos. "Tráfico interno, liberdade e cotidiano no Rio Grande do Sul: 1800-1850". *Anais do II Encontro Escravidão e Liberdade no Brasil Meridional*. Porto Alegre, 2005.
30 Para o imposto de meia sisa nos anos fiscais de 1837-38 a 1844-45, APERS, *Appenso ao Quadro Estatístico e geográfico da província [...] 1868*; para os anos de 1845 a 1847, *Orçamento da Receita e Despeza para o anno financeiro de*

1849-1850; para os anos de 1848 a 1850, utilizei o orçamento das rendas provinciais reproduzido em Eni Barbosa & Elvo Clemente. *O processo legislativo e a escravidão negra na Província de São Pedro do Rio Grande do Sul. Fontes*. Porto Alegre, Assembleia Legislativa do Estado do Rio Grande do Sul/Corag, 1987, pp. 60-61.

31 Aladrén, ao cotejar os dados do tráfico negreiro e as exportações provinciais na passagem para o século 19 até o início da década de 1820, também enfatiza a correlação. Gabriel Aladrén. *Sem respeitar fé nem tratados*, pp. 50--74. Mesmo com dados menos satisfatórios, a questão já havia sido apontada por Fernando Henrique Cardoso. *Capitalismo e escravidão no Brasil Meridional. O negro na sociedade escravocrata do Rio Grande do Sul* [1962]. Rio de Janeiro, Civilização Brasileira, 2003; Berenice Corsetti. *Estudo da charqueada escravista gaúcha no século XIX*. Dissertação de Mestrado. Rio de Janeiro, Universidade Federal Fluminense, 1983; Helen Osório. *O império português ao sul da América. Estancieiros, lavradores e comerciantes*. Porto Alegre, Editora da UFRGS, 2007.

32 Preferi, no entanto, usar uma contagem mais baixa de arrecadação para 1850, no valor de 30:700$, ao contrário da informada pelo presidente, de 46:518$. Isso pelo fato de ser possível que neste último valor estivesse incluída a arrecadação com a matrícula de escravos e um imposto de 32 mil réis que passou a vigorar sobre cada escravo introduzido na província. O valor de mais de 46 contos, caso esteja correto, equivaleria à entrada de 1.661 escravos em 1850, e não 1.096. *Relatório do Presidente da Província de S. Pedro do Rio Grande do Sul João Lins Vieira Cansansão de Sinimbú* [...] *de 1853*, pp. 46-47. O valor de 30:700$ para 1850 e informações sobre a matrícula e o imposto de 32 mil réis constam em Barbosa & Clemente, *O processo legislativo*, pp. 60-61.

33 Autos Crimes pela Importação de Africanos Escravos Novos. APERS, Comarca de Rio Grande, São José do Norte, 1ª Vara Cível e Crime, cx. 005.0791, processo n. 10, 1838.

34 Gabriel Berute, *Atividades mercantis do Rio Grande*, p. 68.

35 *Deliberação* (1842), viagem 900193. Arquivo Histórico Nacional de Angola, cx. 148, avulsos. SlaveVoyages. *The Trans-Atlantic Slave Trade Database* (TSTD) Disponível em <http://www.slavevoyages.org>. Acesso em 5/4/2016.

36 Com exceção do ano de 1842 – em que utilizei o número de escravos desembarcados em Rio Grande conforme pesquisa de Gabriel Berute e somei aos escravos desembarcados na província, como referido pelo TSTD –, para todos os outros anos realizei estimativas com base na meia sisa.

37 "Quadro da População Nacional Livre da Província de S. Pedro do Rio Grande do Sul em 1846 organizado pelo Encarregado da Estatística seguindo as Listas Parochiaes, e de Delegados da mesma Província". AHRS, Estatística, Mapas, Quadros e Levantamentos Estatísticos, maço 1 (1741-1868).

38 Entre 1820 e 1833 foram traficados ao menos 14.551 escravos para o Rio Grande do Sul. Gabriel Aladrén. *Sem respeitar fé nem tratados*, p. 53 ss.; Gabriel Berute. *Atividades Mercantis do Rio Grande*, p. 69.

39 No período da ilegalidade entraram aproximadamente 844.833 africanos no Brasil – contando desde março de 1830, quando passou a vigorar o tratado antitráfico anglo-brasileiro de 1826, até 1856. SlaveVoyages. *The Trans-Atlantic Slave Trade Database*. Disponível em <http://www.slavevoyages.org>. Acesso em 5/4/2016.

40 *Relatório com que abriu a primeira sessão ordinária da segunda legislatura da província de S. Pedro do Rio Grande do Sul no 1º de março de 1846, o Exm.º Sr. Conde de Caxias, presidente da mesma província*. Porto Alegre, Typographia de I. J. Lopes, 1846, p. 21.

41 *Anais do Senado do Império do Brasil*, t. 3. Sessão de 11 de agosto de 1847, p. 105. Grifo meu.

42 Jovani Scherer. *Experiências de busca da liberdade. Alforria e comunidade africana em Rio Grande, séc. XIX*. Dissertação de Mestrado. São Leopoldo, Universidade do Vale do Rio dos Sinos, 2008, p. 49; Natalia Pinto. *A benção compadre. Experiências de parentesco, escravidão e liberdade em Pelotas, 1830/1850*. Dissertação de Mestrado. São Leopoldo, Universidade do Vale do Rio dos Sinos, 2012, p. 49; Graziele Corso. *Tráfico ilegal de escravos e características da escravidão em Porto Alegre (1831-1850)*. Monografia de Conclusão de Curso. Porto Alegre, Universidade Federal do Rio Grande do Sul, 2013, p. 43.

43 Depoimento de Lord Howden, 25 de abril de 1849. *Report from the Select Committee of the House of Lords* (Session 1849), p. 16.

44 *O Philantropo*, n. 84, 8 de novembro de 1850 (às vezes grafado como *O Philanthropo*). Grifos no original. Sobre a posição política do jornal e o subsídio recebido do governo britânico, ver Leslie Bethell. *A abolição do tráfico de escravos*, pp. 296-297; Pierre Verger. *Fluxo e refluxo*, pp. 388-390; Kaori Kodama. "Os debates pelo fim do tráfico no periódico *O Philantropo* (1849--1852) e a formação do povo: doenças, raça e escravidão". *Revista Brasileira de História*, São Paulo, vol. 28, n. 56, 2008, pp. 407-430; Beatriz Mamigonian. *Africanos livres*, pp. 209-212, 230-238, 278-283.

45 *O Philantropo*, n. 86, 22 nov. 1850. Grifo no original. *O Philantropo* declarava ser seu fim "combater a escravidão doméstica entre nós, demonstrar seus negros males, e apresentar os mais seguros meios de a extinguir, e prevenir seus funestos resultados", mas os africanos eram vistos como bárbaros e ignorantes que embruteciam as novas gerações e ameaçavam a segurança interna do Império. Por isso, advogava o fim do tráfico, defendia a colonização europeia e a reexportação dos africanos para a África, utilizando muitas vezes argumentos racialistas. Chegou a propor a gradual extinção da escravidão, num prazo de 25 anos, mas desapareceu em meados de 1852. *O Philantropo*, n. 1, 3 e 4 de 6, 20 e 27 de abril de 1849; n. 10 e 16 de 8 e 20 de junho de 1849; n. 18 e 19 de 3 e 19 de agosto de 1849; e n. 33 de 16 de novembro de 1849; n. 54 e 55 de 12 e 19 de abril de 1850; n. 67 de 12 de julho de 1850; n. 80 de 11 de outubro de 1850. Sobre os argumentos racialistas que o jornal lançava mão, ver Kaori Kodama. "Os debates pelo fim do tráfico", pp. 419-426.

46 *O Philantropo*, n. 86, 22 nov. 1850. Grifos no original.
47 Se algo em torno de 15 mil escravos entraram entre 1843 e 1848, e foram negociados outros 3.541 em 1841-1842 e 1849-1850 (tabela 4), ao menos 18 mil escravos desembarcaram no Rio Grande do Sul entre 1841 e 1850, praticamente duas vezes o estimado com a meia sisa no mesmo período. Como quase 90% das transações se deram a partir de 1841, entre 1835 e 1840 teriam sido comprados cerca de 2 mil escravos. Ademais, se a tabela 4 está longe de dar conta de todas as transações, pelo menos demonstra uma tendência, atestada, aliás, quando cotejada com o volume das exportações de charque. Ainda que a cifra de Howden possa ser um pouco exagerada (em média 2.500 escravos introduzidos anualmente entre 1843-1848), entre 1841 e 1850 a estimativa com base na meia sisa informa a compra de 8.730 cativos. Considerando que a fonte representa nem a metade dos escravos comprados – pelo menos na década de 1840, no período da ilegalidade, pois há indícios de que o sub-registro tendesse a ser menor na segunda metade do século 19, mantendo-se, todavia, prática corrente –, temos algo em torno de 17.460, muito perto dos 18 mil (cifra inferior aos 20 mil referidos pelo redator d'*O Philantropo*, pois teriam sido introduzidos entre 1845-1850). E, mesmo para padrões da província, uma média de 1.800 escravizados traficados anualmente entre 1841-1850 não surpreende, pois entre 1811-1824 foram importados pelo menos 21.916 escravos, média de 1.565 ao ano (calculado a partir de Gabriel Aladrén. *Sem respeitar fé nem tratados*, p. 53, que, no entanto, apresenta média diferente).
48 Entre os primeiros a levantar e sistematizar dados estatísticos, não só de população, destacam-se Antônio José Gonçalves Chaves. *Memórias ecônomo-políticas sobre a administração pública do Brasil*. Porto Alegre, Companhia União Seguros Gerais, 1978; Antônio Manuel Corrêa da Câmara. *Ensaios Statisticos da Província de São Pedro do Rio Grande do Sul*. Porto Alegre, Typographia do Mercantil, 1851 [1822-1823]. Sobre o assunto, ver Nelson de Castro Senra. *História das estatísticas brasileiras*. Rio de Janeiro, IBGE, 2006, cap. 3, vol. 1. Sobre as tentativas de recenseamento no Brasil imperial, ver o inestimável trabalho de Joaquim Norberto de Souza e Silva. *Investigações sobre os Recenseamentos da População Geral do Império e de cada Província per si tentados desde os tempos coloniais até hoje*. Memória Anexa ao Relatório do Ministério do Império. Edição Fac-Símile. São Paulo, IPE-USP,1986 [1870].
49 (a) "Mapas da população da Capitania de São Pedro do Rio Grande do Sul". Citado em Corcino Medeiros dos Santos. *Economia e sociedade do Rio Grande do Sul. Século XVIII*. São Paulo, Ed. Nacional/[Brasília], INL, Fundação Nacional Pró-Memória, 1984, pp. 32-37; (b) *Appenso* ao Quadro Estatístico... AHRS, Estatística. Códice E-1 (1803-1867). (c) Estimativa baseada em "Quadro da População Nacional Livre da Província de S. Pedro do Rio Grande do Sul em 1846 organizado pelo Encarregado da Estatística [o Conselheiro Antônio Manuel Corrêa da Câmara] seguindo as Listas Parochiaes, e de Delegados

da mesma Província". AHRS, Estatística, "Mapas, Quadros e Levantamentos Estatísticos", maço 1 (1741-1868). (d) Estimativa. Vide discussão; (e) *Appenso ao Quadro Estatístico*..., AHRS; *Relatório apresentado pelo presidente da província de São Pedro do Rio Grande do Sul, Espiridião Eloy de Barros Pimentel, na 1 sessão da 11 Legislatura da Assembleia Provincial.* Porto Alegre, 1864, p. 46. (f) *Recenseamento Geral do Brasil*, 1872 (IBGE). (g) "Província do Rio Grande do Sul: quadro estatístico do número de escravos matriculados nas estações fiscais" em 30 de setembro de 1873. Diretoria Geral de Estatística. *Relatório e trabalhos estatísticos apresentados ao Ilm.º e Exmo. Sr. Conselheiro Dr. João Alfredo Corrêa de Oliveira, Ministro e Secretário de Estado dos Negócios do Império, pelo Diretor Geral Interino Dr. José Maria do Coutto em 30 de abril de 1875*. Rio de Janeiro, Typographia de Pinto, Brandão & Comp., 1875. Para a população livre, utilizei os dados referentes ao *Recenseamento Geral do Brasil de 1872*. No relatório da Diretoria Geral de Estatística de 1874 a população escrava conta 84.437 almas, provavelmente em função da atualização dos boletins estatísticos. Diretoria Geral de Estatística. *Relatório e Trabalhos Estatísticos apresentados ao Illm. e Exm. Sr. Conselheiro Dr. João Alfredo Corrêa de Oliveira, Ministro e Secretário do Estado dos Negócios do Império, pelo Diretor Geral Conselheiro Manoel Francisco Correia*. Rio de Janeiro, Tipografia Franco-Americana, 1874.

50 Sobre a população escrava no Império, de acordo com as listas de matrícula de 1873, organizadas pela Diretoria Geral de Estatística, ver o estudo pioneiro de Robert Slenes. *The demography and economics of Brazilian slavery. 1850-1888.* Tese de Ph.D. Stanford University, 1976 (a tabela com a população escrava de todas as províncias do Brasil encontra-se na página p. 691); *Idem*. "O que Rui Barbosa não queimou: novas fontes para o estudo da escravidão no século XIX". *Estudos Econômicos*. v. 13, n. 1, jan./abr.1983, pp. 117-149.

51 Entre 1800 e 1833 pelo menos 33 mil escravos foram traficados para a província. Gabriel Aladrén. *Sem respeitar fé nem tratados*, p. 53; e entre 1835 e 1850, segundo minhas estimativas, 20 mil. Para uma análise detida do tráfico entre 1790 e 1825, ver Gabriel Berute. *Dos escravos que partem para os portos do sul.* Os africanos representavam entre 47% e 48% dos escravos nas áreas rurais do Rio Grande do Sul no período 1790-1825. Helen Osorio. "Campeiros e domadores: escravos na pecuária sulista, séc. XVIII". *Anais do 2º Encontro Escravidão e Liberdade no Brasil Meridional*. Porto Alegre, 2005. Em regiões de pecuária, entre 1845-1850, os percentuais de africanos eram mais baixos, entre 25% e 40%, como visto no capítulo anterior.

52 Cotejando o *Recenseamento* de 1872, as listas de matrícula de 1873 e inventários *post mortem*, teci algumas considerações sobre o crescimento endógeno da população escrava na segunda metade do século 19. Thiago Leitão de Araujo. "Novos dados sobre a escravidão na província de São Pedro". *Anais do 5º Encontro Escravidão e Liberdade no Brasil Meridional*. Porto Alegre, 2011.

53 "Quadro da População Nacional Livre da Província de S. Pedro do Rio Grande do Sul em 1846 organizado pelo Encarregado da Estatística [o Conselheiro

Antônio Manuel Corrêa da Câmara] seguindo as Listas Parochiaes, e de Delegados da mesma Província". AHRS, Estatística, "Mapas, Quadros e Levantamentos Estatísticos", maço 1 (1741-1868).

54 Nesses mapas, o percentual de escravos sobre a população total é o que segue: 2º distrito de Jaguarão (34%); 3º distrito da Freguesia de Cangussú (29,3%); distrito de São Gabriel (28,6%); Encruzilhada (38%); 1º distrito da Freguesia de Santo Amaro (39,3%); Capela de São Martinho (11%); e 1º distrito de Bagé (29,5%). Apenas São Martinho apresenta um percentual mais baixo, mas em 1858 os escravos já haviam dobrado sua representatividade na população (22,9%). "Mapas estatísticos da população (1846)". AHRS, Estatística, "Mapas, Quadros e Levantamentos Estatísticos", maço 1 (1741-1868).

55 Thiago Leitão de Araujo. "Comércio interprovincial de escravos revisitado: província de São Pedro do Rio Grande do Sul, segunda metade do século 19". Texto inédito. Cálculo realizado a partir dos batismos e óbitos referidos nos quadros estatísticos da população escrava provincial, segundo as atualizações dos mapas de família de 1858, cotejados com fontes diversas. *Appenso ao Quadro Estatístico e geográfico... de 1868*, AHRS, 1803-1867.

56 Os dados para 1845-1850 constam no capítulo anterior. Embora dificulte a comparação por tratar-se de dados agregados, para os municípios de Cachoeira, Jaguarão e Rio Pardo, entre 1777 e 1840, 29% dos escravos tinham até 14 anos de idade. Aladrén. *Sem respeitar fé nem tratados*, p. 116.

57 *Relatório apresentado a Assembleia Provincial de S. Pedro do Rio Grande do Sul na 2ª Sessão da 8ª Legislatura pelo Conselheiro Joaquim Antão Fernandes Leão*. Porto Alegre, Typographia do Correio do Sul, 1859, p. 76.

58 Ferreira Soares, auxiliar de Corrêa da Câmara nos trabalhos estatísticos, faz referência a outra estimativa do Conselheiro, datada de 1847, que dá uma população de 350 mil habitantes (300 mil livres e 50 mil escravos). Ignoro de onde Soares tirou esses números, nem ele os cita, mas a população livre, por certo, é muito exagerada. A estimativa da população escrava, por caminho diverso e desconhecido, se aproxima da minha, mas não leva em conta a espantosa introdução de escravos na década de 1840. Sebastião Ferreira Soares. *Notas estatisticas*, p. 171. Sobre o *Recenseamento* de 1872 e as listas de matrícula de 1873 para o Rio Grande do Sul, ver Thiago Leitão de Araujo. "Novos dados sobre a escravidão na província de São Pedro"; *Idem*. "A persistência da escravidão: população, economia e o tráfico interprovincial (província de São Pedro, segunda metade do século XIX)". *In*: Regina Célia Lima Xavier (org.). *Escravidão e liberdade: temas, problemas e perspectivas de análise*. São Paulo, Editora Alameda, 2012, pp. 229-253.

59 Luis Nicolau Parés. *A formação do Candomblé. História e ritual da nação jeje na Bahia*. 2ª ed. rev. Campinas, Editora da Unicamp, 2007, pp. 25-26, 29; João José Reis. "Entre parentes: nações africanas na cidade da Bahia, Século XIX". *In*: Evergton Sales Souza; Guida Marques & Hugo R. Silva (org.). *Salvador da Bahia. Retratos de uma cidade atlântica*. Salvador/Lisboa, Edufba/CHAM,

2016, pp. 273-312 (citação na página 277). A bibliografia sobre as nações africanas é vasta, e aqui não se pretende explorá-las. Uma leitura crítica do debate encontra-se em Renato da Silveira. "Nação africana no Brasil escravista: problemas teóricos e metodológicos". *Afro-Ásia*, n. 38 (2008), pp. 245-301. Sobre a linguagem como componente essencial no processo formativo de uma nova identidade entre os escravizados centro-africanos a partir de uma herança cultural africana em comum no Sudeste do Brasil, ver Robert Slenes. "'Malungu, n'goma vem!': África coberta e descoberta no Brasil". *Revista da USP*, n. 12, (1991/1992), pp. 48-67.

60 Entre 1788 e 1802, segundo as *Guias de Escravos* analisadas por Berute, oito africanos da costa oriental (0,29%) foram despachados para a província (todos "moçambiques"); enquanto os oeste-africanos, sobretudo "minas", representavam somente 3,26%. Gabriel Berute. *Dos escravos que partem para os portos do sul*, pp. 51, 72-76, 170-176.

61 Jovani Scherer. *Experiências de busca da liberdade*, pp. 109-117, 122-123, 193, *passim*; Albertina Vasconcelos. "Tráfico interno", pp. 7-8. Em vista de os dados de Vasconcelos abrangerem o período 1800-1850 sem especificar o volume e a frequência temporal dos envios, Scherer conseguiu apreender parte desse movimento através da análise de inventários.

62 Jovani Scherer. *Experiências de busca da liberdade*, pp. 110-112.

63 Scherer, ainda que em alguns momentos atente para a especificidade da fonte, sugere que os oeste-africanos continuaram crescendo entre a população africana de Rio Grande após 1850, o que não era o caso. Jovani Scherer. *Experiências de busca da liberdade*, pp. 110, 116-117, 122, 140, 146.

64 Natália Pinto. *A benção compadre*, pp. 49-52, 62. Calculei os percentuais excluindo os "da costa" a partir das tabelas 1.8 e 1.10 (pp. 62 e 65) da autora. Para o período entre o fim da década de 1810 até aproximadamente 1832 consultei Rio Grande do Sul. Secretaria da Administração e dos Recursos Humanos. Departamento de Arquivo Público. *Documentos da Escravidão. Inventários. O escravo deixado como herança*. Bruno Stelmach Pessi (coord.). Porto Alegre, Companhia Rio-Grandense de Artes Gráficas (CORAG), 2010, vol. 1, Comarca do Rio Grande do Sul, Pelotas, pp. 118-123, 227-243.

65 Morgan to Howden, 9th February 1848. Foreign Office (FO) 84/727, Slave Trade, n. 1, pp. 395-398. Note-se que ao fim apresento percentuais quase idênticos aos de Natália Pinto. *A benção compadre*, pp. 49-52, 62, mas com base na informação do cônsul John Morgan e em considerações metodológicas e demográficas diversas.

66 Inventários *post mortem* dos Cartórios da Vara de Família, Provedoria e Cível dos municípios de Bagé, Alegrete, Santana do Livramento, Uruguaiana e Jaguarão, APERS (1845-1850). Vide o arrolamento de fontes. Reforça essa constatação o fato de que metade dos escravos despachados da Bahia tinha entre 16 e 30 anos (incluídos crioulos e africanos), apesar dos problemas de

diagramação da tabela, que impossibilitam saber o percentual exato. Albertina Vasconcelos. "Tráfico interno", p. 5.

67 Calculado a partir da tabela n. 4 de Graziele Corso. *Tráfico ilegal de escravos*, p. 37. Excluí as designações "da costa", "africano" e "nação", bem como 13 escravos centro-africanos "incertos".

68 Veja o capítulo 4. Evidentemente, falo em forte impacto nos lugares onde se concentraram em número suficiente. Sobre a capacidade dos minas na autocompra de suas liberdades, ver para os casos de Rio Grande, Pelotas e Porto Alegre, respectivamente, Jovani Scherer. *Experiências de busca da liberdade*; Natalia Pinto. *A Benção Compadre*; Paulo Moreira. "Uma escola corânica de pretos minas: experiências de etnicidade, alforria e família entre africanos (Porto Alegre/RS, 1748-1888)". *Actas de las Segundas Jornadas de Estudios Afrolatinoamericanos del GEALA*. Instituto Ravignani, Universidad de Buenos Aires. Florencia Guzmán *et al.* Buenos Aires, Mnemosyne, 2011, pp. 47-59.

69 Depoimento de Lord Howden, 25 de abril de 1849. *Report from the Select Committee of the House of Lords* (Session 1849), p. 16.

70 Albertina Vasconcelos. "Tráfico interno"; Jovani Scherer. *Experiências de busca da liberdade*, p. 112.

71 João José Reis & Beatriz Galotti Mamigonian. "Nagô and Mina: The Youruba Diaspora in Brazil". *In*: Toyin Falola & Matt Childs (org.). *The Yoruba Diaspora in the Atlantic World*. Bloomington, Indiana University Press, 2004, pp. 77-110 (citações nas páginas 78, 80-81). Sobre a diáspora iorubá do golfo do Benim para as Américas, ver, ainda, na mesma coletânea de artigos, David Eltis. "The Diaspora of Yoruba Speakers, 1650-1865: Dimensions and Implications", pp. 17-39. A referência à atual localização de onde provinham os nagôs foi retirada de João José Reis; Flávio dos Santos Gomes & Marcus J. M. de Carvalho. *O alufá Rufino. Tráfico, escravidão e liberdade no Atlântico Negro (c. 1822-c. 1853)*. São Paulo, Companhia da Letras, 2010, p. 9.

72 João José Reis & Beatriz Mamigonian. "Nagô and Mina", pp. 81-83. João José Reis tratou dessas questões em *Rebelião escrava no Brasil. História do levante dos malês em 1835*. São Paulo, Companhia das Letras, 2003, esp. pp. 311-315, 335--339, e "Entre parentes", esp. pp. 276-283.

73 Saint-Hilaire. *Viagem ao Rio Grande do Sul*, pp. 57-58, 79.

74 "Câmara Municipal de São Francisco de Paula, 27 de fevereiro de 1835, ao Ill[mo.] Ex[mo.] Snr. Presidente desta Província". AHRS, Autoridades Municipais (AMU), Pelotas, correspondência expedida, cx. 46, maço 103.

75 "Mappa da População da Villa de São Francisco de Paula, e seu Termo. Em Dezembro de 1833. Câmara Municipal em Sessão de 7 de janeiro de 1834". AHRS, AMU, Pelotas, correspondência expedida, cx. 46, maço 103.

76 "Câmara Municipal de São Francisco de Paula, 27 de fevereiro de 1835, ao Ill[mo.] Ex[mo.] Snr. Presidente desta Província". Câmara Municipal de Pelotas,

correspondência expedida, AHRS, A.MU-103, Autoridades Municipais, cx. 46, maço 103.

77 Jovani Scherer. *Experiências de busca da liberdade*, pp. 116-117, *passim*.
78 João José Reis. *Rebelião escrava no Brasil*, pp. 333, 348-349.
79 *Diario do Rio de Janeiro*, n. 7730, 22 fev. 1848; Howden to Palmerston, Rio de Janeiro, March 20, 1848, FO 84/725, pp. 181-183.
80 Em 1838 foi descoberta uma escola muçulmana de pretos minas em Porto Alegre, e papéis com escritos árabes (malês) foram encontrados em posse de seus membros, que foram denunciados como envolvidos em "uma conspiração de negros". João José Reis; Flávio Gomes & Marcus Carvalho. *O alufá Rufino*, esp. pp. 54-59, 68-71; Paulo Moreira. "Uma escola corânica de pretos minas", pp. 47-50.
81 Nicolau Dreys. *Notícia descritiva da Província do Rio Grande de São Pedro do Sul*. Introdução e notas de Augusto Meyer. Porto Alegre, Instituto Estadual do Livro, 1961, pp. 166-167.
82 Mary C. Karasch. *A vida dos escravos no Rio de Janeiro (1808-1850)*. Trad. Pedro Maia Soares. São Paulo, Companhia das Letras, 2000, p. 64.
83 Dados coligidos a partir do banco de dados de entrada de escravos no porto de Rio Grande (1841-1842) de Gabriel Berute, a quem agradeço. Ver, ainda, Berute. *Atividades Mercantis do Rio Grande*, pp. 65-67.
84 Secretária de Polícia (Correspondência Recebida da Bahia). AHRS, documentação avulsa, cx. 34, maço 68.
85 Para Rio Grande, Jovani Scherer. *Experiências de busca da liberdade*, p. 110. Os percentuais para Porto Alegre e Pelotas foram calculados sobre o total de africanos excluindo os "da costa", "nação", "incertos" etc., a partir de Graziele Corso. *Tráfico ilegal de escravos*, p. 37; Natália Pinto. *A benção compadre*, pp. 62, 64-65. O percentual para 1809-1824 é uma média dos dados de Gabriel Berute. *Dos escravos que partem para os portos do sul*, pp. 172-173, 176.
86 *Idem, ibidem*.
87 Percentual de fugitivos calculado a partir de "Relação e descrição dos escravos (por proprietários) fugidos da província para Entre-Rios, Corrientes, Estado Oriental, República do Paraguai e outras províncias brasileiras". AHRS, Estatística, documentação avulsa, maço 1, 1850; e "Rellação dos Escravos fugidos da Província do Rio Grande cujos proprietários me authorizarão por suas cartas de Ordens para captura-los, conforme os signaes de cada hum 1851". *Processo Crime. Parte: a justiça. Réus: Maria Duarte Nobre, e Manoel Marques Noronha*. APERS, Comarca de Rio Grande, Tribunal do Júri (Juízo de Direito da Comarca do Rio Grande em Pelotas), processo n. 442, cx. 006.0309 (antigo maço 10a), 1854, ff. 40-44v.
88 Mary Karasch. *A vida dos escravos*, pp. 50-58; Robert Slenes. "'Eu venho de muito longe, eu venho cavando': jongueiros *cumba* na senzala centro-africana". *In*: Silvia Hunold Lara & Gustavo Pacheco (org.). *Memória do jongo: as gravações*

históricas de Stanley J. Stein. Vassouras, 1949. Rio de Janeiro/Campinas, Folha Seca/CECULT, pp. 109-156 (esp. pp. 116-125; citação na página 120); *Idem*. "L'arbre *nsanda* replanté: cultes d'affliction kongo et identité des esclaves de plantation dans le Brésil du sud-est (1810-1888)". *Cahiers du Brésil Contemporain*, n. 67/68, 2007, (partie II), pp. 217-313 (esp. pp. 230-239); Roquinaldo Ferreira. "The suppression of the slave trade and slave departures from Angola, 1830s-1860s". *História Unisinos*, vol. 15, n. 1, jan./abr. 2011, pp. 3-13; Joseph Miller. "Central Africa During the Era of the Slave Trade, c. 1490s-1850s". *In*: Linda Heywood (org.). *Central Africans and Cultural Transformations in the American Diaspora*. Cambridge, Cambridge University Press, 2002, pp. 21-69 (esp. pp. 35-37); Maria Cristina Cortez Wissenbach. "Dinâmicas históricas de um porto centro-africano: Ambriz e o baixo Congo nos finais do tráfico atlântico de escravos (1840-1870)". *Revista de História*, São Paulo, n. 172, jan./jun. 2015, pp. 163-195 (esp. pp. 179-186).

89 Jovani Scherer. *Experiências de busca da liberdade*, p. 110; Graziele Corso. *Tráfico ilegal de escravos*, p. 37; Natália Pinto. *A benção compadre*, p. 62, 64-65.

90 Pode-se ter uma ideia da diminuição dos africanos provenientes do norte (ao que tudo indica, mais expressiva) e do sul de Angola a partir dos dados de Gabriel Berute. *Dos escravos que partem para os portos do sul*, pp. 172-173, 176; Jovani Scherer. *Experiências de busca da liberdade*, p. 110. No entanto, seria possível ponderar a questão de forma mais segura se houvesse informações sobre a idade dos africanos traficados nesse período para Porto Alegre, Pelotas e Rio Grande.

91 Leslie Bethell. *A abolição do tráfico de escravos*, pp. 274-275; Robert Conrad. *Tumbeiros*, pp. 120-122; Pierre Verger. *Fluxo e refluxo*, pp. 386-387, 395.

92 Citado em Leslie Bethell. *A abolição do tráfico de escravos*, p. 276.

93 Robert Conrad. *Tumbeiros*, pp. 121; Leslie Bethell. *A abolição do tráfico de escravos*, p. 275. Sobre as relações de Manoel Pinto da Fonseca com firmas e comerciantes estrangeiros envolvidos no tráfico ilegal, ver Luís Henrique Dias Tavares. *Comércio proibido de escravos*. São Paulo, Ática, 1988, pp. 137-139.

94 *Diario do Rio de Janeiro*, n. 16 e 19 (1836); n. 7 e 15 (1837); n. 2 e 195 (1838); n. 178, 281 e 291 (1842); n. 60 e 213 (1843); n. 6580, 6581 e 6747 (1844); n. 6823, 6907, 7014 e 7052 (1845); n. 7802 e 7885 (1848); n. 7982, 8058, 8203 e 8263 (1849).

95 *Diario do Rio de Janeiro*, n. 279, 15 dez. 1842; e n. 174, 8 ago. 1843. Sobre a participação de Pinto da Fonseca no tráfico no porto de Ambriz, onde possuía uma feitoria, ver Maria Cristina Cortez Wissenbach. "Dinâmicas históricas de um porto centro-africano", p. 181.

A ESCRAVIDÃO ENTRE A GUERRA E A ABOLIÇÃO: FUGITIVOS E SOLDADOS NEGROS

No Estado Oriental do Uruguai, desde os primeiros governos constitucionais, uma série de lutas emergiu entre os caudilhos. Fructuoso Rivera, primeiro presidente eleito, participou da primeira fase da luta de independência ao lado de Artigas, mas reconheceu as autoridades lusitanas no governo cisplatino. Em 1825, quando a guerra de independência recomeçou, tomou parte na luta de libertação e, tempos depois, passou a agir com independência, conseguindo retomar as Missões Orientais em 1828, feito que aumentou seu prestígio e o alçou à presidência da república oriental dois anos mais tarde. Quando deixou o território missioneiro no mesmo ano – com a alcunha de *conquistador das missões* – levou consigo milhares de reses e foi acompanhado por outros milhares de índios missioneiros com que fundou o povo de Bella União (demarcando, assim, provisoriamente, o limite norte no rio Quaraim), região contestada e em parte ocupada por luso-brasileiros. Tal feito teve peso nas negociações que resultaram na Convenção Preliminar de Paz de 1828 entre o Império e as Repúblicas Unidas do Rio da Prata e, por conseguinte, na independência do Uruguai.[1]

Juan Antonio Lavalleja havia liderado a segunda fase da guerra de independência, contando com apoio financeiro de comerciantes e estancieiros de Buenos Aires, entre eles Juan Manuel de Rosas, que em breve assumiria o cargo de governador de Buenos Aires. Desde o início do governo de Rivera o bando de Lavalleja procurou derrubá-lo do poder em três tentativas de invasão do Uruguai que contaram com o apoio dos futuros rebeldes farrapos, sobretudo de Bento Gonçalves. Mesmo com apoio no Rio Grande do Sul, para onde retornou após ser batido pelo governo legal, e contando com o beneplácito de Rosas, as tentativas de Lavalleja foram frustradas, e Rivera concluiu seu mandato.[2]

Em 1835 foi eleito presidente Manuel Oribe, um dos libertadores da guerra de 1825, que não havia tomado partido na luta entre os dois caudilhos. No início de seu mandato devassou o governo Rivera, prenhe de irregularidades e medidas inconstitucionais, como a reativação do tráfico de africanos.[3] Rivera perdeu seu posto de comandante do exército oriental, e desde então passou a hostilizar o governo de Oribe. Nessa época a guerra civil já havia rompido no Rio Grande do Sul, que no princípio contou com o apoio de Oribe e, veladamente, de Buenos Aires. Rivera se internou na província e também veladamente recebeu apoio do governo imperial. A situação mudou em 1837, quando o caudilho de Alegrete, Bento Manuel — que ora compunha com os farrapos, ora com os legalistas —, se bandeou novamente para o lado rebelde, ocasião em que prendeu o presidente legalista.[4]

Bento Manuel e Rivera mantinham relações pretéritas, e, com o apoio dos farrapos, o caudilho oriental voltou a hostilizar e tentar derrubar o governo constitucional da República. O governo brasileiro, que pouco tempo antes tramava contra Oribe e protegia Rivera, procurou uma aproximação com o presidente do Uruguai, a essa altura cada vez mais próximo de Juan Manuel de Rosas, já que Rivera encontrara apoio entre os unitários argentinos liderados por Lavalle, inimigos dos *federales* rosistas. Em meados de 1837, Carlos Villademoros foi enviado à Corte como representante do Uruguai a fim de estabelecer um tratado de aliança ofensiva e defensiva para bater Rivera e os farrapos. O tratado não chegou a ser efetivado, pois Oribe impôs a condição de seu exército ocupar os limites dos rios Ibicuí-Guaçu até o Mirim, antigo território oriental sob posse dos luso-brasileiros desde o início do século, e que, posteriormente, se chegasse a uma definição de limites entre os dois países. Duarte da Ponte Ribeiro denominou tal pretensão de "velhacaria", que revelava "que nunca perdem de vista o seu tema, *reivindicar os limites* com o Brasil".[5]

A posição firme de Manuel Oribe na defesa dos direitos do Uruguai lhe valeu a perda de seu mandato. Com apoio dos colorados, farrapos, unitários argentinos e, nos últimos momentos, da França, Rivera impôs derrotas sucessivas ao presidente, chegando às portas de Montevidéu em setembro de 1838. No mês seguinte Oribe se viu obrigado a renunciar sob a coação das armas inimigas e buscou asilo em Buenos Aires. Fora deposto inconstitucionalmente. Em 1839, um exército argentino comandado por Echangüe invadiu o Uruguai, mas foi derrotado na Batalha de Cagancha, retornando à província argentina de Entre Ríos com os que haviam sobrevivido. No mesmo ano Rivera declarou guerra à Confederação Argentina. Oribe, desta feita, foi alçado ao comando do exército argentino e, em sucessivas campanhas, derrotou os inimigos internos de Rosas.[6]

Buenos Aires, por sua parte, enfrentava o bloqueio da esquadra francesa desde 1838, por divergências relacionadas às pretensões da França em galgar a posição de nação mais favorecida como a Grã-Bretanha, embora alegasse defender direitos de seus súditos supostamente lesados. O bloqueio se desfez no final de 1840, e um dos pontos da convenção determinava que os dois países devessem garantir a independência do Uruguai. No início de 1841, na fala de abertura do ano legislativo da Confederação, Rosas, já desembaraçado dos franceses, declarou que se ocuparia de ora em diante da guerra contra o Uruguai, passando a considerar Manuel Oribe presidente legítimo da República, embora faltassem apenas três meses para acabar seu mandato quando foi obrigado a abandonar a presidência.[7]

O governo colorado de Rivera a essa altura prestava todo o apoio possível aos rebeldes farrapos, ainda que oficialmente dissimulasse e negasse a aliança, o que lhe valeu sérias indisposições com o Império. Chegou a estar em pauta a formação de uma confederação que incluiria o Uruguai, as províncias litorâneas argentinas de Entre Ríos e Corrientes e o Rio Grande do Sul. Entre 1841 e 1842 negociações foram entabuladas nesse sentido, mas nada de positivo chegou a ser levado adiante.[8] Em vista do recrudescimento da guerra entre o Uruguai e a Confederação Argentina, os colorados começaram a tomar medidas que visavam à libertação por meio do sorteio de determinada quantidade de escravos, e na imprensa oficial uruguaia se debateu se a abolição da escravidão devia ser parcial ou geral.

O periódico *El Nacional*, escrito por emigrados argentinos, defendia a abolição irrestrita, pois julgava que, se os colorados não libertassem os escravos, Juan Manuel de Rosas o faria. Antes decretar a emancipação e obter a simpatia e fidelidade dos egressos da escravidão do que deixar o mérito para o exército invasor. A questão foi debatida durante o ano de 1841, mas voltaria a ser discutida somente no ano seguinte, já às vésperas do reinício dos combates. No entanto, como argumenta Alex Borucki, também havia sentimentos genuínos em prol da liberdade dos escravos, pelo menos por parte dos redatores do *El Nacional*, mas não havia consenso entre as autoridades orientais. As primeiras medidas foram parciais e visavam libertar algumas centenas de homens escravizados para o engajamento no exército. A abolição foi decretada somente depois que Fructuoso Rivera se aventurou a guerrear contra as tropas argentinas comandadas por Oribe em Entre Ríos, onde foi batido na batalha de Arroyo Grande. Quando a notícia da derrota chegou a Montevidéu a Assembleia decretou a abolição da escravidão. Os homens aptos às armas foram engajados nas hostes *coloradas*.[9]

*

Um dos primeiros assuntos a estar em pauta entre o Brasil e a recém-criada República Oriental do Uruguai versava justamente sobre a devolução de escravos fugidos e de gados perdidos pelos rio-grandenses durante a Guerra da Cisplatina (1825-1828). Em 11 de março de 1830, durante o governo provisório de Rondeau, a Assembleia Geral Constituinte decretou que "os escravos fugidos do território do Brasil durante a guerra, e os que no mesmo período e território hajam sido apanhados pelas partidas militares, são e deverão ser considerados livres". Em 14 de setembro, o cônsul brasileiro instou pela revogação da lei, e contra ela protestava se houvesse negativa, pois não apenas era uma violação manifesta da Convenção Preliminar de Paz como podia causar "males de transcendência". A questão foi levada à consideração da Comissão Permanente da Assembleia, que determinou competir somente à representação nacional a resolução do assunto, e de seu resultado dar-se--ia oportuno aviso. Não podia deixar de observar, entretanto, que o cônsul estava investido em caráter de agente comercial, sem faculdades para fazer reclamações ou protestos diplomáticos e, se a comissão respondia a sua representação, era somente pelo desejo de evitar dificuldades. Concluía taxativamente que, de ora em diante, não se admitiria gestão alguma que saísse da esfera do caráter em que o cônsul estava reconhecido.[10]

As fugas de escravos da América portuguesa para território espanhol foram alvo de constantes reclamações para a entrega de fugitivos entre as coroas ibéricas desde pelo menos a segunda metade do século 18. Voltaram a ocorrer com força na época de Artigas, durante as lutas de independência, e tomaram uma dimensão bem maior na Guerra da Cisplatina, já que houve incursões ao Rio Grande do Sul.[11] A lei do governo provisório não apenas negou a devolução de escravos fugidos ou apreendidos no período da guerra como os declarou libertos. A qualidade dessa liberdade não foi especificada, se é que realmente foi outorgada aos escravos fugidos que lutaram ao lado dos orientais. Aos soldados libertos dos regimentos de "pardos" e "morenos" – que foram convocados no Estado Oriental no reinício da guerra de independência na luta contra o Brasil – apenas seria outorgada a liberdade se tivessem lutado por três anos; caso contrário, seriam devolvidos aos seus senhores.[12]

De qualquer modo, a lei não foi revogada, e a apreensão das autoridades brasileiras em relação às fugas permaneceu. Em 13 de outubro de 1832, em meio às lutas entre os bandos de Rivera e Lavalleja no Estado Oriental, o presidente do Rio Grande do Sul retomou a questão, comunicando ao ministro dos estrangeiros haver solicitado "a intervenção do nosso cônsul com o governo do Uruguai para que não deixasse passar desertores, brasileiros armados, e escravos fugidos" para a República.[13] A questão das fugas de escravos para o Estado Oriental e a devolução dos fugitivos somente seriam retomadas no governo de Manoel Oribe (1835--1838), muito embora nenhum tratado de extradição fosse firmado.

Em seu governo medidas foram tomadas a fim de coibir os abusos cometidos na legislatura do governo colorado, relativas ao descumprimento das restrições constitucionais previstas contra o contrabando de escravos. O tráfico havia sido proibido em 1825 pelo governo provisório, juntamente com a confirmação da Lei do Ventre Livre. Em 1830 a lei se tornou extensiva a todos os pontos do território, com o objetivo de evitar a argumentação de que Montevidéu e Colônia estavam sob a jurisdição brasileira quando a lei de 1825 foi sancionada e que, portanto, a importação por tais portos era lícita. No artigo 131 da Constituição oriental, de julho de 1830, foi declarado que "no território do Estado ninguém nascerá escravo; seu tráfico e introdução na República estão proibidos para sempre".[14]

Contra as disposições constitucionais, a introdução de escravos foi retomada no governo Rivera utilizando o eufemismo "colonos africanos", que deveriam servir seus "patronos" durante 12 anos, mas consta que apenas uma minoria foi introduzida como colonos, sendo a maioria vendida na condição de escravizados. Em 1837, durante o governo de Oribe, se impuseram medidas efetivas contra a introdução de africanos como escravos, fazendo cumprir o que determinava a Constituição: devia ser assegurada a sorte dos que pisassem o território da República, pois tinham direito de gozar dos privilégios de homens livres que a Constituição lhes concedera. Os africanos e seus descendentes que fossem introduzidos debaixo de qualquer denominação seriam considerados livres de fato e de direito, embora a mesma lei estipulasse que ficariam sob tutela durante determinado tempo.[15]

Não estariam compreendidos na lei, entre duas outras exceções, "os escravos que, fugindo de seus senhores, se refugiarem no mesmo território, serão entregues aos seus donos e imediatamente retirados para fora do país".[16] Durante o último ano do governo de Oribe, os casos de fugas levados ao conhecimento do Ministério de Relações Exteriores foram efetivamente debatidos e, em alguns casos, os fugitivos foram devolvidos, como prescrevia a lei. Em março de 1838, o encarregado de negócios do Brasil em Montevidéu reclamou a entrega de três escravos embarcados no bergantim francês *Dos Hermanos*, que, segundo documentos apresentados, foram encontrados na altura de São Sebastião e eram de propriedade brasileira. Dois se encontravam a serviço da República como soldados (um, reunido à força, que marchou para o departamento de Paysandú e o outro, como praça no "batalhão de morenos" da cidade) e o terceiro estava detido na cadeia.

O governo oriental remeteu o caso para o ministro da Guerra, que ordenou a entrega ou remissão dos dois que estavam alistados nas companhias de caçadores, depois de obtidas as necessárias informações com o chefe político e feita a confrontação com as filiações remetidas. Quanto ao terceiro, deviam inquirir sobre o crime que havia cometido para estar preso na capital. Advertiu que toda vez que fosse instada igual formalidade, e não houvesse dúvida da identidade dos escravos, se procedesse à entrega a seu dono ou procurador que em seu nome lhe representasse. Em 28 de maio foi comunicada a entrega de dois escravizados a Joaquim de Sant'Anna Braga, que estava competentemente autorizado para recebê-los. O que seguiu para Paysandú, de nome Benedito, ainda não havia sido entregue, e Joaquim de Sant'Anna passou a relatar as dificuldades que tinha para subsistir e os prejuízos que lhe resultavam a demora.[17]

Noutro ofício, datado de março de 1838, é possível apreender determinadas regras que deviam ser observadas quanto às devoluções. O fiscal geral, encarregado de avaliar as demandas, observou que, se Joaquim de Sant'Anna demonstrasse perante o chefe de polícia a autenticidade de que os negros eram indubitavelmente os mesmos escravos que fugiram do poder de Ana Francisca e Florência Moraes da Cruz, era de rigorosa justiça mandar devolvê-los. Contudo, ainda nesse caso, se um ou dois dos escravos se encontrassem em serviço militar pela pátria, não poderiam voltar ao estado de escravidão, sempre que depois de seu alistamento houvessem sido encontrados em alguma facção de guerra.

Os escravos somente seriam devolvidos depois de provada sua identidade e coletadas informações das circunstâncias pessoais dos negros reclamados que estivessem em serviço militar, para que fossem entregues ao representante de ditas senhoras ou se convencionasse seu valor, no caso de haverem adquirido a liberdade militando em defesa da República.[18] Não consta se o escravo Benedito foi devolvido, tampouco se foi libertado por estar a serviço da pátria. Mas aqui já aparecem regras que irão pautar a discussão na década seguinte. A liberdade dos fugitivos tornados soldados seria respaldada pelo Estado uruguaio.

Ademais, a devolução de escravos fugidos referendada pela lei de 1837 era um procedimento interno do governo oriental, não existindo nenhum acordo para devoluções recíprocas, muito menos para a extradição. Em abril de 1838, o encarregado de negócios do Brasil reclamou a devolução de Victorino, escravo de Antônio Moreira, residente em Porto Alegre. Solicitou que Victorino não marchasse com a força em que se encontrava e que ficasse a sua disposição para lhe dar o destino conveniente. O governo oriental assim procedeu, ordenando à polícia que remetesse o escravo acompanhado de um comissário de ordenança ao encarregado de negócios. Victorino, contudo, havia sido empregado pela polícia nos serviços do cemitério, de onde fugiu em 30 de maio e não mais foi visto. Ainda foi relatado o caso do escravo fugido Pedro, no que o encarregado solicitou que a polícia lhe devolvesse o primeiro e restituísse imediatamente o segundo.[19]

Na contestação à nota, o governo oriental ponderou que o escravo havia sido colocado à disposição da legação brasileira, como fora instruído pelo ofício de 27 de abril, mas que nenhum agente nem o senhor acudiram para recebê-lo imediatamente, ou ao menos com a oportunidade necessária para evitar que desaparecesse um mês depois. Ignorada a condição de escravizado, a polícia conduziu Victorino por vago até que se obtivessem esclarecimentos sobre sua identidade. Desde logo, portanto, nenhuma seria a responsabilidade das autoridades públicas (se é que pudessem ter), "quando não há acordos entre os dois países que contemple a extradição e entrega de escravos fugitivos de outros domínios".[20] Novamente não consta se os escravos foram ou não devolvidos, mas, evidentemente, os procedimentos das autoridades orientais visavam às devoluções. Com a caída de Oribe e o retorno de Rivera, não consta que algum escravo fugido tenha sido restituído.

Durante a década de 1830 as fugas de escravos para províncias da Confederação Argentina também forcejaram negociações diplomáticas. Em 30 de dezembro de 1833, o presidente do Rio Grande do Sul foi informado que a província de Corrientes impedia o comércio com o Paraguai e ainda se "recusa[va] entregar os escravos de propriedade brasileira que para lá se ausentam". Segundo se supunha, fugiam para lá não menos de cem escravos por mês. O presidente José Mariani observou, com a devida cautela, que "seja ou não exato este cálculo, o mal existe, e grassando, como há de presumir que tenha grassado entre os escravos a notícia deste asilo, as consequências serão bem tristes". Em vista da denúncia, dirigiu uma nota para o ministro dos Estrangeiros, José da Silva Lisboa, solicitando que levasse esse expediente ao conhecimento da regência, em nome do imperador, para dar as providências que julgasse acertadas "em benefício dos habitantes desta província", pois estes teriam que pagar um preço muito alto "se esta decidida proteção tornar-se habitual entre os escravos tão fácil meio de subtrair-se ao domínio de seus senhores".[21]

No ano seguinte, Dom Gregório de Araújo dirigiu-se ao comandante dos Povos das Missões comunicando-lhe as intenções do governo de Corrientes de "abrir relações de amizade e reciprocidade com o Brasil, franqueando novamente o comércio, que se fazia desta província com o Paraguai pelo seu território, [e] procedendo na entrega dos escravos ali refugiados, logo que se reclamem".[22] O representante do Brasil, em dezembro de 1835, propôs à Confederação Argentina uma convenção para a entrega recíproca de criminosos e de escravos fugidos, mas, segundo informa Duarte da Ponte Ribeiro, "todas elas foram iludidas por notas daquele governo".[23]

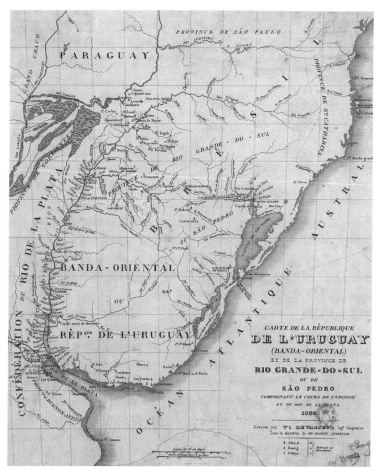

Fonte: Carte de la République de l'Uruguay (Banda Oriental) et de la Province de Rio Grande-do-Sul ou de São Pedro comprenant le cours de l'Uruguay et du Rio de la Plata (1835). Dressée par V. Levassour [...] sous la direction de M. Arsène Isabelle. Bibliothèque Nationale de France, Département Cartes et Plans, GE D-15075. Disponível em <http://gallica.bnf.fr>.

A intenção do governo de Corrientes, obrando com autonomia em relação à Confederação, teve uma resolução oficial em 4 de julho de 1838, quando o governador Pedro Ferré assinou uma lei em que reconhecia "em favor dos habitantes do Estado vizinho do Brasil os direitos de propriedade e domínio que lhes compitam sobre negros escravos que d'ali tenham fugido para este território em tempo de paz".[24] A última condição tornava a lei parcial, pois, a se crer que o tempo de paz se refere à província de Corrientes, que nessa época e ao longo do século 19 continuamente esteve envolvida em conflitos com o Paraguai e com Buenos Aires, fica implícita a não devolução em tempos de guerra. As fugas, invariavelmente, tomavam maiores proporções quando havia conflitos bélicos, além de os exércitos em luta buscarem aliciar com a promessa de liberdade os escravos do inimigo e todos aqueles que pudessem ser incorporados a suas hostes. Não consta, ademais, que alguma devolução tenha sido verificada.

As contínuas reclamações para a devolução de fugitivos demonstram que, na prática, as fugas e a proteção concedida aos escravos continuaram causando apreensões à classe senhorial, que não via outro meio a não ser apelar às autoridades imperiais para intervirem em seus assuntos domésticos junto aos governos das repúblicas do Rio da Prata. Em 17 de dezembro de 1840, o presidente da província enviou ao ministro dos Estrangeiros uma representação dirigida a S. M. o imperador por alguns fazendeiros e proprietários do Rio Grande do Sul. Nela se expunham os grandes prejuízos sofridos "por motivo dos escravos acharem valhacouto nas repúblicas vizinhas, para onde estão continuamente fugindo". Na opinião do presidente, a representação dos fazendeiros era conforme a justiça e rogava que o governo a tomasse em consideração, dando as providências que julgasse acertadas.[25]

Em 21 de janeiro de 1841, o presidente comunicou que "hoje mesmo se expedirão as nossas legações no Estado Oriental e províncias Confederadas do Rio da Prata, as mais terminantes ordens, para solicitarem daqueles governos medidas eficazes, que obstem ao progresso de um mal tão grave". Também recomendaria para prestarem toda a proteção a qualquer reclamação que nesse sentido lhes fosse dirigida.[26] Aureliano de Souza e Oliveira Coutinho, ministro dos Estrangeiros, foi quem redigiu as instruções para os encarregados de negócios do Brasil no Uruguai e na Argentina. Com base nelas, deveriam os respectivos encarregados se dirigirem aos governos das repúblicas vizinhas para obstar quanto fosse possível as fugas. Segundo as instruções:

> Muitos fazendeiros e proprietários da província de São Pedro, tendo sofrido contínuas fugas de seus escravos para essas Províncias Confederadas do Rio da Prata [e para o Uruguai] e visto baldadas

as mais fortes diligências e reclamações para os tornar a haver ao seu domínio, recorrem ao Governo Imperial, para que, ao menos, consigam não ver progredir mal tão grave e de funestas consequências nas circunstâncias atuais da mesma província.[27]

Coutinho prosseguiu às instruções observando que o governo imperial devia toda proteção aos seus súditos a fim de garantir os "direitos que as leis lhes conferem". Portanto, os encarregados deviam prestar a mais séria atenção nesse negócio, e se apressarem a fazer sentir aos governos vizinhos o quanto cumpria, em favor da boa harmonia entre os países, que eles tomassem providências eficazes para evitar que seus países se tornassem o "valhacouto de escravos rebeldes e criminosos, com ofensa da propriedade dos cidadãos de um Estado amigo e com os tristes resultados de tal imoralidade".[28] O ministro dos Estrangeiros, em março de 1841, num trecho que consta ter sido suprimido das instruções, escreveu:

> Merece também séria consideração a terrível medida adotada por essas repúblicas, de meterem as armas nas mãos de escravos, de que podem resultar terríveis efeitos: procure V. M[ce.] fazer prudentes reflexões a esse respeito e comunique logo o que ocorrer, porque muitos brasileiros têm estâncias na república Oriental e convém que sejam prevenidos para evitar maiores prejuízos e contestações futuras.[29]

O ministro provavelmente considerou não ser o momento de tratar diplomaticamente do assunto nem fazer ver aos republicanos do Rio da Prata o quanto o governo imperial se preocupava não só com o asilo concedido aos escravos fugidos como com o seu armamento, situação que vinha enfrentando com os ex-escravos em armas que formavam parte das hostes farrapas.

Em guerra contra o Império, os republicanos rio-grandenses se mantinham em parte pelas relações políticas e econômicas estabelecidas no Uruguai e nas províncias argentinas de Corrientes e Entre Ríos, obrigando o governo imperial a se aproximar ora de Rivera, ora de Rosas e Oribe, numa marcha de sucessivas oscilações políticas em suas relações internacionais.[30] A guerra no Rio Grande do Sul colocou em causa a integridade territorial do país e os princípios monárquicos, cuja conclusão favorável aos republicanos abriria um precedente que era preciso evitar, bem como também trouxe apreensões quanto à manutenção da ordem escravista. Ainda que os farrapos não questionassem a escravidão e não tenham adotado medidas abolicionistas, formaram parte importante de seu exército com escravos, tornados desde então soldados libertos, a maioria recrutada nas fileiras legalistas. Ao recrutamento forçado e às cessões de cativos por parte dos farrapos, os escravizados impuseram sua própria luta, fugindo para as fileiras rebeldes ou para as da legalidade e explorando tenazmente as rotas de fuga para as repúblicas do Rio da Prata.[31]

Com o golpe de Estado que levou à maioridade do imperador, o gabinete liberal ofereceu anistia plena aos revoltosos. Os republicanos rio-grandenses, contudo, exigiam (entre outras condições) que fosse garantida a liberdade aos soldados negros. Em instruções de agosto de 1840, Limpo de Abreu chegou a aceitar a condição, mas o presidente da província, Soares de Andrea, ligado ao partido conservador, a desvirtuou. Apesar de o governo imperial considerar a liberdade dos soldados negros "contra [o] direito, contudo o governo lh'a conservaria, e pagaria aos seus senhores os seus preços, e os escravos ocuparia como o bem público o pedisse". Soares de Andrea, no entanto, não explicitou que a liberdade seria reconhecida, dando a entender que os libertos em armas se tornariam escravos do governo, motivo pelo qual foi substituído por Álvares Machado. Muitos deputados consideravam perigosa a política do gabinete liberal, mas o precedente fora aberto pelos conservadores com o decreto de 19 de novembro de 1838, que outorgava liberdade aos escravos que desertassem das forças republicanas e se apresentassem às tropas imperiais. Quando Álvares Machado entabulou negociações em dezembro de 1840, os farrapos consideraram que os soldados libertos seriam transformados em escravos da nação se fossem entregues ao governo e retirados da província, pondo por terra as tratativas.[32]

Justiniano José da Rocha, ligado ao partido conservador e redator d'*O Brasil*, considerava o destino a ser dado aos escravos armados pelos rebeldes

> uma das maiores dificuldades com que terá de lutar o ministério a quem couber o glorioso título de pacificador do Rio Grande; fazê-los

voltar ao cativeiro, homens que há seis anos vivem na licenciosidade da vida rebelde, e da ferocidade do assassínio, seria o cúmulo da imprudência: e qual o senhor que se animaria a possuir um tal escravo?

Tornava-se, assim, indispensável resgatá-los à custa do Estado. No entanto, se depois de punidos fossem eles disseminados pelo país, isso seria o mesmo "que *preparar por toda a parte insurreições, é preparar por toda a parte o fermento dos crimes mais horrorosos, é dar chefes amestrados na ferocidade a todos os bárbaros que entre nós existem*". O Brasil, temendo que os soldados uma vez libertados organizassem insurreições de escravos na província ou país afora, aconselhava que fossem mandados para fora do Império depois de resgatados e punidos para exemplo.[33]

O impasse quanto ao destino a ser dado aos soldados negros em armas se manteve até a conclusão da guerra, incluindo o receio de movimentações dessas tropas por entre a fronteira, caso os dissidentes fossem obrigados a deslocar suas forças para o Uruguai ou se Rivera emigrasse com suas tropas para o Rio Grande. No início de 1841 o governo oriental – apreensivo com uma invasão das forças argentinas sob o comando de Oribe – pediu proteção ao Brasil, baseando-se na Convenção Preliminar de Paz, "a fim de sustentar a independência do estado que o governador Rosas pretende aniquilar". O pedido foi negado, pois Rivera protegia os farrapos, além de pairar fortes suspeitas de terem firmado aliança. A notícia de um acordo no qual Bento Gonçalves cederia um batalhão de 500 a 700 negros de suas hostes, em troca de fardamentos e munições, se espalhou rapidamente e foi instrumentalizada por Rosas a fim de conseguir a coadjuvação do Brasil contra o caudilho colorado.[34]

O governo imperial ordenou que se protestasse contra tal arranjo e se ameaçasse com o uso de força naval, mas voltou atrás em novembro, pois "seria uma fortuna para o Império que Bento Gonçalves caísse no erro de emprestar as suas forças comprometendo-se assim com Rosas e Oribe".[35] A essa altura Rivera prestava todo apoio aos farrapos, ainda que oficialmente dissimulasse e negasse a aliança, o que lhe valeu sérias indisposições com o Brasil. No início do ano, Thomaz Guido, ministro argentino na Corte, indagou se o exército imperial conseguiria impedir a saída do batalhão de libertos que iria engrossar as hostes de Rivera contra a Argentina; e se, no caso de conseguirem passar para o Uruguai, "e continuando entre os dissidentes e Fructos as suas estreitas combinações e mútuos serviços à causa que cada um deles sustém, conservaria o governo imperial a sua neutralidade como até então?". Segundo declarou, "a solução destas questões era *urgentíssima* para o arranjo dos ulteriores procedimentos do seu governo".[36] Se, aparentemente, não houve resposta aos quesitos, internamente a matéria foi tratada com especial gravidade.

Em agosto de 1842, o *Diario do Rio de Janeiro* publicou um artigo sobre o conflito no Rio Grande do Sul no contexto platino. Contava-se com uma mudança na direção da guerra no final do ano, quando o general Caxias assumiria o comando do exército e da província, mas, na opinião do articulista, isso não seria suficiente para bater os rebeldes, que sempre poderiam "transpor as raias do Império". Não era possível confiar em Rivera, já por reivindicar os limites de 1777, já por prestar socorros aos farrapos. A essas ponderações "de natureza graves, se há de ajuntar outra, que igualmente avulta. Os rebeldes contam em suas filas cerca de mil escravos: na hipótese de emigrarem também, o governo do Brasil está na obrigação e tem indisputável jus de reclamá-los como propriedades, que o são, de seus súditos". Rivera, todavia, pretendia fazê--los seus soldados e "de modo algum há de satisfazer as reclamações" do governo imperial. Por isso a política com os farrapos devia ser de outra natureza, sendo necessário atraí-los para que não viessem engrossar as forças inimigas. Acreditava que "as paixões nacionais" falariam mais alto, pois os rio-grandenses cresciam com "um rancor profundo por aqueles vizinhos, que em contínuas guerras lhes tem feito dano". Em igual caso, entretanto, não estavam "os negros que, não alimentando a mesma relutância e antipatia nacional, sem custa seriam atraídos pelos engodos de Fructo", tanto mais facilmente quanto receavam retornar à casa de seus senhores. Como opinião e conselho, fez ver que "seria muito conveniente estorvar que fossem ser soldados de nossos inquietos vizinhos", pois, uma vez no Uruguai, Rivera teria o cuidado de torná-los "oficiais seus para assim melhor assegurá-los".[37]

Não é possível saber se o artigo influenciou os estadistas brasileiros, mas, em menos de um mês, em 17 de setembro de 1842, o Conselho de Estado se reuniu para emitir parecer sobre idênticas questões. O primeiro quesito indagava se, no caso de o governo oriental não desarmar os rebeldes nem fazer entrega dos soldados negros, o Brasil deveria "empregar os meios da força, mandando entrar o exército imperial no território vizinho", mesmo que esse procedimento pudesse "ocasionar uma declaração de guerra em caso extremo?". Segundo as melhores informações, havia dois corpos de libertos "regularmente organizados e aguerridos", um de cavalaria e outro de infantaria, em número de mil, que constituíam a principal força rebelde, e seriam eles que provavelmente procurariam a proteção de Rivera. Seria conveniente "que o governo intente os meios praticáveis de os induzir a depor as armas, até mesmo de libertá-los, *estabelecendo por esta forma um precedente de premiar com a liberdade o crime de insurreição*, com o fim de evitar uma guerra estrangeira, possível mas não certa?". Os conselheiros, de forma unânime, decidiram pelo uso da força (i.e. guerra) caso os soldados negros passassem para o Uruguai e não fossem desarmados e restituídos.[38]

Em 20 de outubro de 1842, o governo imperial indagou sobre a conduta que seguiria a República oriental caso os rebeldes passassem a seu território quando perseguidos pelo exército brasileiro. Dois dias depois, o ministro Magariños respondeu que era próprio "da dignidade da República, e da boa harmonia entre ambos países, que no caso de se refugiarem no Estado Oriental alguns restos armados dos dissidentes do Rio Grande do Sul, o governo os mande desarmar, e removê-los da fronteira, cumprindo com as leis que servem de regra geral aos neutrais". Segundo Ponte Ribeiro, o ministro oriental "recorda o que é próprio da dignidade de um governo, mas não assevera que o seu praticará esse dever; nem podia asseverar conhecendo que Rivera não há de desarmar os rebeldes nem desprezá-los".[39]

No lado oriental, desde 1841, o governo colorado já tinha intenção de recrutar os escravos para servirem como soldados, mandando efetuar um censo dos departamentos para saber o número de "homens de cor" existentes no país. Uma circular foi emitida para avisar os estrangeiros, caso quisessem retirar seus escravos da República,[40] contudo, depois que Rivera soube que não contaria com a ajuda do Brasil, teve início o recrutamento. Em fevereiro de 1842, autoridades de Cerro Largo, Taquarembó e São Fructuoso passaram a recrutar escravos de brasileiros e os juízes de paz, a darem proteção aos fugitivos.[41]

Em meados de 1842 o governo colorado novamente advertiu os residentes estrangeiros sobre o recrutamento que seria feito por meio de sorteio. O Império protestou, pois, embora o governo da república tivesse o direito de tomar medidas internas, elas não podiam prejudicar os estrangeiros que se estabeleceram no país contando com garantias e proteção, como sucedia com os brasileiros que povoavam grande parte da campanha. O encarregado de negócios em Montevidéu observou que os brasileiros se refugiaram no Uruguai para fugir dos confiscos dos farrapos, e na "atual" circunstância era "quase impossível" retirar as propriedades sem "prejuízos enormes, e quiçá perda total delas". Nessa situação, seriam obrigados a vender suas propriedades a baixo preço aos especuladores, que, nessas circunstâncias, apareceriam,

> e a perder seus escravos, a quem por meio da imprensa se tem incitado a fuga, ver-se-ão forçados a reenviá-los para aquela província, em cuja fronteira os virão aguardar os mesmos rebeldes para lhes tomarem, vindo por conseguinte a ser inevitável a perda de sua fazenda, que irá aumentar os recursos da rebelião.[42]

Mesmo com as advertências do governo, os escravos não foram retirados nem da campanha nem de Montevidéu, e, quando sobreveio o decreto de recrutamento, o governo imperial outra vez protestou. Em 21 de julho, o governo oriental decretou o recrutamento de mil homens, compreendidos entre escravos, colonos e libertos, entre 15 e 40 anos. Em princípio seriam sorteados 300 para o engajamento militar, a fim de reforçarem o exército da capital. Aos que fossem recrutados seria concedida carta de liberdade, e teriam que servir pelo tempo de quatro anos. Os senhores receberiam 300 pesos em vales (com juros de 1% ao ano), que seriam descontados dos direitos devidos à alfândega a partir do ano seguinte, e pela quarta parte de seu valor nominal. Aos patrões, o cálculo para a indenização seria feito em razão do tempo que lhes faltassem servir os libertos ou colonos.[43]

Em 23 de setembro de 1842, contudo, havia sido registrado o recrutamento de apenas 113 escravos de 70 proprietários. Ante a invasão iminente de Manuel Oribe depois da vitória sobre Rivera em Arroyo Grande, província de Entre Ríos, o governo oriental aprovou simultaneamente a criação do exército de reserva e a abolição da escravidão, com o intuito de reforçar a defesa de Montevidéu, em 12 de dezembro de 1842. Calcula-se que pouco mais de 1.200 negros foram incorporados até 21 de dezembro, alcançando o número de 1.600 homens decorrentes da emancipação.[44] A abolição da escravidão foi decretada, destinando os homens úteis que houvessem sido escravos, colonos ou pupilos ao serviço das armas pelo tempo que fosse necessário. Os velhos, as mulheres e crianças deviam permanecer sob a tutela de seus antigos senhores, inseridos a partir de então em relações de patronato.[45]

As medidas de emancipação geraram severas reclamações por parte da diplomacia imperial, já que muitos brasileiros tinham negócios e escravos em Montevidéu e o sorteamento de julho de 1842 incidia sobre os escravos de estrangeiros. Pelo menos 22 brasileiros foram sorteados para entregarem seus escravos, dentre os quais a maioria se negou. Apenas dois dias após o decreto, o governo imperial protestou contra a medida. João Francisco Regis, encarregado de negócios do Brasil em Montevidéu, acusou o decreto de violento e arbitrário e "uma infração bem positiva do direito das gentes, que nunca autoriza a nenhum governo a prover a sua defesa com prejuízo dos interesses dos neutros". Além disso, subministraria braços que seriam armados contra a Argentina, com quem o Brasil conservava relações de amizade, quebrando a neutralidade que cumpria observar.[46]

A medida encontrou forte resistência dos súditos brasileiros, já que alguns saíram do país, enquanto outros ocultaram seus escravos a bordo de navios de guerra do Império. Regis preveniu o comandante das forças navais brasileiras para proteger as embarcações caso "alguns nacionais queiram salvar seus escravos". Segundo ponderou, o desespero era excessivo e julgava serem inúteis os seus "conselhos de moderação, e que a muitos só à força lhes arrancarão os escravos".[47] O caso dos charqueadores brasileiros Antônio José Gonçalves Chaves e João Quirino Vinhas é emblemático a esse respeito. Haviam emigrado do Rio Grande quando estourou a Guerra dos Farrapos, levando seus escravos para o Uruguai, onde estabeleceram charqueadas. Dessa vez, porém, ocultaram seus escravos em duas corvetas do Império com a finalidade de os remeterem de volta à província de São Pedro.[48]

Em 12 de agosto de 1842, a legação do Brasil em Montevidéu protestou contra as medidas tomadas em represália aos dois charqueadores. Ficava proibido a Chaves e Vinhas desembarcarem novamente seus escravos nessa mesma condição, não sendo permitido que trabalhassem em suas charqueadas mais "pretos" sob qualquer pretexto, quer fossem escravos ou forros,

> ficando o mesmo chefe político autorizado a mandar passar imediatamente carta de alforria a todo o escravo que se lhe apresentar, dizendo que fora embarcado por algum dos referidos brasileiros, embora outrem seja seu senhor, mostrando-o por qualquer modo crível, devendo ser rejeitadas todas as reclamações, ou recursos judiciais.

Além do espírito de vingança, concluía o governo brasileiro, a medida continha uma espécie de imoralidade imprópria a atos de um governo, pois convidava os escravos a fugirem, incitando-os com promessas de liberdade.[49]

Após o decreto de abolição, o mesmo procedimento foi tomado por parte dos proprietários brasileiros. Como já havia ocorrido com o sorteamento realizado em meados do ano, diversos proprietários procuraram burlar a lei de abolição embarcando seus escravos em navios de guerra do Brasil. O governo oriental protestou contra a proteção e acolhimento prestado pelas autoridades imperiais e manifestou queixa formal ao cônsul britânico contra a legação e a esquadra brasileira, taxando o ato de pirataria. Com fundado receio de "algum insulto da parte dos ingleses" a fim de embaraçar a saída dos navios, os escravizados, em número de 200, foram transportados a Desterro, Santa Catarina.[50] Mesmo assim, poucos proprietários residentes em Montevidéu ou em seu entorno conseguiram subtrair seus escravos, tampouco os estancieiros brasileiros estabelecidos no norte uruguaio, fronteiro ao Brasil.[51]

A legação brasileira em Montevidéu protestou logo após o decreto de abolição, argumentando que o escravo era considerado uma propriedade e não podia ser libertado sem indenização; que a medida equivalia a uma contribuição extraordinária e forçada de guerra e quebra da neutralidade, pois os escravos haviam sido emancipados para lutar contra a Argentina; e pelos "graves prejuízos, e até funestas consequências [que poderia gerar] nas províncias do Império, mormente na limítrofe, *promovendo a fuga dos escravos, e quiçá insurreições por contarem com o valhacouto do Estado Oriental*".[52] O governo uruguaio respondeu que os proprietários haviam sido avisados com antecedência e que o governo fez uso da "soberana prerrogativa de legislar para o próprio país". Com base em considerações de direito, protestou contra o governo imperial por "ter permitido que alguns daqueles negros fossem conduzidos ao Brasil em um barco de guerra para ali continuarem na condição de escravos". Segundo Ponte Ribeiro, "os ingleses, que em toda a parte se constituem protetores dos africanos, foram os que tomaram mais a peito esta ocorrência", passando a figurar junto às demais reclamações do ministro britânico Hamilton perante a Corte do Rio de Janeiro.[53]

As fugas e os pedidos de devolução dos fugitivos não demoraram a aparecer. Em dezembro de 1842, dois escravos marinheiros fugiram do brigue brasileiro Montevideano, ancorado no porto de Montevidéu, e assentaram praça no 3º batalhão da capital. Em fevereiro de 1843, João Francisco Regis reclamou a entrega dos fugitivos ao ministro das Relações Exteriores do Uruguai, Santiago Vasques. Por uma nota formal, o ministro oriental contestou "que os não entregava; por que tendo aquele navio entrado neste porto no dia em que a Assembleia Geral declarara livre todos os escravos existentes na República, a mesma lei compreendia também os do Montevideano". No entanto, se a justiça e os fundamentos dessa decisão não o satisfizessem, o governo oriental "oferecia submeter--se a juízo arbitral dos cônsules francês, e inglês".[54]

Regis, como representante do governo imperial, solicitou a revogação da decisão com base no direito das gentes, pois os atos do Poder Legislativo do Uruguai não podiam ter efeito sobre o Montevideano, considerado parte do território do Brasil, além de ser prática internacional a apreensão e entrega de marinheiros fugidos de navios. Se mantida, tal resolução levaria à paralisação e talvez à cessação do comércio marítimo entre os dois países, pois os proprietários não arriscariam perder seus escravos que compunham a terça parte dos navios mercantes brasileiros. Argumentou que a decisão também era impolítica, "quando esta capital se acha em vésperas de um rigoroso sítio", e, como em outras épocas, iria precisar importar "produtos da agricultura brasileira".[55]

Ademais,

> seguir-se-ia um grande mal ao Brasil, e mesmo para a República oriental; por que uma vez considerado o território oriental o valhacouto dos escravos, a imensa escravatura da província limítrofe fugiria a seus senhores, e viria buscar o asilo deste país;

quantos males, quantas questões desagradáveis se não suscitariam deste desaguisado em o qual necessariamente o governo imperial reconheceria comprometida a dignidade e independência nacional!.

A oferta do juízo arbitral de nações estrangeiras para decidirem a questão foi rechaçada, pois, como o negócio afetava a soberania e a independência do Brasil, era inadmissível que fosse decidido por semelhante maneira.[56]

Em relação aos dois escravos fugidos "declarados livres por este governo, como compreendidos na lei de 12 de dezembro de 1842", Santiago Vasques recebeu ordens para contestar que, não obstante as razões nas quais o Brasil apoiava sua pretensão, o governo oriental não podia "retroceder da exata aplicação da lei no caso presente". Embora concordasse que as leis especiais do Uruguai não podiam ter efeito para com as bandeiras de navios estrangeiros, cumpria advertir que os marinheiros não foram tomados nem retirados do Montevideano, antes se apresentaram "espontaneamente às autoridades reclamando o asilo e o benefício da lei" que o governo não lhes podia negar e, dessa forma, tornaram-se livres. No entanto, Vasques daria instruções ao ministro plenipotenciário da República na Corte do Rio de Janeiro para tratar com o governo imperial "da maneira como poderá continuar a navegação dos navios mercantes dos súditos do Império para os portos deste Estado, sem que se reproduzam casos destes, nem contravir-se a lei contra a escravatura".[57]

Regis não se conformou com a decisão, ainda mais "porque a providência que o governo da República vai tomar para o futuro parece não compreender reparação da injustiça presente", nem ao menos uma indenização pela liberdade outorgada aos dois marinheiros. Ao repassar a questão a Honório Hermeto Carneiro Leão, ministro da justiça e interino dos negócios estrangeiros, observou ser esse procedimento um ato de vingança contra o dono dos escravos, pois era um dos taxados de *blanquillos* (partidários de Oribe). Por fim, advertiu que iria protestar contra a decisão do governo oriental "pelo que diz respeito ao precedente que pretende estabelecer, que me parece atentatório da soberania do Império, e ao prejuízo que sofre o proprietário, e os demais que seguirem a outros em consequência deste exemplo".[58]

Tão logo promulgada a lei de abolição, o governo oriental garantiu aos dois escravos marinheiros o direito à liberdade pelo fato de estarem sob a sua jurisdição, desde então configurada formalmente como um território livre. O decreto fez-se extensivo a eles, vedando qualquer possibilidade de entregá-los novamente à escravidão, o que era a "exata aplicação da lei" no caso vertente. Embora o governo imperial protestasse veementemente por abrir um precedente percebido como atentatório da soberania nacional – ao tornar o território oriental um refúgio aos escravos fugidos do Brasil –, o artigo primeiro da lei de 12 de dezembro de 1842 era preciso: "desde a promulgação dessa resolução, não há escravos em todo o território da República".[59] Enquanto o Império escravista concedeu asilo aos proprietários que buscaram resguardar sua propriedade escrava, defendendo e concedendo asilo à escravidão, o asilo concedido pela República Oriental com base na lei de abolição referendou e resguardou a liberdade dos fugitivos. O mapa da fronteira havia sido reconfigurado entre um território livre e outro escravista.

A posição firmada pelo governo oriental e a inteligência dada à lei de emancipação deixou claro aos estadistas brasileiros que ela compreenderia todo e qualquer escravo fugido que ali entrasse desde então. O resultado da disputa sobre o pedido de devolução dos dois escravos marinheiros, no qual se levantava a importante questão sobre suas condições – se livres ou escravos –, foi o primeiro caso em que a nova lei foi aplicada, contestada e afirmada pelo primeiro Estado a decretar abolida a escravidão num território fronteiro ao Brasil, mas que nessa época já não era o único a se constituir como território livre nas Américas. Nos anos seguintes, a despeito da insistência do Estado imperial, os escravizados, fugitivos ou não, continuaram recebendo asilo, proteção e liberdade em solo oriental.

Em setembro de 1846, a escuna americana *Abisha Jenkins*, procedente de Norfolk, navegava a Montevidéu com uma carga de 1.700 barris de farinha quando encalhou em um banco de areia. Em seu percurso, 30 léguas a leste da província do Rio Grande do Sul, encontrou em alto-mar uma canoa com dois negros e um "negrinho" pequeno, sem água nem provisão de nenhuma classe. O capitão os recolheu a bordo, e perguntados de onde vinham e para onde iam, responderam que "iam do Rio Grande para a Costa da África". "Essas desgraçadas criaturas", escreveu o redator do jornal *Commercio del Plata*, "que caminhavam para a morte buscando a liberdade e a pátria, foram trazidos ontem a esta cidade, e entregadas pelo sr. cônsul dos Estados Unidos ao sr. capitão do porto. Hoje se encontram sob a proteção das autoridades e das leis da República; e, se não podem encontrar nela a pátria que buscavam, encontraram, ao menos, a liberdade".[60]

A legação brasileira, ao tomar conhecimento do caso, buscou informações sobre os negros resgatados. Descobriu terem vindo da Bahia num barco que naufragou na costa do Rio Grande do Sul. O mestre e a tripulação salvaram-se em uma lancha, enquanto os negros permaneceram a bordo, embarcando depois numa canoa com destino à costa da África. Rodrigo de Sousa da Silva Pontes, o novo encarregado de negócios do Brasil em Montevidéu, relatou ao ministro dos Estrangeiros que averiguações foram feitas por suspeita de serem escravos de brasileiros. Não havia, contudo, provas bastantes para fundamentar uma reclamação, mas ulteriores informações poderiam esclarecer o negócio. Cumpria observar, entretanto,

> que as reclamações da natureza desta são difíceis de levar a um resultado agradável em país cuja legislação aboliu o estado de escravidão, posto que[,] ao tempo de promulgar-se essa legislação no Estado Oriental[,] protestou a legação imperial contra a aplicação de tais disposições legislativas à propriedade de súditos do Brasil.[61]

Ainda que a abolição tenha sido decretada em um contexto de guerra que visava ao recrutamento dos escravos, o governo de Montevidéu adotou desde o início preceitos que estavam sendo seguidos e mantidos por outras nações que também haviam abolido a escravidão, concedendo e garantindo liberdade aos escravos que buscavam asilo em seu território.[62] A noção de que atravessar fronteiras territoriais específicas conferia liberdade, como observam Sue Peabody e Keila Grinberg, tinha uma tradição muito antiga, mas no século 19 passou a estar mais "conectada com o fim da escravidão nas Américas, com a construção dos Estados nacionais e os debates sobre o controle de libertos nos Estados recém independentes". No entanto, para que o "princípio do solo livre" tivesse efeito em uma jurisdição escravista, era necessário que fosse reconhecido por ela.[63] Esse ainda não era o caso, mas a abolição no Uruguai abriu caminho para discussões que levariam ao reconhecimento de dito princípio pelo Brasil.

Ainda em 1846, o caso do marinheiro Carlos Benguela gerou farta correspondência diplomática entre ambos os governos. Carlos havia fugido do brigue nacional Pensamento, ou fora seduzido a tanto, e teria assentado praça num corpo da guarnição de Montevidéu. Novamente, o pedido de restituição do escravo foi negado repetidas vezes pelo Uruguai. Silva Pontes, em nota ao ministro dos Estrangeiros, Barão de Cairu, observou "que apesar dos protestos feitos nesta legação por ordem do governo imperial contra a aplicação da legislação do país aos escravos de propriedade de brasileiros, *insiste sempre o governo da República em reputar livre a todo o indivíduo existente no seu território*".[64]

Em nota posterior, disse recear que a não restituição pudesse estabelecer um precedente em casos semelhantes. Por isso, iria protestar

> contra qualquer precedente que da denegação ou procrastinação da entrega do dito negro Carlos se possa de algum modo querer para o futuro deduzir, e de qualquer maneira possa prejudicar aos interesses, e direitos tanto do governo imperial, como de qualquer súdito do Império.[65]

Em 12 de dezembro de 1846, Silva Pontes observou, no entanto, que o procurador do senhor falhava ao não apresentar provas contundentes. O procurador argumentou, por sua vez, "que o Carlos de que fala o governo oriental é outro, com a finalidade de dificultar a entrega".[66] O caso do marinheiro Carlos Benguela voltaria à baila anos mais tarde, e o encarregado de negócios em Montevidéu seria enfático ao afirmar que faltava ao senhor do escravo "prova suficiente não só do seu domínio, mas também de haver assentado praça em um dos corpos da guarnição desta cidade".[67] Uma das principais questões nos pedidos de devolução de escravos fugidos na segunda metade do século 19, quando já havia um tratado de extradição entre os dois países, referia-se exatamente a provas contundentes de domínio dos pretensos senhores.[68]

*

Ainda que o governo de Montevidéu tenha defendido a liberdade dos escravos seguindo preceitos de direito internacional vigentes em países que haviam abolido a escravidão, não houve tempo suficiente para a lei se fazer extensiva em todo o território oriental, pois, logo após a vitória em Arroyo Grande, Manuel Oribe invadiu o Uruguai com um exército argentino. A partir de fevereiro de 1843, quando teve início o sítio da capital, a República ficou dividida entre o governo colorado de Montevidéu e o governo *blanco* do Cerrito de la Victoria. No início desse ano, Thomaz Guido, ministro argentino no Brasil, ainda tentava negociar uma aliança para bater por definitivo Rivera, mas o Império somente sairia da neutralidade se fosse celebrado o Tratado Definitivo de Paz (que deveria fixar os limites com o Uruguai e regular a navegação dos rios). Como Guido alegasse não ter instruções para tanto, o governo prescindiu por ora desses ajustes, e em março de 1843 firmou-se um tratado de aliança defensiva e ofensiva. Juan Manuel de Rosas, contudo, não o ratificou. A rejeição foi considerada "um ato demasiado sério para ser resolvido antes de [se] esgotar[em] todos os meios de conciliar sua adoção". Em maio a política imperial já não era a mesma, pelas sérias "desconfianças de que Rosas procrastinava as negociações *todavia pendentes*, esperando tomar a praça de Montevidéu sem compromissos com o Império", além da suspeita de pretender unir o Uruguai à Confederação. Sem manifestar oposição direta, ordens foram repassadas à legação brasileira para obstar como fosse possível a tomada da capital por Manuel Oribe e para que se insinuasse a possibilidade de intervenção a favor de Fructuoso Rivera, caso ele auxiliasse as forças legais contra os farrapos.[69]

Para piorar a situação, Buenos Aires intimou novamente o bloqueio de Montevidéu em 11 de setembro de 1843, mas o encarregado de negócios do Brasil, Cansanção de Sinimbu, não o reconheceu, gerando protestos nada diplomáticos da Argentina. Duarte da Ponte Ribeiro, ministro do Brasil em Buenos Aires, saiu em sua defesa e obteve duríssima resposta do governo argentino. Replicou, foi treplicado, até que, em 30 de setembro, a Confederação cortou relações com o ministro do Brasil. Ponte Ribeiro se retirou de Buenos Aires. O governo imperial desaprovou o procedimento de Sinimbu e mandou reconhecer o bloqueio, e tentou contemporizar a situação propondo a retirada por ambos os governos das notas ofensivas. De nada adiantou.[70]

Em vista de tais ocorrências, Duarte da Ponte Ribeiro se empenhou em organizar cronologicamente todas as notas trocadas entre o Brasil e as repúblicas do Rio da Prata, a fim de demonstrar as atitudes hostis dos governos vizinhos em relação ao Império, especialmente as de Rosas e suas pretensões expansionistas. Ponte Ribeiro concluiu seu trabalho em 25 de maio de 1844 e o ofereceu ao governo imperial com o título *Memoria sobre o atual estado das relações do Imperio do Brazil com as Republicas do Rio da Prata, comprehendendo em resumo todas as Negociações Diplomaticas entre o Governo Imperial, e os daqueles Estados desde 1829 ate o fim de 1843*. Antes de 28 de junho de 1844 os conselheiros de Estado já estavam em posse do trabalho.[71]

A *Memoria* causou profundo impacto no governo imperial, pois deu a ver as relações com as repúblicas vizinhas desde a independência do Estado Oriental até o não reconhecimento do bloqueio por Sinimbu, e as controvérsias que se seguiram. Nas consultas seguintes debatidas no Conselho de Estado fica evidente que os estadistas brasileiros passaram a se orientar em grande medida no trabalho de Duarte da Ponte Ribeiro e em algumas de suas conclusões oferecidas ao apreço do governo. Assim, em pouco mais de um mês após a conclusão do trabalho, os conselheiros se reuniram para discutir a "Política a Adotar nas Relações do Império com as Repúblicas do Rio da Prata. Quesitos apresentados pelo Ministro dos Negócios Estrangeiros", onde debateram se o Brasil tinha o direito ou a obrigação de intervir na luta, se havia perigo de Oribe tomar Montevidéu, qual a política mais vantajosa a se tomar etc. Não cabe aqui acompanhá-los, a não ser em relação ao primeiro quesito. Se desaparecesse a independência do Uruguai, o Brasil tinha o direito de intervir para sustentá-la "*ou mesmo para reincorporar ao Império essa província, que não foi separada, senão com a condição de ser constituída em estado independente*". Ademais, devia se inteirar na Europa das intenções dos governos inglês e francês e procurar sua cooperação para manter a independência do Uruguai e do Paraguai.[72]

A política externa do Estado imperial sofreu inflexão importante após a apresentação da *Memoria*. O então ministro dos Estrangeiros, Ernesto Ferreira França, passou instruções reservadas ao Visconde de Abrantes em 23 de agosto de 1844, que foi encarregado de sondar a posição dos gabinetes de Londres e Paris em relação às repúblicas do Rio da Prata. O *memorandum* apresentado aos ministros europeus discorria sobre a intenção de Juan Manuel de Rosas de "unir pelo laço de uma federação nominal" o Uruguai e o Paraguai, e o quanto cumpria manter a independência dos dois países e acabar com a guerra que assolava o Rio da Prata. Lorde Aberdeen, primeiro-ministro britânico, tomou em consideração a matéria, mas deixou claro que, para se chegar a um acordo, era necessário haver boa harmonia entre os dois países, "estado aliás que não era ainda bem certo que existisse".

Além da demora do governo imperial em anuir à proposta de um tratado de aliança, estava pendente a negociação "sobre a renovação de certos artigos do tratado que extinguiu o tráfico, e sobre os meios de levar a efeito a emancipação; negócio que ele receava fosse desagradável e produzisse desinteligência". Em relação ao tráfico de africanos, Abrantes respondeu que se tratava de "negócio muito árduo e difícil, e provocaria desinteligência se o governo britânico quisesse adotar princípios absolutamente contrários a nossa honra e dignidade nacional"; a emancipação dos escravizados, por sua vez, era de tanta gravidade que não poderia entrar em consideração. O objetivo de Abrantes era solicitar a intervenção armada anglo-francesa contra a Argentina, mas decepcionou-se ao saber que no máximo elas coadjuvariam com um bloqueio naval, "mas que força nenhuma francesa ou inglesa seria empregada em terra". A missão foi um fracasso e, de mais a mais, a França e a Inglaterra já estavam decididas a intervirem no Rio da Prata.[73]

Ao mesmo tempo que mandava uma missão especial à Europa, o governo imperial ordenou seu ministro em Assunção a reconhecer a independência do Paraguai, ato firmado em 14 de setembro de 1844, e tomou medidas terminantes para acabar com a guerra no Rio Grande do Sul.[74] O general Caxias sabia que somente por meio das armas seria impossível pacificar de pronto a província e, sem prescindir dos combates, passou a entabular negociações com chefes rebeldes e a explorar suas divisões. Encontrou em David Canabarro, comandante em chefe do exército farrapo, um potencial aliado na luta que se desenhava contra Rosas e um interlocutor disposto a acabar com a guerra sem fazer causa da sorte dos soldados negros, desde que o grupo ligado a Bento Gonçalves fosse apartado das negociações (algo conveniente e oportuno, já que as tratativas iniciais com Bento esbarravam em condições mais exigentes, entre elas o reconhecimento da liberdade dos soldados negros).[75]

Após acerto clandestino com Canabarro, Caxias redigiu instruções secretas ao coronel Francisco Pedro de Abreu. Ordenava que marchasse de modo a atacar as tropas acampadas no Cerro dos Porongos na madrugada de 14 de novembro, devendo seguir pelo flanco direito, "pois posso afiançar-lhe que Canabarro e Lucas ajustaram ter suas observações sobre o lado oposto. No conflito poupe sangue brasileiro quanto puder, particularmente da gente branca da província ou índios", pois em breve poderiam ser úteis. Não era preciso recear a "infantaria inimiga, pois ela há de receber ordem de um ministro e do seu general-em-chefe para entregar o cartuchame sobre [sic] pretexto de desconfiança dela". Se, porventura, Canabarro ou Lucas de Oliveira, que eram os únicos que sabiam de tudo, caíssem prisioneiros, devia dar-lhes "escápula de maneira que ninguém possa nem levemente desconfiar, nem mesmo os outros que eles pedem que não sejam presos, pois V. Sa. bem deve conhecer a gravidade deste secreto negócio que nos levará em poucos dias ao fim da revolta desta província".[76]

No alvorecer do dia combinado o acampamento em Porongos foi atacado e o principal objetivo, parcialmente alcançado. Caxias relatou "que a derrota do exército, intitulado *republicano*, de mais de mil homens, foi total: sua perda excede a de 100 mortos, 333 prisioneiros, inclusive 35 intitulados oficiais, e o seu ministro da fazenda José Francisco Vaz Vianna, e 14 feridos gravemente". Os rebeldes perderam grande quantidade de armamentos e mais de mil cavalos, e os imperiais conseguiram resgatar alguns soldados que haviam caído prisioneiros. Centenas de rebeldes conseguiram escapar "fugindo em diversas direções", mas "apenas pouco mais de 300 o puderam fazer a cavalo, parte deles em pelo". Caxias acreditava que "estes importantes feitos das armas" levariam mais rapidamente ao termo da luta, pois importantes recursos foram tomados aos rebeldes e "o fantasma de sua infantaria toda se evaporou no dia 14" (leia-se a infantaria formada por ex-escravos).[77]

A perseguição continuou nos dias seguintes, e, mesmo conseguindo bater algumas poucas forças imperiais, os farrapos novamente tombaram devido à traição de seu general. Canabarro ordenou ao coronel Teixeira Nunes, comandante do corpo de lanceiros negros, acampar no passo real do Chasqueiro, em Arroio Grande, a fim de unirem suas forças. A 26 de novembro, dia aprazado, foram surpreendidos por Chico Pedro, ataque que resultou na morte de Nunes e de mais 12 rebeldes, caindo prisioneiros outros 20 combatentes (o coronel legalista não informa o total da força rebelde, mas há informação de que montava a 200 soldados, de onde se infere que a maioria teria conseguido fugir).[78] Antes disso, e logo após a traição em Porongos, os principais chefes farrapos então no poder comissionaram Antônio Vicente da Fontoura a tratar com Caxias os termos da pacificação, negociação ao fim realizada na Corte em presença de ministros do Estado. O imperador concedia anistia plena aos revoltosos, pressupondo o esquecimento do passado, e o inimigo da vez passava a ser Juan Manuel de Rosas. Enquanto algumas condições impostas pelos farrapos foram aceitas pelo governo (manutenção de postos, dispensa do recrutamento, pagamento das dívidas contraídas pela república etc.), Fontoura acordou entregar o restante dos soldados negros que ainda estavam em armas (condição anteriormente acertada entre Canabarro e Caxias e mantida em segredo das demais lideranças farrapas).[79]

Justiniano José da Rocha tratou a questão da anistia aos revoltosos em seu jornal *O Brasil*, temendo suas consequências pelos exemplos de negociações anteriores. Acossados no Rio Grande do Sul e sem poderem transpor as raias do Império – em vista da guerra entre colorado e *blancos* que grassava na fronteira uruguaia –, imaginava que a anistia seria um estado provisório, um estado de tréguas, e que, tão logo pudessem, os farrapos preparariam novos movimentos. A administração da província, por muito tempo, seria uma empresa difícil, pois não era possível esquecer o passado com tinta e papel. Não fosse o bastante, *"chamaram esses frenéticos às armas milheiros de escravos, a quem deram a liberdade, e arrastaram à guerra"*. O governo devia arredar os "cabecilhas e chefes" da rebelião, separando-os e distribuindo-os pelas províncias mais distantes, enquanto cumpria *"fazer sair de todo o Império, onde seriam funestíssimas sementes de futuras calamidades, todos esses que obtiveram a liberdade à custa da guerra civil, transformada assim em guerra servil"*.[80] A percepção de que os escravos estavam sublevados, em processo insurrecional, também fora manifestada no Conselho de Estado, já que por anos a fio os soldados negros em armas lutavam contra o Império em busca de suas liberdades. Mantê-los no país seria um risco, na província impensável, pois eram tidos como potenciais focos de insurreições escravas.

Em Ponche Verde, no final de fevereiro de 1845, os farrapos decidiram aceitar as condições e terminar a guerra. Canabarro proclamou que sua continuação "seria o *ultimatum* da destruição e do aniquilamento de nossa terra". Deu como motivo principal da pacificação a luta que se avizinhava contra Juan Manuel de Rosas, fazendo ver

> que um poder estranho ameaça a integridade do Império, e tão estólida ousadia jamais deixaria de ecoar em nossos corações brasileiros. O Rio Grande não será o teatro de suas iniquidades, e nós partilharemos a glória de sacrificar os ressentimentos criados no furor dos partidos ao bem geral do Brasil.

A 3 de março mandou entregar "todos os escravos que tinha em suas fileiras, e que se achavam reduzidos, depois da ação dos Porongos, a 120", e dois dias depois dispersou sua força, que montava a 700 homens.[81]

Em requerimento à Câmara dos Deputados em 30 de abril de 1845, o deputado Ferraz pediu informações sobre a propalada convenção do governo com os farrapos, e quis saber se era verdade que os escravos pertencentes às fileiras rebeldes, "que combateram contra seus senhores e contra o Império", estavam incorporados ao exército. O ministro da Guerra taxou a interpelação como "elemento de guerra política" da oposição por levantar questão "bastante melindrosa", "uma daquelas em que não se pode entrar em muitos detalhes". Negou a existência de estipulações de potência a potência, tampouco que o governo tivesse aceitado condições, mas observou, quanto aos soldados negros, "que alguma coisa há sobre isto, mas não conforme disse o nobre deputado, fundando-se em boatos". Informou ter ordenado que os escravos fossem remetidos à Corte, "com uma relação de seus nomes e de seus senhores", e quando ali estivessem o governo lhes daria o destino conveniente, menos o de entregá-los a seus senhores. Os escravos não estavam servindo no Rio Grande do Sul, "mas sim em custódia, e não podem ser melhor guardados senão onde há tropa que os vigie". Em breve seriam remetidos para a capital, informando não excederem a 200, "inclusive cento e vinte que, na ocasião da pacificação, o principal chefe da força dissidente mandou entregar-nos".[82]

O Estado imperial logrou seu objetivo de acabar com as tropas de soldados negros, com pelo menos metade dos infantes e cavalarianos sendo capturados, entregues ou mortos. Nem todos, porém, caíram nas garras do Império. Alguns escaparam e tentaram permanecer na província, mas logo tiveram que lutar contra tentativas de captura e reescravização. Muitos outros (certamente a maioria dos que não foram capturados) engrossaram o movimento de escravos fugitivos e de deserções do exército republicano, que nos últimos anos vinha em aumento em direção ao território livre uruguaio. Do outro lado da fronteira acabaram, no mais das vezes, sendo engajados nas fileiras *blancas*, por coação ou vontade própria. Em circular aos chefes de departamentos em outubro de 1845, Manuel Oribe disse estar informado "que nesses destinos se encontram alguns desertores negros e mulatos dos farrapos. Se você fizer uma reunião de todos eles e me enviar na primeira oportunidade, terá me prestado um serviço que estimarei muito e mais que tudo a pátria".[83]

Tempos depois, o deputado Oliveira Bello deu informações sobre o destino dos ex-escravos rebeldes e resumiu de forma precisa o problema como uma questão de Estado frente ao perigo que eles representavam. O deputado reclamava a dívida contraída há dois anos "com os proprietários dos escravos que, por haverem servido a rebelião na província do Rio Grande do Sul, foram depois da pacificação entregues ao governo e por este mandados vir para a Corte, e aqui se acham ocupados nos trabalhos públicos das fortalezas e arsenais de guerra do Estado". A medida "atendeu certamente a uma verdadeira necessidade da situação", que "era então reclamada pela sã política e pela prudência, não só porque, ficando eles, perigava a segurança individual de seus respectivos senhores, e até mesmo perigava a ordem pública, na qual jamais se interessam escravos, como também porque fora impolítico, no momento da conciliação, reconduzir ao cativeiro homens a quem tinha sido dada a liberdade e que haviam gozado de todos os direitos dela". O governo procedeu bem "declarando--os libertos, como os declarou por uma sua imediata resolução, tomada sobre consulta do Conselho de Estado em 26 de junho de 1845, e ordenando, como ordenou por decreto desse mesmo ano, que fossem indenizados do valor desses escravos os seus senhores".[84]

O Estado imperial conseguiu resolver um problema de suma gravidade que o impedia de fazer frente às pretensões dos caudilhos platinos, mas não demorou a começarem as complicações pela política seguida. Em fevereiro de 1845, a legação argentina protestou contra o reconhecimento da independência do Paraguai, considerada uma província rebelde; a 4 de março pediu satisfação sobre a ida de Abrantes à Europa a fim de solicitar uma intervenção estrangeira em assuntos sul-americanos; e a 27 do mesmo mês exigiu explicações sobre a proclamação de Canabarro no ato de depor as armas.[85] Depois de muitas notas trocadas, Thomaz Guido pediu seu passaporte em agosto, mas voltou atrás em novembro, evitando o rompimento entre os dois países.[86] O bloqueio anglo-francês aos portos de Buenos Aires havia alterado a situação: a esquadrilha argentina que bloqueava Montevidéu foi tomada, o rio Paraná, forçado, e a 20 do mesmo mês deu-se o combate do Obligado.[87] O Brasil não saiu ileso. Em 8 de agosto de 1845 foi aprovado em Londres o Bill Aberdeen, resposta britânica à não renovação pelo Brasil do direito de busca de 1817, relativo ao tráfico de escravos. A nova lei autorizava uma ação mais extensiva e vigorosa de repressão ao contrabando negreiro.[88] Ainda que o Brasil e a Argentina não tenham rompido relações, a partir de então a guerra passou a estar presente no horizonte dos dois países.

*

Desde sua entrada em território oriental, Oribe vinha incorporando os escravos dos inimigos, tanto de orientais quanto de brasileiros, tendo em seguida recrutado os "morenos livres" que viviam na campanha, o que lhe permitiu arregimentar um bom número de soldados.[89] A situação, no entanto, não permitia abrir várias frentes de luta, e o caudilho não referendou a lei de 1842 nem decretou nenhuma disposição tendente à abolição. Precisava antes consolidar seu poder. Rivera conseguiu escapar da estrondosa derrota em Arroyo Grande, e entre 1843 e 1845 perambulou com um reduzido exército pelo país até ser derrotado em *Índia Morta*, em 27 de março de 1845, por tropas entrerrianas de Justo José Urquiza que vieram em auxílio dos *blancos*. Rivera e os que sobreviveram se refugiaram no Rio Grande do Sul, logo gerando controvérsias com o governo imperial, pois continuaram a tramar novas investidas sem serem devidamente contidos pelas autoridades provinciais.[90]

Em 1845, portanto, os *blancos* conseguiram bater as tropas de Rivera e as relações do Brasil com a Confederação Argentina chegaram à beira do efetivo rompimento. Tiveram início os "vexames" e as "opressões" de que se diziam vítimas centenas de estancieiros brasileiros residentes no Estado Oriental.[91] Em 1º de agosto, o Conde Caxias, ora presidente da província, informou ao ministro dos Estrangeiros, Limpo de Abreu, ter recebido uma representação dirigida "por vários cidadãos brasileiros com fazendas no Estado Oriental", onde reclamavam providências pelos prejuízos que estavam sofrendo em virtude de ordens do general Manuel Oribe.

Haviam sido proibidos de marcar seus gados e de beneficiar suas fazendas, de vender ou passar para a província do Rio Grande do Sul seus animais, "ao mesmo passo que as forças daquele Estado os vão debulhando de seus bens, como bem lhes apraz". As disposições de Oribe ainda os obrigavam a carnear os animais debaixo de inspeção, "levando a opressão e o vexame ao excesso de privarem os proprietários dos couros de suas reses, constrangendo-os a entregarem esta parte de sua propriedade ao comandante do destacamento mais próximo". Poderiam, tão somente, castrar os touros e domar os potros. Em face desse estado de coisas vários estancieiros se refugiaram em Bagé. Dois meses depois, nova representação dava conta de outros tantos proprietários refugiados em Jaguarão e Erval.[92] Em represália à opressão de que tanto reclamavam, bandos rio-grandenses passaram a arrebatar gados no Estado Oriental e transpassá-los ao Rio Grande. Em outubro de 1846, o Ministério da Justiça expediu aviso a fim de regular as reclamações feitas por orientais de gados e couros roubados de suas estâncias por salteadores brasileiros.[93]

Com o prosseguimento da guerra e as cada vez mais conturbadas relações com os brasileiros na zona de fronteira, Oribe resolveu fortalecer sua defesa reforçando suas tropas ou criando novos batalhões. Em 26 de outubro de 1846 o governo do Cerrito emitiu uma lei complementar de abolição. A lei compreendia todos os escravos que não haviam sido libertados de acordo com a Constituição de 1830 ou pelas leis e disposições anteriores ou posteriores. Somente os menores de idade ficariam em poder de seus senhores, conforme a lei do patronato de 1837, isso até a idade de 25 anos, ao contrário da lei de 1842, que colocou nesse regime todos os que não tivessem sido engajados no exército. Logo depois o governo *blanco* decretou que não estariam compreendidos os que fossem casados ou tivessem pais legítimos, o que era um aditamento significativo. Os senhores, depois de terminada a guerra, seriam indenizados pela perda de suas propriedades, mas havia tantas cláusulas em contrário, ditadas especialmente tendo em vista os escravistas luso--brasileiros – que deveriam apresentar títulos legítimos, especificar a data em que introduziram seus escravos para ver se não estavam libertos por disposições anteriores etc. –, que alcançariam poucos senhores de escravos, muito dificilmente súditos do Império. A lei de 1846, por sua vez, não fez menção à incorporação dos escravos libertados ao exército, embora esse fosse o objetivo.[94]

Os *blancos* não cometeram o mesmo erro do governo colorado, qual fosse o de avisar os senhores de escravos da lei de emancipação, o que daria oportunidade para os brasileiros retirarem seus escravos do território oriental. Segundo matéria publicada no *Diario do Rio de Janeiro*, escrita em Jaguarão em 17 de janeiro de 1848, além dos esbulhos de gados de estâncias no Uruguai:

> Seguiu-se logo o decreto libertando todos os escravos existentes no território d'aquella república, e já antes de o publicar [sic] partidas percorreram todos os pontos da campanha, recrutando-os para suas fileiras. Alguns brasileiros conseguiram trazer alguns escravos para este lado, [mas] foram chamados a Cerro Largo e os obrigaram a prestar por eles uma fiança até os apresentarem![95]

O recrutamento seguiu sendo realizado logo após o decreto de abolição, sendo vedada a saída do território oriental de todos os escravos libertados pela lei de 1846. Os senhores rio-grandenses e as autoridades brasileiras perceberam de pronto o perigo iminente da libertação dos escravos nos limites entre os dois países. Em 28 de novembro de 1846, o comandante da fronteira de Bagé participou "que diversas partidas das forças de Oribe vieram ao departamento do Cerro Largo levantar escravos das fazendas de súditos brasileiros".[96] Não pararam por aí. Constantes reclamações informavam que agentes *blancos* estavam incentivando fugas e recrutando escravos no Rio Grande do Sul com o objetivo de comporem suas forças e desestabilizarem o Império. Em 11 de agosto de 1847, o presidente da província comunicou a prisão do espanhol José Antônio Guarastaco em Bagé, por suspeitas de aliciar escravos para fugirem para o Estado Oriental. Segundo o presidente, não havia dúvida de "que existe nesta província em ação o plano de sedução da escravatura para aquele Estado em razão das frequentes fugidas que há", e ordens foram expedidas às autoridades para que mantivessem a vigilância e processassem os sedutores de escravos.[97]

Um dia antes, o presidente Manoel Antônio Galvão, em ofício ao ministro dos Estrangeiros, deu o tom da situação. Agradeceu por não ter que protestar contra a lei de abolição, ficando a tarefa a cargo do encarregado de negócios em Montevidéu, "pela indenização prévia que deixaram de receber [os proprietários] no ato de libertar o general Oribe os escravos". Declarou estar enviando documentos que provavam "o iníquo proceder dos agentes daquele intruso presidente, *recrutando nesta província escravos com o duplicado fim de prejudicar debaixo de mais de um ponto de vista os interesses do Império, e encher as fileiras do seu exército*". Em sua opinião, somente "a mais estrondosa represália, custasse o que custasse, pode por termo a um sistema de depredações entretido sem cessar, e sem escolha de meios; *sistema que pode produzir uma calamidade de novo gênero, se auxiliado por qualquer tentativa em escala maior, e a descoberto*".[98] Galvão não estava errado, mas se enganava tratar apenas de sedução.

Em 4 de novembro de 1848, Manoel Nunes da Silva declarou na delegacia de Pelotas que seu escravo Francisco fugira do distrito de Ibicuí no mês de janeiro, apresentando-se na vila de Taquarembó ao comandante Valdez. De posse de um ofício do subdelegado, o senhor reclamou a entrega de seu escravo, "ao que nada se deu cumprimento, dizendo que deveria ser pelo comandante da fronteira, do que tratou logo", mas "ficou sem nenhum efeito, unicamente passando-lhe um simples documento". Francisco era natural da província, de 19 a 20 anos, solteiro e campeiro, "adquirido por ter nascido do ventre de uma escrava de sua propriedade". Manuel Nunes o introduzira no Uruguai em 1836, quando para lá emigrou "fugindo da guerra civil de sua pátria". Em 1843 regressou ao Brasil levando consigo Francisco, que em 9 de janeiro de 1848 "*fugiu dali e veio para este estado onde se apresentou à autoridade reivindicando sua liberdade*".[99]

Tanto a guerra no Rio Grande do Sul quanto a guerra no Uruguai obrigaram o senhor a transitar pela fronteira com seu escravo. Em 1843, quando Manoel Nunes regressou à província de São Pedro, o governo colorado já havia decretado a abolição no Estado Oriental, e pouco tempo fazia que as tropas argentinas sob o comando de Oribe tinham entrado no país. A situação não passava despercebida pelos escravizados, que estavam atentos aos acontecimentos. Quando a possibilidade de um provável êxito na fuga apareceu, Francisco fugiu e se apresentou às autoridades orientais a fim de reclamar sua liberdade. Sabia ter direito a ela, visto residir no Estado Oriental quando a escravidão deixou de ali existir.

Cinco escravos de Antônio Rodrigues de Almeida também escaparam no contexto da abolição decretada no Uruguai. Da estância localizada em Taquarembó fugiram dois escravos, "quando passaram os blancos para aquele Estado", numa referência à invasão das tropas de Oribe, em 1843: Joaquim, nação congo, idade 22 anos, "ofício bom campeiro", estatura ordinária, fala muito bem que nem dá para perceber que é da costa (ou, fala muito bem que passa por crioulo), olhos grandes, bonito rosto. Há anos que havia fugido e constava estar no departamento de Paysandú; Januário, crioulo da Bahia, idade 28 anos, ofício serrador e falquejador, alto e muito retinto, pouca barba, "tem sobre o peito de um pé uma cicatriz de machado". Havia fugido em 1844 e constava estar na mesma localidade.[100]

Antônio Rodrigues ainda informou que, "na ocasião em que foi posto em execução o decreto de liberdade" de 1846, da mesma fazenda lhe tiraram outros dois escravos por uma força a mando do comandante João Venâncio Valdez. Eram eles: Matheus cabinda, 43 anos, roceiro, estatura baixa e muita barba, recrutado em 1847 e enviado para o Buceo na linha de Montevidéu; Constantino crioulo, 38 anos, campeiro, estatura regular, muita barba e cheio de corpo. Na *Relação de fugitivos de 1850*, Constantino consta ter escapado em 1848 e se apresentado na vila de Taquarembó ao chefe de polícia, "e que dali fora remetido para a linha de frente à cidade de Montevidéu". O último fugitivo era Félix, nação mina, 30 anos, estatura ordinária e pouca barba; não se sabia com certeza o lugar onde se encontrava, mas estava no Uruguai e havia fugido em 1847.[101]

Esses casos demonstram diferentes momentos em que as fugas foram empreendidas. O primeiro, durante a invasão dos *blancos*, que, ao entrarem no Uruguai, iam instigando os escravizados à fuga a fim de se incorporarem às suas hostes. No segundo já havia sido decretada a lei de abolição de 1846, e mesmo aqui se apresentam situações diferentes: escravos tirados à força de fazendas ou sendo instigados a fugirem e escravos que fugiram por conta própria. Embora as fontes raramente indiquem o destino e a situação dos escravos após a fuga, nem sempre atravessar a fronteira significava necessariamente ter de servir como soldado raso, já que alguns levavam alguma experiência em armas ou determinadas habilidades guerreiras.

O africano Mathias, de 28 anos, carpinteiro, havia servido num "batalhão dos dissidentes [farrapos] desta província, e passou depois para o Estado Oriental". Da mesma forma, o mulato Raimundo, barbado, de 38 anos de idade, que serviu "como sargento nas fileiras dos dissidentes". Ambos eram escravos do falecido major José Joaquim de Andrade Neves. David, cria da casa, fugiu em 9 de abril de 1845, aos seus 25 anos de idade, e constava "estar feito oficial na força de Oribe na província oriental". O africano Lourenço era conhecido por capitão e havia fugido da costa do Uruguai em data não informada. O crioulo Florêncio, de 22 anos, "assentou praça nos colorados, e tinha graduação de sargento".[102]

Um escravo de Antônio José Pires tinha num dos dedos do pé uma pequena grossura "por ter quebrado em um tombo de cavalo", e era "bem conhecido na força do coronel Manoel Lavalleja pelo [nome de] cabo laçador". Se alguns fugitivos alcançaram ou foram alçados a uma graduação acima dos soldados comuns, outros foram alocados no serviço pessoal de chefes orientais como serventes ou pajens. Joaquim, natural da costa d'África, 36 anos, era bom cozinheiro e havia fugido em 1846, onde "ainda há poucos dias servia como criado do major Lopes do corpo do coronel D. Diogo Lamas". O crioulo Antônio, natural da província, escravo de Francisco Luiz Braseiro, fugiu em 1845 ou 1846 quando tinha 14 anos de idade. O major Pedro Guterres das forças de Oribe, achando-se destacado na costa do Quaraim, teria seduzido o escravo e o levado a Paysandú, "onde esteve no serviço de sua família até 1848, e depois o levou para a campanha como seu pajem, e consta existir em poder de dito major no mesmo departamento".[103]

As fugas, do ponto de vista dos escravistas e das autoridades imperiais, haviam tomado proporções inéditas, especialmente após 1846, e todas as tentativas de reaver os fugitivos encontravam a negativa dos chefes orientais. Em agosto de 1847, o presidente Galvão enviou ao ministro dos Estrangeiros ofícios trocados com os comandantes dos departamentos de Cerro Largo e Taquarembó, informando a não entrega dos escravos fugidos quando reclamados.[104] Em 6 de setembro deu conta "que um escravo do brasileiro Plácido Nunes de Mello acha-se no Taquarembó como praça de tambor, e que têm sido infrutuosas as reclamações feitas ao comandante geral daquela fronteira acerca da entrega do mesmo escravo".[105] Antônio Esteves, escravo do vereador João Francisco Vieira Braga, foi visto na estância do Sapallar em novembro de 1846, e constava existir como soldado utilizando o nome de André na força do tenente Pinto, que então comandava Cerro Largo. Reclamações foram feitas a Dionísio Coronel em 29 de dezembro de 1847, "as quais nada produziram a favor do senhor do escravo, antes mais agravaram seu prejuízo fazendo retirar o dito escravo para o centro da campanha do Estado Oriental".[106]

Em 25 de dezembro de 1848, José Viera Vianna informou a fuga de dois escravos na delegacia de Pelotas, onde ele próprio era o delegado. "Entre outros escravos que lhe fugiram, e supõe existirem no Estado Oriental, proximamente lhe fugiram para ali os dois cujos sinais e nomes vai mencionar, os quais foram acolhidos na vila de São Servando no dia 12 de janeiro de 1848". Cinco dias depois, os escravos foram reclamados pelo juiz municipal de Jaguarão ao comandante militar do local, "que desatendendo aquela reclamação os remeteu para Cerro Largo, e consta que de ali foram com carretas de gêneros para o Buceo, cujos escravos estavam no serviço da charqueada que o abaixo assinado tem de sociedade com Antônio José de Oliveira Leitão". Os fugitivos eram os negros João, nação angola, 25 a 30 anos, estatura regular, pernas tortas, cor fula, muito ladino, e sinais de ter sido surrado; e Francisco, nação benguela, 30 anos, estatura regular, magro, cor retinta, e com sinais de ter sido surrado.[107] Ao informar as características dos fugitivos, José Vieira Vianna – delegado que teve papel central na repressão à projetada insurreição dos africanos minas-nagôs em fevereiro de 1848 – omitiu circunstâncias que demonstram o nível que havia tomado a resistência escrava, por sorte publicadas em um jornal da Corte:

> A 11 deste mês [de janeiro], tendo sido entregues ao patrão de um lanchão dois escravos de um tal Vianna de Pelotas, os quais andavam fugidos, e sendo agarrados, estavam presos na cadeia d'esta villa, a fim de os levar para seu senhor, descuido provavelmente do patrão fez que eles se levantassem, matassem o camarada do iate, e deixando por morto o próprio patrão crivado de facadas, escaparam-se para o Estado Oriental, onde se apresentaram ao comandante militar de S. Servando. Consta-me que foram reclamados pelas nossas autoridades; porém que aquele comandante não os quis entregar.[108]

Indignado, o articulista qualificou a não devolução dos fugitivos como "atos do despotismo mais inqualificável", pois os brasileiros eram possuidores de duas terças partes do Uruguai, e continuamente estavam sendo "ameaçados, roubados, vilipendiados, degolados e até surrados!". Os escravos fugidos eram conduzidos imediatamente para o exército de Manuel Oribe ou ficavam servindo a Dionísio Coronel, "que, conquanto seja o mais acreditado cabecilha d'esse partido", conservava-os sob sua proteção, utilizando-os para "costear seus gados ou de quem os perdeu". Quando as autoridades brasileiras reclamavam a entrega dos escravos, procuravam-se evasivas, e as reclamações nunca eram atendidas, além de a proteção aos fugitivos ter chegado a ponto de facilitarem até mesmo sua condução para o interior da República.[109]

As inspirações ambiciosas de Rosas – prossegue o articulista – haviam invadido o Uruguai para devastá-lo e conquistá-lo sem esconder seus intentos. "Eles o dizem em alto e bom som, que, logo que acabem com a contenda que ali os detém, virão em seguida invadir o nosso território, fazer-nos a guerra, etc.". Oribe, "depois de nos ter arrebatado nossos gados, nossos escravos, depois de obrigar nossos desertores a servir em suas fileiras; depois de ter-nos proscrito, fazendo com que abandonássemos nossos estabelecimentos, que compramos ou formamos sob a boa fé da legislação daquela República", diz que ditos campos serão incorporados aos bens nacionais por que nenhum brasileiro possui títulos legítimos de propriedade. Todos os fatos mostravam que Rosas e Oribe pretendiam "iludir-nos" enquanto travavam a luta contra os colorados, para depois de vencedores "invadirem o nosso território, talar os nossos campos, as nossas povoações, nulificar a nossa propriedade e aumentar seu território a custa do território do Brasil. Quem ignora que Oribe já tem um mapa da República Oriental onde os limites d'esse Estado se prolongam por esta província até o Piratiny?". Muita cegueira seria não enxergar tudo isso, mas o governo "parece em perfeito sono", nada previne nem "ouve os gemidos" dos brasileiros que imploravam proteção.[110]

O governo imperial, no entanto, embora mantivesse neutralidade no campo diplomático, não deixava de olhar com grande apreensão o que se passava nas fronteiras do sul. Em 16 de janeiro de 1848, Dom Pedro II convocou o Conselho de Estado – presentes os conselheiros do imperador e os ministros secretários de Estado –, pois os negócios do Rio da Prata em breve tomariam nova situação em vista de a França e a Grã-Bretanha estarem novamente reunidas para terminarem a intervenção, tratando diretamente com Oribe, e reconhecendo-o legítimo presidente na atualidade; e que já chegaram ao conhecimento do governo imperial as bases e condições com que elas se retirarão da intervenção, ajustadas entre Manuel Oribe e lorde Howden que as tem transmitido ao seu governo.[111]

Saturnino de Souza e Oliveira, ministro dos negócios estrangeiros, aparentemente recebeu com agrado o convite de Oribe para o Império tomar parte na convenção, de onde partiu a proposta de consulta ao Conselho de Estado, medida que seria duramente criticada pouco tempo depois. Após serem apresentadas as bases e condições, o conselheiro visconde de Olinda pediu um tempo para se inteirar "dos fatos ocorridos com suas especiais circunstâncias; e bem assim das relações, em que atualmente está o governo imperial com Montevidéu e Buenos Aires, e mesmo com as nações interventoras sobre a matéria". O primeiro quesito indagava se conviria ao Brasil continuar na "política de se subordinar meramente aos acontecimentos; ou convirá antes mandar já um agente confidencial a tratar com Oribe debaixo das mesmas bases das duas potências interventoras"; e o segundo, se, convindo adotar essa medida, deveria o governo imperial receber o novo ministro plenipotenciário do governo de Montevidéu (colorado), ou se conviria declarar-lhe que seria admitido somente como agente confidencial, como por ora estava admitido, da mesma forma que se prestara a receber outro por parte de Oribe.[112]

Olinda acreditava que tomar parte na convenção seria apenas reconhecer a autoridade de Oribe, não obstante supor que ela não seria ratificada. Quando fosse, não passaria de uma retratação do governo imperial "sem utilidade real", e serviria de precedente para se exigir o mesmo em relação ao Paraguai. Ademais, não colocaria termo às questões com Rosas, que depois reapareceriam, fazendo ver o que se passara em 1843, quando o tratado assinado por Guido não fora ratificado pelo chefe argentino. Indagou ainda se seria útil em relação à segurança do Rio Grande do Sul, questão que apresentava um interesse de momento e outro de futuro. No primeiro caso, nada seria estipulado sobre as relações entre os governos, e uma simples convenção não produziria o efeito de "desarmar os perturbadores da ordem pública na nossa fronteira". No segundo, "não acautela nada, deixa todas as questões no estado em que estão. O futuro fica incerto como tem estado". O importante era terem "força bastante para fazer respeitar o nosso território".[113]

Em sua opinião, a convenção não traria "nenhum benefício nem positivo nem negativo". Não era, entretanto, "de todo oposto a qualquer ajuste" com o novo governo do Uruguai, mas o Brasil somente deveria mudar sua política havendo concessões por parte de Manuel Oribe e Juan Manuel de Rosas. O ponto central era a delimitação dos limites do Império, pois "enquanto subsistir este ponto por decidir não se poderá dizer que o Brasil está livre de uma guerra", e deveria ser aproveitada a ocasião para entabular o Tratado Definitivo de Paz com a Argentina. Em todo caso, "entendo que o governo deve preparar-se, tendo na província do Rio Grande do Sul uma força respeitável ou simplesmente para fazer cessar as correrias atuais ou para qualquer evento da guerra, que não será improvável".[114]

Visconde de Abrantes seguiu o parecer de Olinda, sendo contudo favorável a uma negociação por meio de agentes confidenciais, a fim de "evitar-se a calamidade de uma guerra que parece iminente", mas debaixo de condições que fossem de proveito ao Brasil e pudessem justificar a nova política. Paula Souza também foi de parecer que uma mudança política só seria aceitável se houvesse concessões da parte de Rosas. Honório não colocava empecilho para que as negociações fossem encarregadas a um agente confidencial, embora não nutrisse "esperança de que essa negociação seja coroada de bom sucesso". Julgava, além do mais,

> difícil arranjar nossas questões com Rosas guardados os interesses, e dignidade do Império, e declararei ao mesmo tempo com franqueza, e convicção que o estado material, e moral do nosso exército do Rio Grande, e também o das guardas nacionais dessa província, não é tal qual conviria que fosse, atento o estado de nossas relações com as repúblicas do Prata.[115]

Lima e Silva considerava a convenção um ato arriscado, sendo melhor esperar o reconhecimento dos interventores, pois o Brasil poderia ficar sujeito às consequências de sua precipitação. Maia também não via razão para se alterar a política de neutralidade, mas não admitia que ela se resumisse meramente à subordinação dos acontecimentos. Todos os conselheiros concordaram em receber o agente de Montevidéu na categoria de ministro plenipotenciário, pois não se tratava de política nova que pudesse causar embaraços. Lopes Gama enfatizou diversas vezes que o Brasil devia se preparar para a guerra e, embora seguisse os pareceres de Olinda e Abrantes, aconselhou que o governo tratasse com o novo ministro

> sobre a sorte dos brasileiros estabelecidos na campanha do Estado Oriental, sobre a deserção dos nossos soldados e a fuga dos nossos escravos para aquele território, sobre o comércio na fronteira do Rio Grande, e outros objetos, que têm suscitado os clamores daquela província.[116]

Os conselheiros, em resumo, receavam entrar na convenção sem que estivessem seguros de um acordo com Rosas e Oribe, algo de que duvidavam. Embora não desejassem a guerra nesse momento, por não terem condição de sustentar sua posição, reconheceram que, cedo ou tarde, ela teria lugar, cabendo reforçar as tropas e armar o Rio Grande do Sul. Desde 1845 a política de Oribe visava prejudicar os interesses dos brasileiros no Estado Oriental e, em conluio com Rosas, desestabilizar o sul do Império. Os escravos viram abrir-se uma extensa fronteira para a liberdade (mesmo fardada) e passaram a impor uma resistência mais tenaz desde então, ameaçando as relações escravistas na fronteira e nas regiões que lhe ficavam imediatas.

Menos de um mês antes da descoberta da conspiração em Pelotas, Silva Pontes, encarregado de negócios em Montevidéu, comunicou ao ministro dos Estrangeiros "que a deserção de nossos soldados para o Estado Oriental, e a fuga dos nossos escravos para esse suposto país da liberdade se faz em escala tão crescida que indica a presença de algum, ou alguns agentes empregados em promoverem a deserção dos primeiros, e a fuga dos segundos".[117] Poucos dias depois, enquanto os conselheiros debatiam as questões na fronteira sul, Silva Pontes deu seu parecer sobre as medidas solicitadas pelo governo imperial para a extradição de escravos. Segundo pensava, muitas dificuldades seriam encontradas pelo fato de a restituição de escravos ser altamente impopular nas repúblicas vizinhas. Ademais, como a emancipação de todos os escravos, que do Brasil vierem para o território da República, ou abraçarem a causa desta em algum conflito é uma alavanca de que todos os partidos no Rio da Prata acreditam que no momento oportuno podem lançar mão para desmoronar, e derrubar *facilmente todo o edifício do Império*, sou levado naturalmente a pensar que há de achar-se repugnância em desvirtuar por meio da extradição essa medida cujos resultados no entender da generalidade *lhes põem nas mãos a sorte do Brasil*.[118]

Em questão de dias, proprietários e autoridades provinciais passariam a levar na mais séria consideração o perigo de uma aliança entre escravos e agentes do Rio da Prata. Na Corte do Rio de Janeiro, os estadistas do Império não puderam ficar indiferentes.

Notas

1   Ana Frega. "La 'campaña militar' de las Misiones en una perspectiva regional: lucha política, disputas territoriales y conflictos étnico-sociales". *In*: Ana Frega (coord.). *Historia regional e independencia del Uruguay. Proceso histórico y revisión crítica de sus relatos*. Montevideo, Ediciones de la Banda Oriental, 2011, pp. 131-168; Alfredo Castelhanos. *La Cisplatina, la independencia y la republica caudillesca (1820-1838)* [1974]. Montevideo, Ediciones de la Banda Oriental, 2011, pp. 100-106; Tau Golin. *A Fronteira. Governos e movimentos espontâneos na fixação de limites do Brasil com o Uruguai e a Argentina*, vol. 1, Porto Alegre, L&PM, 2002, pp. 142-145.
2   Spencer Leitman. *Raízes sócio-econômicas da Guerra dos Farrapos. Um capítulo da história do Brasil no século XIX*. Trad. Sarita Linhares Barsted. Rio de Janeiro, Graal, 1979, pp. 53-64.
3   Alex Borucki. *Abolicionismo y tráfico de esclavos en Montevideo tras la fundación republicana (1829-1853)*. Montevideo, Biblioteca Nacional, Universidad de la Republica, Facultad de Humanidades y Ciencias de la Educación, 2009, pp. 79-128.
4   Duarte da Ponte Ribeiro. *As relações do Brasil com as Republicas do Rio da Prata de 1829 a 1843* [1844]. Rio de Janeiro, Officinas Graphicas do Archivo Nacional, 1936, pp. 7-10.
5   *Idem*, pp. 10-12 (grifo no original). Sobre a questão de limites, ver, ainda, Alfredo Castelhanos. *La Cisplatina, la independencia y la republica caudillesca*, pp. 114-120; Tau Golin. *A fronteira*, vol. 1, pp. 339-360.

6 Duarte da Ponte Ribeiro. *As relações do Brasil com as Republicas do Rio da Prata*, pp. 23, 29; Alfredo Castelhanos. *La Cisplatina, la independencia y la republica caudillesca*, pp. 105-106; José Pedro Barrán. *Apogeo y crisis del Uruguay pastoril y caudillesco (1839-1875)* [1974]. Montevideo, Ediciones de la Banda Oriental, 2007, pp. 20-22.

7 José Pedro Barrán. *Apogeo y crisis del Uruguay pastoril y caudillesco*, pp. 22-24.

8 Duarte da Ponte Ribeiro. *As relações do Brasil com as Republicas do Rio da Prata*, pp. 6, 39-41; Cesar Augusto Barcellos Guazzelli. *O horizonte da província. A república rio-grandense e os caudilhos do Rio da Prata (1835-1845)*. Porto Alegre, Linus, 2013, pp. 159-188.

9 Alex Borucki. *Abolicionismo y tráfico de esclavos*, pp. 135-184; ver, ainda, Rachel Caé. "Concepções de liberdade e escravidão na imprensa de Montevidéu (1842)". In: Keila Grinberg (org.). *As fronteiras da escravidão e da liberdade no sul da América*. Rio de Janeiro, 7Letras, 2013, pp. 69-89; Duarte da Ponte Ribeiro. *As relações do Brasil com as Republicas do Rio da Prata*, pp. 30-36, 41-45.

10 Nota de 14 de setembro de 1830. Archivo General de la Nación del Uruguay (AGNU), Ministerio de las Relaciones Exteriores (MRE), cx. 1726, carpeta 1.

11 Ema Isola. *La esclavitud en el Uruguay. Desde sus comienzos hasta su extinción (1743--1825)*. Montevideo, Publicaciones de la Comisión Nacional de Homenaje del Sesquicentenario de los Hechos Históricos de 1825, 1975, pp. 264-266; Arturo Ariel Bentancur & Fernando Aparicio. *Amos y esclavos en el Rio de la Plata*. Buenos Aires, Planeta, 2006, pp. 141-181; Gabriel Aladrén. *Sem respeitar fé nem tratados. Escravidão e guerra na formação histórica da fronteira sul do Brasil (Rio Grande de São Pedro, c. 1777-1835)*. Tese de Doutorado. Rio de Janeiro, Universidade Federal Fluminense, 2012, pp. 134-224, 284-301; Ana Frega et al. "Esclavitud y abolición en el Río de la Plata en tiempos de revolución y república". In: *La ruta del esclavo en el Río de la Plata*. Montevideo, Unesco, 2005, pp. 115-147; Keila Grinberg. "Fronteiras, escravidão e liberdade no sul da América". In: Keila Grinberg. *As fronteiras*, pp. 7-24; Hevelly Ferreira Acruche. *Escravidão e liberdade em territórios coloniais: Portugal e Espanha na fronteira platina*. Dissertação de Mestrado. Rio de Janeiro, Universidade Federal Fluminense, 2013; Maria Verónica Secreto. "Asilo: direitos de gentes. Escravos refugiados no Império Espanhol". *Revista de História* (São Paulo), n. 172, jan./jun. 2015, pp. 197-219.

12 Ema Isola. *La esclavitud en el Uruguay*, pp. 310-313; Jorge Pelfort. *Abolición de la esclavitud en el Uruguay*. Montevideo, Ed. de la Plaza, 1996, p. 52.

13 Nota n. 22, de 13 de outubro de 1832. Arquivo Histórico do Rio Grande do Sul (AHRS), Correspondências Expedidas pelos Presidentes de Província aos Ministros dos Negócios Estrangeiros (CEPP/MNE), códice A-2.08, ff. 25v-27.

14 Antonio T. Caravia. *Colleccion de Leyes, Decretos y Resoluciones Gubernativas, Tratados Internacionales, Acuerdos del Tribunal de Apelaciones y Disposiciones de*

Cáracter Permanente de las demas Corporaciones de la República Oriental del Uruguay por Antonio T. Caravia. Nueva Edicion Revisada y Correjida, tomo primeiro, Montevideo, 1867, pp. 84, 106; Ema Isola. *La Esclavitud en el Uruguay*, p. 315.

15 Alex Borucki. *Abolicionismo y tráfico de esclavos*, pp. 79-128; *Idem*. "The African Colonists of Montevideo: New Light on the Illegal Slave Trade to Rio de Janeiro and the Río de la Plata (1830-42)". *Slavery and Abolition*, vol. 30, n. 3, September 2009, pp. 427-444. Sobre a lei de 1837, ver Ema Isola. *La esclavitud en el Uruguay*, pp. 316-317.

16 Ema Isola. *La esclavitud en el Uruguay*, p. 317.

17 Nota de 26 de março de 1838. AGNU, MRE, cx. 1728, carpeta 1.

18 Nota de 28 de maio de 1838. AGNU, MRE, cx. 1728, carpeta 2. Para outro exemplo de escravo que deveria ser libertado por servir em armas, nota de 10 de junho de 1839, cx. 1728, carpeta 4.

19 Nota n. 6 de 20 de abril de 1838. AGNU, MRE, cx. 1728, carpeta 1.

20 Nota de 29 de junho de 1838. AGNU, MRE, cx. 1728, carpeta 1.

21 Nota n. 2 de 30 de dezembro de 1833. AHRS, CEPP/MNE, códice A-2.08, ff. 33v-34; nota de 27 de dezembro de 1834. AHRS, Avisos do Ministério dos Estrangeiros (AME), códice B-1.25, ff. 20-20v.

22 Nota n. 5 de 30 de julho de 1834. AHRS, CEPP/MNE, códice A-2.08, ff. 37v-38.

23 Duarte da Ponte Ribeiro. *As relações do Brasil com as Republicas do Rio da Prata*, p. 19.

24 No artigo 2° da lei, se lê: "Seus respectivos senhores, assim considerados, poderão aliená-los livremente nesta província de acordo com as leis vigentes, ou levá-los à sua com o prévio conhecimento e licença do governo superior". Lei de Corrientes do ano de 1838 decretando a devolução dos escravos fugidos do Brasil. *Relatório da Repartição de Negócios Estrangeiros apresentado à Assembleia Geral Legislativa na segunda sessão da décima legislatura pelo respectivo Ministro e Secretario de Estado Visconde de Maranguape*. Rio de Janeiro, Typographia Universal de Laemmert, 1858, p. 44.

25 Nota n. 3 de 17 de dezembro de 1840. AHRS, CEPP/MNE, códice A-2.08, ff. 71v-72.

26 Nota de 21 de janeiro de 1841. AHRS, AME, códice B-1.25, ff. 56-56v.

27 Despacho de 21 de janeiro de 1841. Instruções de Aureliano de Souza e Oliveira Coutinho, Ministro dos Negócios Estrangeiros, a Antônio José Lisboa, Encarregado de Negócios na Argentina. Arquivo Histórico do Itamaraty (AHI), códice 404/03/17. Instruções do mesmo teor foram enviadas, na mesma data, ao encarregado de Negócios em Montevidéu, Manoel de Almeida Vasconcellos. *Cadernos do CHDD*, ano 8, n. 15, 2009, p. 59.

28 Despacho de 21 de janeiro de 1841. AHI, códice 404/03/17. *Cadernos do CHDD*, ano 8, n 15, 2009, pp. 59-60.

29 Despacho de 10 de março de 1841. AHI, códice 207/03/08. *Cadernos do CHDD*, ano 8, n. 15, 2009, p. 69.

30 Cesar Guazzelli. *O horizonte da província*, pp. 118-139, 159-170, 175-185; Duarte da Ponte Ribeiro. *As relações do Brasil com as Republicas do Rio da Prata*, p. 29, *passim*; Spencer Leitman. *Raízes sócio-econômicas da Guerra dos Farrapos*, pp. 25-48, *passim*.

31 Muitos estudos enfocaram a participação dos escravos nas forças farrapas. Aqui, todavia, o objetivo é analisar a questão como um problema de Estado, relacioná-la à política imperial no Rio da Prata e seu peso nos desdobramentos que levaram à abolição do tráfico. Sobre a participação dos escravos nas hostes rebeldes, ver Spencer Leitman. "Negros farrapos: hipocrisia racial no sul do Brasil no século XIX". *In*: José Hildebrando Dacanal (org.). *A Revolução Farroupilha: história & interpretação*. Porto Alegre, Mercado Aberto, 1985, pp. 61-78; Moacyr Flores. *Negros na Revolução Farroupilha. Traição em Porongos e farsa em Ponche Verde*. 2ª ed. rev. e ampl. Porto Alegre, EST, 2010; Silmei Sant'Ana Petiz. *Buscando a liberdade. As fugas de escravos da província de São Pedro para o além fronteira (1815-1851)*. Passo Fundo, UPF, 2006; Vinicius Pereira de Oliveira & Daniela Vallandro de Carvalho. "Os lanceiros Francisco Cabinda, João aleijado, preto Antônio e outros personagens da Guerra dos Farrapos". *In*: Gilberto Ferreira da Silva *et al*. *RS negro. Cartografias sobre a produção do conhecimento*. 2ª ed. rev. e ampl. Porto Alegre, ediPUCRS, 2010, pp. 63-82; César Augusto Barcellos Guazzelli. "Libertos, gaúchos, peões livres e a Guerra dos Farrapos". *In*: Monica Duarte Dantas (org.). *Revoltas, motins, revoluções. Homens livres pobres e libertos no Brasil do século XIX*. São Paulo, Alameda, 2011, pp. 231-261; Daniela Vallandro de Carvalho. *Fronteiras da liberdade: experiências negras de recrutamento, guerra e escravidão (Rio Grande de São Pedro, c. 1835-1850)*. Tese de Doutorado. Rio de Janeiro, Universidade Federal do Rio de Janeiro, 2013.

32 Sessões de 19 e 26 de maio e de 2 de junho de 1841. *Anais do Parlamento brasileiro. Câmara dos Deputados*, pp. 174, 279-286, 359; *Diario do Rio de Janeiro*, n. 2, 4 jan. 1841; *O Brasil*, n. 79, 5 jan. 1841. Ver, ainda, *Anais do Arquivo Histórico do Rio Grande do Sul. Coleção de Alfredo Varela*, vol. 5. Porto Alegre, 1981, CV-3104, pp. 394-396.

33 "Os soldados dos republicanos do Rio Grande". *O Brasil*, n. 137, 5 jun. 1841. Grifo meu.

34 Duarte da Ponte Ribeiro. *As relações do Brasil com as Republicas do Rio da Prata*, pp. 30-35; Spencer Leitman. "Negros Farrapos", pp. 73-74; Cesar Guazzelli. "Libertos, gaúchos, peões livres e a Guerra dos Farrapos", pp. 248-253.

35 Duarte da Ponte Ribeiro. *As relações do Brasil com as Republicas do Rio da Prata*, p. 30.

36 *Idem*, pp. 35-38. Grifo no original.

37 "Considerações acerca do Rio Grande – Fructo Rivera", assinado por S. R. *Diario do Rio de Janeiro*, n. 183, 22 ago. 1842.

38 Sessão do Conselho de Estado em 17 de setembro de 1842. Arquivo Nacional do Rio de Janeiro, Movimentos Políticos, Rio Grande do Sul, códice 603,

ff. 401-437, citado em Cesar Guazzelli. "Libertos, gaúchos, peões livres e a Guerra dos Farrapos", pp. 252-253. Grifo meu.
39 Duarte da Ponte Ribeiro. *As relações do Brasil com as Republicas do Rio da Prata*, pp. 45-46. Grifo no original.
40 Ema Isola. *La esclavitud en el Uruguay*, p. 319 ss; Circular de 8 de setembro de 1841. AGNU, MRE, cx. 1729, carpeta 3.
41 Notas de 7 de fevereiro e de 4 de abril de 1842. AGNU, MRE, cx. 1729, carpeta 4.
42 Circular de 2 de junho e nota de 7 de junho de 1842. AGNU, MRE, cx. 1730, carpeta 1.
43 *El Nacional* – parte oficial – 21 jul. 1842, incluso à nota de 26 de julho de 1842. Arquivo Histórico do Itamaraty (AHI), Missões Diplomáticas Brasileiras em Montevidéu, Ofícios (MDB/M/O), códice 221-3-3; Ver, ainda, Alex Borucki; Karla Chagas & Natalia Stalla. *Esclavitud y trabajo. Un estudio sobre los afrodescendientes en la frontera uruguaya – 1835-1855*. Montevideo, Mastergraf, 2009, p. 38 ss.
44 Alex Borucki; Karla Chagas & Natalia Stalla. *Esclavitud y trabajo*, p. 44 ss.
45 *Idem*, pp. 34-35, 44-45.
46 Protesto do governo imperial contra o decreto do governo oriental, de 23 de julho de 1842, incluso à nota de 26 de julho de 1842. AHI, MDB/M/O, códice 221-3-3. O direito das gentes tinha por objetivo regular as relações entre as nações em tempo de paz e de guerra (como o comércio e o direito marítimo, por exemplo). Seus princípios foram utilizados como base das relações exteriores pelos estadistas brasileiros, embora houvesse controvérsias e disputas em torno da inteligência dada por cada nação a princípios estabelecidos e adotados – ou não – pelas nações. Antes de um corpo fixo de regras, eram princípios sancionados pelo costume e podiam sofrer alterações, como de fato sofreram em diversas matérias ao longo do tempo. Comumente, atribui-se ser o direito internacional da época. Sobre o assunto, ver Paulino José Soares de Souza. "Ensaio sobre o direito administrativo" [1862]. *In*: *Visconde do Uruguai*. Organização e introdução de José Murilo de Carvalho. São Paulo, Ed. 34, 2002, p. 81; Emer de Vattel. *O direito das gentes*. Trad. Vicente Marotta Rangel. Brasília, Editora da Universidade de Brasília, 2004 [1758]; Vicente Ferrer Neto Paiva. *Elementos de direito das gentes*. 3ª ed. Coimbra, Imprensa da Universidade, 1850.
47 Nota de 26 de julho de 1842. AHI, MDB/M/O, códice 221-3-3.
48 Nota n. 45 de 9 de agosto e nota n. 46 de 13 de agosto de 1842, em que consta o protesto do governo imperial do dia anterior e a matéria do *El Nacional* sobre o caso de Chaves e Vinhas. AHI, MDB/M/O, códice 221-3-3.
49 Notas de 12 de agosto (protesto) e de 22 de agosto de 1842. AHI, MDB/M/O, códice 221-3-3.
50 Notas n. 79 e n. 82 de 23 e 28 de dezembro de 1842. AHI, MDB/M/O, códice 221-3-3.

51 Circular de 2 de junho e nota de 7 de junho de 1842. AGNU, MRE, cx. 1730, Carpeta 1.
52 Protesto de 14 de dezembro de 1842, incluso à nota n. 79 de 23 de dezembro de 1842 AHI, MDB/M/O, códice 221-3-3. Grifo meu.
53 Duarte da Ponte Ribeiro. *As relações do Brasil com as Republicas do Rio da Prata*, pp. 42-43.
54 Nota n. 14, de 10 de fevereiro de 1843 (João Francisco Regis a Honório Hermeto Carneiro Leão, Ministro e Secretário de Estado dos Negócios da Justiça, e interino dos Negócios Estrangeiros). AHI, MDB/M/O, códice 221--3-3; nota de 8 de fevereiro de 1843 (Santiago Vasques a João Francisco Regis). AGNU, MRE, cx. 1730, carpeta 3.
55 Nota de 8 de fevereiro de 1843 (Santiago Vasques a João Francisco Regis). AGNU, MRE, cx. 1730, carpeta 3.
56 *Idem*.
57 Notas de 27 de fevereiro e de 2 de março de 1843. AGNU, MRE, cx. 1730, carpeta 3; nota n. 20, de 2 de março de 1843 (João Francisco Regis a Honório Hermeto Carneiro Leão). AHI, MDB/M/O, códice 221-3-3.
58 Nota n. 20, de 2 de março de 1843 (João Francisco Regis a Honório Hermeto Carneiro Leão). AHI, MDB/M/O, códice 221-3-3.
59 A lei de abolição encontra-se em Antonio T. Caravia. *Colleccion de Leyes*, p. 277.
60 Nota de 30 de setembro de 1846. O impresso do *Commercio del Plata* consta anexo aos ofícios trocados. AHI, MDB/M/O, códice 221-3-5.
61 *Idem*.
62 O asilo e a liberdade concedidos a escravos fugidos de navios para territórios livres têm merecido atenção dos historiadores. Para o caso da república do sul do Haiti sob o governo de Alexandre Pétion, após a promulgação da Constituição de 1816, que passou a garantir liberdade aos fugitivos e direitos de cidadania aos que permanecessem em solo haitiano por mais de um ano, ver Ada Ferrer. "Haiti, Free Soil, and Antislavery in the Revolutionary Atlantic". *American Historical Review*, vol. 117, n. 1, 2012, pp. 40-66. Para o asilo concedido por autoridades britânicas e as controvérsias geradas com o governo dos Estados Unidos, Don E. Fehrenbacher. *The Slaveholding Republic. An Account of the United States Government's Relations to Slavery*. Oxford University Press, 2001, pp. 89-133. Escravos fugidos de proprietários brasileiros também encontraram asilo em navios britânicos. Beatriz Mamigonian. "Em nome da liberdade: abolição do tráfico de escravos, o direito e o ramo brasileiro do recrutamento de africanos (Brasil – Caribe britânico, 1830-1850)". *Revista Mundos do Trabalho*, vol. 3, n. 6, jul./dez., 2011, pp. 67-92 (esp. pp. 85-88).
63 Sue Peabody & Keila Grinberg. "Free Soil: The Generation and Circulation of an Atlantic Legal Principle". *Slavery & Abolition*, vol. 32, n. 3, 2011, pp. 331-339. O posterior reconhecimento pelo Império do princípio do solo livre oriental – que tem sua história específica – permitiu que escravos que

haviam transposto as fronteiras entre o Brasil e o Uruguai reivindicassem suas liberdades nos tribunais brasileiros na segunda metade do século 19. Sobre o assunto, ver o estudo pioneiro de Keila Grinberg. "Escravidão, alforria e direito no Brasil oitocentista: reflexões sobre a lei de 1831 e o 'princípio da liberdade' na fronteira sul do Império brasileiro". In: José Murilo de Carvalho (org.). *Nação e cidadania no Império. Novos horizontes*. Rio de Janeiro, Civilização Brasileira, 2007, pp. 267-285. Sobre o reconhecimento parcial do princípio do solo livre uruguaio pelo Estado imperial, através das notas reversais de 1858, ver Thiago Leitão de Araujo. *Desafiando a escravidão. Fugitivos e insurgentes negros e a política da liberdade nas fronteiras do Rio da Prata (Brasil e Uruguai, 1842-1865)*. Tese de Doutorado. Campinas, Universidade Estadual de Campinas, 2016, cap. 12, esp. pp. 472-496.

64 Nota n. 75, de 20 de junho de 1846. AHI, MDB/M/O, códice 221-3-5. Grifo meu.

65 Nota n. 152, de 15 de outubro de 1846. AHI, MDB/M/O, códice 221-3-5.

66 Nota n. 183, de 12 de dezembro de 1846. AHI, MDB/M/O, códice 221-3-5. O caso também aparece na documentação uruguaia. Notas de 21 de janeiro e de 23 de setembro de 1846 e nota n. 45, de 29 de dezembro de 1847. AGNU, MRE, cx. 1732.

67 Nota de 28 de maio de 1850. AHI, MDB/M/O, códice 221-3-8.

68 Thiago Leitão de Araujo. "Provas de escravidão: o tratado de extradição de 1851 entre o Brasil e o Uruguai e os pedidos de devolução de escravos fugidos". *Anais do 9° Encontro Escravidão e Liberdade no Brasil Meridional*. Florianópolis, 2019.

69 Duarte da Ponte Ribeiro. *As relações do Brasil com as Republicas do Rio da Prata*, pp. 34-40, 50-75 (citações nas páginas 50 e 70; grifo no original).

70 "Brasil – Argentina. Incidente diplomático de 1843. Missão do Visconde de Abrantes. Sustentação da independência do Paraguai. Consulta de (?) de julho de 1849". *Conselho de Estado. Consultas da Seção dos Negócios Estrangeiros*, vol. 3: *1849-1853*. Brasília, Câmara dos Deputados/Ministério das Relações Exteriores, 1979, pp. 102-110.

71 Duarte da Ponte Ribeiro. *As relações do Brasil com as Republicas do Rio da Prata*. Os conselheiros deixam entrever que já estavam em posse da memória em "Brasil – Argentina. Interpelação do Governo Argentino sobre a atitude dos Ministros do Brasil em Montevidéu e Buenos Aires. Consulta de 28 de junho de 1844". *Consultas da Seção dos Negócios Estrangeiros*, vol. 1: *Consultas de 1842--1845*. Direção, introdução e notas de José Francisco Rezek. Brasília, Câmara dos Deputados, 1978, p. 181.

72 Consultas de 2, 5 e 29 de julho de 1844. Nesta última consulta os conselheiros citam o trabalho de Duarte da Ponte Ribeiro e discutem sobre limites, guerra, rebeldes farrapos, extradição de escravos etc. *Consultas da Seção dos Negócios Estrangeiros*, vol. 1: *1842-1845*, respectivamente, pp. 195-199, 200-209, 210--244. Grifo meu.

73 As conferências com Lorde Aberdeen ocorreram em novembro de 1844 e as com o ministro francês, entre dezembro de 1844 e janeiro de 1845. *A Missão Especial do Visconde de Abrantes.* Rio de Janeiro, Emp. Typ. Dous de Dezembro, 1853, pp. 9-11, 15-18, 31.

74 *Relatório da Repartição dos Negócios Estrangeiros apresentado pelo* [...] *Barão de Cairú.* Rio de Janeiro, Typographia Imperial, 1846, pp. 94-95.

75 Uma excelente descrição da cisão entre as lideranças farrapas, negociações para ultimar a guerra e seus desdobramentos encontra-se em Alfredo Varela. *Historia da Grande Revolução,* vol. 6. Porto Alegre, Oficinas Graficas da Livraria do Globo, 1933, pp. 217-305.

76 "Cópia. Reservadíssimo. Quartel-general da presidência e do comando-em--chefe do exército em marcha nas imediações de Bagé, 9 de novembro de 1844. Reservadíssima do barão de Caxias ao Sr. Coronel Francisco Pedro de Abreu, comandante da 8ª Brigada do exército". *Anais do Arquivo Histórico do Rio Grande do Sul,* vol. 7: *Coleção de Alfredo Varela.* Porto Alegre, 1983, CV-3730, pp. 30-31.

77 Extratos da Ordem do Dia, n. 170, do barão de Caxias. *Jornal do Commercio,* n. 9, 10 jan. 1845.

78 "Francisco Pedro de Abreu, coronel comandante da 8º brigada, ao barão de Caxias, presidente e general em chefe do exército. Acampamento junto à estância de Francisco Mathias, 28 de novembro de 1844". Extratado do *Imparcial* e reproduzido no *Jornal do Commercio,* 7 jan. 1845. Sobre a informação de que a força de lanceiros negros de Teixeira Nunes montava a 200 combatentes, ver carta particular escrita na cidade de Rio Grande em 4 de dezembro de 1844, publicada no *Jornal do Commercio,* 13 dez. 1844, p. 2. Sobre a participação de Canabarro na armadilha às forças de Teixeira Nunes, ver os apontamentos de Manuel Alves da Silva Caldeira a Alfredo Varela, datados de 1º de dezembro de 1898. *Anais do Arquivo Histórico do Rio Grande do Sul,* vol. 5: *Coleção de Alfredo Varela.* Porto Alegre, 1981, CV-3103, p. 370.

79 Alfredo Varela. *Historia da Grande Revolução,* 6º vol., p. 266 ss.

80 "A anistia no Rio Grande". *O Brasil,* n. 626, 16 jan. 1845. Grifos meu.

81 Proclamação de David Canabarro, Campo em Ponche Verde, 28 de fevereiro de 1845. A entrega dos escravos foi informada em carta particular datada de 11 de março, cidade de Rio Grande. *Jornal do Commercio,* n. 79, 21/22 mar. 1845, p. 1; Alfredo Varela. *Historia da Grande Revolução,* vol. 6, p. 297.

82 Sessão da Câmara dos Deputados em 30 de abril de 1845. *Jornal do Commercio (Supplemento),* n. 117, 3 maio 1845, p. 5.

83 Citado em Hebe Clementi. *La abolición de la esclavitud en America Latina.* Buenos Aires, La Pléyade, 1991, p. 82. Para exemplos de soldados negros que após a pacificação continuaram na província e tiveram que lutar contra tentativas de reescravização, ver Inventário *post mortem* de José Dutra da Silveira. Cartório da Vara de Família e Sucessão, Comarca de Piratini, Jaguarão, cx. 008.0037, processo n. 229, 1848; *Anais do Arquivo Histórico do Rio Grande do Sul,* vol.

21. Coleção de Alfredo Varela. São Leopoldo, Oikos, 2015, CV-8830, pp. 36-37. Sobre o aumento de deserções de negros das hostes farrapas rumo ao Uruguai, ver Spencer Leitman. "Negros Farrapos", pp. 73-74; e para exemplos de desertores e fugitivos que para lá conseguiram escapar, ver "Relação e descrição dos escravos (por proprietários) fugidos da província para Entre--Rios, Corrientes, Estado Oriental, República do Paraguai e outras províncias brasileiras". AHRS, Estatística, documentação avulsa, maço 1, 1850.

84 Sessão da Câmara dos Deputados em 28 de agosto de 1847. *Jornal do Commercio*, n. 241, 31 ago. 1847, p. 1. Na continuação, Oliveira Bello solicitou que o governo saldasse o quanto antes a dívida com os proprietários desses escravos, sem fazer causa de uma "rigorosa habilitação", para que provassem a propriedade. A emenda, aprovada pela Câmara dos Deputados, previa uma consignação de 30 contos de réis. Em 1848, os proprietários foram indenizados em 400 mil réis por cada escravo entregue ao governo. A liberdade concedida baseou-se no diploma do decreto conservador de 19 de novembro de 1838. Para uma análise esclarecedora da condição e experiências de um grupo de 77 soldados negros enviados para a Corte, ver Daniela Vallandro de Carvalho. *Fronteiras da liberdade*, pp. 206-257.

85 *Relatório da Repartição dos Negócios Estrangeiros apresentado pelo [...] Barão de Cairú*. Rio de Janeiro, Typographia Imperial, 1846, pp. 94-96 e 98-99.

86 *Idem*, pp. 108-117 e 121-122.

87 Discurso de Paulino José Soares de Souza, na época Ministro dos Estrangeiros, na sessão de 24 de maio de 1851. *Anais do Senado do Império do Brasil*, p. 321.

88 Leslie Bethell. *A Abolição do tráfico de escravos no Brasil. A Grã-Bretanha, o Brasil e a questão do tráfico de escravos, 1807-1869*. Rio de Janeiro, Expressão e Cultura/ São Paulo, Edusp, 1976, pp. 232-254.

89 Alex Borucki; Karla Chagas & Natalia Stalla. *Esclavitud y trabajo*, pp. 63-65.

90 José Pedro Barrán. *Apogeo y crisis del Uruguay pastoral y caudillesco*, p. 26. As controvérsias relativas aos emigrados orientais e unitários argentinos podem ser acompanhadas nas notas em anexo ao *Relatório da Repartição dos Negócios Estrangeiros apresentado pelo [...] Barão de Cairú*, 1846.

91 Susana Bleil de Souza e Fabrício Pereira Prado abordaram a questão, sobretudo do ponto de vista dos estancieiros e autoridades brasileiras, sem dar ênfase à escravidão, em "Brasileiros na fronteira uruguaia: economia e política no século XIX". *In*: GRIJÓ, Luiz Alberto *et. al*. *Capítulos de história do Rio Grande do Sul*. Porto Alegre, Editora da UFRGS, 2004, esp. pp. 123-131.

92 Notas n. 13, de 1º de agosto, e n. 21, de 23 de setembro de 1845. AHRS, CEPP/MNE, códice A-2.09, ff. 6v-7, 10; duas notas datadas de 6 de setembro de 1845 (n. 19 e outra s.n.). AHRS, AME, códice B-1.26, ff. 5, 8-9; Nota n. 42, de 8 de março de 1850. *Relatório da Repartição dos Negócios Estrangeiros apresentado à Assembleia Geral Legislativa na terceira sessão da oitava legislatura pelo respectivo Ministro e Secretario de Estado Paulino José Soares de Souza*. Rio

de Janeiro, Typographia Universal de Laemmert, 1851. Anexo A. Negócios do Rio da Prata. Correspondência entre o Governo Imperial e a Legação Argentina sobre Reuniões na fronteira do Rio Grande, p. 53.

93 Nota n. 47, de 14 de agosto de 1847. AHRS, CEPP/MNE, códice A-2.09, ff. 67v-68v.

94 Jorge Pelfort. *Abolición de la esclavitud en el Uruguay*, pp. 77-84 (a lei e o decreto que a regulamentou estão reproduzidas nas páginas 78-81); Alex Borucki; Karla Chagas & Natalia Stalla. *Esclavitud y trabajo*, p. 65 ss.

95 *Diario do Rio de Janeiro*, n. 7731, 23 fev. 1848; *O Rio-Grandense*, n. 652, 31 ago. 1850.

96 Nota n. 40, de 28 de novembro de 1846. AHRS, CEPP/MNE, códice A-2.09, ff. 42v-43.

97 Nota n. 42, de 11 de agosto de 1847. AHRS, CEPP/MNE, códice A-2.09, ff. 65-66.

98 Nota n. 41, de 10 de agosto de 1847. AHRS, CEPP/MNE, códice A-2.09, ff. 64v-65, grifos meus.

99 Delegacia de Polícia de Pelotas, AHRS, maço 15, 1848, grifo meu.

100 "Relação e descrição dos escravos (por proprietários) fugidos da província para Entre-Rios, Corrientes, Estado Oriental, República do Paraguai e outras províncias brasileiras". AHRS, Estatística, documentação avulsa, maço 1, 1850; Delegacia de Polícia de Pelotas, AHRS, maço 15, 1848.

101 *Idem*.

102 "Relação e descrição dos escravos (por proprietários) fugidos...". AHRS, Estatística, maço 1, 1850.

103 *Idem*.

104 Nota n. 42, de 11 de agosto de 1847. AHRS, CEPP/MNE, códice A-2.09, ff. 65-66.

105 Nota n. 51, de 6 de setembro de 1847. AHRS, CEPP/MNE, códice A-2.09, f. 70v.

106 "Relação e descrição dos escravos (por proprietários) fugidos...". AHRS, Estatística, maço 1, 1850.

107 Delegacia de Polícia de Pelotas. AHRS, maço 15, 1848.

108 O artigo, de 17 de janeiro de 1848, fora escrito em Jaguarão e publicado no periódico *Nova Epoca*, folha publicada em Rio Grande, e extratado no *Diario do Rio de Janeiro*, n. 7731, 23 fev. 1848, e no *O Brasil*, n. 1066, 25 de fevereiro de 1848.

109 *Idem*.

110 *Idem*.

111 Atas do Conselho de Estado Pleno de 16 e 20 de janeiro de 1848. In: José Honório Rodrigues (org.). *Atas do Conselho de Estado*. Brasília, Senado Federal, 1978, pp. 82-91. Os pareceres também podem ser consultados em "Brasil – Uruguai. Posição do Império frente ao governo do General Oribe". *Conselho de*

Estado. Consultas da Seção dos Negócios Estrangeiros, vol. 2: *1846-1848*. Direção de José Francisco Rezek. Brasília, Câmara dos Deputados, 1978, pp. 443-459.

112 *Idem*.
113 *Idem*.
114 *Idem*.
115 *Idem*.
116 *Idem*.
117 Nota de 10 de janeiro de 1848. AHI, MDB/M/O, códice 221-3-7.
118 Nota n. 5, de 19 de janeiro de 1848. AHI, MDB/M/O, códice 221-3-7. Grifos meus.

A TERRÍVEL E INEVITÁVEL RETRIBUIÇÃO DA ÁFRICA: CONSPIRAÇÃO MINA-NAGÔ

O levante estava marcado para romper no dia 30 de janeiro de 1848, mas foi transferido para o domingo seguinte, 6 de fevereiro. As primeiras notícias a circularem foram veiculadas em 8 de fevereiro no *O Rio-Grandense* e extratadas na primeira página do *Jornal do Commercio* do dia 22. As informações chegaram à cidade de Rio Grande pela barca a vapor *Brasileira*, vinda de Pelotas no domingo, dia 6, comunicando a descoberta de "um levantamento que projetavam fazer os escravos das charqueadas". À atividade e energia do delegado José Vieira Vianna devia-se "a salvação de milhares de vidas que estavam destinadas a perecer debaixo do ferro assassino dos cativos". Pelotas não tinha, para sua guarnição e defesa, mais do que um destacamento de 70 a 90 homens do batalhão de caçadores e meia dúzia de policiais, a maior parte "criançolas". Como a "carnificina projetada contra os brancos" fora remarcada, "nesse entrementes que a descoberta se fez pelo modo seguinte, que é o que há entre as muitas e encontradas versões que a respeito correm nesta cidade, nos pareceu bem assentada em boas informações".[1]

Um escravo de Francisco Manoel dos Passos foi o primeiro a relatar a seu senhor o "projeto de levantamento", que também fora denunciado por mais dois escravos, um do charqueador Antônio José de Oliveira e Castro e outro de Luiz Manoel Pinto Ribeiro, "tendo-se feito notável em insistir nessas revelações o escravo do Sr. Pinto Ribeiro, que a princípio nenhum crédito lhe queria dar".[2] Dias depois, o delegado Vieira Vianna deu mais detalhes sobre a descoberta. Desde princípios de janeiro havia recebido denúncia de um plano de insurreição de escravos, e em poucos dias novas informações fizeram com que "tomasse medidas de prevenção e cautela". Em 5 de fevereiro, um dia antes de arrebentar o levante, recebeu uma última denúncia dada por Pinto Ribeiro "por lh'a haver comunicado um seu escravo de Nação Mina". Vieira Vianna dirigiu-se à chácara de Pinto Ribeiro acompanhado do capitão comandante de polícia, e lá interrogaram o africano mina Procópio, "que expôs o plano de levante para que tinha por vezes sido convidado". O escravo confessou existirem armamentos e que a insurreição teria lugar no dia seguinte, "e que ele se prestava, mediante a oferta que lhe fiz, a entregar os companheiros que conhecia e que eram entrados no plano".[3]

Ao que parece, em princípio, Procópio não tinha intenção de alertar as autoridades. Lorde Howden observou que o escravo quisera salvar seu senhor, "embora ele, com os outros conspiradores, estivesse decidido a massacrar todos os outros homens brancos".[4] Seja como for, o certo é que o delegado precisou barganhar, a ponto de lhe oferecer a liberdade em troca da delação dos insurrectos. Menos de um mês depois de entregar os conspiradores – pelo menos os que sabia estarem envolvidos – Procópio recebeu sua carta de liberdade.

> Digo eu abaixo assinado, que sendo senhor e possuidor de um negro de nação mina, de nome Procópio, ao mesmo dou liberdade de hoje para sempre, para tratar de sua vida como liberto que fica sendo, em razão de ter recebido do Ilustríssimo senhor José Vieira Vianna, Delegado de Polícia desta Cidade, a quantia de setecentos noventa e sete mil réis, que mandou agenciar para a alforria do dito Escravo, *por haver o mesmo denunciado uma insurreição, que estava projetada entre os mais negros de sua nação*, os quais denunciou e entregou àquela autoridade que os mandou prender e corrigir, e por verdade do expendido, e para que o dito Escravo possa gozar de sua inteira liberdade lhe passei a presente carta, que fiz e assinei. Pelotas três de março de mil oitocentos quarenta e oito = Luiz Manoel Pinto Ribeiro.[5]

Além de contarem que haviam sido convocados para o levante, os escravos denunciantes declararam "que os principais aliciadores ou cabeças" eram os escravos do charqueador Manoel Rodrigues Valladares, e sobretudo os da charqueada de Manoel Batista Teixeira. Também estavam envolvidos "alguns outros escravos da cidade, inclusive um de certo cuteleiro, e um de certo ferreiro", que "estavam comprometidos a franquearem na hora aprazada as portas das casas de seus senhores". Os conjurados deviam ser conhecidos pela *nuca rapada*, sinal distintivo que usavam para se reconhecerem no momento em que arrebentasse a insurreição. A par dessas informações, o delegado emitiu imediatamente circulares a todos os charqueadores de Pelotas, "que de pronto se puseram de sobreaviso", e trataram de fechar à noite seus escravos nas senzalas, sem que a isso (diz-se) opusessem resistência.[6]

Em 8 de fevereiro já haviam sido presos entre 60 a 80 escravos, e entre eles havia dois que sabiam "mais a fundo do plano" e conheciam o lugar onde estava "depositado ou escondido algum armamento de que se haviam premunido". Até aquele momento, entretanto, "não haviam feito confissão alguma satisfatória, e estavam incomunicáveis na cadeia". A isso se acrescentava que o levante "era manejado ou movido por alguns oribistas que se acham disseminados por Pelotas, e corre também que se acha preso um tenente coronel de Rosas". Algumas pessoas que tinham ido de Pelotas a Rio Grande na barca do dia 6 e que se diziam mais bem informadas, contudo, asseveravam que tal imputação ou desconfiança não tinha fundamento algum de exatidão. Não escapava ao redator do jornal o limite e caráter provisório das informações que veiculava. Disse ele: "como é natural que aconteça, haverá talvez no que acabamos de relatar uma ou outra inexatidão ou omissão. Se assim acontecer, corrigi-la-emos logo que sejamos melhor informados".[7]

No dia 9 de fevereiro, Vieira Vianna oficiou ao delegado de polícia de Rio Grande, o major Manoel Joaquim de Souza Medeiros, de modo que passamos a ter um ofício escrito pelo principal agente dos trabalhos repressivos. Após receber denúncias "de que havia um plano entre os negros minas d'esta cidade, das charqueadas e olarias das suas imediações, para uma insurreição", disse ter dado "terminantes providências para atalhar a projetada insurreição, que seria de terríveis resultados, se não se houvesse suplantado a tempo". Já estavam presos perto de 50 escravos, "todos de nação mina, que têm estado em castigo, entre os quais há somente um forro, que está igualmente preso, mas sem processo, por não ter denunciado o que depois confessou saber". Das indagações que fizera pessoalmente, e de outras que mandou fazer, "*está exuberantemente provado o plano de insurreição, que era nada menos que para matar os brancos, ficarem forros e seguirem para o Estado vizinho*". Não havia por ora certeza nem confissão de envolvimento de nacionais ou estrangeiros, tampouco que tivesse ramificações além de Pelotas, mas advertia o delegado de Rio Grande a tomar as precauções necessárias. Nos apuros em que se encontrou, relatou ainda, lhe valeu o apoio do major Pecegueiro com a tropa de seu comando, e a atividade do comandante da polícia, "que com os seus soldados fizeram todas as prisões e desempenharam as minhas ordens". Lamentava apenas a escassez de soldados "para impor respeito n'um município de mais de 3.000 escravos, e onde diariamente entra grande porção de peões e gente de todos os pontos da campanha".[8]

No dia seguinte, *O Rio-Grandense* relatou que notícias trazidas no vapor vindo de Pelotas no dia 8 em nada confirmavam ou alteravam positivamente as que já se sabiam, porém o redator pode ler (e transcrever) uma carta redigida à "pessoa respeitável" de Rio Grande por um proprietário de Pelotas: "Temos por aqui estado incomodados com a insurreição dos negros, dos quais já estão mais de 100 presos". Mencionou que propunham evadir-se para o Uruguai e que no dia 6 passaram a ser castigados para revelarem o plano, e tinham todos "por sinal uma parte da cabeça rapada à maneira dos frades". "Veja V. em que conflitos não havia de estar todo esse povo se fosse de noite que aparecesse o barulho, e que consequências não se seguiriam! Felizmente tudo se descobriu por denuncia de um negro que nos livrou deste garrote".[9] No número do dia 12, diversas informações foram publicadas pelo periódico, dando mais informações sobre o que estava ocorrendo em Pelotas.

> Ultimamente teve a polícia denúncia de que existiam na Serra [dos Tapes] cousa de 200 negros, os quais se supõe terem para ali fugido em consequência de verem malogrado o plano de insurreição ou do terror pelos castigos que tem sofrido os que hão sido presos. Na impossibilidade de dispor de qualquer força de cavalaria, o Sr. Delegado Vieira Vianna oficiou imediatamente à autoridade competente, e para ali seguiu logo, no dia 9 [de fevereiro] às 3 horas da tarde, o Sr. tenente coronel das guardas nacionais de cavalaria, Serafim Ignácio dos Anjos, com uns 40 ou 60 cidadãos a cavalo que a instâncias suas se lhe reuniram para fazer esse importante serviço, visto que ainda não está organizada nem fardada a guarda nacional. Até a saída da barca do dia 10 não constava o resultado d'essa expedição.[10]

Dias depois, o comandante da guarnição da fronteira de Rio Grande comunicou que a reunião de fugitivos na Serra dos Tapes não ocorrera, mas a notícia dá conta do estado de apreensão da população branca (proprietários e autoridades), além de informar sobre as diligências que estavam sendo feitas em decorrência da descoberta do plano. O terror pelos castigos infligidos aos escravos, por sua vez, tornou-se notório e trouxe à tona a magnitude da repressão, pois era voz corrente "que nos açoites hão já morrido alguns 10 negros". Por conta disso, alguns charqueadores recusavam-se a entregar seus escravos às autoridades. A polícia, no entanto, mandou cercar algumas charqueadas, e constava que somente de uma haviam sido retirados "uns 14 escravos", revelando que as prisões continuaram a ocorrer nos dias seguintes ao início da repressão. Na noite do dia 8 para 9 de fevereiro ocorreu uma "sublevação de negros" na charqueada de Joaquim de Faria Correia, subdelegado de polícia, mas que, segundo se noticiou, não tinha relação com "o fato principal". Os jogos estavam proibidos na charqueada e, quando o capataz fazia a ronda às duas da madrugada, encontrou os escravos jogando. A maior parte fugiu ao ver o capataz, mas dois ficaram e investiram contra ele armados de faca, levando-o a disparar "dois tiros de pistola, de que resultou morrer logo um e ficar o outro estendido mortalmente ferido".[11]

A notícia do levante só chegou ao conhecimento do comandante das armas da província, João Frederico Caldwell, no dia 12 de fevereiro, em Jaguarão. Ali grassaram boatos da sublevação dos escravos em Pelotas, e para lá partiu no dia 14, chegando apenas no seguinte (dez dias após a descoberta). Julgando necessário reforçar aquele ponto com mais tropas, seguiu imediatamente à cidade de Rio Grande, "onde dei as convenientes ordens para dali marchar o preciso reforço".[12] Caldwell solicitou um esclarecimento minucioso do delegado Vieira Vianna, que lhe oficiou no mesmo dia de sua chegada, 15 de fevereiro. Após relatar como fora descoberta a conspiração no dia 5 de fevereiro, informou ter dado instruções em combinação com o capitão de polícia e logo passaram a executar as prisões dos "aliciadores do projetado plano" que haviam sido denunciados por Procópio, descobrindo-se que "*entre eles havia uma divisa e alguns com designação de postos*".[13]

No mesmo dia, ordenou que o capitão de polícia e seus soldados conduzissem "das charqueadas para a cadeia os negros indicados pelos já presos e pelas denúncias anteriores[,] e aqui na cidade se continuou a prender os indigitados, que ao todo chegaram a 50 e tantos, entrando somente um forro". Verificado o plano insurrecional, "pelos indícios, denúncias e confissões de cúmplices, os mandei castigar com açoites por acordo da maior parte de seus senhores e alguns já lhes tem sido entregues". Embora houvesse boatos e suspeitas de entrar nesse plano "mão oculta do Estado vizinho para o agitar e promover", não havia ainda razão fundada para o afirmar. A projetada insurreição era concertada entre os africanos minas da cidade de Pelotas, das charqueadas e olarias que lhe eram próximas, e tudo se havia suplantado com as medidas que tomou. Não constava que escravo algum tivesse fugido em razão desse movimento, e se achava "restabelecida a tranquilidade pública nesta cidade".[14]

Informação diferente, no entanto, foi por ele repassada ao brigadeiro José Fernandes dos Santos Pereira, comandante da guarnição da fronteira de Rio Grande. Constando haver chegado à charqueada do comendador João Simões Lopes pessoas conhecidas e de probidade, donos de uma tropa de gados vindos do Estado Oriental, oficiou ao comendador para levá-los a sua presença com o objetivo de "exigir a exposição do que soubessem a respeito do dito levante, por que me constava [desde 11 de fevereiro] contar-se com ele no Estado vizinho muito antes de aqui ser descoberto". Em ofício de 17 de fevereiro, anexou uma carta enviada pelo comendador, que sentia lhe dizer que, quando recebeu seu comunicado, já tivessem partido os tropeiros Ismael Rodrigues da Luz e seu irmão. Todavia,

> falando eles comigo [com] respeito aos negros (pois V.S[a.] bem sabe que é matéria que está hoje na Ordem de todos que possuem bens de semelhante natureza) estes me asseguraram que havia mais de vinte dias que era voz franca, e geral, entre os Castelhanos que a escravatura d'esta Província estava toda livre, e que contavam lá com eles, e que em menos de um mês se haviam apresentado no Departamento de Thianna cem ou mais escravos d'esta Província, e a todos assentavam praça: sem que tivesse ordem de V.S[a.] disse aos mencionados homens que falassem com o meu filho n'esta cidade [de Pelotas] para os apresentar a V.S[a.], não sei se o fizeram. É o quanto posso informar.[15]

A menção a uma centena de fugitivos que teriam alcançado o departamento de Thianna refere-se a acontecimentos um pouco anteriores ao levante, no contexto do aumento exponencial de fugas após o decreto de abolição de 1846. O brigadeiro José Fernandes repassou as informações (inclusive a carta) ao presidente da província, Manoel Antônio Galvão, em ofícios datados de 13 e 18 de fevereiro. No primeiro, além do que já sabemos pelo delegado, acrescentou que na cidade de Rio Grande nada se tinha descoberto, portanto não havia motivos para suspeitar que a insurreição fosse extensiva a esse município. Até o dia 12 nem mesmo se desconfiava que houvesse participação de pessoa alguma nacional ou estrangeira [sic], *"mas hoje me diz o Delegado que há bastante fundamento para acreditar que estrangeiros entrem neste plano*, e que pessoas vindas do Estado Limítrofe dizem que lá já se contava que havia tido lugar tal insurreição". Em vista disso, partiria imediatamente a Pelotas a fim de coadjuvar as autoridades civis no que fosse preciso.[16] Ao lá chegar, uns dez dias após o início das operações, ficou sabendo estar tudo concluído e sossegado, "e não havia as reuniões na serra como se dizia", em provável referência à notícia que grassou de duas centenas de escravos em fuga para a Serra dos Tapes. Julgava, por fim, "que *tal tentativa não passava dos minas*". Os documentos chegaram ao conhecimento do presidente Galvão em 24 de fevereiro, e fora escrito a lápis no canto superior esquerdo do ofício do dia 18: "= Interessado = Leve-se ao conhecimento do Snr. Ministro dos Negócios Estrangeiros".[17]

Ainda não foi encontrado um possível processo instaurado na justiça decorrente da tentativa insurrecional. O fato é que não dispomos (pelo menos ainda) de depoimentos dos conspiradores, não alcançamos ouvir suas vozes, mesmo filtradas pelo aparato repressivo, tampouco sabemos por eles mesmos de suas motivações, como haviam efetivamente se organizado, quem eram os envolvidos etc. Nada disso impede que se interprete o plano, mas impõe limites e circunscreve a análise. Por outro lado, a intenção de "dar a ler os documentos" intenciona que o leitor possa acompanhar razoavelmente minha interpretação, ainda mais por haver um relato redigido pelo cônsul britânico em Rio Grande, John Morgan, bem mais impactante do que os vistos até aqui, e ser preciso confrontá-los.[18]

Segundo Morgan – em ofício interno a seu superior na Corte, ninguém menos que Lorde Howden –, o levante geral da população escrava empregada nas charqueadas começaria pelo massacre imediato de seus senhores e por um ataque ao quartel das poucas tropas estacionadas na cidade. Duzentos mosquetes e mais 200 carabinas foram encontrados escondidos num celeiro perto da cidade de Pelotas, além de espadas e pistolas com grande quantidade de munição, e até o dia 9 de fevereiro mais de 300 escravos haviam sido apreendidos e presos. Outros que "resistiram e tentaram ganhar o campo foram atacados e destruídos". A fim de que os "iniciados" na conspiração pudessem ser reconhecidos uns pelos outros, "tinham o cabelo na parte de trás da cabeça raspada para baixo em linha reta de orelha a orelha", e todos os que foram encontrados com essa "marca distintiva foram ou apreendidos pela polícia, ou chicoteados e torturados por seus senhores a fim de obterem uma confissão de seus confederados".[19]

Alguns dos chefes que mais figuravam no plano eram negros libertos de nação mina, e dizia-se que "mais de 1.500 foram iniciados e estavam prontos para agir no primeiro levante". No entanto, também se verificou que uma "mão oculta" havia orientado e incentivado a insurreição há algum tempo, "empregando capatazes, na sua maioria espanhóis, nas diferentes Charqueadas, para alistar os escravos prometendo-lhes que eles seriam levados para a Banda Oriental, onde a liberdade os aguardava nas fileiras do exército do general Oribe". Quando descoberta a conspiração, a principal pessoa implicada, supostamente um tenente-coronel do exército de Oribe, fugira em direção à cidade de Bagé, e, segundo Morgan, a polícia estava ativamente engajada em sua apreensão. Dois outros rio-platenses estavam presos, e um coronel residente em Pelotas e um "nativo de Buenos Aires" eram fortemente suspeitos. Os informantes eram três escravos da Mina que haviam confessado todo o plano, impedindo providencialmente a repetição "das cenas de St. Domingo nesta Província". Ademais, vários negros encontrados com as cabeças raspadas foram apreendidos na cidade de Rio Grande.[20]

Seis dias após seu primeiro ofício, datado de 9 de fevereiro, Morgan escreveu a seu superior em Londres, Lorde Palmerston. Nesse meio-tempo, os principais escravos implicados foram severamente açoitados nas prisões de Pelotas a fim de extorquirem uma confissão dos nomes das partes que os haviam alistado, mas ainda não se havia obtido nenhum resultado, e dez deles já haviam morrido "sob o chicote em vez de confessarem o verdadeiro objetivo da conspiração ou os nomes dos cúmplices". A tranquilidade pública não havia sido perturbada, embora existisse alguma apreensão, pois se sabia que agentes secretos do Rio da Prata estavam residindo em vários distritos da província. As autoridades, afirmou, no entanto, estavam fazendo o possível, em público, "para subestimar a importância desta conspiração".[21]

O número de conspiradores e de rebeldes presos indicados pelo cônsul britânico é consideravelmente superior ao relatado em outras fontes, embora elas não façam menção aos conjurados que não haviam sido detidos e torturados pela polícia. Ao que se sabe, apenas um liberto de nação mina estava implicado no levante, e Vieira Vianna não deu mais informações além de ele ter conhecimento do plano, estar preso, mas sem processo. Quanto à mão oculta de agentes secretos do Rio da Prata, esse foi um rumor que de pronto passou a circular, motivo de apreensão para os senhores de escravos e autoridades policiais. As suspeitas, ao fim, parecem ter encontrado indícios suficientes para alarmar os escravocratas. Silva Pontes, aliás, a 21 de fevereiro, comunicou ao ministro dos Estrangeiros, Pimenta Bueno, que no periódico *Commercio del Plata* fora noticiada a descoberta de "uma conspiração de negros tramada na cidade de Pelotas". A notícia posteriormente se confirmou, "com as circunstâncias de se acharem indiciados no respectivo processo alguns estrangeiros, e entre estes um Coronel Argentino cujo nome ignoro".[22] Ainda assim, o relato de Morgan dá a ver um plano muito mais complexo. Agentes teriam sido infiltrados como capatazes nas charqueadas com a missão de alistarem os escravos, prometendo que a liberdade seria alcançada nas fileiras do general Oribe, caso se levantassem. Uma das informações que mais surpreende, todavia, é a quantidade de armas que relatou terem sido encontradas, pois atesta o apoio militar de agentes do Rio da Prata ao levante projetado pelos insurgentes minas.

O relato como um todo impressiona, e coloca uma série de interrogações sobre o que de fato havia se passado naquele fevereiro de 1848. Morgan teria se baseado em falsas notícias, deu como verdade a boataria que passou a circular em Pelotas e Rio Grande, ou, quem sabe, possuísse informações que não era de interesse das autoridades que viessem a ser propagadas, ou que simplesmente ainda não foram encontradas pelo pesquisador? Teria o cônsul britânico cometido erro tão elementar de repassar informações vagas e de origem duvidosa a seus superiores? Pouco provável. Seu primeiro relato foi escrito a 9 de fevereiro e, provavelmente, se baseara em informações obtidas de autoridades provinciais e locais de alto escalão, com quem, pela sua posição de agente consular, certamente entretinha relações, bem como nas que passaram a circular em Rio Grande vindas de Pelotas, incluindo as publicadas em jornais. E note-se, Morgan não relatou somente que armas haviam sido encontradas, mas precisou seu número e qualidade (200 mosquetes, 200 carabinas, espadas e pistolas com grande quantidade de munição), além do lugar onde elas estavam escondidas (num celeiro perto da cidade de Pelotas).

Digno de nota, Morgan anexou em seu ofício a Palmerston o que enviara a Howden dias antes e não viu necessidade de afirmar ou reconsiderar as informações, o que seria de se esperar caso seu relato contivesse notícias que àquela altura já tivessem sido desmentidas. O cônsul britânico ainda deixou registrado que, logo após a descoberta do plano, as autoridades e os periódicos passaram a minimizar a conspiração, e tinham motivos bem precisos para assim procederem. O assunto tocava em questões internacionais gravíssimas e podia complicar ainda mais as relações do Brasil no Rio da Prata, levando, no limite, a um rompimento prematuro, num momento em que o Império não tinha condições de se lançar em uma guerra externa.

Se as circunstâncias não permitiam um enfrentamento com Rosas e Oribe – de modo que cumpria silenciar sobre questões que podiam agravar a situação –, cumpre indagar se, além das autoridades como um todo, teria o delegado Vieira Vianna motivos para não informar determinados fatos a seus superiores ou para não dar a ver toda a extensão da conspiração. Ele próprio relatou que Procópio confessara que os conjurados dispunham de armamentos, e o redator de *O Rio-Grandense* noticiou que dois escravos que sabiam maiores detalhes da conspiração conheciam o lugar onde as armas estavam depositadas ou escondidas.[23] A questão, portanto, não se refere ao fato de os escravos disporem ou não de armamentos a serem utilizados no massacre dos senhores brancos quando rompesse o levante. Porém, se os minas estavam premunidos de farto e variado armamento, por qual motivo o delegado não teria relatado em detalhe notícia de tamanha gravidade a seus superiores?

Uma possível explicação talvez se encontre no fato de Vieira Vianna não ser apenas o delegado de polícia de Pelotas, mas também charqueador e senhor de dezenas de escravos. Em 1854, quando faleceu, possuía 56 trabalhadores escravizados empregados em sua charqueada. Nada menos do que 82% eram africanos, subindo para 85 se discriminados apenas os escravos homens. Estes, por sua vez, perfaziam 84% de sua escravaria. Entre homens e mulheres provenientes da África, 47,8% tinham até 35 anos, portanto, no início da década de 1830, quase a metade de seus escravos africanos contava 12 anos ou menos. Ou seja, provavelmente, todos eles eram vítimas do tráfico ilegal, o que comprova um forte investimento que realizara nas duas últimas décadas. De fato, muitos eram bastante jovens e haviam nascido na década de 1830, e certamente caíram sob seu poder na década seguinte: Vicente Mora, de 23 anos, e Pedro e Vicente Pequeno, com 24 anos cada, eram africanos empregados na carneação de gado para o fabrico do charque (carneadores); ou Justa, em outro exemplo, africana que contava 16 anos de idade em 1854.[24]

A repressão ao projetado levante foi liderada por ele, representante local das instâncias policiais do Império, mas, ao mesmo tempo, da classe escravocrata charqueadora de Pelotas. A coadjuvação de outras autoridades policiais esteve sob o seu comando, e muitos cidadãos que se lançaram à caça dos supostos fugitivos na Serra dos Tapes, provavelmente, também eram senhores de escravos. Quando descoberta a conspiração, Vieira Vianna emitiu circulares a todos os charqueadores e, com o apoio do capitão de polícia, passou a executar as prisões dos "aliciadores" delatados por Procópio. Depois dos primeiros interrogatórios, ordenou que fossem capturados "os negros indicados pelos já presos e pelas denúncias anteriores", e mais detenções foram realizadas. Comprovado o plano insurrecional, disse ele, mandou castigar com açoites os conjurados "por acordo da maior parte de seus senhores", e, depois de interrogados e surrados, alguns já haviam sido entregues a seus proprietários.

Ora, fica evidente que Vieira Vianna se dirigiu a seus pares, entrou com eles em algum tipo de negociação, e a maior parte teria concordado em entregar seus escravos para punição e averiguações, desde que lhes fossem devolvidos o quanto antes. Muitos outros senhores, no entanto, após notícias das primeiras detenções, não anuíram em entregar os seus, haja vista que uns dez insurgentes já haviam morrido por conta dos açoites, preferindo eles mesmos executar a punição de forma particular no interior de cada propriedade. A repressão aos conspiradores ficou restrita às mãos dos charqueadores e outros proprietários escravistas, que não abriram mão de levar a repressão ao limite em alguns casos, mas isso dizia respeito ao poder senhorial, a sua própria decisão. Não que não tenham clamado ajuda das autoridades provinciais para impor respeito com forte aparato repressivo militar, como foi o caso e logo veremos, mas é provável que, se revelassem toda a extensão da conspiração, inevitavelmente seriam obrigados a aceitar a intromissão do poder público, que, provavelmente, procuraria devassar a fundo o plano de levante geral mina.

Na verdade, como delegado de polícia, não caberia a Vieira Vianna iniciar um processo judicial de uma tentativa insurrecional dessa proporção? Se o fizesse, dada a gravidade da conspiração, não sairia de suas mãos – e, por conseguinte, das mãos dos senhores de escravos – o andamento das investigações, e não estariam sujeitos os conspiradores às sanções penais? O Código Criminal de 1830 tipificava o crime de insurreição na parte reservada aos crimes públicos, definidos no capítulo IV, dos "crimes contra a segurança interna do Império, e pública tranquilidade", e o definia em seu artigo 113: "julgar-se-á cometido este crime, reunindo-se vinte ou mais escravos para haverem a liberdade por meio da força". Aos cabeças da insurreição, estabelecia a pena de morte, no grau máximo; de galés perpétuas, no médio; e por 15 anos, no mínimo; aos demais insurgentes, seria aplicada a pena de açoites. Se os cabeças da insurreição fossem pessoas livres, incorreriam nas mesmas penas impostas aos líderes escravos (artigo 114). Também estavam compreendidos os que ajudassem, excitassem ou aconselhassem escravos a insurgirem-se, "fornecendo-lhes armas, munições ou outros meios para o mesmo fim" (artigo 115). Para estes, a pena seria de prisão com trabalho por 20 anos, no grau máximo; por 12, no médio; e por oito, no mínimo.[25]

Segundo o Código Criminal, julgava-se crime ou delito toda ação ou omissão voluntária contrária às leis penais, mas também "a tentativa do crime, quando for manifestada por atos exteriores, e princípios de execução, que não teve efeito por circunstâncias independentes da vontade do delinquente".[26] Por outro lado, desde a reforma levada a cabo pelos conservadores do Código do Processo Criminal, sancionada em 3 de dezembro de 1841, os poderes policiais e as atribuições penais até então na alçada dos juízes de paz foram transferidos para os delegados e subdelegados. Como observa Thomas Flory, os conservadores substituíram o juiz de paz eleito localmente, que detinha amplas funções policiais, por delegados e subdelegados designados pelo chefe de polícia, parte de uma cadeia policial centralizada, que passaram a deter extensas funções judiciais, sendo a mais importante o poder para formular a formação de culpa, base para todos os procedimentos penais (que também podia ser realizada por magistrados profissionais).[27]

Cabia, portanto, justamente ao delegado Vieira Vianna iniciar a formação de culpa dos insurgentes implicados na tentativa insurrecional, processo que, em outras etapas, passaria pelo promotor público, juiz municipal e juiz de direito, neste último caso quando os indiciados fossem a julgamento. Nesse meio-tempo eles ficariam presos na cadeia até a decisão do júri e, se condenados, deveriam cumprir as sanções penais tipificadas para o referido crime. É possível, aqui, sugerir uma resposta parcial e provisória caso realmente não se tenha realizado um processo criminal relativo à conspiração.[28] Não é difícil imaginar as razões que teriam levado o delegado-charqueador a não proceder judicialmente contra os insurgentes.

As charqueadas viviam um período de crescimento vertiginoso de produção e exportação de charque nunca visto antes, e, se várias centenas de escravos estavam comprometidas com o levante, como relata John Morgan, é evidente que qualquer intromissão de outras esferas que não os próprios senhores de escravos levaria à desorganização dos trabalhos nas charqueadas, bem mais severa do que a que já estava ocorrendo por conta da repressão particular. Se o *charqueador* Vieira Vianna desse a ver às autoridades toda a extensão e magnitude do plano insurrecional, certamente a questão sairia do domínio senhorial privado e, se levasse a efeito a formação de culpa dos envolvidos, se encontraria em situação complicada, já que teria que prestar contas a seus pares charqueadores, quiçá teria que processar seus próprios escravos, caso também estivessem entre os conspiradores. A par de uma notícia oficial de centenas de armas encontradas, improvável seria se o chefe de polícia e outras autoridades não exigissem a abertura de processo para devassar a conspiração, até mesmo tomando a direção das diligências policiais e judiciais. Estariam os charqueadores dispostos a entregar centenas de escravos nas mãos da justiça bem no momento em que mais precisavam de seu trabalho? Como haveria de se explicar o delegado-charqueador perante todos os outros charqueadores de Pelotas?

Ao que tudo indica, Vieira Vianna e seus pares tinham motivos de grande monta para atenuarem a gravidade da conspiração e para afiançarem às autoridades superiores que tudo estava sossegado e a tranquilidade pública, restabelecida. A constatação dos motivos particulares dos charqueadores reforça em muito a desconfiança de que o delegado ocultara a real extensão da conspiração e confere crédito ao relato de John Morgan. Mesmo ciente de tantas lacunas, o exercício é útil na medida em que permite contrapor interesses específicos dos charqueadores e incumbências do poder público. E, nesse caso, Vieira Vianna teria se alinhado à sua classe, agindo como charqueador e proprietário de dezenas de escravos, a despeito de seus deveres como delegado de polícia do governo imperial, a quem cumpria abrir processo contra os conjurados.

Não cabe dúvida que as muitas versões indicam que temos acesso apenas à superfície dos acontecimentos e que houve intenção premeditada de atenuar a gravidade da conspiração. Em relatório de 4 de março de 1848, João Capistrano de Miranda e Castro, vice-presidente da província, informou sobre o levante projetado "entre os negros de nação Mina". Depois de descoberta a conspiração, "forçoso foi ao Delegado mandar prender os indigitados de entrarem no plano. Até o dia 9 do mesmo mês [de fevereiro] constava oficialmente que mais de 30 dos referidos negros estavam presos", e não havia sido descoberta influência de pessoa alguma que promovesse a insurreição, tampouco que ela tivesse ramificações.[29] Miranda e Castro diminuiu quase pela metade o número de insurgentes presos relatado pelo delegado (que se referiu a "50 e tantos") e, como a maioria dos contemporâneos, minimizou o alcance da insurreição.

Ladislau dos Santos Titára – capitão do Estado-Maior do Exército, e nessa época encarregado do depósito de guerra da cidade de Rio Grande –, após ter participado das guerras do Rio da Prata, entre 1851 e 1852, escreveu importante trabalho sobre o assunto baseado em documentos oficiais da época. De acordo com sua narrativa, o ano de 1848 despontou com a suposição de um ataque geral de Manuel Oribe a Montevidéu. O caudilho contava com cerca de 9 mil homens no cerco à capital e seu irmão, Ignácio Oribe, com talvez mais 4 mil na campanha, e era voz corrente que procuravam por todos os meios "anarchizar" a província do Rio Grande do Sul:

chegando ao ponto de *afirmar-se* que seus agentes disseminados pelo distrito de Pelotas eram os fomentadores e concitantes de uma insurreição de escravos das charqueadas d'aquele município, que tinha de ser levada a execução em 7 de fevereiro [sic] do dito ano de 1848: mas havendo de tudo denúncia na véspera, foram tomadas tão acertadas medidas pelo Delegado de Polícia Vieira Vianna, que fizeram abortar o iníquo plano, *sendo presos mais de cem negros, e verificando a fuga de muitos para o Estado vizinho.*[30]

No momento em que Titára publicou seu trabalho a guerra no Rio da Prata já não era um problema para o governo imperial, pois Manuel Oribe e Juan Manuel de Rosas há pouco haviam sido derrubados do poder, de modo que o capitão do Exército não tinha nenhum motivo para ocultar informações. Ainda que não tenha feito referência aos 300 e tantos presos relatados por John Morgan, dá um número de conspiradores detidos duas vezes maior do que o relatado pelo delegado e três vezes maior se considerarmos o número improvável informado pelo vice-presidente. Titára também ressaltou que muitos insurgentes conseguiram fugir para o Uruguai, dando crédito ao relato do ministro britânico na parte em que afirmou que os escravos que tentaram ganhar o campo foram "atacados e destruídos", ou seja, as diligências das autoridades teriam encontrado resistência por parte dos conspiradores minas. Ademais, coloca dúvida se, de fato, muitos não haviam conseguido fugir não só para o Estado Oriental como também para a Serra dos Tapes, notícia que àquela altura também tinha motivos para ser desmentida pelas autoridades locais.

A situação parece ter sido tão grave que não somente as autoridades procuraram abafar a conspiração como os redatores dos periódicos passaram a desdizer o que há pouco haviam afirmado, algumas vezes caindo em flagrante contradição. O *Nova Epoca*, jornal publicado em Rio Grande, escreveu a 11 de fevereiro que a polícia dessa cidade estava em diligências para descobrir se a conspiração era extensiva a esse município, mas nada ainda "se pôde colher que possam fazer suspeitar a comunicação do contágio". "Alguns dos escravos que têm sido presos [em Rio Grande] já estão soltos, *por não haver contra eles nem leves indícios à exceção da nuca rapada*. Está também demonstrado que o movimento de Pelotas tem sido vertido com a natural exageração em casos semelhantes".[31]

Nada confirmava a "comunicação do contágio", mas alguns escravos foram presos com a mesma marca distintiva característica dos conjurados minas de Pelotas, sinal específico para que os insurgentes se reconhecessem na hora em que rompesse o levante. Ao mesmo tempo que os jornais tentavam diminuir o alcance da conspiração, é possível que mensagens estivessem sendo cifradas aos interessados, que provavelmente poderiam compreender o que estava nas entrelinhas. Outra vez é no *Nova Época* que encontramos pistas, embora não se precise a data em que a notícia foi veiculada (mas certamente foi impressa poucos dias após a descoberta):

> Uma pessoa chegada ontem de Pelotas, e que merece todo o crédito, assegura-nos que a projetada insurreição, de que demos notícia no número anterior, não era do caráter com que a apresentamos, nem a polícia tinha por ela sérios receios. *Alguns pretos nagôs, amestrados nas insurreições da Bahia, é que fomentavam este movimento com o intuito de saquearem a cidade e fugirem para o Estado Oriental*; porém foram mal sucedidos, não encontrando consórcios para a consumação de seu crime.[32]

Qualquer leitor bem informado saberia que a notícia dava a ver que alguns conspiradores tinham participado de outras tentativas insurrecionais, provavelmente do levante dos escravos malês ocorrido em Salvador, em 1835. Apesar de veiculada de modo a diminuir sua importância, a informação e o recado estavam dados. Para nós, deve ter um significado redobrado: tratou-se da maior insurreição urbana de escravos no Novo Mundo, e a maior de que se tem notícia no Brasil. Em ofício a Lorde Palmerston datado de 20 de março de 1848, Lorde Howden escreveu:

> os escravos implicados nesta conspiração [em Pelotas] são exclusivamente nativos da Mina, e provêm do norte da linha [do Equador], a leste de Cape Coast. Essa raça é a mesma que preparou a insurreição quase bem-sucedida na Bahia em 1835; e os escravos pertencentes a ela são inteira e notavelmente diferentes de todos os outros africanos no Brasil, tanto física quanto intelectualmente.[33]

O grande incremento na importação de escravos vindos da Bahia para o Rio Grande do Sul ocorreu a partir de 1835, movimento deflagrado principalmente a partir do levante malê, fato que levou a Câmara Municipal de Pelotas a se reunir em sessão extraordinária para deliberar como poderia evitar que insurgentes nagôs e haussás viessem a ser vendidos às charqueadas (o que por certo pouco adiantou). Na década de 1840, depois do *boom* nas exportações de charque, alguns milhares de nagôs foram vendidos nos municípios de Pelotas e Rio Grande, embora fossem denominados minas no Rio Grande do Sul, como de resto em quase todas as outras províncias brasileiras, à exceção da Bahia. É bastante provável que escravos comprometidos no levante em Salvador, e que não haviam caído na malha da lei, tenham sido vendidos para o Rio Grande do Sul, pois há indícios nesse sentido.[34]

Na primeira metade do século 19, segundo João José Reis, quase 10% dos cativos desembarcados em todo o Brasil provinham da Costa da Mina, dos quais 88% aportaram na Bahia. A introdução em massa de falantes de iorubá nessa província, entre meados da década de 1820 a 1850, estava ligada, do outro lado do Atlântico, "ao declínio e à queda do Império de Oyó, às guerras civis que se seguiram e à expansão muçulmana na iorubalândia. Esses eventos estavam interconectados, e todos eles alimentaram a produção de milhares de vítimas para o tráfico de escravos".[35] A principal forma de escravização ocorria por meio de guerras, pilhagens e em consequência do *jihad* propriamente dito, mas uma porcentagem importante de cativos havia sido vítima de sequestros. Em menor número, ainda acabavam nos navios negreiros pessoas escravizadas em decorrência de ações judiciais (julgadas por crimes passíveis de escravização), por penhora, venda de cativos domésticos ou como parte do pagamento de tributos, segundo informa Paul Lovejoy.[36] No entanto, Reis observa que, entre 1835 e 1850, os escravos desembarcados na Bahia "eram cada vez menos muçulmanos e menos guerreiros, à medida que a guerra em território iorubá/nagô perdia um centro – os conflitos vinculados à dissolução de Oyó – para se generalizar, vitimando cada vez mais populações não organizadas militarmente, em particular aquelas que viviam no sul do país iorubá [Egba e Ijexá], onde a presença muçulmana era mínima". Dessa forma, suspeita o autor que os iorubás desembarcados nas décadas de 1830 e 1840 trouxeram menos experiência militar que seus antecessores, fossem eles muçulmanos ou não.[37]

Mesmo sem contar com depoimentos dos conspiradores de Pelotas e detalhes de suas vidas pregressas, o "parentesco" notado por contemporâneos entre os rebeldes de 1848 e os de 1835 é informação que se não pode desprezar, ainda mais por encontrar sustentação a partir dos dados demográficos do tráfico da Bahia para o Rio Grande do Sul no período do contrabando ilegal. A grande maioria dos africanos vindos da província baiana era nagô, e é possível conjecturar que pelo menos alguns dos conjurados de 1848 tivessem alguma experiência militar ou insurrecional, em território iorubá ou na Bahia. Os primeiros a chegarem a Pelotas no início de 1835 viram nos anos subsequentes mais e mais levas de escravizados de sua nação serem comprados por proprietários do município e, com o passar dos anos, houve uma concentração importante de nagôs no interior das charqueadas, além de muitos outros que foram empregados nos serviços urbanos e nas olarias. No entanto, esses primeiros nagôs escravizados em Pelotas não viram somente o perfil demográfico da população africana inclinar-se a seu favor, sendo também testemunhas da cizânia que grassava entre os brancos no Rio Grande do Sul.

No início de abril de 1836 os rebeldes farrapos se apossaram de Pelotas, obrigando os proprietários legalistas, sobretudo os charqueadores, a se refugiarem no município vizinho de Rio Grande, e, nesse movimento, foram forçados a transladarem todos os seus escravos. Pouco tempo depois os farrapos tiveram que levantar os sítios das cidades de Rio Grande e de São José do Norte, mas Pelotas voltou ao poder do Império somente após sete meses. Em 23 de outubro, segundo o relatório do ministro da justiça, os rebeldes evacuaram Pelotas logo que tiveram notícia da aproximação das tropas legais, mas levaram consigo artigos bélicos e "grandes quantidades de roubos", levantando "um corpo de 400 a 500 escravos roubados, para os auxiliarem na Guerra Civil".[38] Em janeiro de 1843, logo após assumir o comando das tropas imperiais, o barão de Caxias "mandou suspender os trabalhos de todas as charqueadas de Pelotas, e fez passar a escravatura para o lado d'aquém do S. Gonçalo". Conforme o redator de uma carta particular, extratada no *Diario do Rio de Janeiro*, essa medida "desgostou" os charqueadores pelotenses, mas, em sua opinião, era muito justa para "evitar que os rebeldes engrossem suas fileiras com os escravos dos legalistas".[39]

A transferência de alguns milhares de escravos de um ponto a outro era medida excepcional que dependia de grande mobilização e organização, e não pode passar como algo desimportante. Os proprietários legalistas demonstravam sua fragilidade ante a ameaça de os rebeldes farrapos aliciarem ou tomarem à força seus cativos. Tal situação não passava despercebida pelos escravizados, muitos dos quais viam oportunidade ímpar para empreenderem suas próprias estratégias de luta, em especial por meio de fugas num momento em que a dissensão entre os brancos aumentava suas chances. Tanto é assim que centenas de escravos fugiram de Pelotas e Rio Grande no contexto da guerra civil e após os decretos de abolição da escravidão no Uruguai.

É pouco provável que a maioria dos escravos (africanos e crioulos) não estivesse percebendo que durante as décadas de 1830 e 1840 suas chances de buscarem a liberdade através de variadas formas de luta haviam aumentado. Além de João, nação angola, e de Francisco, nação benguela – os dois escravos de José Vieira Vianna que ao serem capturados mataram o patrão do iate e buscaram refúgio no Estado Oriental –, o delegado-charqueador teve pelo menos mais quatro escravos fugidos para o território livre além da fronteira escravista. Eram eles: Luís, intitulado capitão, nação congo, roceiro, 40 anos de idade; Joaquim, nação cabinda, carpinteiro, 36 anos; José Boi, "de nação", carpinteiro, 38 anos; e João, nação angola, charqueador, contando a mesma idade.[40] Dos quase mil escravizados fugidos para as repúblicas do Rio da Prata listados nas relações de 1850 e 1851, em torno de 61% eram africanos, e entre eles se sobressaíam os centro-africanos, perfazendo 71,9%; os oeste-africanos, 17,6%; e os africanos orientais, 10,5%.[41] Se os congos, cabindas e benguelas eram os grupos mais representativos entre os fugitivos, ao que tudo indica, somente os minas-nagôs se concentraram em grande número num espaço geográfico circunscrito.

Os principais aliciadores ou cabeças em 1848 eram os escravos de Manuel Rodrigues Valladares, e principalmente os da charqueada de Manuel Batista Teixeira. Ainda que não haja informações sobre escravos de outras charqueadas, certamente o plano abrangeu muitas outras propriedades, além de os minas-nagôs da cidade de Pelotas e das olarias que lhe ficavam próximas também estarem fechados com o levante. Sabe-se que os escravos do charqueador Antônio José de Oliveira e

Castro foram convidados, um dos quais revelou para seu senhor o plano, assim como os de Francisco Manoel dos Passos e de Luiz Manoel Pinto Ribeiro (estes não eram charqueadores). Nessa época, não menos de 6 mil escravos trabalhavam no município, e certamente mais de um terço dos cativos estavam concentrados nas charqueadas, se não metade deles.[42]

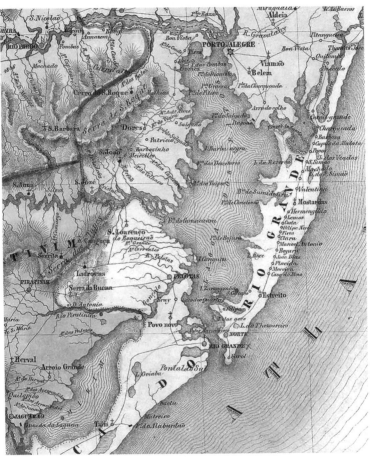

Fonte: Carta topographica e administrativa da provincia de São Pedro do Sul. Erigida pela combinação das paisagens muito diversamente appresentadas pelos mapas ate agora publicados e augmentado dos novos municipios e freguezias creados na assemblea provincial em 1846 e outros documentos officiaes pelo Vcde. J. de Villiers de L'Ile Adam. Rio de Janeiro: Firmin Didot Frères, 1847. Disponível em <http://objdigital.bn.br>.

Deviam existir entre 25 e 30 estabelecimentos, todos muito próximos uns dos outros, entre os arroios Pelotas e Santa Bárbara e o rio São Gonçalo. Em 1849 existiam 28 olarias, "costeadas quase na sua totalidade por escravos". Antônio José de Oliveira e Castro era proprietário de duas charqueadas, uma na margem direita e outra na margem esquerda do arroio Pelotas, e no ano do levante possuía nada menos do que 175 escravos. A charqueada de Manuel Batista Teixeira localizava-se na margem norte sobre o canal de São Gonçalo, e devia ter em 1848 muito mais do que os 31 escravos arrolados em seu inventário em 1864. Na mesma margem ficava a charqueada de Manuel Rodrigues Valladares. Quando faleceu, em 1859, possuía 34 escravos.[43] Entre 1831 e 1850, cada charqueada tinha em média 67 escravos, e metade dos cativos possuía entre 15 e 40 anos de idade. Entre os adultos, 82,9% eram homens (487 homens para cada cem mulheres), e 67,8%, africanos.[44] No mesmo período, em torno de 40% dos africanos escravizados no município eram minas-nagôs, aproximadamente 1.440 escravos dos 6 mil existentes.[45]

As charqueadas, portanto, concentravam porcentagem significativa dos escravos do município, ficavam coladas umas nas outras, tinham pouquíssimas mulheres (o que dificultava a formação de famílias escravas) e um percentual muito alto de africanos, boa parte deles proveniente da África Ocidental. Na década de 1840 não só aportaram milhares de escravos ilegalmente contrabandeados no Rio Grande do Sul como muitos acabaram vendidos em Pelotas. É possível imaginar que os escravos mais antigos tivessem repassado informações às novas levas que chegavam sobre a contínua dissensão que vigia entre os brancos, sobre a prática corrente de recrutamento de escravos dos inimigos e sobre as frequentes fugas para as repúblicas do Rio da Prata, sobretudo depois que o território do Uruguai se tornou refúgio para os fugitivos e as autoridades do lado de lá da fronteira se negavam a devolvê-los à escravidão em decorrência da abolição.

Os novos escravizados que chegavam foram submetidos a um ritmo massacrante de exploração, especialmente a partir dos primeiros anos da década de 1840, quando a produção e a exportação de charque triplicaram. Evidentemente que os mais antigos também foram obrigados a aumentar seu ritmo de trabalho, mas talvez o processo tenha sido sentido de forma bastante diferente pelos recém-chegados, pois ainda não tinham experiência no trabalho das charqueadas. O trabalho forçado que tinham que executar exigia constante e rígida supervisão, como demonstra a descrição dos escravos do delegado Vieira Vianna, listados com *sinais de terem sido surrados*.

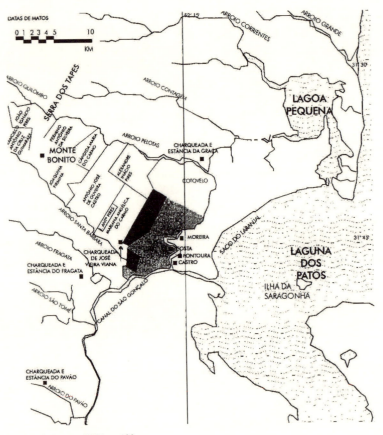

Fonte: Gutierrez, 2001, p. 102.

Os minas-nagôs, por sua vez, são conhecidos por conseguirem alcançar suas liberdades por meio de alforrias, sobretudo pela autocompra. Em Pelotas, entre 1830 e 1850, um quinto de todas as alforrias registradas em cartório foram passadas a oeste-africanos (59 cartas de 288), e 72,9% foram pagas, a imensa maioria na década de 1840.[46] Howden observou que os minas eram dotados de previsão e organização, ordem e associação.

Formavam *clubs* e fraternidades entre si, e muitas vezes economizavam e investiam dinheiro não apenas para se alforriarem, mas para libertarem outros escravos de sua nação.[47] No entanto, no mesmo período, nenhuma alforria foi *registrada em cartório* a minas-nagôs que trabalhavam nos serviços específicos da produção de charque.[48] Das charqueadas, na década de 1840, não se escapava da escravidão a não ser fugindo ou se rebelando. E eles estavam dispostos a isso.

Novamente, Howden dá pistas interessantes para pensar a organização do levante. Segundo observou a respeito da conspiração em Pelotas:

> *Estes escravos Mina falam todos a mesma língua, têm sociedades organizadas, elegem chefes onde quer que se reúnam em qualquer numero, são notáveis por seus hábitos de ordem, sua conduta séria e digna, sua economia, sua previsão e sua coragem taciturna*; e eles são corporalmente as melhores espécimes da raça humana que já vi. Diz-se que os habitantes da província do Rio de Janeiro, temerosos das energias adormecidas de tais homens, os compram com relutância; e, de fato, comparativamente poucos desta raça facilmente distinguível podem ser vistos na Capital. Eu não tenho dúvida de que este é o Povo encarregado pela Providência da terrível e inevitável retribuição da África.[49]

A conspiração contou com uma bem planejada organização e se beneficiou da linguagem compartilhada entre os insurrectos que tramaram o levante, indecifrável aos ouvidos dos brancos, dos crioulos e de outras nações africanas, o que permitiu manter a conspiração no âmbito dos conjurados minas-nagôs, fato confirmado pela descoberta do plano só ter sido possível pela defecção de três escravos dessa nação. Muitos dos conjurados devem ter sido convocados e receberam informações no interior das charqueadas, passadas, quem sabe, por africanos libertos ou por escravos marinheiros que tinham um maior trânsito pelos locais de produção, e também por agentes secretos empregados como capatazes, conforme o relato de Morgan.[50]

Morgan afirmou ainda que 1.500 africanos minas haviam sido iniciados e estavam prontos para o levante, número que aponta para a congregação de praticamente toda a nação mina-nagô de Pelotas no plano insurrecional (ou, independentemente do número exato, talvez tenha sido exatamente isso que ele quisesse informar). Apesar de, à primeira vista, impressionar, o envolvimento em peso dos oeste-africanos não deve surpreender. Ainda que o núcleo duro da conspiração se concentrasse nas charqueadas, os conjurados conseguiram adeptos na cidade e nas olarias – portanto o levante contava com escravos da zona urbana e rural. Ademais, Morgan utilizou por duas vezes a palavra "iniciados" (*initiated*), que guarda o sentido de admissão de alguém em uma sociedade ou grupo secreto, uma fraternidade baseada em rituais.

Segundo Robert Slenes, os "cultos de aflição-fruição" comunitários, orientados para a cura de males sociais e fonte potencial de oposição à escravidão, guardavam uma característica em comum para os cativos da África Central e Ocidental: os iniciados tinham suas cabeças raspadas como parte do ritual, formando juntos um "barco", canoa ou navio, entre "companheiros de infortúnio", que podiam "ser lembranças do tráfico de escravos e da formação dos novos laços comunitários no Brasil". Essa constituição de um novo laço de parentesco a partir da raspagem da cabeça representava a morte simbólica e o renascer para uma nova vida. Slenes sugere que a *nuca rapada* dos rebeldes de Pelotas "muito provavelmente era uma variante – por ser menos ostensiva e chamativa – da prática de raspar o cabelo por inteiro". A prática também guarda semelhanças com as cerimônias de iniciação dos candomblés de origem nagô ou mista, nagô-bantu; e, como ressalta João José Reis, ainda que os nagôs muçulmanos tenham sido a espinha dorsal do levante de 1835 em Salvador, a maioria dos escravizados dessa nação na Bahia era adepta ao culto dos orixás.[51]

Howden, ao ser perguntado sobre as insurreições havidas na Bahia, respondeu que a superior qualidade intelectual dos minas (leia-se nagôs) os tornava "mais impacientes com a escravidão". Por serem da "mesma raça" (nação), estavam "ligados por laços comuns de sangue e tradição", não tinham "rixas locais nem diferenças familiares, nem ódio nacional ou supersticioso". Também falavam a mesma língua (leia-se iorubá), entendendo-se perfeitamente entre si, "e tais meios de comunhão secreta lhes dão imensa facilidade de agirem [conspirarem] em conjunto".[52] Ademais, eram "considerados muito mais rebeldes", o que, aliado às suas grandes forças físicas, "torna-os certamente uma população perigosa em períodos de agitação, seja por causas sociais ou políticas".[53] Não à toa, em relação à conspiração em Pelotas, afirmou não ter dúvida de que eles eram *o povo encarregado pela providência da terrível e inevitável retribuição da África*. Portanto, seria um erro achar que os minas-nagôs prepararam tão organizado levante somente por meio do incitamento dos *blancos* de Oribe, pois tinham inúmeros motivos para se insurgirem e desafiarem a escravidão – motivos compartilhados na dura experiência da exploração cotidiana, como o ritmo de trabalho incessante e a vigilância rigorosa, as poucas chances de formarem família ou alcançarem a alforria dentro das charqueadas. Ali, nutriram e deram consistência a uma identidade étnica e a novos laços de parentesco que, por certo, amalgamaram e deram forma à conspiração, formando uma "fraternidade" a partir de crenças compartilhadas (provavelmente com base em cultos africanos tradicionais) que os irmanavam na rebelião, cujo objetivo era a ressurreição para uma nova vida, ou o fim da escravidão e o renascer para a liberdade.

Howden notou que os minas possuíam sociedades organizadas e elegiam chefes onde quer que se encontrassem, independentemente de seu número. Portanto, pode-se imaginar que eles encontraram condições bem mais favoráveis para se organizarem quando passaram a se concentrar em grande número em Pelotas. Na manhã de sábado, véspera do levante, "algumas negras lavadeiras no arroio Santa Bárbara, trabalhando e cantando, diziam entre si: hoje lavamos para os brancos, e não tarda que os brancos lavem para nós", o que indica que elas (provavelmente lavadeiras minas-nagôs) tinham conhecimento que a insurreição estava prestes a fazer explosão.[54] O relato também sugere a expectativa de inversão de poder que seria efetivada a partir do enfrentamento e massacre dos brancos, com o esperado fim da submissão forçada à escravidão, momento de redenção em que não mais teriam que servir seus senhores.

Além da divisa (a *nuca rapada*), que certamente demandou notável preparação e organização, alguns conjurados tinham designação de postos, e novamente é possível imaginar que em cada charqueada houvesse um líder que conhecia mais a fundo o plano e guiaria os outros para cumprirem determinados objetivos. Um grupo certamente teria de buscar os armamentos escondidos antes que a insurreição estourasse. Após se armarem, o levante geral começaria pelo massacre imediato dos senhores e por um ataque às tropas estacionadas em Pelotas. Um escravo de certo cuteleiro (pessoa que fabrica, produz ou comercializa instrumentos de corte) e outro de certo ferreiro (criador de objetos de ferro ou aço por meio da forja do metal) facilitariam a entrada na casa de seus senhores, com o objetivo presumido de se munirem de mais armamentos, ação que provavelmente seria realizada pelos insurgentes citadinos, e talvez pelos que trabalhavam nas olarias de suas imediações.

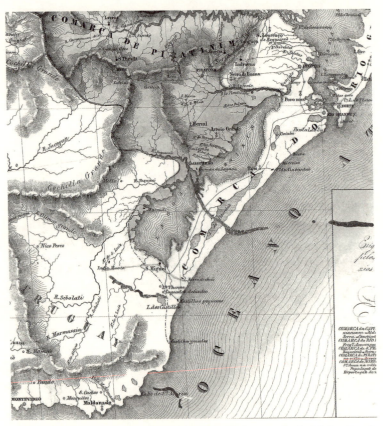

Fonte: Carta topographica e administrativa da provincia de São Pedro do Sul. Erigida pela combinação das paisagens muito diversamente appresentadas pelos mapas ate agora publicados e augmentado dos novos municípios e freguezias creados na assemblea provincial em 1846 e outros documentos officiaes pelo Vcde. J. de Villiers de L'Ile Adam. Rio de Janeiro: Firmin Didot Frères, 1847. Disponível em <http://objdigital.bn.br>

A despeito das informações das autoridades brasileiras, é provável que a insurreição fosse extensiva ao município de Rio Grande, onde havia uma significativa comunidade mina-nagô e onde foram encontrados muitos africanos dessa nação com a mesma divisa dos rebeldes de Pelotas. De certa forma, o que era para ser um facilitador para os insurgentes – para além de seus significados simbólicos e rituais – acabou sendo à repressão. Todos os que possuíam a insígnia foram presos para averiguações. A participação dos minas-nagôs de Rio Grande pode ter se beneficiado do fato de que diariamente saíam iates de Pelotas para essa cidade levando toneladas de charque, que dali eram exportadas para outras províncias brasileiras e para o exterior, o que propiciava contatos ao menos semanais entre escravos marinheiros de ambas as localidades.

Todos os relatos convergem para que, após o massacre dos brancos, o próximo feito seria alcançar o Uruguai, fossem ou não guiados por oribistas, e mesmo independentemente de se unirem ao exército *blanco*. Não sabemos de que forma planejavam lá chegar, mas a alternativa mais provável seria munirem-se de cavalos e seguirem a direção sul, que levava à fronteira de Jaguarão, de fato o caminho mais curto por terra, a uma distância de 150 quilômetros de Pelotas. Poderiam assenhorar-se de iates e descerem o São Gonçalo até alcançarem a lagoa Mirim, certamente o trajeto mais rápido e que evitaria o enfrentamento com forças escravistas no caminho. Não seria impensável, já que os grandes charqueadores em geral possuíam iates e parte dos insurgentes detinha algum conhecimento náutico por trabalhar como marinheiros.[55] Em 27 de julho de 1850, por exemplo, o presidente da província comunicou ao ministro dos Estrangeiros sobre um requerimento do comendador João Rodrigues Ribas, residente em Pelotas, que pedia a intermediação do governo imperial a fim de reclamar a restituição de cinco escravos de sua propriedade refugiados no Estado Oriental.[56] Nas relações de escravos fugidos de 1850 consta a seguinte informação sobre a fuga:

> Estes escravos pertenciam à tripulação da escuna Lionídia, fugiram na lancha da dita escuna em 21 de março de 1849 e atravessaram a lagoa Mirim, entrando no rio Taquari no Estado Oriental, onde desembarcaram perto da Soteia de Ramires, e acolhidos pela guarda de Máximo Moreno, seguiram debaixo da direção deste para o interior do mesmo Estado e tendo sido reclamado a sua entrega foi lhe exigido por parte do dito comandante cem patacões para cada um dos ditos escravos.[57]

Os escravos, provavelmente, eram marinheiros e trabalhavam no transporte do charque produzido no estabelecimento do comendador. A travessia que realizaram indica um conhecimento prévio de por onde deviam seguir, e algum conhecimento náutico era indispensável. Para os rebeldes de 1848, ambas as possibilidades (por água ou por terra) podiam estar em seu horizonte, e não devem ser vistas como excludentes. Trajeto improvável seria seguirem o caminho que encontra o Chuí, a não ser que objetivassem um ataque a Rio Grande, onde se uniriam aos conjurados dessa cidade, mas, ainda assim, teriam que percorrer aproximadamente 260 km para alcançarem o Uruguai, o plano mais arriscado e o mais longo caminho.

Seja como tenha sido planejado, não cabe dúvida de que estamos diante de um plano insurrecional de grandes proporções. Mesmo que pareça exagerado o número de insurgentes presos relatado por Morgan, parece certo que o delegado reduziu o número de conspiradores efetivamente detidos. No dia 8 de fevereiro, o redator de *O Rio-Grandense* afirmou que 60 a 80 escravos já estavam presos, e o próprio Vieira Vianna deu a ver que novas prisões foram feitas nos dias seguintes. Uma carta redigida por um proprietário de Pelotas, endereçada a outro de Rio Grande, relatou mais de 100 escravos detidos, cifra idêntica à informada por Ladislau Titára. Em todo caso, o relato de Morgan não me parece de todo improvável, e explico por quê.

Em primeiro lugar, em tese, a questão numérica não foi um grande problema a se averiguar, já que os conjurados possuíam marca distintiva, o que facilitou seu reconhecimento e, consequentemente, as prisões. Em segundo lugar, o número de presos mantém correlação com o número de armas que afirmou terem sido encontradas, sem contar que muitos charqueadores não entregaram seus escravos. Os números de Morgan, aliás, possibilitam compreender os primeiros relatos sobre a conspiração (e os tornam mais plausíveis), sobretudo o mais fidedigno deles, veiculado n'*O Rio-Grandense* a 8 de fevereiro. Ali se afirmou que *milhares de vidas* foram salvas, vidas destinadas a "perecer *debaixo do ferro* assassino dos cativos", não fosse descoberta a "carnificina projetada contra os brancos".

Palavras carregadas por certo, usadas para causar impressão nos leitores, mas que também ecoaram no primeiro documento oficial do delegado-charqueador. A insurreição seria de *terríveis resultados* se não fosse descoberta e suplantada a tempo e, ainda assim, Vieira Vianna afirmou ter se encontrado em *apuros*. Afinal, por que a efetivação do levante seria de tão graves consequências se os conjurados não estivessem bem armados, se o plano não compreendesse centenas de insurgentes e se não houvesse (pelo menos) fortes indícios de ter contado com a mão oculta dos *blancos* de Oribe? Por fim, o relato do cônsul britânico encontra respaldo nas medidas adotadas após a descoberta do levante, em seus desdobramentos e nos debates travados (ainda que se tentasse silenciá-los) nas mais altas esferas do governo imperial, além da reverberação que alcançou nos jornais da época.[58]

Ainda no final de 1847, o presidente Manoel Antônio Galvão havia mandado uma ala do 8° batalhão de caçadores guarnecer a cidade de Pelotas em conjunto com o corpo policial, tendo em vista o perigo de insurreições escravas auxiliadas por rio-platenses. Ao ter notícia do projetado levante, logo enviou uma canhoneira com armamentos e munição para 200 guardas nacionais do batalhão de Pelotas. Também autorizou o juiz de direito a poder requisitar, em caso de urgência, mais força da cidade de Rio Grande, inclusive a guarda nacional que ali se encontrava completamente armada. Os juízes de direito e municipal foram eximidos de tomarem assento na assembleia provincial pela *"importância do objeto e receios de que se acham possuídos os moradores d'aquele município"*. Ainda assim, o vice-presidente, a 4 de março, não perdeu a oportunidade de censurar seu antecessor por não ter dado com urgência andamento a vários negócios importantíssimos, qual fosse a segurança interna da província, especialmente de suas fronteiras.[59] Galvão teve conhecimento tardio da insurreição apenas em 15 de fevereiro, e há muito estava sendo criticado pela administração da província. Caldwell, comandante das armas, antes de a notícia do levante alcançar o presidente, já havia mandado reforçar o município de Pelotas com tropas enviadas de Rio Grande, sem contar a própria mobilização armada dos proprietários locais.[60] Galvão oficiou a Caldwell no dia 17 e gabou-se de ter mandado cobrir anteriormente Pelotas:

> [...] [pela] possibilidade de ser seduzida a escravatura, e com essa força desenvolver-se em maior escala um plano de hostilidades contra a ordem e a tranquilidade pública da Província. Esse receio não foi infundado, e as cenas que estavam preparadas para o dia 6 [...]

justificam minha previsão. [...] E embora não se saiba por ora qual a potência motora desse acontecimento, e não haja lugar para supor que seja a que se havia indicado naquele tempo, *nem por isso deixa Pelotas de estar muito exposta e de continuar a estar com os dois elementos que tem em si mesma, quais a força da Escravatura e a dos Emigrados*. Para fazer face a essa força julgo necessário reforçar a ala do Batalhão 8° de Caçadores enquanto V. Ex.ª não providenciar que um Batalhão completo ocupe esse ponto, ficando a meu cuidado aumentar a guarnição armando a Guarda Nacional desse município com a brevidade possível.[61]

O receio se espraiou, e a 29 de fevereiro o presidente relatou que o juiz municipal do termo de Jaguarão comunicara a necessidade de um destacamento de 15 a 30 homens para guarnecer os distritos de Erval e Arroio Grande, pois o destacamento não podia ser feito pelo corpo policial. Dias antes foram requisitadas 500 mantas de lã para o 2° Batalhão de Fuzileiros postado na fronteira de Jaguarão, que seriam remetidas tão logo seguisse para ali a primeira canhoneira.[62] Também era de urgência que se criasse um esquadrão de cavalaria de guardas nacionais de 80 filas para guarnecer a fronteira do Chuí. Além de reforço militar nas fronteiras que davam acesso aos municípios de Rio Grande e Pelotas, as autoridades procuraram se precaver ante a possibilidade de escravos ou emigrados virem a assaltar depósitos de artigos bélicos. Na vila de Piratini havia um depósito de armas a cargo de um civil, que devia ser removido para um de guerra, e em Caçapava era preciso remover o inconveniente de ali se conservar um depósito de pólvora.[63] Em 25 de fevereiro foram recebidos 40 mil cartuchos e 14 arrobas de pólvora (205 quilos) na cidade de Rio Grande.[64]

As medidas tomadas pelas autoridades demonstram que nada estava tranquilo e sossegado como procuraram dar a ver em público, tampouco o estado de apreensão se desfez em poucos dias. Nos municípios de Pelotas e Rio Grande procurou-se garantir a segurança interna com o envio de mais forças e munições, além de as autoridades mandarem aumentar o contingente militar em pontos estratégicos para a defesa da província, mobilização que, evidentemente, também era informada pelas tensões que vigiam entre o Brasil e os governos do Rio da Prata. Por outro lado, as informações deixam evidente que Pelotas não estava desguarnecida quando fora descoberta a insurreição, mas que as tropas que policiavam o município (não menos de 150 homens) eram de pouca monta para fazer frente à *força dos escravos*, sobretudo se tivesse lugar o desenlace da insurreição mina-nagô, o que mais uma vez indica a magnitude do plano insurrecional.[65]

No sul do Império, no início de 1848, Pelotas era um barril de pólvora prestes a explodir. Por muito pouco a escravidão no município não foi jogada pelos ares, e grupos de centenas de escravos não alcançaram a liberdade atravessando a fronteira rumo ao território livre oriental como desenlace de uma trama insurrecional bem urdida. Mesmo com as autoridades subestimando-a em público, John Morgan observa que não pode "haver dúvida que existe um espírito espalhado entre a população escrava desta província de que, mais cedo ou mais tarde, a sua emancipação virá por meio dos Estados vizinhos republicanos".[66] Não precisamos aceitar literalmente essa exposição, que, assim como a de todos os outros brancos, elidia a participação efetiva dos escravizados nas lutas que empreendiam, como se suas ações fossem ditadas por vontades alheias. Ainda assim, a abolição da escravidão no Uruguai havia contagiado o espírito de milhares de escravizados, que, desde então, viram novas frentes se abrirem, possibilitando, dessa forma, desafiarem a escravidão e lutarem por suas liberdades.

Notas

1   *O Rio-Grandense*, 8 fev., extratado no *Jornal do Commercio*, n. 53, 22 fev. 1848.
2   *Idem*.
3   Ofício do delegado de polícia de Pelotas em 15 de fevereiro de 1848, constante do Relatório do Brigadeiro João Frederico Caldwell de 14 de abril de 1848. Arquivo Histórico do Rio Grande do Sul (AHRS), *Ofícios dos Comandantes de Armas*, transcrito em Helga Piccolo. "A resistência escrava no Rio Grande do Sul". *Cadernos de Estudos*, Porto Alegre, UFRGS/Curso de Pós-Graduação em História, n. 6, 1992, pp. 28-29.
4   Depoimento de Lord Howden, 25 de abril de 1849. Great Britain. Parliament. House of Lords. *Report from the Select Committee of the House of Lords, appointed to consider the best Means which Great Britain can adopt for the Final Extinction of the African Slave Trade; and to report thereon to the house; together with the minutes of evidence and an appendix and index thereto. Session 1849*. London, by the House of Commons, 1850, p. 22.

5 Lançamento de huma Carta de Liberdade do preto Procópio, passada por Luiz Manoel Pinto Ribeiro. Arquivo Público do Estado do Rio Grande do Sul (APERS), Tabelionato do Município de Pelotas, Livros Notariais de Registros Ordinários, livro 3, fls. 30v-31. Grifo meu.

6 *O Rio-Grandense*, 8 fev., extratado no *Jornal do Commercio*, n. 53, 22 de fevereiro de 1848.

7 *Idem*.

8 Ofício de José Vieira Vianna, Delegado de Pelotas, ao Illm. Sr. Major Manoel Joaquim de Souza Medeiros, Delegado de Polícia do termo de Rio Grande, em 9 de fevereiro de 1848. Transcrito no *O Correio da Tarde*, n. 41, 22 fev. 1848, a partir do jornal *Nova Epoca*, folha de Rio Grande, de 11 de fevereiro. Grifo meu.

9 *O Rio-Grandense*, 10 de fevereiro, extratado no *Jornal do Commercio*, n. 53, 22 de fevereiro de 1848.

10 *O Rio-Grandense*, 12 fev., extratado no *Diario do Rio de Janeiro*, n. 7743, 8 mar. 1848.

11 *Idem*; Ofício do brigadeiro José Fernandes dos Santos Pereira ao presidente da província, o Conselheiro Manoel Antônio Galvão. Quartel do Comando da 1ª Brigada e Guarnição da Cidade de Rio Grande em 18 de fevereiro de 1848, AHRS, Autoridades Militares, maço 149.

12 Ofício de João Frederico Caldwell ao presidente da província, o Conselheiro Manoel Antônio Galvão, do Quartel General em Jaguarão em 13 de fevereiro de 1848; *Idem*, Quartel General em Porto Alegre em 26 de fevereiro de 1848. AHRS, Comando das Armas, cx. 14, maço 27.

13 Ofício do delegado de polícia de Pelotas em 15 de fevereiro de 1848, constante do Relatório do Brigadeiro João Frederico Caldwell de 14 de abril de 1848. AHRS, *Ofícios dos Comandantes de Armas*, transcrito em Helga Piccolo. "A resistência escrava", pp. 28-29. Grifo meu.

14 *Idem*.

15 Ofício do delegado de polícia José Vieira Vianna ao brigadeiro José Fernandes dos Santos Pereira. Pelotas, 17 de fevereiro de 1848; e carta do comendador João Simões Lopes a Vieira Vianna em 15 de fevereiro de 1848. AHRS, Autoridades Militares, maço 149.

16 Ofício do brigadeiro José Fernandes dos Santos Pereira ao presidente da província, Manoel Antônio Galvão. Quartel do Comando da 1ª Brigada e Guarnição da Cidade de Rio Grande em 13 de fevereiro de 1848. AHRS, *Autoridades Militares*, maço 149.

17 Brigadeiro José Fernandes ao presidente Galvão. Comando da Guarnição da Cidade de Rio Grande em 18 de fevereiro de 1848. AHRS, *Autoridades Militares*, maço 149. Grifos meus.

18 Embora menções à projetada insurreição não fossem desconhecidas dos pesquisadores, a gravidade da conspiração me foi sugerida pela leitura do

excelente estudo de Luiz Aranha Corrêa do Lago (defendido originalmente como tese na Universidade de Harvard, em 1978). Utilizando fontes dos agentes britânicos no Brasil, fez uso da informação do número de escravos implicados na conspiração para sublinhar a "notável" concentração de mão de obra escrava na "indústria" do charque, e também citou alguns trechos em uma sugestiva nota. Luiz Aranha Corrêa do Lago. *Da escravidão ao trabalho livre: Brasil, 1550-1900*. São Paulo, Companhia das Letras, 2014, p. 297 (nota 59, p. 565). Leslie Bethell provavelmente foi o primeiro a mencionar certo impacto da conspiração, ainda que de passagem, como veremos no próximo capítulo. Leslie Bethell. *A abolição do tráfico de escravos no Brasil. A Grã-Bretanha, o Brasil e a questão do tráfico de escravos, 1807-1869*. Trad. Vera Nunes Neves Pedroso. Rio de Janeiro, Expressão e Cultura/São Paulo, Edusp, 1976, p. 276. Dale Graden, utilizando as mesmas fontes, citou-as a fim de realçar a conexão dos africanos minas com o levante malê de 1835 em Salvador. Dale Graden. "Slave resistance and the abolition of the trans-Atlantic slave trade to Brazil in 1850". *História Unisinos*, vol. 14, n. 3, 2010, pp. 282-293 (p. 286). Helga Piccolo transcreveu importante documento sobre a conspiração em seu levantamento de fontes sobre a resistência escrava no Rio Grande do Sul. Helga Piccolo. "A resistência escrava no Rio Grande do Sul", pp. 28-29. Mario Maestri escreveu algumas linhas a mais, mas sua análise é superficial e contém erros, sobretudo seu trabalho mais recente. Mário Maestri. *O escravo no Rio Grande do Sul. A charqueada e a gênese do escravismo gaúcho*. Porto Alegre, Escola Superior de Teologia São Lourenço de Brindes, 1984, pp. 144-148; Idem. "Insurreições escravas no Rio Grande do Sul (século XIX)". In: João José Reis & Flávio Gomes (org.). *Revoltas escravas no Brasil*. São Paulo, Companhia das Letras, 2021, pp. 458-511 (pp. 476-480).

19 *Relating to a Conspiracy of the Slaves in this Province*. Morgan to Howden, 9th February 1848. Foreign Office (FO) 84/727, Mr. Consul John Morgan, Slave Trade, n. 1, British Consulate, Rio Grande do Sul, pp. 395-398.

20 Idem.

21 Morgan to Palmerston, 15th February 1848. FO 84/727, British Consulate, Rio Grande do Sul, pp. 393-394.

22 Nota n. 12, de 21 de fevereiro de 1848. Arquivo Histórico do Itamaraty, Missões Diplomáticas Brasileiras, Montevidéu, ofícios, códice 221-3-7.

23 Ofício do delegado de polícia de Pelotas em 15 de fevereiro de 1848, constante do Relatório do Brigadeiro João Frederico Caldwell de 14 de abril de 1848, AHRS. *Ofícios dos Comandantes de Armas*, transcrito em Helga Piccolo. "A resistência escrava", pp. 28-29; *O Rio-Grandense*, 8 fev., extratado no *Jornal do Commercio*, n. 53, 22 fev. 1848.

24 Rio Grande do Sul. Secretaria da Administração e dos Recursos Humanos. Departamento de Arquivo Público. *Documentos da Escravidão. Inventários. O escravo deixado como herança*. Bruno Stelmach Pessi (coord.). Porto Alegre, Corag, 2010, vol. 2, p. 319.

25 O Código Criminal do Império de 1830 encontra-se transcrito em *Colecção das Leis do Império do Brazil de 1830*. Actos do Poder Legislativo, Parte 1. Rio de Janeiro, Typographia Nacional, 1876, pp. 142-200 (a tipificação do crime de insurreição encontra-se na página 163).

26 *Idem*, p. 142. Havendo tentativa de insurreição, os escravos cabeças seriam punidos com galés perpétuas, no grau máximo; galés por 20 anos, no médio; e por dez anos, no mínimo. Havendo cumplicidade na tentativa, 20 anos de galés, no grau máximo; 13 anos e 4 meses, no médio; e seis anos e oito meses, no mínimo. Vicente Alves de Paula Pessoa. *Codigo Criminal do Imperio do Brazil. Commentado e annotado com os principios de direito; legislação de diversos povos, leis do paiz, decretos, jurisprudencia dos tribunais, avisos do governo, interpretando, alterando ou revogando diversas de suas disposições até o anno de 1884*. 2ª ed. consideravelmente aumentada com um índice alfabético de todas as matérias pelo Conselheiro Vicente Alves de Paula Pessoa. Rio de Janeiro, Livraria Popular de A. A. da Cruz Coutinho, 1885, p. 212 (nota 350).

27 Os chefes de polícia de cada província, por sua vez, eram nomeados pelo ministro da Justiça. Thomas Flory. *El juez de paz y el jurado en el Brasil imperial, 1808-1871. Control social y estabilidad política en el nuevo Estado*. Cidade do México, Fondo de Cultura Económica, 1986, p. 267.

28 Em levantamento dos processos-crime que trazem escravos como réus ou vítimas, projeto do Arquivo Público do Estado do Rio Grande do Sul, também não se localizou processo relativo à insurreição. Rio Grande do Sul. Secretaria da Administração e dos Recursos Humanos. Departamento de Arquivo Público. *Documentos da Escravidão. Processos crime. O escravo como vítima ou réu*. Bruno Stelmach Pessi & Graziela Souza e Silva (coord.). Porto Alegre, Corag, 2010c. No entanto, Silva Pontes, no ofício de 21 de fevereiro, citado na nota 22, de fato sugere a existência de algum processo.

29 *Relatorio do vice-presidente da provincia de São Pedro do Rio Grande do Sul, João Capistrano de Miranda e Castro, na abertura da Assembléa Legislativa Provincial em 4 de março de 1848, acompanhado do orçamento para o anno financeiro de 1848-1849*. Porto Alegre, Typographia do Porto Alegrense, 1848, p. 7.

30 Ladislau dos Santos Titára. *Memórias do Grande Exército Alliado Libertador do Sul da América*. Rio Grande do Sul, Typographia de B. Berlink, 1852, pp. 48--52. Sobre Titára como encarregado do depósito de guerra, ver *Autoridades Militares*, AHRS, maço 149. Grifo meu.

31 *Nova Epoca*, 11 fev., extratado no *Correio da Tarde*, n. 41, 22 fev. 1848. Grifo meu.

32 A notícia foi extratada no *Diario do Rio de Janeiro*, n. 7730, 22 fev. 1848. Grifo meu.

33 Howden to Palmerston, Rio de Janeiro, March 20th 1848. FO 84/725, Slave Trade, n. 12, pp. 181-183.

34 Além dos exemplos vistos no capítulo 2, ver João José Reis. *Rebelião escrava no Brasil. História do levante dos malês em 1835*. São Paulo, Companhia das Letras, 2003, pp. 491-493.

35 João José Reis & Beatriz Galotti Mamigonian. "Nagô and Mina: The Youruba Diaspora in Brazil". In: Toyin Falola & Matt Childs (org.). *The Yoruba Diaspora in the Atlantic World*. Bloomington, Indiana University Press, 2004, pp. 77-110 (citações nas páginas 78, 80-81).

36 Paul Lovejoy. *"Jihad* e escravidão: as origens dos escravos muçulmanos da Bahia". *Topoi*, Rio de Janeiro, n. 1, 2000, pp. 11-44 (esp. pp. 22-23).

37 João José Reis. *Rebelião escrava no Brasil*, p. 548.

38 *Relatório da Repartição dos Negócios da Justiça apresentado à Assembleia Geral Legislativa na Sessão Ordinária de 1837, pelo respectivo Ministro e Secretário de Estado Gustavo Adolfo de Aguilar Pantoja*. Rio de Janeiro, Typographia Nacional, 1837, pp. 6-9.

39 *Diario do Rio de Janeiro*, n. 25, 1° fev. 1843.

40 "Rellação dos Escravos fugidos da Província do Rio Grande cujos proprietários me authorizarão por suas cartas de Ordens para captura-los, conforme os signaes de cada hum 1851". *Processo Crime. Parte: a justiça. Réus: Maria Duarte Nobre, e Manoel Marques Noronha*. APERS, Comarca de Rio Grande, Tribunal do Júri (Juízo de Direito da Comarca do Rio Grande em Pelotas), processo n. 442, cx. 006.0309 (antigo maço 10a), 1854, fls. 40-44v.

41 Dados compulsados a partir da relação de 1851 citada acima e de "Relação e descrição dos escravos (por proprietários) fugidos da província para Entre-Rios, Corrientes, Estado Oriental, República do Paraguai e outras províncias brasileiras". AHRS, Estatística, documentação avulsa, maço 1, 1850.

42 Em 1833, Pelotas contava 5.623 escravos (51,7% da população), dos quais 67,4%, africanos. Mesmo que os mapas de família de 1858 apontem uma população escrava de 4.788 almas, duvido que menos de 6 mil escravos trabalhassem em Pelotas dez anos antes, haja vista a grande vaga do tráfico na década de 1840. A diminuição do número de escravos em 1858 deve considerar as altas taxas de mortalidade e, principalmente, a epidemia de cólera, que vitimou de 3 a 4 mil pessoas entre o final de 1855 e o início de 1856, atingindo principalmente a população escrava, com centenas de mortos em Porto Alegre, Rio Grande, Pelotas e Jaguarão. Sobre a população de Pelotas em 1833, ver Câmara Municipal de Pelotas. Correspondência Expedida. AHRS, Autoridades Municipais, cx. 46, maço 103, 7 jan. 1834; sobre a existente em 1858, ver Appenso ao Quadro Estatístico e geográfico da província de São Pedro do Rio Grande do Sul pelo bacharel Antônio Eleutério de Camargo, engenheiro da província – presidente Marcondes Homem de Mello – 1868. AHRS, Estatística, códice E-1 (1803-1867); sobre a epidemia de cólera, ver *Relatório com que o Conselheiro Barão de Muritiba entregou a Presidência da Província de S. Pedro do Rio Grande do Sul ao Exm. Sr. Presidente e Comandante das Armas, Conselheiro, e General Jeronymo Francisco Coelho no dia 28 de abril de 1856*. Porto Alegre, Typographia do Mercantil, 1856, p. 9-11.

43 Sobre o número de charqueadas, ver ofício de 15 de março de 1856. AHRS, Câmara Municipal de Pelotas, correspondência expedida, autoridades

municipais, cx. 47, maço 105; para o de olarias, ofício de 29 de abril de 1849. AHRS, Câmara Municipal de Pelotas, correspondência expedida, autoridades municipais, cx. 46, maço 104; sobre a localização das charqueadas, ver Alvarino da Fontoura Marques. *Episódios do ciclo do charque.* Porto Alegre, EDIGAL, 1987, pp. 96-102; para os inventários, *Documentos da Escravidão. Inventários,* vol. 2, pp. 286, 305, 339.

44 Jonas Vargas. *Pelas margens do Atlântico. Um estudo sobre elites locais e regionais no Brasil a partir das famílias proprietárias de charqueadas em Pelotas, Rio Grande do Sul (século XIX).* Tese de Doutorado. Rio de Janeiro, Universidade Federal do Rio de Janeiro, 2013, pp. 217-220.

45 Veja a discussão no capítulo 2. Os africanos compunham aproximadamente 60% da população escrava do município, ou 3.600 escravos, mas o percentual de africanos nas charqueadas era maior.

46 Natalia Pinto. *A benção compadre. Experiências de parentesco, escravidão e liberdade em Pelotas, 1830/1850.* Dissertação de Mestrado. São Leopoldo, Universidade do Vale do Rio dos Sinos, 2012, pp. 177-178, 181, 198, 204-207.

47 Depoimento de Lord Howden, 25 de abril de 1849. *Report from the Select Committee of the House of Lords* (Session 1849), p. 15.

48 Rio Grande do Sul. Secretaria da Administração e dos Recursos Humanos. Departamento de Arquivo Público. *Documentos da Escravidão. Catálogo seletivo das cartas de liberdade. Acervo dos tabelionatos do interior do Rio Grande do Sul,* vol. 1. Jovani de Souza Scherer & Marcia Medeiros da Rocha (coord.). Porto Alegre, Corag, 2006, pp. 407-417, 475-481 (Tabelionatos do Município de Pelotas, Fundo 048).

49 Howden to Palmerston, March 20th 1848. FO 84/725, Slave Trade, n. 12, pp. 181-183. Grifos meus.

50 Sobre os escravos marinheiros, trato do assunto mais abaixo.

51 Ver o prefácio de Robert Slenes ao presente livro e, ainda, do mesmo autor, "Metaphors to Live by in the Diaspora: Conceptual Tropes and Ontological Wordplay among Central Africans in the Middle Passage and Beyond". *In*: Ericka A. Albaugh & Kathryn M. de Luna (ed.). *Tracing Language Movement in Africa.* New York, Oxford University Press, 2018, 343-63 (esp. p. 360), e "Demanding Respect: Moral Economy and Strategies for Freedom among Enslaved Central Africans and their Children (Southeastern Brazil during the 'Second Slavery', ca. 1781-1888)". Texto inédito (versão 11A, 19/09/2022). Para uma versão publicada em português, mas com um pouco menos de informações, ver "Exigindo respeito: economia moral e estratégias para a liberdade entre cativos da África Central (o Sudeste do Brasil durante a 'Segunda Escravidão', c. 1781-1888)". *In*: Vagner Gonçalves da Silva *et al.* (org.) *Através das águas: os bantu na formação do Brasil.* São Paulo, FEUSP, 2023, pp. 56-121. Sobre o culto aos orixás, na África e no Novo Mundo (também citados por Slenes), ver Pierre Verger. *Notas sobre o culto aos orixás e voduns na Bahia de Todos os Santos, no Brasil, e na Antiga Costa dos Escravos, na África* [1998]. Trad. Cláudio Eugênio Marcondes de Moura. São Paulo, Edusp, 2012,

p. 82; *Idem. Orixás: deuses iorubás na África e no Novo Mundo* [1981]. Trad. Maria Aparecida da Nóbrega. Salvador, Fundação Pierre Verger, 2018, pp. 44-55. João José Reis. *Rebelião escrava no Brasil*, pp. 177-178.

52 Depoimento de Lord Howden, 25 de abril de 1849. *Report from the Select Committee of the House of Lords* (Session 1849), pp. 16-17.

53 *Idem*, pp. 14-15.

54 *O Rio-Grandense*, 8 fev., extratado no *Jornal do Commercio*, n. 53, 22 fev. 1848.

55 Para evidências de escravos marinheiros minas-nagôs, mas também de outras nações, nos trabalhos das charqueadas, ver Rio Grande do Sul, *Documentos da Escravidão. Inventários*, vol. 2, 2010b, pp. 305-319.

56 Nota n. 32, de 27 de julho de 1850. AHRS, Correspondências Expedidas pelos Presidentes de Província aos Ministros dos Negócios Estrangeiros, códice A-2.10, f. 24.

57 "Relação e descrição dos escravos (por proprietários) fugidos da província para Entre-Rios, Corrientes, Estado Oriental, República do Paraguai e outras províncias brasileiras". AHRS, Estatística, documentação avulsa, maço 1, 1850.

58 Trato das repercussões da conspiração nos próximos capítulos.

59 *Relatorio do vice-presidente da provincia de São Pedro do Rio Grande do Sul, João Capistrano de Miranda e Castro [...] em 4 de março de 1848*, p. 7. Grifo meu.

60 Ofício de João Frederico Caldwell ao presidente da província, o Conselheiro Manoel Antônio Galvão, do Quartel General em Jaguarão em 13 de fevereiro de 1848. AHRS, *Comando das Armas*, cx. 14, maço 27; ofício de João Frederico Caldwell ao presidente da província, o Conselheiro Manoel Antônio Galvão. Quartel General em Porto Alegre, 26 de fevereiro de 1848. AHRS, *Comando das Armas*, cx. 14, maço 27.

61 O presidente da província, o Conselheiro Manoel Antônio Galvão, ao brigadeiro João Frederico Caldwell. Palácio do Governo em Porto Alegre, 17 de fevereiro de 1848. AHRS, *Comando das Armas*, A-4.16, cx. 48. Grifo meu.

62 Ofícios de 23 e 29 de fevereiro de 1848. AHRS, *Comando das Armas*, A-4.16, cx. 48.

63 Galvão a Caldwell, ofícios de 23 e 24 de fevereiro de 1848. AHRS, *Comando das Armas*, cx. 14, maço 27; Miranda e Castro a Caldwell, ofício de 17 de março de 1848.*Comando das Armas*, A-4.16, cx. 48.

64 Galvão a Caldwell, dois ofícios de 25 de fevereiro de 1848. AHRS, *Autoridades Militares*, maço 149.

65 Talvez houvesse mais de 150 soldados em Pelotas, pois, no início de janeiro, seguiu para guarnecê-la um destacamento de 120 praças sob o comando do major do Comando das Armas. Brigadeiro José Fernandes dos Santos Pereira ao presidente Manuel Antônio Galvão, Quartel do Comando da Cidade de Rio Grande em 2 de janeiro de 1848. AHRS, *Autoridades Militares*, maço 149.

66 Morgan to Palmerston, 15th February 1848. FO 84/727, British Consulate, Rio Grande do Sul, pp. 393-394.

1848: REBELDIA ESCRAVA E A QUESTÃO DO TRÁFICO ILEGAL DE AFRICANOS

Em 5 de maio de 1848, no início das sessões do Senado, Paula Souza pediu a palavra para falar de questão "muito importante, muito grave no Brasil, sobre a qual já por várias vezes se tem tratado nesta casa; é a respeito de certa porção da escravatura" no país. Havia uma lei para a repressão ao tráfico já aprovada no Senado e um projeto oferecido por ele que estava "em poder da comissão respectiva, e como a matéria é muito grave e pode tocar em objetos internacionais", desejava que o ministro dos Negócios Estrangeiros lhe desse informações sobre ambos os projetos. Quando entendesse oportuno tratar da matéria, pretendia fazer algumas perguntas a respeito, mas "se então se entender que a matéria deve ser tratada em segredo, nessa ocasião pedirei sessão secreta", advertindo que desejava fazer a interpelação o mais próximo possível. O ministro Limpo de Abreu, presente à sessão, respondeu que examinaria os projetos e depois emitiria opinião sobre sua conveniência.[1]

Três semanas depois, enquanto se discutia o orçamento do Ministério da Fazenda, o senador Holanda Cavalcanti aproveitou para trazer ao debate a questão do tráfico. Segundo disse, "há outro objeto que cumpre atender, que precisa porém de medida legislativa, objeto que temos fugido constantemente. Falou-se aqui em fazendas vivas... Senhores, chamemos as coisas pelos seus nomes, é o tráfico". O Senado fugia da questão, não tratava dela francamente. Suspeitava que isso se devesse ao temor do poderio britânico, mas considerava que não era preciso recear a política inglesa, pois havia muitos interesses comerciais em jogo. Confessou, sem ter disso vergonha, que quando esteve no ministério não havia perseguido o tráfico, justificando que assim procedeu "depois que apareceu um ato do parlamento inglês querendo que os brasileiros fossem seus súditos, e eu não me reconheço por súdito da Grã-Bretanha" (referência ao Bill Aberdeen de 1845, que passou a sujeitar aos tribunais ingleses os navios brasileiros que fizessem o tráfico de escravos, em resposta a não renovação pelo Brasil do direito de busca de 1817).[2] Isso, segundo argumentou, não era o mesmo que protegê-lo, pois, quando houve ocasião para apreender negreiros, tomou medidas convenientes.

Um modo eficaz de repressão seria estabelecer cruzeiros pelo litoral, para "dar assim uma lição aos traficantes". Mas isso era da alçada exclusiva do governo imperial, "independente de tratado algum". Ao realçar a independência com que devia ser dirigida a política no país, indagou: se o tráfico convinha ao Brasil, "por que razão não havemos de admiti-lo? Por quê? É que o estado atual é horrível". Se continuasse a tolerância do governo com o tráfico de escravos, seria tolerado "todo e qualquer contrabando". Não negava em sua totalidade a proposição de alguns senadores de que os escravos eram necessários, que faziam "a riqueza e civilização do país", contudo

> hão de convir comigo que o negócio vai hoje tornando-se sério; que é necessário pôr um dique a essa torrente. Alguma medida podíamos tomar, e a medida é simples. Bastava que o governo estabelecesse um cruzeiro, não por causa da lei da Inglaterra, que há muito devia estar revogada, mas em virtude de nossas circunstâncias peculiares. [...] É uma prova de que sem lei alguma podemos fazer alguma coisa a este respeito, que podemos evitar a inundação de Africanos, e que podemos, enfim, concorrer para o benefício do tesouro.[3]

Para tanto, sugeriu que os serviços dos africanos apreendidos dos traficantes fossem arrematados em hasta pública e que seu produto revertesse aos cofres do Estado. A proposta visava aumentar os recursos do orçamento, mas trazia à discussão a necessidade de tomar alguma medida concreta contra o tráfico. Ainda que os contemporâneos não dispusessem dos dados estatísticos que possuímos hoje, ninguém que se dedicasse à matéria ignorava que nos últimos anos o tráfico havia atingido patamares alarmantes. Ilegal desde a lei de 7 de novembro de 1831, aproximadamente 800 mil africanos foram introduzidos no Brasil até o início da década de 1850. Entre 1841 e 1848 desembarcaram no país 332.577 africanos, com média anual de 29.269 nos primeiros cinco anos, volume que dobrou no triênio 1846-1848, quando atingiu, em média, 62.076 africanos desembarcados anualmente.[4]

Paula Souza, ao referir-se a certa porção da escravatura no país, aludia às centenas de milhares de africanos escravizados ilegalmente, questão de muita gravidade, pois a lei de 1831 consignava em seu primeiro artigo que "todos os escravos que entrarem no território ou portos do Brasil, vindos de fora, ficam livres".[5] A intervenção do senador merece atenção especial por ele ter assumido a presidência do Conselho de Ministros em 31 de maio, quando se formou um novo gabinete liberal. Com duração de apenas quatro meses, o gabinete trouxe à discussão o projeto de 1837 do Marquês de Barbacena; que, embora aprovado no Senado, não teve seguimento. Esse projeto proibia a importação de escravos e de pretos livres no território do Brasil; visava a uma repressão mais efetiva ao tráfico "no alto-mar, ou na costa, antes de desembarcarem"; tipificava com mais detalhes os sinais pelos quais uma embarcação podia ser apresada, como importadora ou destinada à importação de escravos; controlava com mais rigor as saídas e entradas das embarcações; aumentava as penas aos envolvidos no tráfico e estimulava a delação e a captura de negreiros com maiores recompensas.

Deixava, no entanto, de enquadrar os compradores e os envolvidos no negócio em terra. Mesmo no caso dos que estavam sujeitos às sanções penais (capitão, mestre, piloto, contramestre etc.), o julgamento correria nos tribunais de primeira instância, onde amiúde grassava a impunidade, pois quem julgava de fato eram os jurados. Em seu último e principal artigo, proibia qualquer ação judicial "contra os que tiverem comprado escravos, depois de desembarcados", e revogava a lei de 7 de novembro de 1831. Como Leslie Bethell já havia observado, isso "significava a anistia para todos aqueles que haviam burlado a lei no passado e privava os africanos desembarcados no Brasil e vendidos como escravos desde 1830 de qualquer esperança de afirmarem o seu direito legal à liberdade", além de não enquadrar criminalmente os que viessem a comprar escravos contrabandeados no futuro. Em outras palavras, se aprovada, desde então os que conseguissem burlar a lei no ato do desembarque poderiam vender os africanos (e os proprietários, comprá-los) sem risco de serem processados, ao mesmo tempo que se eliminava um dispositivo legal que poderia vir a ser utilizado pelos escravos para contestarem seu estatuto jurídico nos tribunais.[6]

Em 1º de setembro de 1848, Campos Melo, ministro da Justiça, apresentou à Câmara dos Deputados o projeto de 1837 com algumas emendas sugeridas pela Seção de Justiça do Conselho de Estado. Os sinais de equipagem das embarcações foram melhorados; os envolvidos no crime, autores e cúmplices, identificados com mais clareza; o tráfico foi equiparado à pirataria; os apresamentos das embarcações seriam julgados pela auditoria da Marinha, enquanto os processos das pessoas incursas no crime de importação correriam aí somente até a pronúncia. Depois passariam ao foro comum, onde seriam finalmente julgados pelo tribunal do júri, composto, via de regra, por outros escravistas e interessados no negócio que dificilmente os condenariam. Com exceção do artigo 13, justamente o que revogava a lei de 1831 e legalizava a propriedade sobre africanos escravizados ilegalmente, todos os outros foram aprovados. Esta última e mais controversa questão foi debatida em sessões secretas entre os dias 22 e 26 de setembro. Deputados dos dois partidos se dividiram, sendo proposta moção pelo adiamento da discussão, que venceu por margem estreita, 32 a 29. Uma decisão quanto ao artigo 13 teria de esperar a próxima legislatura, que seria reiniciada em 1º de janeiro de 1850, caso se decidisse voltar ao assunto.[7]

As informações solicitadas por Paula Souza sobre projetos referentes ao tráfico sugerem que sua intenção de tratar da repressão ao contrabando – e, como veremos, de conseguir a aprovação do artigo 13 – já estava em fermentação antes que ele tomasse posse como presidente do Conselho de Ministros (ponto ainda não considerado por outros estudos, mas de importância fundamental para acompanhar os desdobramentos que levaram à discussão da matéria). O que teria ocorrido em 1848 para que o gabinete procurasse aprovar uma lei para reprimir o tráfico é questão que já se procurou responder, pois nos anos anteriores não havia sinal de que o Estado imperial se dispusesse a tanto.

Leslie Bethell destacou (ainda que de forma passageira, certeira) uma série de fatores que teriam motivado a apresentação do projeto. O gabinete 31 de maio estava preocupado com a quantidade sem precedentes de africanos que estavam sendo introduzidos no Brasil, e o medo de uma "africanização" produziu "uma espécie de reação, embora provisória, contra o tráfico negreiro". A preocupação das autoridades foi reforçada com a descoberta "de planos bem organizados para levantes armados de escravos", em Pelotas, no início de fevereiro, e em julho, em vários municípios do Rio de Janeiro (a conspiração de 1848 no Vale do Paraíba). A esquadra britânica aumentou o número de capturas na costa da África e apresou o navio negreiro Bella Miquellina em águas territoriais brasileiras no início do ano, o primeiro caso em quase dois anos. Não fosse o bastante, a situação no Rio da Prata, onde o Brasil tinha graves questões diplomáticas com o caudilho argentino Juan Manuel de Rosas (questões não detalhadas pelo autor), só poderia ser enfrentada se o Império ao menos tivesse alguma garantia de que a Grã-Bretanha se manteria neutra, "coisa que possivelmente só seria conseguida chegando--se a um acordo sobre o tráfico".[8]

Robert Slenes, a partir de minuciosa pesquisa, tem enfatizado a repercussão e o significado político que teve a descoberta do plano insurrecional em Vassouras e em outros municípios do Vale do Paraíba. As autoridades levaram muito a sério a conspiração, pois, além de coincidir com uma maior pressão britânica, "havia receios de possíveis ligações entre os cativos e os ingleses, e porque havia evidências de que os escravos, de fato, estavam a par da conjuntura, e inclusive esperavam receber a ajuda de soldados britânicos". Os "africanos livres" foram vistos como possíveis "vetores de ideias contagiosas", pois seu *status* legal, baseado na lei de 1831, teria servido como lembrança constante de todas as escravizações ilegais feitas desde esse ano. A conspiração causou "certo alvoroço nas altas esferas do governo", e "no segundo semestre de 1848 a resistência do Parlamento brasileiro a um projeto de lei que acabasse efetivamente com o tráfico de escravos começou a ceder".[9]

Beatriz Mamigonian, em estudo sobre a mesma conspiração, destacou que a presença de "africanos livres" entre os escravos foi percebida pelas autoridades que investigaram o caso como um fator de instabilidade, além, é claro, do próprio impacto do plano de insurreição. A categoria "africanos livres" referia-se aos escravos emancipados depois de resgatados de navios apresados e condenados por tráfico pela comissão mista no Rio de Janeiro, parte da convenção de 1817 com a Grã-Bretanha, embora devessem prestar serviços por 14 anos em instituições públicas ou a particulares designados pelo governo. Como todos os africanos entrados depois de 1831 tinham direito à liberdade pela letra da lei, a presença de africanos livres poderia levar os escravos a se darem conta da ilegalidade de sua escravização. Embora a autora não se detenha no projeto de 1848 nem em seus motivos e projete seu argumento para a lei de 1850, quando a situação foi agravada pela ação das autoridades britânicas na defesa dos africanos livres, os milhares de africanos ilegalmente escravizados foram vistos como um perigo pelo gabinete Paula Souza.[10]

Tâmis Parron observa que "é provável que os eventos do Vale do Paraíba tenham influído nas decisões dos ministros liberais", mas sustenta que esse elo "não é índice indisputável", pois "a preocupação máxima do gabinete" pelos idos de agosto ainda era mostrar à Grã--Bretanha "a nulidade da eventual aplicação do Bill Aberdeen contra o Brasil". A "única alusão parlamentar" que daria crédito à conspiração, proferida pelo ministro Dias de Carvalho, teria sido desacreditada pelo senador Bernardo Pereira de Vasconcelos, político influente do partido conservador e conhecido defensor do tráfico. Em estudo mais recente, argumenta que o governo imperial passou a temer que novas incursões da marinha de guerra britânica, "juntamente com o *status* ilegal de centenas de milhares de africanos escravizados, ameaçassem a segurança do país" (situação que teria se complicado com a descoberta do plano de insurreição). Parron, no entanto, minimiza e até coloca em dúvida o papel que a conspiração centro-africana no Vale do Paraíba e qualquer outra ação escrava desempenharam na apresentação do projeto em 1848, e as elide completamente dos motivos que levaram à aprovação da lei em 1850, no que segue de perto Jeffrey Needell.[11]

A pressão diplomática (em vários níveis) e as incursões da marinha britânica para o fim do tráfico eram graves o suficiente para nunca deixaram de estar presentes no cálculo político do governo imperial. Neste capítulo, contudo, também procuro chamar atenção para a situação nas fronteiras do Rio da Prata após a abolição da escravidão no Estado Oriental do Uruguai; para o aumento da resistência escrava em meio ao agravamento das relações diplomáticas entre o Brasil e a Argentina e o governo *blanco* de Oribe; para os movimentos de luta dos escravos nas principais províncias brasileiras em 1848 e sua repercussão no Parlamento e em outros níveis do governo imperial; para os processos de abolição nas Américas; e para o papel do abolicionismo internacional.

*

A situação do Império em suas relações com os governos do Rio da Prata estava sendo acompanhada com bastante apreensão na Corte. Editoriais, artigos, notas oficiais, cartas anônimas etc. estampavam os principais jornais do Rio de Janeiro, e portanto passavam a ser de conhecimento público. Nesse sentido, vale acompanhar a folha *O Brasil*, escrita por Justiniano José da Rocha, o mais importante publicista do Partido Conservador, cujas edições contavam com financiamento do partido.[12] Nesse período os liberais detinham o gabinete ministerial e Justiniano afirmava expressar as ideias e preocupações dos conservadores, ao mesmo tempo que proferia críticas contundentes a seus opositores. Em 23 de julho de 1850, afirmou "que quem diz *Brasil* diz o ministério [época em que os conservadores estavam no poder e em vias de aprovar nova lei para a repressão do tráfico, que de fato viria a encerrar o contrabando], porquanto o redator desta folha é, foi e há de ser o confidente íntimo, o depositário fidelíssimo de todos os pensamentos do seu partido e dos chefes políticos dele".[13]

Desde janeiro de 1848, *O Brasil* passou a redigir editoriais (e a publicar notícias) que versavam sobre a grave situação que havia surgido a partir da reconfiguração da fronteira entre um território livre e um escravista: a intenção de Rosas de recompor o vice-reino do Rio da Prata, assenhoreando-se do Uruguai e do Paraguai, e a ameaça de invasão do Rio Grande do Sul, a fim de reivindicar os limites de 1777. Nesse momento o receio em relação ao futuro da escravidão atingia frentes simultâneas, quais fossem a descoberta de planos insurrecionais de escravos, a suspeita de que estivessem contando com apoio estrangeiro, o fim da intervenção anglo-francesa – pois deixaria Juan Manuel de Rosas e Manuel Oribe desembaraçados para lutarem contra o Império, do mesmo modo que encerraria as atividades da marinha inglesa disposta no Rio da Prata –, e a repressão britânica contra o tráfico.[14] Toda essa situação causou profundo impacto na elite política do país e foi determinante para a apresentação de um projeto de lei, em setembro de 1848, para a repressão do tráfico de africanos.

Em 22 de fevereiro, *O Brasil* relatou a tentativa de insurreição em Pelotas, "a notícia mais grave das que nos vieram dessa província", mas, como de costume, enfatizou que notícias desse tipo eram exageradas, pois despertavam "pânicos terrores". O certo era que as autoridades policiais estavam agindo com zelo, e por ora nada haviam descoberto, "*apesar das imensas prisões que tem feito e dos severíssimos castigos a que tem recorrido*", de onde se pudesse inferir que houvesse instigadores ou ramificações. Ainda assim:

Já por diversas vezes, *apresentando os perigos que nos resultam da vizinhança das repúblicas do Prata, onde não há escravos*, e fazendo sentir a necessidade de neutralizar esses perigos inspirando simpatias profundas à população dessas províncias, falamos das incitações à insurreição ou pelo menos à fuga dos escravos do Rio Grande... Quem sabe se nas notícias de Pelotas não se realizam as nossas tristes previsões?[15]

No número seguinte extratou diversas notícias publicadas nos periódicos do Rio Grande do Sul sobre a conspiração, reproduzidas também nos mais importantes jornais da Corte. Em 26 de fevereiro dedicou uma parte específica aos "Negócios do Prata", recomendando "ao Sr. Saturnino [ministro dos estrangeiros] e a todos os saturnistas" um artigo publicado no *Nova Epoca* que *O Brasil* reproduzira no dia anterior. Ali se relatavam "fatos tristíssimos que a prudência política fazia pressentir, e que na fronteira do Rio-Grande sentem e sofrem os nossos patrícios". O Império tinha muito interesse na sorte do Uruguai, pois boa parte do território era propriedade de brasileiros. Oribe não apenas pretendia incorporá-lo "aos próprios nacionais" como cobiçava e ameaçava o território rio-grandense. Justiniano havia "pressentido" três agressões que agora se faziam sentir constantemente. A primeira era "o roubo atroz de gados", a terceira, o asilo dado aos desertores e a segunda, "*o acolhimento aos escravos fugidos, e a animação a essas insurreições, por ora em pequena escala mas que ao depois... e o governo brasileiro perdeu todo o juízo que não atende a esse perigo*".[16]

Em 18 de março, o *Monitor Campista* publicou um artigo anônimo intitulado "Os Brasileiros no Estado Oriental", reproduzido dias depois n'*O Brasil*.[17] A incúria ou a falta de previsão do governo imperial tinha concorrido para o aviltamento da "honra nacional diante de Rosas, das repúblicas limítrofes, das potências interventoras, do mundo". Prova do desconceito que Rosas fazia dos ministros brasileiros era ter mandado à Corte um agente de Oribe "com o pomposo título de Ministro Plenipotenciário Oriental". Saturnino de Souza e Oliveira, "que felizmente já não é Ministro dos Negócios Estrangeiros, em vez de repelir essa missão absurda", pois aceitá-la seria reconhecer Oribe presidente legal, propôs no Conselho de Ministros que não só se recebesse um agente de Oribe como se enviasse um do governo imperial. "Felizmente para a honra nacional foi repelida uma tal infâmia pelo Conselho de Estado".[18] De todas as províncias do Império, "a de mais crítica posição" era a do Rio Grande do Sul, pois, além dos roubos de gados e da proteção dada aos desertores:

> Quantas vezes ainda esses selvagens republicanos hão dado acolhimento aos escravos que fogem em magotes, buscando e encontrando guarida n'essas paragens infensas, d'onde nada mais sai [sic] por mais reclamações que se lhes dirijam? [...] Ah! isso se dava porque o nosso governo de nada sabia! sim[,] ele ignorava a recusa formal das autoridades de São Servando para entregarem esses escravos reclamados de Pelotas, os quais, depois de terem morto a tripulação de um iate onde iam para serem entregues a seu senhor, tinham abalado para o Estado vizinho! [...] Nada sabia acerca do vil proceder praticado com todos os brasileiros abrigados sob a proteção das suas leis, os quais viram-se forçados não só a perderem seus escravos existentes na república depois da promulgação do decreto que libertava-os todos em geral, como até aqueles que alguns brasileiros haviam conseguido transportar para o Rio Grande, obrigando os senhores que tal tinham feito a prestarem uma fiança até os restituírem! [...] *De nada enfim se sabia* [...] *nem dessa insurreição de negros insuflada por orientais que só por milagre deixou de fazer em Pelotas um outro São Bartelemy!*[19]

Notícias da conspiração mina-nagô reverberaram no Rio de Janeiro desde 22 de fevereiro, trazendo o agravante (afirmado por alguns, suspeitado por outros) de ter contado com a participação de agentes orientais, situação que se tornava mais séria em vista das contínuas fugas de escravos. A 30 de março, em ofício reservado ao ministro dos Estrangeiros, Silva Pontes deu parte de certo Aguirre, conhecido como aliciador de soldados, que andava propagando ser o momento de fazer guerra ao Brasil. O encarregado de negócios afirmou que, se o governo de Montevidéu fora o primeiro "a prejudicar-nos com a emancipação dos escravos, este passo com menos circunstâncias que possam atenuar-lhe a gravidade, foi ultimamente praticado por D. Manuel Oribe, *que não se contentando em emancipá-los, arrancou a viva força das fazendas, e casas dos brasileiros um grande número de escravos em cujas mãos entregou armas, que talvez em breve sejam apontadas contra nós".*[20]

Note-se bem a situação. Os escravos de brasileiros que estavam em território oriental quando fora decretada a abolição não apenas foram emancipados como estavam sendo armados pelos *blancos* para a guerra que se avizinhava contra o Brasil, situação idêntica à dos escravos fugitivos; ambos, desde então, soldados negros emancipados. Não fosse o bastante garantir suas liberdades e armá-los, agentes do Rio da Prata estavam incitando fugas e insurreições no lado escravista. Temia-se, ainda mais, que estivessem promovendo e dando apoio material às sublevações dos escravos, algo que, as fontes sugerem, teve lugar em Pelotas.

Justiniano, na edição d'*O Brasil* de 26 de fevereiro (vista acima), sem deixar de recear o presente, aludia ao perigo a que estaria exposto o Império num futuro próximo, tão logo Rosas e Oribe se desvencilhassem da intervenção anglo-francesa, pois a animação às insurreições que por ora eram em pequena escala poderia tomar outras dimensões quando os caudilhos pudessem obrar mais livremente. Era voz corrente que eles lançariam mão do incitamento à sublevação dos escravos, e a conspiração em Pelotas cumpriu seu papel. Contando com apoio, mais chances os escravizados teriam. Em 1848, não bastasse a crítica situação na fronteira sul, foram descobertos planos insurrecionais em diversas regiões do país e ao menos um caso de efetivo levantamento.[21]

Coincidência ou não, boatos de uma insurreição africana correram na Bahia ao mesmo tempo que os minas-nagôs se preparavam para o levante geral em Pelotas. A 9 de fevereiro, o presidente da província baiana, em ofício ao ministro da Justiça, solicitou "medidas rápidas e enérgicas" a fim de evitar um levante africano, fazendo notar o que se passara em 1835 quando da rebelião malê. Relacionou ainda um provável surto de insurreições em consequência da quantidade de escravos para lá transportados e o interesse de tantas pessoas na continuação do tráfico.[22] No dia 12, o *Mercantil*, uma folha local, deu conta dos boatos que há dias grassavam em Salvador e que agora pareciam mais fundados, pois alguns fatos impeliam a dar algum crédito aos rumores.

> Uma desobediência ostensiva se tem notado ultimamente em vários escravos para com seus senhores; e consta-nos mais que já houve pessoas que depois de queixar-se à autoridade policial, dispôs dos

que possuía para prevenir uma desgraça. Que os negros se tem desde algum tempo [se] mostrados mais insolentes e atrevidos que nunca, isso é uma puríssima verdade. Testemunham-se por essas ruas factos que fazem arrepiar as carnes ao homem mais indiferente. [...] Srs. da polícia, desassombrai os habitantes d'esta capital, providenciando energicamente a prol da sua tranquilidade; todos tremem, porque conservam ainda na memória as insurreições passadas: se tudo quanto geralmente se propala é sem fundamento convém positivamente afiançar-lh'o, e se há algum perigo a temer, deveis preveni-los para se defenderem.[23]

No mesmo dia, Feliciano José Teixeira foi autorizado pelo chefe de polícia "a fazer público, que atentas a cautelosas pesquisas e providências dadas, se reconhece não haver fundamentos para os boatos" e que a polícia estava vigilante, "sendo que não se tem publicado as medidas adotadas por não ser conveniente". O redator publicou o ofício no dia 14 de fevereiro, "para tranquilizar o público e sossegar as famílias aterradas", e concluiu dizendo: "Deus queira que todos esses boatos sejam infundados, e que a polícia se não iluda!".[24] *O Correio da Tarde*, jornal publicado na Corte, ao extratar parte da matéria, desconfiou, com razão, "que a polícia da Bahia não diz o que crê, ou não sabe o que há", além da pouca fé que se poderia ter em providências da polícia no Brasil.[25]

A imediata satisfação do chefe de polícia não dirimia a dúvida e dava a impressão de que algo havia. O medo de que os africanos escravizados se levantassem não se desfez e seguiu nos meses seguintes. O deputado Ferraz, em sessão da Câmara em 29 de julho, informou que a Assembleia provincial da Bahia realizou diversas sessões secretas para tratar do assunto, a fim de empregar todos os meios para que a população não fosse assustada com boatos de insurreição. "Eu desejava que a Câmara se compenetrasse da *existência dos elementos de desordem que ali se amontoam; não de desordem política, mas de outra classe que assusta muito mais*".[26] Em meados do ano o assunto ainda estava em pauta, e medidas de segurança estavam na ordem do dia.

O presidente da província de Minas Gerais, em relatório de 10 de abril, comunicou que alguns fatos de suma gravidade tinham ocorrido no distrito de São Thomé das Letras, onde "um grupo de calhambolas, acoutado nos matos e compostos de negros fugidos, a que se tinham agregado alguns soldados desertores, e homens e mulheres de diversas qualidades", tinham assassinado Manoel José de Carvalho, duas pessoas de sua família e uma escrava. As primeiras notícias foram recebidas em 23 de fevereiro e informavam que o levante quilombola se estendeu por outros municípios. De São Thomé das Letras os insurgentes seguiram para Baependy, "onde derramaram o susto por todo o município", e depois levaram "os seus estragos até o de Ayuruoca, onde em uma fazenda enforcaram uma escrava" que a vigiava na ausência de seu senhor. Posteriormente se descobriu que o levante "era mais vasto", sendo extensivo também ao município de Lavras do Funil.[27]

O presidente ordenou o envio de forças para todos esses pontos e a instauração de processo contra os envolvidos, e que se procurasse "descobrir todos os vestígios d'aqueles crimes e quais as causas da repetição de atentados tão enormes n'aquele distrito, onde, já no ano de 1833, cenas ainda mais bárbaras se apresentaram, e que se esforçasse para capturar os seus autores, e as pessoas que os haviam dirigido".[28] Mandou averiguar se havia no município pessoas desconhecidas, que se "vigiasse sobre os escravos fugidos, e acoutados, e fizesse destruir os quilombos, quando por ventura existissem". Posteriormente, proibiu que se viajasse sem passaporte, e que fossem estritamente vigiados os "estrangeiros, escravos e africanos livres, ou libertos". Não parou por aí, mandando guarnecer Pouso Alto e Capivary, "onde o grande número de escravos existentes nas fazendas tornava mais sério os receios dos moradores d'aquela extrema da Província". Segundo informou, alguns quilombolas estavam presos, e a punição dos delitos devia seguir de perto seu cometimento, mas outra parte dos insurgentes havia se refugiado na vizinhança da recebedoria do presídio do Rio Preto. Solicitava, por fim, 200 armas com correame, pois era urgente seu recebimento para serem remetidas para os municípios atacados pelos quilombolas e outros. Os sucessos em Minas Gerais alcançaram os jornais do Rio de Janeiro, e nesse caso não se travava de boatos ou planos frustrados de insurreição, mas de um levante concreto.[29]

Notícias de planos de insurreição, que deveria arrebentar no dia de São João, também chegaram de Lorena (São Paulo) e Paraty (Rio de Janeiro). Esses casos deram lugar a um relatório reservado do Ministério da Justiça, datado de 15 de março de 1848. O relatório versa sobre a possibilidade de combinação ou de um plano ramificado, que podia "ser filha ou de inspirações próprias, ou de sugestões tramadas por alguma sociedade gregoriana, ou agentes dos princípios abolicionistas da escravidão, ou qualquer outra influência estrangeira que conspire a colocar a administração em circunstâncias difíceis para impor-lhe condições apropriadas às suas vistas e interesses".[30] Nos documentos sobre o plano de insurreição, o juiz municipal de Lorena, José Rodrigues de Souza, observou que não podia afirmar com certeza se o plano derivava de alguma influência ou participação estrangeira, mas logo em seguida afirmou o que inicialmente pretendeu negar. Segundo disse, o que podia afirmar

> com toda a certeza [é] que este plano não foi filho das inspirações próprias dos escravos, devido a esse sentimento inato de liberdade, mas sim de hábeis pensamentos que com mão oculta o dirige: é um plano há tempo combinado com bastante premeditação, pelo que se depreende do processo respectivo, e interrogatórios dos pretos quando declaram serem convidados para pegarem em armas para o fim de haverem suas liberdades por meio da força, para o que os Ingleses os coadjuvariam visto que o Brasil acha-se bastante empenhado com aquele Nação da Inglaterra, e tanto mais por haver cessado o tráfico da escravatura, e outras proposições dessa natureza, não próprias de escravos que nem sabem ler.[31]

Rodrigues de Souza, em livre exercício de imaginação, dizia-se convicto de que o plano tinha ramificações em algumas províncias, ligando os acontecimentos ao levante quilombola em Minas Gerais, "e quiçá pelo Brasil todo, plano certamente devido a mais desmedida ambição, egoísmo, ou a inveja e ciúme que excita o Brasil a algumas nações", numa provável referência à Grã-Bretanha. Independentemente de alguma suposta ligação, os escravos implicados no plano de insurreição provavelmente tinham alguma ideia das complicações entre o Brasil e a Inglaterra em torno do tráfico de africanos e da escravidão, a ponto de imaginarem poder contar com o apoio dos ingleses para conquistarem suas liberdades. As notícias circulavam e nem sempre passavam despercebidas pelos escravizados, mesmo que muitas vezes eles aparentassem ignorar os assuntos discutidos pelos brancos. Jacques Toller, estrangeiro indiciado no processo, mas que ao fim foi despronunciado, afirmou em seu interrogatório que sempre falava sobre a "necessidade da abolição da escravatura no Brasil".[32]

Conforme ponderações do juiz de direito Francisco Lourenço de Freitas ao presidente da província de São Paulo, Domiciano Leite Ribeiro, os escravos, em seus interrogatórios, "procuravam um meio de minorar a gravidade de seus crimes". Contudo, o crioulo Agostinho, "principal agente da projetada insurreição", sabia ler e escrever e foi descrito como "muito sagaz", embora se encontrasse foragido. Jacques Toller frequentava a casa de Varanda, senhor do escravo, onde por vezes parava "por semanas, e ali lia jornais, e notícias estrangeiras sem reserva na vista do escravo Agostinho, pajem do Varanda", que por sua morte ficou liberto. O estrangeiro defendia ideais republicanos e também fazia "observações relativas ao estado atual do Brasil, reprovando a escravidão, e ponderando as consequências, que podiam seguir-se à semelhança das da Ilha de S. Domingos".[33]

Segundo Lourenço de Freitas, "nada mais natural do que Agostinho, preto sagaz e atilado[,] projetar a insurreição à vista do que ouvia" e insinuar que Toller fosse quem fornecesse os meios. Para o juiz, o plano não se estendia além "das circunvizinhanças da vila de Lorena, não tinha essa extensão e alcance, que alguém lhe queria dar, e menos eram envolvidos estrangeiros por princípios de Sociedade Gregoriana, ou Sansimoniana". Ainda assim, a fim de precaver-se, pediu "providências para se fazerem efetivas as leis policiais quanto a estrangeiros, que vagam pelo centro de nossas povoações, e fazendas, e que por ventura podem incutir ideias de liberdade sempre perniciosas a escravos, que naturalmente tendem a sacudir o jugo da escravidão".[34]

Em resposta aos esclarecimentos solicitados pela Assembleia Legislativa de São Paulo, em 27 de junho de 1848, o presidente da província, no entanto, afirmou que realmente havia um plano de insurreição que procurava se estender a outros municípios, mas quanto à "importância, extensão, e origem desse plano e sua ligação ou não com outros de igual natureza, que tem aparecido em diversas províncias, entende Sua Excelência que é cousa ainda não bem averiguada, e sobre a qual fora pouco seguro interpor desde já um juízo definitivo", a despeito da opinião do juiz de direito Lourenço de Freitas. Embora não houvesse no momento "sério motivo de receio", em vista das ações das autoridades e dos fazendeiros escravistas, não se devia "dar-se por satisfeito com as informações obtidas, tendo por conveniente entrar no exame deste negócio até encontrar o fio que o prende".[35]

Em 4 de abril, *O Brasil* publicou uma matéria intitulada "Boatos aterradores". Há tempos vinha da Bahia "notícias de receios de sublevações de Africanos", e, mesmo que as autoridades procurassem desmenti-los, "continuou a grassar a inquietação". No Rio Grande do Sul foi descoberto "um plano de levantamento de escravos, havendo até sinais de reconhecimento entre os conspirados"; visto, portanto, como um diferenciador. Há poucos dias corriam boatos de levantes em algumas fazendas de São Paulo, e de Minas Gerais, de um quilombo em Baependy. A matéria tem significado especial, pois o redator d'*O Brasil* jactava-se de não se aterrar com notícias dessa ordem, não era "daqueles cuja imaginação, abalando-se com quiméricos perigos, os exageram e fazem avultar". Como homem do Partido Conservador, tinha acesso a informações privilegiadas, e pode-se notar uma crítica ao relatório do ministério da Justiça sobre o plano de insurreição descoberto em Lorena. Segundo disse, "não ligamos pois essas notícias, não as combinamos, como alguns tem feito, para inferir que existe na população escrava de todas as províncias uma horrível conspiração". Entretanto, "sem ser timorato, sem ceder a pânicos terrores", chamava "*a atenção dos que presidem aos nossos destinos para perigos reais e gravíssimos no meio dos quais vivemos descuidados*".[36]

A sociedade estava fora dos eixos, a autoridade oprimia os cidadãos, os políticos se dividiam por questões eleitorais, e esse estado de luta não podia deixar de ser "funestíssimo" "em um país de população tão heterogênea". As agitações das camadas superiores "descem necessariamente às camadas inferiores, às últimas". Por mais bruta e ignorante que fosse a população escravizada e africana (preconceito externado, via de regra, pelos brancos), naturalmente, ela havia de se "aquecer e fermentar com as nossas paixões e os nossos debates; que, em contato conosco, com mais ou menos custo há de aprender em nossas lições":

> *Acresce que não existindo essa parte da população em países com quem temos relações ameaçadoras e hostis, mui naturalmente se deve recear que emissários desses países procurem entre ela terríveis auxiliares*. Eis o que a prudência humana aconselha que se receie; eis o que impõem toda a vigilância

e atenção. E ainda, se fosse homogênea a população escrava e africana entre nós existente, os riscos não seriam tamanhos, a vigilância, menos difícil, poderia ser menos constante; mas essa população não só é variadíssima quanto à sua origem (o que talvez seja uma garantia) como é diversíssima em sua posição, o que de certo é um mal. *Uma infinidade de escravos há cuja posição legal é completamente irregular... cumpre que para isso atenda o político... pode ser essa a causa dos nossos maiores males.*[37]

O ministério, que nada fazia a respeito desses perigos, devia ter uma autoridade mais "prestigiosa, respeitada, [e] forte, e não uma autoridade frenética e perseguidora", pois cumpria que a sociedade estivesse unida para se defender desses perigos, uma autoridade que concentrasse a confiança e os "esforços de todos".[38] A se manter esse estado de divisão, *O Brasil* entendia que a segurança interna do Império seria comprometida. A divisão entre os brancos, de um jeito ou de outro, chegaria ao conhecimento dos escravos, o que não poderia deixar de ser "funestíssimo". Como nas colônias britânicas e nas repúblicas do Rio da Prata já não existia a escravidão, e com esses países o Brasil mantinha relações ameaçadoras e hostis, devia-se recear que abolicionistas ingleses e agentes oribistas e rosistas procurassem apoio na população escravizada e africana, nada menos do que "terríveis auxiliares" em caso de guerra com o Brasil, já que seriam motivados pela conquista de suas liberdades.

Ademais, se a população escravizada era variada em sua origem (escravos nascidos no país e escravos de diferentes nações africanas), o que poderia ser uma garantia contra sua união, ela era diversa em sua posição. Desde a lei de 1831, todos os escravos entrados no Brasil eram livres por direito, e isso correspondia, em 1848, a centenas de milhares de africanos escravizados ilegalmente, "cuja posição legal é completamente irregular", o que poderia ser "a causa de nossos maiores males". Melhor explicitar o que foi dito sem ter sido dito. Emissários estrangeiros podiam fazer ver aos africanos contrabandeados seu direito à liberdade, que essa liberdade lhes fora usurpada e era negada pelos senhores, governo e brancos em geral. Poderiam disseminar ideias abolicionistas que agitassem os escravos na busca de seus direitos, a lutarem contra sua escravização, a insurgirem-se. Nada mais perigoso em um país alicerçado na exploração de milhões de pessoas escravizadas.

A percepção dos perigos foi externada por diversas autoridades, e tal percepção, na visão de alguns políticos, passou a ser relacionada ao volume cada vez maior de africanos introduzidos pelo tráfico. A intervenção de Paula Souza em 5 de maio, no início das sessões do Senado, muito provavelmente era informada pelos planos de insurreição de escravos recentemente descobertos e pelo levante quilombola em Minas Gerais, além dos diversos boatos que correram o país. A questão sobre "certa porção da escravatura do Brasil" era muito grave – leia-se a população africana ilegalmente escravizada e sua contínua introdução no Império –, e o senador desejava fazer algumas perguntas ao ministro em relação ao tráfico, matéria que já contava com uma lei aprovada no Senado (em referência ao projeto do Marquês de Barbacena de 1837) e com um projeto oferecido por ele que estava em poder da respectiva comissão. Como a matéria podia tocar em objetos internacionais, no caso, as questões diplomáticas com a Grã-Bretanha, se Limpo de Abreu entendesse que a questão devia ser tratada em segredo, solicitaria discussão em sessão secreta.[39]

O receio por parte dos estadistas do Império, autoridades diversas e senhores de escravos seria aprofundado em poucos dias, quando tiveram conhecimento da conspiração centro-africana extensiva a vários municípios do Vale do Paraíba, onde se concentravam milhares de escravizados que trabalhavam nas fazendas de café. Ao que parece, o ministro da Justiça só teve conhecimento do plano de rebelião por volta de 11 de maio. Em 7 de junho, Manoel de Jesus Valdetaro, presidente do Rio de Janeiro, informou em seu relatório que "a quadra" em que governou a província "podia tornar-se bem difícil em razão dos últimos acontecimentos da Europa", numa referência à revolução que levou à Segunda República na França, cujas repercussões podiam levar a "grandes catástrofes sociais", no caso, a contestação – e quem sabe, no limite, a derrubada – do governo monárquico no Brasil.

> O mesmo poderia dizer, quanto à segurança de vida e propriedade dos cidadãos, se no pouco tempo, em que regi os destinos da Província, não tivesse de *providenciar acerca de um acontecimento que pareceu ameaçá-la seriamente. Manifestando-se, ainda em tempo de meu antecessor, por alguns ligeiros sintomas, assumiu ultimamente um caráter tão pronunciado*, que julgo de meu dever chamar a ele mui particularmente

a atenção de V. Ex.ª. O acontecimento, a que aludo, teve lugar nos Municípios de Valença, Vassouras e Angra dos Reis, e sobre ele achará V. Ex.ª no Arquivo da Secretária todos os esclarecimentos de que houver mister. Tomando a mim a tarefa de rastrear todos os fios desse acontecimento, de examinar suas causas e origem, cheguei a alguns resultados, que não são seguramente lisonjeiros, e que deixo de expor por motivos que V. Ex.ª facilmente compreende, podendo quando queira verificá-los pelo exame dos fatos que tiveram lugar.[40]

Informou ainda que, depois de levar tudo ao conhecimento do governo imperial, tomou "aquelas medidas que a força das circunstâncias parecia reclamar", enviando forças para os pontos ameaçados. Como a questão era "de natureza tão melindrosa", insinuou às autoridades locais que se abstivessem da instauração de processos e focassem nos meios policiais de repressão, e para que fossem estritamente vigiados os estrangeiros. Essas medidas e o *"zelo e a atividade das próprias partes interessadas em bem guardarem sua propriedade viva*, conseguiram, até hoje pelo menos, obstar a que o mal fosse por diante, e estou que conseguiram cortá-lo em suas raízes".[41]

Mas a apreensão não diminuiu. Em pouco tempo o novo presidente do Rio de Janeiro enviou um dossiê sobre a conspiração para que a Assembleia provincial desse sua avaliação. Debatida em sessão secreta, resultou num relatório finalizado em 8 de julho. Segundo Robert Slenes, a "comissão especial" concluiu que o plano insurrecional existia, os diretores do movimento eram estrangeiros residentes na Corte e mascates livres eram os encarregados de articularem e passarem as informações aos escravos. Ademais, o "racismo da comissão e seu medo obsessivo de estrangeiros (vistos, talvez, como instigados pelo governo britânico)", impediam-na de ver uma lógica e organização próprias dos escravos para se levantarem contra a escravidão, ainda que informe bastante sobre os receios das autoridades no conturbado ano de 1848.[42]

É provável que tenha havido mais de uma sessão secreta para debater a conspiração, já que Justiniano novamente teve informações privilegiadas. Antes de o relatório ser concluído, *O Brasil* publicou dois longos editoriais sobre um tema que comumente se recusava a tratar, e de fato seria a última vez que trataria da matéria tão abertamente. Apareceram em 6 e 7 de julho, intitulados, respectivamente: "Os elementos", e "Ainda os elementos" (leia-se escravos). O primeiro inicia com uma crítica incisiva ao gabinete Paula Souza, pois estaria intimidando a população "com os tão falados *elementos*", pretexto para outorgar poderes discricionários, alcançar objetivos eleitorais e taxar mais um imposto a fim de angariar fundos para os gastos com agentes secretos. Criticou severamente as diligências das autoridades por não terem identificado "toda a extensão do perigo", "*talvez mais grave, muitíssimo mais grave do que se afiguram [a]os que deles falam*".[43]

Se Paula Souza "compreendesse bem esses perigos de que fala e de que se finge tão assustado", teria "ligado todos esses fatos e sobre eles meditado" – em referência às notícias chegadas quase ao mesmo tempo do Rio Grande do Sul, de Minas Gerais, de São Paulo e do Rio de Janeiro. Teria "atendido" ao perigo de, num país católico, consentir-se "que missionários de seitas religiosas, que em todas as partes do mundo se dedicam à propaganda abolicionista, tenham andado pelo interior do país a espalhar bíblias". Se tivesse examinado a posição diplomática do Brasil e "*a tendência permanente de certo governo que, já por ódio à França, tanto contribui para as matanças em São Domingos*; se reparasse na tendência de algumas publicações que aqui se fazem", sentiria necessidade de acalmar senão a "luta dos partidos, ao menos os ódios políticos que tão implacáveis se mostram". Organizaria a administração e a polícia com homens cordatos e respeitados, e "incumbir-lhes-ia a *necessária vigilância* que verificassem todas essas suspeitas, que *seguissem todos os rastilhos dessa terrível mina*".[44]

O ministério fazia uma farsa do perigo, "talvez mais sério a que possa achar-se exposta a sociedade brasileira, *perigo social, profundíssimo*", apenas para obter "a suspirada ditadura legislativa, ou ao menos o triunfo de uma série de medidas políticas que complete os seus anelos de irrefletido reformador". *O Brasil*, ou os saquaremas, tinha evitado o quanto fora possível "ocupar-nos com o *assunto desse artigo; é ele da natureza desses em que toda a discussão pode ser nociva, pode trazer alguma funesta imprudência*", mas, como assim queriam Barbacena e Paula Souza, estava ele aí lançado. Concluía dizendo que até hoje o Império estava à mercê da providência (divina), que os tinha "arredado dos precipícios", "neutralizado todas as causas de infalível ruína", "arredado todos os cachopos contra os quais parecia ir naufragar a nau do Estado entregue a pilotos ou perversos ou ignorantes, ou descuidados... *pode ser porém que a Providência canse de proteger-nos, e então...*".[45]

O Brasil não se deu por satisfeito, e no número seguinte foi ainda mais explícito. Voltou ao tema das seitas religiosas, mas deu o nome exato dessa vez. Se o governo tivesse se ocupado com os negócios do país, teria percebido a facilidade com que missionários metodistas viajavam pelo interior e a relacionaria com o aparecimento em Pernambuco, tempos depois, da "seita iconoclasta do preto Agostinho, enredando com o mais requintado misticismo a relação" desta província.[46] Segundo Marcus de Carvalho, o chefe de polícia de Pernambuco suspeitou que a seita fosse "um disfarce para uma sociedade secreta que tencionava insurgir os negros". Agostinho, crioulo livre, 47 anos de idade, era conhecido por "divino mestre" e tinha perto de 300 seguidores. Na casa de um discípulo "foi encontrada uma bíblia, onde estavam marcadas as passagens que tratavam do fim da escravidão. Mais grave ainda: encontraram alguns papéis que tratavam do Haiti".[47]

Apesar da gravidade, Justiniano relatou que o governo se contentou em deportar Agostinho e seus companheiros para Fernando de Noronha, quando cumpria ter "recomendado toda a vigilância, toda a atividade à polícia para descobrir quem havia comunicado ao preto Agostinho essas doutrinas de misticismo, e qual o alcance e a extensão dessa doutrina". Evidentemente, *O Brasil* acreditava que uma pesquisa minuciosa revelaria que tais doutrinas haviam sido disseminadas por abolicionistas britânicos, embora o próprio Agostinho tenha afirmado "que fora doutrinado por 'inspiração divina'".[48] Justiniano foi além e, com rara visão, traçou em detalhe o quadro que estava sendo desenhado no país.

> *Não há quem não saiba que a famosa insurreição de São Domingos teve incitamentos, armas e munições ministradas pelo governo inglês em ódio à França e para roubar-lhe essa importante colônia. O governo imperial devia pois, inteirado disso, e achando-se no meio de grandes e complicadas questões com esse mesmo governo, ocasionadas pelo tráfico, deveria pois estar sempre suspeitoso e vigilante.* Mas o governo do Brasil só tinha vigilância para exterminar saquaremas. *Havendo ao sul do Império repúblicas em que não há escravos, e estando as nossas relações com a principal delas no ponto de maior gravidade, não deveria o governo deixar de atender muito e muito às consequências dessa diversidade nos elementos da nossa população.* [...] *E os perigos foram se agravando...* Felizmente a Providência que sem dúvida assentou em salvar-nos em despeito de todas as loucuras

humanas, fez aparecer no Rio Grande [do Sul] um rastilho da mina, e a polícia descobriu os elementos de uma conspiração cujos fins eram... e ao depois fugirem para o estado oriental: o crime devia ser cometido em dia de São João [sic]. Esse rastilho não bastou. A Providência fez aparecer outro em Minas, e dizem-nos também em São Paulo. Em Minas, como no Rio Grande [do Sul] e talvez em São Paulo, as autoridades despertaram, deram algumas providências, e estas bastaram para evitar o perigo. *Não despertou porém o governo geral, nem a grande polícia da Corte; nada se examinou, nada se procurou saber.* Condoeu-se ainda do Império a Providência e fez *aparecer outro rastilho, e este na maior proximidade do governo geral, na província do Rio de Janeiro*! Era a mesma combinação, o mesmo espírito do religioso misticismo, a mesma profanação do nome do Crucificado, os mesmos sinais exteriores, e até o mesmo dia emprazado para o rompimento.[49]

Há uma mudança perceptível na avaliação de Justiniano, especialmente para quem, dois meses antes, se gabava de não se aterrar com notícias dessa ordem, o que indica que a descoberta da conspiração no Vale do Paraíba causou forte impacto em sua percepção dos acontecimentos, pois, além de bem organizada e disseminada entre escravizados de vários municípios, iria eclodir nas proximidades da Corte. Agora passava a temer um novo São Domingos no Brasil, se continuassem a divisão entre os brancos e as graves questões diplomáticas – com a Grã--Bretanha, por conta do tráfico; com as repúblicas do Rio da Prata, onde já não havia escravidão, por diversos motivos – situação agravada pelos movimentos de luta dos escravizados pelo país.

No contexto das lutas políticas durante a Revolução Francesa, num processo que acirrou contradições raciais latentes entre a população livre de São Domingos, grande parte composta de *gens de couleur* ("pessoas livres de cor") que passaram a reivindicar representação e participação política em ambos os lados do Atlântico, os escravizados tiveram oportunidade de se levantar contra a escravidão. Em 22 de agosto de 1791 teve início a mais bem-sucedida revolta de escravos que o mundo já havia visto, ou veria. Embora os revolucionários negros não tivessem *a priori* "a ideia de alcançar a independência política e a formação de um Estado-nação", esse foi o resultado da própria construção de sua autoemancipação após 13 anos de lutas, quando proclamaram o Estado do Haiti, em 1º de janeiro de 1804.[50]

A derrubada da escravidão, no entanto, "exigiu protagonistas conscientes e dedicados, assim como condições favoráveis. Sem o surgimento dos 'jacobinos negros' em 1793-1794 e sua aliança com a França revolucionária, não se teria consolidado a emancipação generalizada em São Domingos", como argumenta Robin Blackburn. Depois de os escravos já terem repelido as tentativas de reconquista e a reimplantação da escravidão por parte da Espanha (1792-1795) e da Grã--Bretanha (1794-1798), entre 1802-1803 derrotaram a própria França de Napoleão. A colônia escravista que havia sido a maior produtora mundial de açúcar, café e algodão do mundo em 1790, fruto da exploração de aproximadamente 465 mil negros escravizados, despontou no início do século 19 como o primeiro país a abolir a escravidão nas Américas e a "afirmar a liberdade civil de todos os habitantes".[51] Não à toa, n'*O Brasil*, Justiniano traçou um paralelo entre a insurreição de São Domingos e o que estava se desenhando no país.

Os artigos publicados certamente foram lidos com bastante atenção pelos membros de ambos os partidos. O quanto essa visão era compartilhada é difícil saber sem cotejar outras fontes, mas deve ter sido motivo de intensos debates entre Justiniano e os "chefes" do Partido Conservador, já que se dizia "confidente íntimo" e "o depositário fidelíssimo de todos os pensamentos do seu partido". Talvez haja certo exagero nessa fidelidade de pensamento, mas a matéria tratada estava (ou passou a estar) na mente da elite política, e trazia sérios elementos para reflexão. Os estadistas do Império, contudo, informados como estavam dos assuntos diplomáticos e do contexto escravista americano, não precisavam, necessariamente, ter lido os artigos para se darem conta da gravidade da situação.

Em ofício de 20 de fevereiro de 1845, Miguel Maria Lisboa, encarregado de negócios na Venezuela, informou ao ministro dos Estrangeiros, Ernesto Ferreira França, sobre a atividade de abolicionistas britânicos em Caracas a fim de "emancipar[em] toda a escravatura da República". A principal suspeita recaía sobre Mr. Wilson, encarregado de negócios da Grã-Bretanha, que simpatizava e "por certo" ajudava Guzmán, principal líder abolicionista venezuelano. Wilson havia se constituído em "agente de manobras tenebrosas" para "favorecer e desinquietar os escravos", a fim de ali estabelecer "o primeiro exemplo de emancipação, que terá depois de ser lançado em rastro a outros países".

Em sua opinião, o pequeno número de escravos na Venezuela podia ter persuadido as sociedades abolicionistas inglesas a fazerem um ensaio de emancipação. Com ou sem o apoio ou a ingerência do governo britânico ou de sua legação em Caracas, "é certo que o espírito do abolicionismo está em ação nesta República, como há estado frequentemente em Cuba e nas Antilhas Francesas, o que julguei do meu dever levar ao conhecimento de V. Ex.ª, pelos perigos que uma tão insidiosa e sútil política pode engendrar no Brasil". A lápis, no mesmo ofício, o ministro dos Estrangeiros escreveu: "Comunique em reservado este ofício por cópia ao Sr. ministro da Justiça a fim de que fique de sobreaviso acerca das tentativas abolicionistas, que aparecem em Venezuela e se atribuem à influência inglesa e possa tomar as medidas conven[ientes], não só para [evitar] que elas [se tornem] extensivas ao Brasil como para coibi-las no caso de que apareçam também em [algumas] das províncias do Império".[52]

Um mês depois, Lisboa oficiou novamente a Ferreira França. A circunstância era notável, pois passou a residir em Caracas certo "Mr. Cockin[g], secretário que foi do cônsul inglês na Havana, Turnbull, e que dali foi obrigado a sair, por motivo de uma insurreição de negros".[53] Tratava-se de *La Escalera*, conspiração na qual os dois agentes britânicos teriam servido como ponte entre os cubanos para conseguirem a independência da Espanha e a emancipação dos escravos. Embora o vínculo não tenha sido confirmado, os indícios eram fortes, e o mais importante é que em 1843 ocorreu um ciclo de revoltas escravas em Cuba, gerando uma extensa investigação que resultou em dezenas de execuções, mais de mil prisões e centenas de desterros, incluindo escravos, brancos e "homens livres de cor".[54]

Cocking estava de secretário do encarregado britânico na Venezuela, e recentemente havia circulado num periódico "uma espécie de proclamação", "recomendando a abolição da escravidão e *redactada* em termos capazes de fazer uma forte impressão nos ânimos dos escravos e da gente de cor livre", e as suspeitas de Lisboa recaíam sobre o agente britânico recentemente chegado à República. Em 10 de março correram rumores de que Guzmán seria preso "em virtude de uma conspiração", mas "juntou-se em sua casa numeroso gentio composto de negros e homens de cor armados, que dali saíram a correr a cidade, dando 'vivas' e 'morras' alarmantes até alta noite". O congresso procurou tramitar nas

Câmaras uma interpretação da Constituição que permitisse "expulsar da República os negros que, em número de mais de 50, aqui tem aportado de Havana, depois da última insurreição". Lisboa suspeitava que, se Guzmán ganhasse um ministério nas próximas eleições, influiria nos termos do tratado de limites com o Brasil e, sendo "um dos corifeus do abolicionismo", não "consentirá jamais na extradição de escravos, que me parece convir ao Brasil obter desta República, para facilitar negociações semelhantes com Bolívia e Uruguai".[55]

Os políticos proeminentes do Império não ignoravam o que se passara em São Domingos no final do século 18, tampouco em Cuba em 1843; acompanhavam de perto os processos abolicionistas e as emancipações que estavam a ocorrer nas Américas, a mais recente nas colônias francesas por decreto de 27 de abril de 1848, e não perdiam de vista os embates sobre a escravidão que beiravam a guerra civil entre os estados sulistas e nortistas da União Norte-Americana.[56] Estavam cientes de que as abolições traziam a questão da não devolução dos escravos fugitivos e, portanto, era preciso tentar estabelecer tratados de extradição mesmo com países onde as fugas eram mínimas ou inexistentes, mas que podiam ser úteis para se firmarem tratados com nações onde a questão tinha maior alcance e transcendência. Não ignoravam as atividades abolicionistas britânicas, e seus receios eram fundados em precedentes ocorridos em outros países, que não tornavam suas suspeitas de incitamento e apoio às insurreições escravas um simples delírio.

O Brasil, entretanto, ao mesmo tempo que revela o ponto a que chegara a apreensão em relação aos levantes de escravos em meados de 1848, e a quase paranoia quanto à participação de estrangeiros, também deixa flagrante a ignorância a respeito da cultura dos escravizados africanos. Segundo Robert Slenes, nas grandes fazendas do Rio de Janeiro e de São Paulo, os africanos adultos correspondiam a 80% ou mais dos escravos, e provinham sobretudo da África Centro-Ocidental. Os povos de origem *kongo* (*bakongo*) e *mbundo*, "junto a migrantes de grupos relacionados", passaram a formar "a matriz cultural das senzalas do Sudeste a partir da década de 1820" e "compartilhavam uma herança cultural e um patrimônio linguístico bantu", além de pressupostos cosmológicos semelhantes. Ao analisar o plano de insurreição no Vale do Paraíba, o autor localizou a origem da conspiração num culto religioso (cultos *kongo* de aflição de tipo *Kimpasi*), o que significa dizer que essa tradição centro--africana compartilhada foi um vetor do plano rebelde dos escravos.[57]

Os insurgentes estavam divididos em "círculos compostos de 50 escravos". O chefe de cada círculo era denominado "Tate", ou Pai, seguido por seis imediatos chamados "cambondos"; três ou mais negras com o título de "mocambas do anjo", e todos os demais "Filhos do terreiro". O levante estava marcado para romper em 24 de junho, dia de São João Batista, e começaria com o envenenamento dos senhores pelas mocambas do anjo, que mantinham contato mais próximo com os senhores. Os que sobrevivessem ao veneno seriam mortos a "ferro". Um juiz que presenciou o processo contra os conspiradores concluiu que a "sociedade era de natureza mística, porque, com suas aspirações à liberdade, votava um culto supersticioso à imagem de Santo Antônio". A sociedade, conhecida por "Ubanda" (*Umbanda*), ainda teria superiores denominados tates--corongos.[58]

Slenes vem demonstrando que "os 'cultos de aflição[-fruição]' centro-africanos, individuais e 'comunitários' (estes últimos orientados para a cura de males sociais e dirigidos aos ancestrais antigos e gênios tutelares) proliferarem no Sudeste" e "parecem ter servido como *locus* privilegiado para a oposição dos escravos à sua condição", de forma semelhante à conotação política que tinham na África. Conforme o autor, suas novas descobertas apoiam "a hipótese de que uma identidade centro-africana re-significada caracterizava uma proporção substancial dos escravos de *plantation* [no Sudeste do Brasil em meados do século]".[59]

Ao ignorarem a cultura dos escravizados, os escravistas e os brancos em geral, incluindo a elite política, não tinham capacidade de imaginar que eles pudessem ter crenças e capacidade de auto-organização centradas em visões cosmológicas africanas reinventadas no Novo Mundo,[60] por isso lhes restava o pânico de que missionários metodistas estivessem difundindo "doutrinas de misticismo" e arquitetando planos insurrecionais (ou por meio de informações e incentivos de gente livre). No caso da conspiração em Pelotas, há fortes indícios de que houve participação de agentes secretos do Rio da Prata, mas, como já vimos, os rebeldes minas--nagôs tinham inúmeros motivos para insurgirem-se além de uma cultura em comum a uni-los no objetivo da revolta, e tanto melhor se pudessem contar com apoio e condições favoráveis. O mesmo parece ter ocorrido na conspiração centro-africana no Vale do Paraíba, como é possível inferir recorrendo ainda às informações de Justiniano. Segundo escreveu:

> Hoje se algum perigo ainda há na fermentação dos elementos, esse perigo tem sua sede na cidade do Rio de Janeiro: é aqui que deve exercer-se a alta vigilância policial: um rompimento atual é impossível na província, porquanto a vigilância dos nossos fazendeiros e o auxílio da Providência dissiparam todos os planos; *os chefes estão presos, os instrumentos estão descentralizados, desmoralizados, muitos deles presos também*... hoje pois o que é urgente é vigilantíssima, habilíssima polícia, que, por meio de processos regulares, consiga descobrir toda a verdade, e orientar-se para evitar perigos futuros, para habilitar a autoridade suprema a dar as providências necessárias.[61]

Ainda que o redator d'*O Brasil* escreva por meio de subterfúgios, é possível que "instrumentos" seja uma referência a estrangeiros. Mesmo que Justiniano *talvez* não tenha percebido, e certamente não o admitiria, se os estrangeiros eram apenas "instrumentos", os agentes principais da ação eram os escravos. Seja como for, sabemos o bastante, desde os estudos de Robert Slenes, para assim considerá-los. No excerto do artigo ainda consta informação preciosa, pois dá a ver uma pequena parte das diligências repressivas: os chefes estavam presos, os instrumentos, descentralizados e desmoralizados, e muitos presos também. Não acreditava que no momento houvesse possibilidade de rompimento nas regiões de grande lavoura, pois a vigilância dos fazendeiros havia dissipado a conspiração, no entanto fez ver que ainda era de urgente necessidade uma polícia hábil e vigilante que conseguisse "descobrir toda a verdade". Somente dessa forma os escravistas e as autoridades poderiam se orientar e, quem sabe, diminuir sua ignorância, de modo a "evitar perigos futuros". Ora, tudo isso deixa evidente a agitação e a apreensão senhorial que se espraiou pelas fazendas do Vale do Paraíba, o mesmo podendo ser dito quanto à elite política na Corte imperial.

No momento, o grande perigo a recear na "fermentação dos elementos" residia na cidade do Rio de Janeiro, onde devia ser exercida "a alta vigilância policial". Justiniano estava ciente da gravidade deste último rastilho da mina, pois ficava "na maior proximidade do governo geral". No início da década de 1820 a cidade do Rio de Janeiro já contava com a maior população escrava urbana das Américas, num total de 40.376 escravos, ou 46,77% da população. Em 1849, a população escrava havia praticamente dobrado, perfazendo 78.855 escravos (38,3% da população da cidade), dos quais nada menos do que 52.341 eram africanos (66,38%).[62] Logo se percebe que havia sérios motivos a temer quanto à segurança interna do Império caso rompesse uma insurreição na cidade do Rio, onde se concentravam dezenas de milhares de escravizados, grande parte desembarcada no período da ilegalidade do tráfico e onde residia a elite política do Brasil.

*

Não bastasse a apreensão do governo imperial com a resistência imposta pelos escravos Brasil afora, e o medo de que estivessem contando com apoio estrangeiro, em março agentes das potências interventoras anglo-francesas chegaram a Montevidéu com o objetivo de negociarem novas bases para o fim da intervenção. A questão, tratada como de suma gravidade, foi novamente discutida na Seção de Negócios Estrangeiros do Conselho de Estado, realizada a 8 de maio, por solicitação do Imperador. Notas e cartas confidenciais enviadas do Uruguai informavam que a França e a Grã-Bretanha levantariam o bloqueio naval e restituiriam à Argentina a ilha de Martim Garcia e a flotilha de Buenos Aires; as tropas estrangeiras em Montevidéu seriam desarmadas (compostas na maior parte por soldados franceses); seria concedida anistia geral aos beligerantes e as propriedades e vidas dos estrangeiros, garantidas; Oribe entraria na capital como presidente da República para governar o tempo que ainda lhe restava quando "abdicou", mas somente depois que as tropas argentinas sob o seu comando evacuassem o território oriental.[63] Como já fora notado, Juan Manuel de Rosas e o caudilho oriental, logo após se desvencilharem da França e da Inglaterra e dominarem o Uruguai, se lançariam na conquista do Paraguai e na luta contra o Brasil.[64]

Na opinião de autoridades mais bem informadas, entretanto, o mais provável após o desfecho da intervenção seria um ataque ao Rio Grande do Sul.[65] Assim pensavam pelo fato de as forças de Urquiza (general de Entre Ríos, província argentina) estarem nas proximidades do rio Uruguai e algumas tropas de Oribe terem sido postadas na fronteira do Rio Grande do Sul, além da "insistência deste em não despedir as tropas argentinas antes da dita entrada na praça, o que, no conceito dos mencionados ministro [oriental] e encarregado de negócios, conseguirá dos interventores". Acreditavam que o expediente mais apropriado para impedir a invasão do território brasileiro seria "opor-se o governo imperial à entrada de Oribe em Montevidéu e tomar esta praça debaixo da sua proteção".[66]

A seção era composta por Bernardo Pereira de Vasconcelos, Honório Hermeto Carneiro Leão, dois próceres do Partido Conservador, e Caetano Maria Lopes Gama, que apresentou voto separado. Mesmo que os receios fossem fundados, entendiam que não seriam colhidos os resultados esperados, e Urquiza e Oribe invadiriam o Rio Grande do Sul como agredidos, e não como agressores. O Brasil também não tinha forças suficientes para tanto, pois o exército não estava completo e dificilmente seria possível completá-lo, por isso acreditavam que uma intervenção no Rio da Prata, pela qual nunca votaram, seria "prejudicialíssima à integridade do Império, sem que dela resultasse o menor benefício à causa dos orientais". Em suma, mesmo que se realizassem todos os receios que motivaram a consulta, não faltaria ocasião para o Brasil intervir e salvar a independência do Uruguai, se assim julgasse conveniente. Portanto, o parecer da seção era de que o governo devia manter a perfeita neutralidade, fortificar o Rio Grande do Sul, pressionar pelo Tratado de Paz e, caso Oribe entrasse em Montevidéu com o auxílio de tropas argentinas, e o Brasil não quisesse desistir dos direitos reservados pela Convenção de 1828, devia adiar o reconhecimento de Oribe até que uma assembleia constitucionalmente eleita confirmasse sua autoridade.[67]

Lopes Gama divergiu neste último ponto por ser impolítico e perigoso, motivo pelo qual apresentou voto separado. Adiar o reconhecimento de Oribe seria avaliar seu direito ao poder após já tê-lo obtido, e importaria a retirada de Silva Pontes de Montevidéu, "deixando em abandono os interesses e direitos dos brasileiros, no momento em que mais preciso será advogá-los e defendê-los com esclarecido zelo e habilidade". Ademais, "se alguma coisa pode acelerar o rompimento das hostilidades, que receamos, é seguramente o adiar-se o reconhecimento do chefe vitorioso do Estado Oriental", guerra para a qual "desgraçadamente" o Brasil não estava preparado. Concordava com a fortificação do Rio Grande do Sul, mas não com o Tratado Definitivo de Paz, pois julgava que havia outros tratados mais urgentes a serem celebrados com as repúblicas do Rio da Prata.[68]

O ministro da Guerra, na sessão do Senado em 20 de maio, observou dever ter em vista as despesas e o estado financeiro do governo, "mas também devo exigir todas aquelas medidas necessárias para a defesa da honra e dignidade nacional, e sustentação da ordem e tranquilidade pública". O general Soares de Andrea, presidente do Rio Grande do Sul, havia exigido uma "não pequena porção de armamento", e era "necessário aumentar a força ali existente, o que se não pode fazer senão com o transporte dos batalhões que se acham nas províncias do norte". O presidente, além do mais, pediu um crédito para dar início a todas as obras militares de fortificação e trincheiras. Segundo o ministro da Guerra, "são estas obras talvez de urgentíssima necessidade para defender aquela província".[69] Tais obras e o aumento de forças visavam à iminente guerra no sul, mas as medidas das autoridades também tinham em mente o grande número de escravos concentrados em Rio Grande e Pelotas.

Em ofício a Paula Souza, já no cargo de presidente do Conselho de Ministros, datado de 24 de junho, Soares de Andrea discorreu sobre a situação da província após a guerra civil e sobre o descontentamento do ex-general farrapo Antônio de Souza Netto e sua influência no Estado Oriental, além da relação de amizade que mantinha com Oribe.[70] Por informações vindas do Uruguai, amigos de Netto garantiam que ele seria incapaz de "entrar em guerra contra o seu país, servindo a estrangeiros", embora o presidente observasse que "servir a estrangeiros não é o mesmo que servir as suas opiniões, e a seus projetos", pois lhe disseram "que seria capaz de entrar em qualquer revolta desta província". Nos anos subsequentes à guerra, o governo imperial estava em estado de alerta contra uma possível nova rebelião, e Netto era um dos mais vigiados, a ponto de colocarem um agente secreto trabalhando como peão em sua estância no Uruguai. O presidente ainda relatou que certo coronel Aníbal estava no Cerrito junto a Oribe quando ali chegou "a notícia da *espécie de levantamento de negros que tinha aparecido em Pelotas, e este Aníbal percebeu bem que semelhante notícia era ali esperada, e que foi recebida com grande contentamento*; e teve motivos para se persuadir que esse pouco que houve foi obra de Netto". Pessoas com bastante influência na fronteira asseguraram a Aníbal "que *brevemente haveria outra igual sedução*".[71]

Em agosto ou setembro chegou às mãos do presidente uma carta/aviso remetida pelo cônsul brasileiro no Uruguai, João Francisco

Vieira Braga, que a recebera em Montevidéu "de pessoa que me merece confiança, a qual trata de assunto cujo conhecimento, me parece, deve interessar à administração de V. Ex.ª'". O autor anônimo, em carta datada de 20 de julho, começava informando que os preparativos de guerra na Confederação Argentina o induziam a pensar que eram feitos contra o Brasil, e apoiava sua suspeita por viver há dez anos no Rio da Prata "e em todo este tempo tenho estudado mais ou menos a política de Rosas, a qual tende a envolver o Império n'uma guerra prolongada, guerra que o debilite, ou mesmo que o fracione, para assim melhor dominar na América do Sul a política ambiciosa e ilimitada d'este régulo da Confederação Argentina". Não se importaria com isso se não fosse brasileiro, "e ver justamente que o Brasil era seu êmulo, e que por todos os meios tratará de dividi-lo para melhor imperar, à custa de nossas desgraças". Além disso:

> Hoje é quase proverbial entre toda esta gente que *uma guerra contra o Brasil é de proveito, porque*, além das riquezas que podem extrair d'ele, *contam com o apoio da escravatura, para cujo fim dar-lhe-ão a liberdade; e para que chegue isto ao conhecimento dos negros, mandarão emissários ad hoc, se é que já os não há espargidos em grande número por todo o Brasil.* As nossas autoridades devem estar prevenidas de antemão, bem como todos os bons Brasileiros, porque de tal medida não podem vir senão males imensos para toda a Nação. *As insurreições parciais que ultimamente tem havido no Brasil não tem sido até agora mais do que o precursor anúncio das calamidades que nos preparam essas nações* invejosas da prosperidade do Império.[72]

Tais suspeitas criaram raízes e tiveram peso importante nas decisões políticas do governo imperial quanto ao fim do tráfico transatlântico e à guerra levada ao Rio da Prata. As autoridades, salvo rara exceção, não creditavam a organização dos planos insurrecionais aos próprios escravos e, sendo verdade ou não, o fato é que acreditavam que as conspirações contavam com "mão oculta". Além do temor ao incitamento à sublevação dos escravos por emissários estrangeiros, a rebeldia escrava nas fronteiras estava sendo potencializada pelas abolições que estavam tendo lugar na América de fala espanhola e nas colônias francesas, além de a Inglaterra ter abolido a escravidão em 1833/1834. A liberdade se espraiava, enquanto a escravidão se concentrava e era reforçada em Cuba, nos estados sulistas da União Norte-Americana e no Brasil,[73] porém não era mais possível não sentir o impacto das abolições, da propaganda abolicionista e da luta dos escravos pela liberdade nesse contexto.

Em 19 de junho, Soares de Andrea informou a Campos Mello, ministro da Justiça, sobre "os boatos que se tem feito correr, e alguns fatos que não pertencem a um estado verdadeiramente normal; bem como os elementos existentes para desordens futuras". Se a liberdade de imprensa era geralmente considerada como o "primeiro sustentáculo das liberdades públicas", o era também, em muitas ocasiões, "o primeiro móvel da dissolução das sociedades, por melhores que sejam os princípios que as governam". Na província os periódicos se digladiavam por motivos de eleição, "que são aqui ódios de morte". O que ia mais longe era o *Imparcial*, cujo redator era um francês que havia sido deportado "pela maneira insultante e desmedida com que escrevia". Porém conseguiu retornar, se naturalizou, "e hoje temos a honra de tê-lo por cidadão brasileiro, para mais livremente, e com menos perigo pessoal, fartar o seu gênio, e levar as cousas ao rumo que deseja".[74]

O redator francês estava publicando artigos do periódico *O Americano* "*sobre as possibilidades que tem Rosas de libertar os escravos desta província*; e sendo chamado pelo chefe de polícia para adverti-lo sobre tais publicações, respondeu-lhe que ele não tinha responsabilidade de transcrever artigos de um periódico publicado nesta Corte". O presidente solicitou ao ministro da Justiça que lhe desse algum remédio que não dependesse do júri, para assim "nos livrarmos de que um estrangeiro de alma danada venha *semear a discórdia entre nós e encaminhar a raça negra a uma revolta*". Notícias davam conta de que um sargento do 5º batalhão de caçadores mantinha relações com o redator, e andava conversando com os seus "camaradas sobre *boatos de levantamentos de negros que aqui correram, e aparece com uma direção nova, ou nova causa para justificar tais levantamentos*".

> Diz ele que *os negros nascidos no país devem reunir-se e pedir a sua liberdade; porque na França, na Inglaterra, e em outros países não há escravos, e os brancos é que se servem uns aos outros*. Não tenho prova alguma que estas doutrinas do Sargento sejam ensinadas pelo redator francês; mas é dos casos em que se aposta e se ganha.[75]

O presidente ainda não havia mandado prender o sargento nem o advertir, esperando que ele fizesse algo, pois seria o melhor momento de lhe tomar satisfações. Do resultado que tivesse, o mandaria para a Corte, com baixa do posto, e não da praça, para poder ser enviado à ilha de Fernando de Noronha, que seria o melhor destino a lhe dar. Dias antes do domingo do Espírito Santo, o chefe de polícia comunicou "que tinha muitos avisos de que nesse domingo haveria [em Porto Alegre] infalivelmente um levante de negros, e me pediu providências". Soares de Andrea resolveu não dar providência alguma, pois não queria "que se proibissem aos negros nenhuma das suas danças, e outras reuniões, com que muito folga esta gente, nem medida alguma aparatosa nos dias de fogos de artifício que tinham de haver".[76]

O chefe de polícia custou a se conformar, mas "viu passar todos esses dias na maior liberdade para todas as classes, e na melhor ordem possível". No entanto, o presidente ordenou que ele seguisse os caminhos de onde provinham as notícias, "até acertar na origem; e todas as investigações produziram o desengano de que nada havia de real, e que tudo era ou ditos exagerados, ou notícias falsas".[77] Os boatos de levantes de escravos marcados para romper em dias de festas públicas foram recorrentes em várias partes do Brasil em diversas épocas da escravidão, pois, em tese, a polícia ficava concentrada e os escravos, além de gozarem de um contato mais direto, podiam se beneficiar de certo anonimato em meio à multidão. No entanto, o presidente não quis proibir as danças dos escravos e suas reuniões, muito menos alertá-los sobre o receio dos brancos com "alguma medida aparatosa", o que poderia gerar alguma tensão e provocar eventualmente a eclosão do levante que se queria evitar. No fim, nada aconteceu, mas nos informa bastante sobre os receios das autoridades e dos senhores de escravos. Porto Alegre, capital da província, ficava distante da região de fronteira onde mais se sentiam as consequências da guerra no Rio da Prata. Por isso mesmo, informa como a situação estava sendo percebida e as informações e rumores sendo disseminados, a ponto de serem publicados num periódico da capital.

Mesmo sendo difícil ponderar o quanto dessas informações chegava ao conhecimento dos escravos, improvável que eles estivessem completamente alheios aos acontecimentos, já que os boatos se espalhavam com rapidez. Como observa James Scott, os rumores tendem a prosperar quando ocorrem acontecimentos de importância vital para os interesses populares e quando se tem acesso somente a informações ambíguas e duvidosas. A guerra, em especial, é um marco social dos mais férteis para sua produção, pois de um lugar a outro vão sofrendo alterações até se conformarem às esperanças, temores e visões de mundo daqueles que os escutam e transmitem. Além disso, é normal que os rumores venham a adquirir diferentes formas conforme a classe, o estrato, a região ou a atividade profissional em que circulam. A revolução em São Domingos, não à toa, começou com um boato de que o rei concedera aos escravos três dias livres da semana e suprimira o castigo, não obstante os senhores se negarem a acatar a ordem real. Os escravos trataram o suposto decreto como se fosse um fato consumado, e a insubordinação e a resistência à rotina de trabalho aumentaram. Em pouco tempo, tudo isso levou à revolução que culminaria na independência do Haiti.[78]

Soares de Andrea tinha motivos de apreensão em relação ao redator francês, pois os boatos versavam sobre a possibilidade de Rosas libertar os escravos da província numa provável guerra contra o Brasil. O que não era pouco, pois suspeitava que a disseminação dessas ideias pudesse "semear a discórdia" e levar os escravos a insurgirem-se contra seus senhores, o que de fato já estava ocorrendo desde a abolição no Uruguai. Os boatos sobre levantamentos de escravos com nova direção ou causa incluíam a insurreição projetada em Pelotas poucos meses atrás e demonstram a rápida circulação de notícias que poderiam comprometer a segurança interna e a ordem escravocrata. Também estavam circulando informações sobre os processos de emancipação dos escravos nas colônias francesas e britânicas, um perigo da mesma forma grave, qual fosse propagar ideias de liberdade num país assentado na escravidão.

O governo bem compreendeu a situação. Em 26 de julho de 1850, o deputado Mello Franco quis saber se era verdade que o presidente do Rio Grande do Sul acabara "de deportar um francês proprietário de uma tipografia onde se imprimia o periódico *O Pharol*, e ao mesmo tempo mandou encarcerar ao responsável deste periódico". Três dias depois, Eusébio de Queiroz, ministro da Justiça, respondeu à interpelação de Mello Franco. De fato, o presidente da província "deu ordem para que viesse remetido este francês para o governo a fim de que o governo deliberasse se ele devia ou não ser expulso do território brasileiro, fazendo-o evacuar imediatamente do território do Rio Grande do Sul". Eusébio defendeu o direito de o governo expulsar estrangeiros "que procuram habitar o seu território e que nele se tornam perigosos, ou mal comportados".[79] O perigo, portanto, fora cortado pela raiz. Não era possível permitir (nem admitir) que ideias abolicionistas fossem disseminadas por um estrangeiro "de alma danada" justamente no momento de maior tensão entre o Brasil e a Argentina, como novamente era o caso em meados de 1850.

Mas voltemos a 1848. A repercussão dos acontecimentos em Pelotas e a apreensão quanto a novos levantes ecoaram na Câmara dos Deputados, embora a questão que ali se quis debater tivesse motivos imperiosos para receber a repreminda de ministros e tentar ser silenciada. Na sessão de 17 de julho, entrou na ordem do dia uma interpelação feita ao governo por Fernandes Chaves, deputado pelo Rio Grande do Sul. Em vista das notícias ultimamente recebidas da província, queria saber se o governo nada receava pela sua tranquilidade e "quais as providências que se tem tomado para prevenir os movimentos que parece que ali se preparam contra a [sua] segurança". Dizia-se que Netto estava no Estado Oriental fomentando a sublevação da província com apoio de Oribe, e neste plano entrava a ideia *"horrorosa da insurreição dos escravos"*. "Ora, *estas notícias*, senhores, *não deixam de estar revestidas de circunstâncias fundadas em precedentes muito exatos"*.[80]

As relações de Netto com Oribe vinham dos tempos da guerra civil, quando, em decorrência do apoio do caudilho oriental, saíra vitorioso na batalha do Seival, em 1836 – época em que Oribe já nutria o desejo de separar o Rio Grande do Sul do Império. Netto, além do mais, gozava de proteção no Uruguai, a despeito de todos os vexames e opressões sofridos pelos demais brasileiros, pontos que, vistos em conjunto, o levavam a concluir que ambos estavam de inteligência. Fez ver ainda a ocupação de Corrientes pelas forças de Rosas e que o próximo passo seria a conquista do Paraguai. A possibilidade de este país acabar subjugado era grande, ainda mais quando o Brasil o havia "abandonado a si, e inteiramente aos seus recursos" nos últimos anos. Segundo argumentou, prevendo Rosas que o Brasil ainda poderia abrir seus olhos a seus verdadeiros interesses, qual fosse não desamparar o Paraguai, "interessa[va] para os seus planos por em desordem o Rio Grande do Sul, porque enquanto o Brasil estiver a braços com aquela província ele poderá levar avante a conquista do

Paraguai". Mesmo com a repriménda de seus pares para que não levasse adiante o tema da escravidão (como se infere pela sua fala, citada a seguir), Fernandes Chaves resolveu falar:

> *Esses movimentos de que a pouco se quis que eu falasse com rebuço combinam com os fatos que em começo deste ano se passaram na cidade de Pelotas.* Nessa ocasião, ainda que não se verificasse quem fossem os verdadeiros instigadores desses movimentos, todavia suscitaram-se suspeitas de que agentes orientais eram entrados neles; e se a Câmara quer, eu leio; sim, é um objeto já público, e portanto lerei um ofício do delegado da cidade de Pelotas a este respeito.

O ofício datava de 11 de fevereiro e fora escrito por José Vieira Vianna. Até esse dia a conspiração não passava de um plano dos "negros minas", "mas de ontem para cá tem aparecido suspeitas de haver aliciadores no Estado vizinho". Um tropeiro, que havia passado pelo Arroyo Malo há cerca de 12 dias, foi ali certificado "que os escravos deste município se haviam levantado, saqueado a cidade e passado para os blancos". Ademais, "*consta que ultimamente houvera uma outra insurreição* [*de escravos*] *na Cachoeira*". Não fosse o bastante, um vapor entrado no dia anterior à sessão (16 de julho) trouxe a notícia de que as tropas de Urquiza haviam passado de Entre Ríos para o Estado Oriental, e Oribe novamente proibira a passagem de gado para o Rio Grande do Sul. Todos esses acontecimentos, se não inspirassem "um receio sério pela segurança e tranquilidade daquela província", ao menos deviam servir para "chamar muito a atenção do governo sobre aquela parte do Brasil". Existiam muitos elementos de discórdia que poderiam ser facilmente explorados por "qualquer turbulento um pouco vivo", em detrimento da causa pública.

O perigo aumentava com o descontentamento decorrente da falta de proteção dos súditos brasileiros no Uruguai, proteção que era um dos "rigorosos deveres" do governo imperial. Porém, o governo não tomava nenhuma medida concreta e continuava a sustentar sua neutralidade no Rio da Prata, questão que se resumia a reclamações feitas por meio da troca de notas diplomáticas, e o governo tinha outros deveres além desse. Devia ser perseverante nas reclamações, mostrar energia, desenvolver força, lançar mão de todos os meios que o direito das gentes dava para uma nação ser respeitada, caso contrário o Brasil continuaria sendo ludibriado por Rosas e Oribe, "com quem creio que podemos entrar em luta com vantagem, se preciso fosse".

A fala de Fernandes Chaves ainda tocou em diversos assuntos referentes ao descontentamento geral que reinava no Rio Grande do Sul (ressentimentos não cicatrizados entre legalistas e farrapos, recrutamento, a má administração do presidente Galvão etc.), mas o ponto central era obter resposta do governo quanto à segurança da província. O deputado Ferraz, parlamentar pela Bahia, propôs que a discussão seguisse em sessão secreta, já que tocava em questões que não deviam vir a público. A maioria dos deputados aceitou a proposição, mas houve interpelação do ministro da Justiça, Campos Mello. Disse ele que a moção de Ferraz não devia ser aprovada, "primeiramente porque *se há inconveniente nesta discussão, esses inconvenientes já estão dados*, (*apoiados*) e em segundo lugar porque o governo, a vista do que já se disse, deseja dar nessa ocasião à Câmara e ao país as informações que tem relativas ao objeto". Pedia, portanto, que Ferraz retirasse sua proposta.

O deputado anuiu, não sem antes observar que no estado melindroso em que se encontrava o país, certas discussões deviam ser realizadas com cautela, ainda mais quando "se revelava a quebra das relações entre duas potências vizinhas, me parecia conveniente que tratássemos d'esse negócio em sessão secreta", mas, como o ministro da Justiça declarou que os casos referidos por Fernandes Chaves não tinham fundamento algum, e tampouco poderia haver pânico em relação a sua interpelação, retirava a moção. A resposta do ministro da Justiça não poderia ser mais significativa em vista de todas as evidências vistas até aqui. Com base em ofícios que disse ter recebido do presidente do Rio Grande do Sul, declarava que nada havia a recear pela tranquilidade da província e que o governo continuava a empregar todos os seus esforços para que a ordem pública se mantivesse inalterável em todo o país.

> E *quanto à insurreição dos escravos*, de que também tratou o nobre deputado, responderei com o tópico de um *ofício do mesmo presidente, em que diz: que, ou essa tentativa não existiu, ou foi de tão pequena gravidade que logo fora completamente abafada*; e sendo este ofício posterior à data da participação que tivera o nobre deputado, *está visto que nenhum receio absolutamente podemos ter disso*. [...] Direi mais, que se o nobre deputado confessa que a posição da província do Rio Grande do Sul

é delicada, eu pediria e peço ao nobre deputado e à Câmara que em todas as discussões relativas a essa província haja sempre a maior circunspecção e calma que for possível, a fim de que não façamos reviver antigos ressentimentos [decorrentes da guerra civil]. [...] Creio pois ter dado as informações que devo à Câmara, [...] nada mais direi.

Ora, acabamos de ver que o presidente Soares de Andrea, em ofício enviado a Campos Mello em 19 de junho, solicitava medidas urgentes contra o redator francês pelas ideias subversivas que andava propagando, e dava a ver diversos rumores que corriam sobre novos levantamentos de escravos que apareciam com nova direção, justamente depois de descoberta a insurreição em Pelotas. A gravidade da questão, portanto, era de conhecimento do ministro quando proferiu sua fala na Câmara dos Deputados, além de o ser de outros políticos que formavam o gabinete 31 de maio chefiado por Paula Souza, como pode ser verificado na documentação trocada entre o presidente do Rio Grande do Sul com as autoridades da Corte (e, mesmo eu suspeitando que eles não soubessem da real extensão da conspiração, ainda assim a levaram na mais séria consideração).[81]

O ministro dos Estrangeiros, Bernardo de Souza Franco, pediu a palavra logo a seguir para censurar Fernandes Chaves por lançar "ciúmes" entre o norte e o sul (questão dos recrutamentos), excitar paixões que deviam estar extintas (relações entre legalistas e dissidentes), e por ter criticado o governo do presidente Galvão reportando-se a fatos muito antigos. Se tivesse de entrar em tão solene discussão, "se tivesse de noticiar à casa que um como inferno de calamidades estava prestes a cair sobre uma das províncias do Império, a guerra externa, a guerra intestina e a insurreição", tiraria conclusões diferentes do deputado "e asseguraria ao governo do meu país todo o meu apoio, e invocaria o de todos os brasileiros em geral (*muitos apoiados*)". Felizmente, disse o ministro, "não tem toda a exatidão os fatos que o nobre deputado alega, (*apoiados*) e o governo tem os olhos atentos sobre o estado da província de S. Pedro, que sempre lhe mereceu a maior atenção". Caso tais fatos se realizassem no futuro, o governo haveria de fazer o seu dever, e esperava que os brasileiros fizessem o seu.

Duas semanas depois, Paulino José Soares de Souza, que em outubro de 1849 assumiria a pasta dos Negócios Estrangeiros e conduziria a política que levou a guerra ao Rio da Prata, deu sua opinião sobre a interpelação de Fernandes Chaves e a não resposta dos ministros do gabinete 31 de maio:

> Eu esperava com ansiedade esta discussão, esperava que ele [Fernandes Chaves] se alargasse, que nos desse alguma luz sobre negócios tão importantes. *Entretanto essa discussão foi sufocada, direi mesmo que o nobre ministro da justiça a iludiu completamente, e o que eu achei mais notável foi que a maioria o aplaudisse.* Srs., o que se perguntava ao nobre ministro da justiça? Perguntava-se qual era a opinião da administração sobre o estado atual do Rio Grande do Sul; e o que fez o nobre ministro? Foi buscar o presidente da província e lhe disse – responda. [...] Reconheço, Srs., que as informações que os presidentes das províncias dão ao governo, são os primeiros e os principais elementos em que o governo deve fundar-se para formar as suas convicções. Mas não são os únicos, e se assim não for [sic] seriam os presidentes de província que governariam o Império, e não os ministros. [...] *Mas,* [...] *será por ventura um relatório que o presidente da província faz à Assembleia Provincial o lugar próprio para dar conta de quaisquer complicações que possam sobrevir nos relatórios exteriores? Certamente não.* [...] *Assim seria inepto o presidente da província que fosse perante a Assembleia Provincial dar-lhe conhecimento de fatos que só ao governo devia referir.* [...] E que participações oficiais apresentou o Sr. ministro? Essas informações diretas da parte do Sr. ministro, a declaração do seu modo de encarar os negócios naqueles lugares, eram de tanto maior necessidade, e a vista do desfecho que os acontecimentos do Rio da Prata vão tendo, pareciam-me da maior necessidade.[82]

O excerto é tão evidente que não carece de comentários. Em todo caso, em vista da condição fronteiriça da província, envolvida em graves questões internacionais com uma nação vizinha e à beira da guerra, qualquer menção que se fizesse à participação de agentes do Rio da Prata no plano insurrecional, fosse no relatório apresentado à assembleia provincial ou na discussão na Câmara dos Deputados ou no Senado, seria indevida e prejudicial, já que poderia complicar ainda mais as relações diplomáticas. O ministro da Justiça "sufocou" a discussão, portanto é de suspeitar que Fernandes Chaves não tenha referido tudo o que sabia, nem tenha podido se "alargar" no assunto, além de Campos Mello ter "iludido" a questão a ponto de negar ou minimizar a insurreição. Por outro lado, informa que Paulino de Souza já estava olhando com bastante atenção para o Rio da Prata e para a segurança interna do Rio Grande do Sul, preocupação que levaria consigo quando ministro.

O debate que se seguiu na sessão de 17 de julho, como não poderia deixar de ser, manteve o mesmo tom lançado pelos ministros da Justiça e dos Estrangeiros, salvo rara exceção.[83] O deputado rio-grandense Israel Rodrigues Barcellos disse que as cartas que recebera pelos últimos vapores nada continham que o pudessem fazer recear pela tranquilidade pública da província, mas solicitava que o governo a tivesse na maior consideração. O deputado Taques, parlamentar pela Bahia, quis tomar parte no debate, não sem antes perguntar se podia ou não falar sobre a política externa em relação ao Rio da Prata. O presidente da Câmara respondeu: "A política externa em relação à província do Rio Grande do Sul pode ser trazida à discussão; mas a política [externa] em geral de maneira alguma". Dito isso, o deputado calou-se.

José Martins da Cruz Jobim, deputado pelo Rio Grande do Sul, também não fez referência à projetada insurreição em Pelotas e sobre os perigos de novos levantes de escravos. No entanto, nesse caso, é possível ter certeza que não o fez somente para não embaraçar a política externa do governo imperial, já que os debates parlamentares eram publicados nos periódicos nos dias seguintes. Tempos depois, todavia, tratou o assunto conferindo-lhe extrema gravidade na tribuna do Senado, num momento em que pouca diferença fazia trazer o assunto à tona, pois as relações com Juan Manuel de Rosas e Manuel Oribe estavam rompidas e a guerra era questão de tempo.[84] Ainda assim, na sessão da Câmara, fez ver que deveria merecer a mais séria atenção do governo o que se estava "passando nas nossas vizinhanças", situação que poderia comprometer gravemente "as nossas vidas" e a segurança pública, não obstante o governo olhar a questão com certa indiferença.[85]

Jobim confirmou a informação de que o general entrerriano Urquiza havia passado para o Uruguai com 3 mil homens, e que Rosas estava aumentando sua força de cavalaria de "um modo aparatoso". Perguntava se o governo estava tranquilo quanto às intenções do caudilho argentino, pois tudo isso colocava em desassossego os rio-grandenses, a ponto de desconfiarem que Rosas quisesse se apoderar "por um golpe de mão imprevisto" da cidade de Rio Grande e depois, quem sabe, do resto da província. Seus patrícios queriam saber se o governo estava tomando medidas que prevenissem semelhante acontecimento, pois Jobim acreditava que o Brasil não possuía ali força suficiente para "tranquilizar os espíritos", já que Rosas e Oribe podiam dispor de 18 mil homens. Não para menos, citou a falta de efetivos nos dois municípios com maior concentração de escravos, Rio Grande e Pelotas (sendo o terceiro Porto Alegre). Por fim, fez notar a importância de o governo não cortar as relações com o Paraguai, que de fato tinha importância estratégica para manter o equilíbrio político no Rio da Prata contra as intenções expansionistas de Rosas.[86]

O deputado Luiz Alves de Oliveira Bello acompanhou Fernandes Chaves quanto aos receios pela segurança interna e externa do Rio Grande do Sul. No entanto, as últimas informações recebidas por cartas e jornais datavam de 25 de junho, e não lhe constava que atualmente a segurança interna da província "propriamente dita" corresse perigo. Além do mais, havia um exército de 5 a 6 mil homens, "municiado, disciplinado e pronto para o grande fim de abafar qualquer fermento de desordem intestina que por ventura possa haver em qualquer lugar da província", numa referência implícita às insurreições escravas, pois a seguir versou sobre as supostas reuniões que Netto estava fazendo no Uruguai. Em sua opinião, Netto dificilmente tentaria alguma coisa contra a segurança do Império, ainda que pudesse vir a coadjuvar Oribe em território oriental. Ademais, Netto ignorava que teria de lutar com um grande exército no sul?[87]

Não acreditava por ora numa invasão, mas tinha graves apreensões acerca do sossego interno pelo caráter inconstante "dos nossos vizinhos, porque eles têm manifestado contra nós uma má vontade muito decidida", citando os atentados que sofriam os proprietários brasileiros no Uruguai: falta de direitos civis, esbulho de propriedades, embargos, violências físicas etc. Apesar de não amar a guerra, era da opinião de que havia "circunstâncias em que é fraqueza e até ignomínia declinar da necessidade do emprego dos meios fortes, dos meios de guerra", ou pelo menos de se colocar em estado de paz armada, e "a ter um exército de observação e de defesa de suas fronteiras para acompanhar as reclamações que se fizerem".

Apesar da censura dos ministros e de outros deputados presentes à sessão, Oliveira Bello fez pouco caso da reprimenda e resolveu retomar o tema das insurreições de escravos. Segundo disse:

> Outro fato para justificar o receio de perturbação da ordem pública intestina na província do Rio Grande é uma, duas, ou três tentativas de insurreição havidas em três pontos diversos da província, Pelotas, Cachoeira, e Porto Alegre, pela relação que se achou entre esses fatos, e os fatos ocorridos na fronteira da província. Primeiramente direi, Sr. Presidente, que não sei se existe com efeito esta relação; e se eu não tenho certeza de que ela exista, direi a respeito destes fatos que eles nada autorizam a crer que a tranquilidade pública da província será perturbada. Estes fatos tem uma explicação óbvia como os fatos idênticos ocorridos em muitas outras províncias do Império: de mais a mais foram meras tentativas que abortaram, e por isso não posso dar-lhes toda a força que se lhes deu para julgar uma relação entre elas e o ocorrido nas fronteiras para perturbar a segurança pública da província.[88]

Mesmo não tendo certeza da relação, muitos receavam pela ordem interna da província por acreditarem que as tentativas insurrecionais eram consequência da situação na fronteira do Rio Grande do Sul. Não encontrei informações sobre as outras duas tentativas insurrecionais, mas é possível que a de Porto Alegre se refira aos boatos que correram no mês de junho na capital e que foram desmentidos pelo presidente Soares de Andrea. A tentativa em Cachoeira também fora mencionada por Fernandes Chaves, portanto ambos receberam notícias sobre o levante, mas nenhum dos dois deu detalhes sobre o ocorrido. O certo é que as relações entre senhores e escravos haviam sido alteradas pelo contexto da abolição no Uruguai, com o aumento das fugas e com as notícias que certamente correram sobre os sucessos em Pelotas, e a paranoia senhorial enxergava estrangeiros em qualquer movimento de luta dos escravos.

Nesse sentido, é preciso prestar atenção à fala de Oliveira Bello. Não sabia se essa relação existia e, se não existia, não tinha o que recear. De fato, afora Pelotas, Rio Grande e Porto Alegre, onde se concentrava grande número de escravos, quase todos os outros municípios dedicavam--se à criação de gado, onde o número de cativos era menor. Levando em conta o estado militarizado do Rio Grande do Sul, *em tese*, poucas chances teriam os escravos de insurgirem-se com êxito, tampouco de perturbarem seriamente a segurança interna da província. Porém, dado o contexto, também não seria improvável que uma revolta pudesse rapidamente se alastrar, levando em consideração que na última década aproximadamente 20 mil escravos aportaram na província, a grande maioria africanos ilegalmente escravizados.

De interesse ainda, e raro de ser dito no conturbado ano de 1848, as insurreições tinham uma "explicação óbvia como os fatos idênticos ocorridos em muitas outras províncias do Império", qual fosse o estado de opressão e exploração a que eram submetidos os escravizados, situação que gerava resistências cotidianas, embora, na maior parte das vezes, veladas e não frontais, mas que poderiam facilmente se transformar em resistência aberta caso as condições se mostrassem favoráveis. Em 1848 muitos elementos favoreceram os planos de levantes de escravos no Brasil, e não menos importante era terem desembarcado, entre 1841 e 1848, mais de 330 mil africanos no país. Se nos primeiros cinco anos a média anual foi de aproximadamente 29 mil, entre 1846 e 1848 ela mais que dobrou, passando para 62 mil africanos traficados anualmente.[89] Ainda que não explique por si só a conspiração mina-nagô, não resta dúvida de que um dos fatores que a tornou possível foi a contínua introdução de africanos dessa nação no município de Pelotas na década de 1840.

Pouco tempo depois de descoberta a insurreição, o governo expediu ordens para que se fizesse um levantamento secreto das forças inimigas no território oriental. Em ofício reservado de 1º de agosto, o presidente da província remeteu ao ministro da Guerra indicações das forças que Rosas poderia dispor no Uruguai, além das que estavam passando para esse território vindas da província argentina de Entre Ríos, "e vendo por isso que nós não temos nem a quarta parte poderá V. Ex.ª resolver--se a socorrer esta província com aquela rapidez que deve caracterizar uma administração esclarecida e ativa". O presidente não dava como verdadeira toda a força que vinha detalhada, porque notícias verdadeiras de semelhante natureza somente se obtinham de variadas investigações, que custavam muito dinheiro.

No entanto, "basta que metade seja verdade para nos devermos considerar em muito críticas circunstâncias, e *ao governo imperial toca dar com tempo as providências para salvar esta província, e o Império, da crise que o ameaça*". A força era composta de 17.500 soldados, 8.800 de infantaria e 8.700 da cavalaria. Ainda se poderia "reunir com os meios liberais de que usam os republicanos da gente dispersa em todos os departamentos, cousa de mil brasileiros desertores e outros tantos orientais vadios". A infantaria de Oribe era toda composta de argentinos, "menos 100 escravos de brasileiros em Taquarembó, e outros tantos que haverá no Cerrito, e de um batalhão de 500 negros na linha de Montevidéu".[90]

Uma centena de ex-escravos de brasileiros servia na infantaria de Taquarembó, além de outros tantos soldados negros emancipados (fugitivos, para os escravistas e autoridades imperiais) que existiam no Cerrito, ou Buceo, às portas de Montevidéu – local para onde estavam sendo remetidos em peso nessa época. Do batalhão de 500 negros, provavelmente, muitos haviam sido libertados pelo decreto de 1846 ou foram retirados à força das estâncias de brasileiros, mas uma parte devia ser formada por fugitivos. Em meados de 1848, portanto, algumas centenas de escravos haviam recentemente conseguido transpor a fronteira, e a maioria encontrava-se servindo nas fileiras *blancas* de Oribe, num momento em que o Império não tinha forças suficientes no sul para enfrentar a guerra que se avizinhava, ainda mais quando os rio-platenses contavam com a sublevação dos escravos do lado de cá.

*

Sugeri mais acima que as intervenções de Paula Souza e de Holanda Cavalcanti a respeito do tráfico, em maio de 1848, eram informadas pelos movimentos de luta dos escravos pelo país, antes mesmo de ser descoberta a conspiração no Vale do Paraíba. Agora é possível acrescentar que também tinham em mente o desfecho da intervenção anglo-francesa no Rio da Prata, motivo de apreensão, pois colocava no horizonte a guerra entre o Brasil e a Argentina e a ameaça de mais sublevações. Essas questões também estavam na mente de dom Pedro II. Na fala do trono, na abertura da Assembleia Geral em 3 de maio, pela primeira vez subiu o tom a respeito da questão platina, reconheceu o estado pouco satisfatório da segurança individual e de propriedade, e solicitou à Câmara que dotasse o país de uma lei que garantisse a vinda de colonos, o que significava estar solicitando ao Parlamento legislação que permitisse suprir o tráfico de africanos. Segundo o imperador:

Tenho procurado cultivar relações de paz e boa inteligência com todos os Estados da Europa, e da América; *e para resolver algumas dificuldades, de que tendes conhecimento*, continuarei a empregar meios pacíficos e honrosos. A *questão entre as repúblicas do Rio da Prata* ainda não está definitivamente terminada, *e os interesses dos meus súditos continuam a ser gravemente prejudicados por uma luta tão desastrosa, como prolongada.* Faço pela pacificação das duas repúblicas os mais sinceros votos: eles estão de acordo com o *interesse, que deve inspirar-nos a independência do Estado Oriental do Uruguai*. [...] A ordem pública não tem sido perturbada [sic]: *cumpre porém reconhecer, que o estado de segurança individual, e de propriedade em algumas províncias do Império não é tal, como deve desejar-se*. [...] Espero igualmente que nesta sessão dotareis o país com uma *lei, que possa atrair ao Império colonos úteis e industriosos*. Vós não podeis deixar de apreciar a *necessidade urgente desta medida*.[91]

É provável que a menção às dificuldades a serem resolvidas fosse uma dupla referência às questões com a Grã-Bretanha (exposta em sua fala de 1846 por conta do *bill* do ano anterior) e com as repúblicas do Rio da Prata. Desde 1845 o imperador passou a mencionar a questão platina em suas falas do trono, mas, pela primeira vez, afirmou que os interesses de seus súditos "continuavam a ser gravemente prejudicados", e deixou claro o interesse imperial na independência do Uruguai, que pode ser lido como um recado às pretensões de Juan Manuel de Rosas. Digno de nota, nunca antes mencionara algum problema com o estado de segurança individual e de propriedade, e não havia outros motivos que pudessem ocasionar a referência, a não ser o plano insurrecional descoberto em Pelotas, o levante quilombola em Minas Gerais e os planos ou receios de rebeliões escravas em Lorena, Paraty e Salvador. Ademais, se em 1847 fez ver a imperiosa necessidade de providenciar sobre a reforma judiciária, colonização, comércio, recrutamento e organização da guarda nacional, no ano seguinte referiu-se à Lei de Colonização como necessidade urgente.[92]

Por outro lado, não pode haver exagero quanto ao impacto da resistência escrava em 1848, pois colocou em sobressalto os escravistas das principais províncias do país. Justiniano, em sua crítica pouco justa a Paula Souza impressa n'*O Brasil*, taxou de "loucura desprezar perigos gravíssimos depois de com eles ter aterrado os espíritos e imaginações". Desejava que o ministro respondesse se de fato os elementos estavam fermentando e constituíam um perigo real. Se estavam, e assim mesmo Paula Souza não tomava medidas convenientes, "então é V. Ex.ª o homem mais louco que imaginar-se pode; ou não estão, e V. Ex.ª fala deles para aterrar a população e as câmaras" e obter triunfos políticos, "e então ainda é V. Ex.ª um louco; pois com certa ordem de perigos não se brinca...". Justiniano havia levado o perigo representado pelos levantes de escravos (e o apoio que pudessem ter) na mais séria consideração, a ponto de tratar de um tema que considerava impróprio de ser tratado na imprensa, pois não duvidava que pudesse chegar aos ouvidos dos escravos. Bem sabia que os sucessos eram reais e graves, e de certa forma procurava algum meio que tranquilizasse a população. Em sua opinião:

> O certo é que, S. Ex.ª o ministro, falando oficialmente, assustou a população, o certo é que, a imaginação assim abalada cria muitas vezes fantasmas, abraça quimeras, deixa-se possuir de pânicos terrores; sob essas impressões, os espíritos deixam-se arrastar a todas as exagerações, dão vulto a todos os boatos... E o ministro que assim procedeu, que causou esse grande mal à sociedade, nem ao menos agora sente que é indispensável ou tranquilizar os espíritos, ou dar sérias providências policiais que correspondam à expectação pública: não é o caso de reformas constitucionais, de reformas de instituições políticas, Exmo., é o caso de vigilância, de dedicação, de esforços policiais...[93]

Deixando de lado o objetivo de malhar a administração liberal, fica exposto que a "população" (ou parte dos escravistas) estava assustada e que era preciso "tranquilizar os espíritos". Uma das críticas que *O Brasil* lançava ao gabinete era o suposto uso político que estava fazendo "dos elementos", e localizava um grave problema na manutenção das diligências repressivas nas mãos dos delegados de polícia, sujeitos que estavam a influências vindas de cima – o que não deixa de ser irônico, já que foram os conservadores que tiraram da alçada dos juízes de paz suas atribuições policiais e penais, passando-as aos delegados e subdelegados quando reformaram o Código do Processo Criminal, em dezembro de 1841.[94] Pode ser que Justiniano tivesse razão em alguns pontos, mas tratava-se de uma leitura de quem estava na oposição. Além do mais, não se pode aceitar a posição d'*O Brasil* de que Paula Souza *fingia-se* apavorado com "os elementos", pois de fato o gabinete colocou em discussão na Câmara dos Deputados o projeto para a repressão do tráfico.

Acontece que, embora o temor causado pelos movimentos dos escravos e por novos levantes que pudessem vir a ocorrer fosse compartilhado por muitos, as formas de evitá-los e reprimi-los eram encarados de maneiras diferentes. Enquanto o gabinete Paula Souza localizava parte da solução na repressão ao tráfico, sem abrir mão dos meios policiais, *O Brasil* propunha providências que não passavam pelo fim do contrabando. A primeira era a "concentração da autoridade dos delegados nas mãos dos juízes municipais"; a segunda, "a recomendação aos juízes de direito da comarca, que, vigilantes, de acordo com o chefe de polícia, tomem em mão a direção dessas pesquisas"; e a terceira, "a ida do chefe de polícia para esses pontos", onde houvesse ameaça ou efetivo levantamento. Com esses procedimentos e "com um sofrível destacamento de forças policiais" à disposição do chefe de polícia se completava "a série de medidas necessárias e urgentes para perigos ainda maiores".[95]

Poucos dias após as matérias d'*O Brasil*, Bernardo Pereira de Vasconcelos fez coro no Senado quanto ao uso das insurreições como arma de intimidação política, mas estava mais preocupado com o prejuízo sofrido pelos senhores que tiveram escravos presos por conta do envolvimento nos levantes, em especial na recente descoberta da conspiração no Vale do Paraíba. Com ironia, mencionou que os senadores já estavam vendo "a nuvem negra com a tempestade por cima de nós". Disse que estava se passando o mesmo que ocorrera em 1835, quando, após o levante malê, o regente se deixou possuir desse medo, quando a Assembleia se atemorizou, não só na Bahia como no Rio de Janeiro. Hoje se reproduzia o mesmo, o que creditava ao "sistema". "No Rio Grande do Sul, que horrível insurreição! Tremeu tudo, prisões sobre prisões; e qual foi o resultado?" O envio de forças, algumas prisões, nada de inteligência externa nem de ramificações, o que afirmara a partir do relatório do vice--presidente da província, o mesmo que Paulino de Souza, seu companheiro de partido, desconsiderou como fonte fidedigna sobre a questão.

Vasconcelos também citou a insurreição em Minas Gerais e, da mesma forma, minimizou seu alcance, preocupado que estava com "quem perdeu seu escravo". O mesmo no caso do Rio de Janeiro, onde considerou que estava "muito diminuída a população escrava"! No entanto, havia ido longe demais e, na sequência, relativizou: "Senhores, o que se faz é mostrar medo, e o medo é péssimo conselheiro. Tudo recua, todos se julgam perdidos; entretanto que não há motivo nenhum para recear. Não digo que se não tenha previdência, que não se empreguem todos os meios...". Ao fim, assinalou a "horrível insurreição" que estava para arrebentar no Rio de Janeiro e criticou o presidente da província por querer mais um imposto para "armar todo esse imenso poviléu, a plebe de Paris".[96] Desnecessário dizer que sua intervenção escancara mais uma vez a apreensão da elite política, e não só dela.

No Senado, a 21 de agosto, em discussão o projeto sobre terras devolutas e colonização, defendeu a vinda de africanos como colonos, pois entendia serem os braços mais úteis ao país. Desejava que o ministro do Império informasse "se não haveria algum meio de importar africanos, não como escravos", chegando a caçoar dos que julgavam o tráfico uma desumanidade, pois, em sua opinião, "sem o auxílio dos braços africanos" as províncias dos que advogavam seu fim ficariam abandonadas. Segundo Vasconcelos, defensor intransigente da escravidão, senador do Estado e conselheiro do imperador: "Eu devo começar por declarar... não sei como me explique, que não dou crédito nenhum às tais insurreições, por isso não receio a vinda dos braços africanos".[97]

Logo em seguida, Dias de Carvalho, ministro do Império, argumentou que a maior vantagem da lei para o país era facilitar a introdução de trabalhadores brancos e arredar "inteiramente dele a colonização de africanos". Longe de trazer benefícios, o fruto que o Brasil estava colhendo era um mal muito grave, não só pelo endividamento dos lavradores com a compra de escravos, mas principalmente por uma questão de segurança interna:

> O governo julga que é do seu rigoroso dever procurar todos os meios de *impedir a introdução de braços africanos no país*; entende mesmo dever *solicitar do corpo legislativo medidas que o habilitem para isso, uma das quais é fazer vigiar a costa com toda a atividade para que não continue o contrabando*, se de contrabando merece o nome. Pensando assim, o governo não pode aquiescer à ideia no nobre senador sobre a importação de africanos, embora como colonos, para o Brasil, a

fim de serem empregados nos trabalhos da nossa agricultura. Essa introdução traria, no meu modo de pensar, uma grande desvantagem, que seria a *dificuldade de distinguir esses africanos colonos dos africanos escravos, e essa dificuldade havia de trazer muitos sérios e funestos resultados para o país*. Demais, eu *entendo que o Brasil não ganha com a introdução dessa espécie de população*, entendo que o maior cuidado e empenho do governo deve ser introduzir colonos brancos, para assim *arredar esta população heterogênea, que, não obstante a opinião do nobre senador, não deixa de inspirar alguns receios. Fatos tem havido no país que demonstra não serem esses receios muito infundados, e parece-me que quanto mais crescer no país semelhante população, tanto mais sérios se tornarão os receios que ela produz*. Portanto eu, quer individualmente falando, quer como ministro, digo ao nobre senador que não está em nossas intenções proteger nem direta nem indiretamente semelhante colonização. Mas pode o nobre senador ficar tranquilo que *a intenção do governo é não consentir que se persiga ninguém*.[98]

O ministro foi bastante franco quanto às intenções do gabinete. Era necessário impedir a introdução de mais africanos no país, independentemente de sua condição, e, para tanto, submeteria à apreciação da Câmara um projeto para a repressão do tráfico, a fim de vigiar com toda atividade o litoral brasileiro. A proposta de importação de colonos africanos traria sérios e funestos resultados, pois colocaria em contato africanos escravos e africanos teoricamente livres, situação que talvez imaginasse que poderia fazer os primeiros cientes da ilegalidade de sua condição. Dias de Carvalho, evidentemente, percebia o embuste de Vasconcelos. Tratava-se de um eufemismo do senador, que não ignorava que os colonos africanos de fato seriam (e talvez desejasse que fossem) tratados como escravos. Mas, a despeito de sua opinião, era preciso arredar essa "população heterogênea" do Brasil e os perigos que ela trazia. Os planos e movimentos insurrecionais que pontilharam o país demonstravam que esses receios não eram infundados e, se a introdução de africanos continuasse, mais sérios se tornariam. O ministro, todavia, tranquilizou o senador, pois o governo não consentiria que se perseguisse ninguém; portanto, quem já houvesse adquirido escravos de contrabando poderia ficar em paz, pois sua propriedade ilegalmente escravizada não seria ameaçada.

Cumpre recordar que parte do debate entre Vasconcelos e Dias de Carvalho foi utilizada por Tâmis Parron para minimizar o alcance da conspiração centro-africana no Vale do Paraíba. Conforme o autor, em 1848 "Vasconcelos ainda desacreditaria os receios que o complô do Vale do Paraíba tinha espicaçado em Dias de Carvalho", em alusão à fanfarronice de Vasconcelos quando afirmou que não dava "crédito nenhum às tais insurreições".[99] Em primeiro lugar, o ministro referia-se implicitamente a uma série de movimentos de luta dos escravos, situação bem mais séria do que se pode apreender recorrendo apenas aos debates parlamentares. Além do mais, a ordem de fala dos dois oradores aparece invertida em Parron, o que induz a pensar que Vasconcelos respondia ao ministro e desacreditava seu ponto de vista (ou os receios que compartilhava), o que muda completamente o sentido do debate.

Ainda em discussão o projeto sobre colonização, que eventualmente levava alguns senadores a tocarem na questão do tráfico, emergiram proposições diversas. Holanda Cavalcanti, diferentemente da proposta sugerida em maio, tomou a tribuna para tratar de objeto "um pouco difícil", que talvez fosse "uma novidade", qual fosse a nulificação do tratado antitráfico com a Grã-Bretanha. O tráfico de escravos "era uma questão muito grave", "contudo o governo cala-se acerca das relações externas e internas do país". Semelhante tratado era contra a independência do país, além das "simpatias" dos brasileiros para com o tráfico e os consideráveis interesses em jogo, por isso se persuadia "de que aquele que o quisesse levar a efeito [o fim do tráfico] faria uma revolução" no Brasil.

Entretanto, "se não houvesse o tratado [com a Grã-Bretanha], estou também persuadido que se poderia tomar alguma medida com que se pudesse conseguir este fim". O primeiro embaraço na execução da lei seria não achar simpatias, pois o país desconfia "que o governo não faz com isto senão executar as leis da Inglaterra, e nós não somos súditos da rainha da Grã-Bretanha..."; no que Vasconcelos disparou, "apoiado". Em sua opinião de setembro, o meio mais eficaz seria taxar "fortes imposições sobre a importação de escravos", mas desde já declarava "que quereria que se abolisse o tráfico, que faria todos os esforços para isso, mas conheço que à vista do tratado não há esforço que possa tal conseguir".[100]

O senador Vergueiro, por sua vez, observou a necessidade de empregar "os meios de colonização" para a falta "que deve fazer a escravatura", pois "hoje a opinião geral se declara altamente contra este flagelo, não só pelo mal que resulta efetivamente dele, como pelos perigos que ameaça".[101] Nesse contexto (não de consenso como Vergueiro sugeriu), Vasconcelos, que havia percebido a mudança de percepção que avançava contra o tráfico, retomou sua antiga proposta de introdução de africanos como colonos,[102] esgrimindo argumentos do tipo: os europeus não viriam ao Brasil "com medo do sol"; não existia reprodução natural entre os cativos; em pouco tempo os escravos faleciam; em dez anos os lavradores não teriam um só escravo etc.[103]

Costa Ferreira, que geralmente proporcionava acirrados debates com Honório e Vasconcelos, refutou a ideia de que os europeus não viriam ao Brasil "com medo do sol", pois era "um erro crasso de quem entende que o sol no Brasil proíbe ao homem de trabalhar". Com muitos esforços, era preciso procurar "povoar o Brasil com gente da Europa, porque da África não podemos ter esperança que venham". Em tom sarcástico, mas em assunto bastante sério, indagou: "Apesar de V. Ex.ª, Sr. senador, ser tão corajoso como é, há de propor um projeto para importar braços africanos?". Para que ficar repetindo "que a lavoura dentro de dez anos há de ficar sem um braço?" Se respondia aos argumentos de Vasconcelos era porque tinha "muito medo da autoridade do nobre senador quando fala nesta casa, porque a sua autoridade é muito forte, a sua autoridade pode iludir os povos, e eis aqui do que eu tenho medo. V. Ex.ª não sabe o mal que faz ao Brasil discorrendo da maneira por que discorreu. V. Ex.ª atemoriza o Brasil e não dá remédio ao mal".[104]

Vasconcelos procurava defender seu projeto arguindo que os lavradores ficariam sem mão de obra num piscar de olhos e, como não podia defender abertamente o tráfico, sua proposta de colonização visava manter a introdução de africanos no país, única maneira de evitar a cessação do fluxo de trabalhadores vindos da África que aconteceria com o fim do contrabando. Seria desnecessário dizer que não se pode entender sua menção às insurreições fora desse contexto, não fosse o fato de ela ter sido utilizada para sustentar argumento que visa minimizar as lutas escravas e o impacto que pudessem ter tido nas decisões políticas do governo imperial. Para defender sua proposta, Vasconcelos precisava suprimir qualquer receio dos perigos com a introdução de africanos, e tinha autoridade para talvez persuadir alguns de seus pares. Talvez, porque, nesse momento, parecia andar na contracorrente.

Deixando de lado o engodo lançado com tal objetivo, talvez nem Vasconcelos o levasse a sério. No mês anterior, argumentou que o medo era péssimo conselheiro, que não havia motivos para recear, bastava ter previdência e empregar "todos os meios" policiais, proposição que estava em sintonia com *O Brasil*. Ademais, nem Justiniano nem seus correligionários de partido ousaram subestimar o perigo das insurreições. Quanto à conspiração no Vale do Paraíba, em crítica às medidas do governo provincial e ao suposto uso político e eleitoral da questão, Rodrigues Torres, a 11 de junho, declarou no Senado: "Já ontem observei o que se estava praticando na província do Rio de Janeiro, isto é, que a pretexto de alguns indícios de perigo, *e perigo real, para o qual todavia não se tomavam as medidas adequadas...*". Vasconcelos completou: "Não se esqueça das sessões secretas".[105] No dia anterior, Honório tocara o mesmo diapasão do uso político da questão. Entretanto:

> Alguma coisa há para conceber receios, e estes receios deviam ainda crescer com o fato da publicidade de que há sociedades secretas em certa classe de gente. Ora, se há sociedades secretas em certa classe de gente, desde que este fato foi descoberto, desde que foi conhecido, estou que algumas providências devessem ser tomadas, melhor polícia, e a vigilância dela que foi excitada por esta descoberta.[106]

Como se vê, tanto Honório quanto Rodrigues Torres, homens fortes do partido, juntamente com Justiniano, redator da principal folha conservadora, levaram a conspiração centro-africana na devida consideração, e talvez até mesmo Vasconcelos. Mesmo que não, só serviria para demonstrar como sua opinião não pode ser tomada como pensamento unívoco do Partido Conservador. Não menos importante, nas sessões senatoriais de 1848 nenhuma outra voz se levantou para subestimar o perigo de novos levantes de escravos ou para minimizar os que haviam sido descobertos. Até mesmo notáveis figuras do partido passaram a considerar a urgente necessidade de alguma medida para reprimir o tráfico.

Eusébio de Queiroz, na sessão da Câmara dos Deputados de 1º de agosto, depois de bradar contra o *bill* de 1845 – "a ofensa a mais flagrante de que a história dá notícia dos direitos de soberania nacional", pois não só considerava como pirataria o tráfico feito por navios brasileiros e autorizava sua apreensão mesmo sem africanos a bordo, como "sujeitava ao julgamento do almirantado inglês súditos do Brasil, e suas propriedades" –, intimou o governo a declarar que não entraria em nenhuma convenção com a Grã-Bretanha enquanto não fosse retirada "essa injúria viva feita à soberania nacional". Contudo, não entrar em nova convenção não significava que o Brasil não devesse tomar medidas próprias:

> As nossas circunstâncias exigem que *sejamos essencialmente protetores da colonização*: e o que tem feito o governo? *Parece que desconhece que a ocasião é urgentíssima, e não pode ser mais própria.* Urge que estabeleçamos princípios que deem aos estrangeiros residentes no país conhecimento perfeito de seus direitos, que lhes deem favores, por uma *legislação reclamada pelas circunstâncias*; e entretanto tem-se tratado de *questões de eleições*, que, embora muito importantes, não tem contudo uma aplicação tão imediata, e *não trariam nenhum perigo ao país se fossem adiadas.* [...] *Não menos necessário lhe parece que se estabeleça um regulamento que determine o modo prático do julgamento das presas depois da extinção das comissões mistas.* O Sr. Ministro dos Negócios Estrangeiros declara que está quase pronto. O Sr. Eusébio de Queiroz, à vista desta declaração, não continuará a falar neste objeto.[107]

Paulino de Souza, na sessão do dia 3, também observou que, ao não ter renovado a convenção de 1817, que expirou em 1845 e deu lugar ao Bill Aberdeen, o país ficou com uma lacuna considerável em sua legislação, pois a convenção de 1817 dava providências quanto ao "julgamento das embarcações apreendidas no tráfico, estabelecendo a competência das comissões mistas para tais julgamentos, impondo a pena de perdimento da carga e casco das mesmas embarcações". Em seu entendimento, o governo devia "satisfazer amplamente pela parte que nos toca, e quanto à legislação interior do país, a obrigação contraída em 1826", ou seja, acabar com o tráfico, para não dar motivos para que a Inglaterra acusasse o Brasil "de não cumprir as obrigações que descansam só sobre nós, que dependem só da apresentação de propostas dos ministros e da aprovação das câmaras", atento ao estado em que estavam as relações diplomáticas com a Grã-Bretanha.[108]

Eusébio de Queiroz e Paulino de Souza foram os ministros, respectivamente da Justiça e dos Estrangeiros, que estiveram à frente da aprovação da lei de 4 de setembro de 1850 e, salvo engano, as duas falas citadas ainda não receberam a devida atenção. Antes de analisá-las, vale acompanhar um discurso de Eusébio proferido na Câmara dos Deputados em 16 de julho de 1852. Bastante citado pelos historiadores, talvez haja um ou outro ponto de interesse em retomá-lo.[109] Eusébio tinha por objetivo se contrapor à proposição de que a lei de 1850 somente fora aprovada em decorrência da pressão diplomática e dos ataques navais da marinha britânica no litoral e portos brasileiros, e refutar as insinuações de James Hudson, ministro britânico no Brasil, que afirmara que os principais pontos da lei foram por ele ditados a Paulino.[110]

Após recapitular os tratados e as negociações entre o Brasil e a Grã-Bretanha, observou que o projeto de 1837 dormitou no arquivo da Câmara até 1848 e, como naquela época não havia uma repressão ostensiva em águas territoriais brasileiras, não fora "o canhão britânico quem despertou do letargo o governo brasileiro, foram outras circunstâncias, foi por outras razões". Argumentou que o *bill* de 1845 teve efeito contrário ao desejado, pois, em vez de diminuir, o tráfico triplicou a partir de 1846, e "o excesso do mal traz muitas vezes a cura, faz sentir pelo menos a necessidade do remédio". Entrando 50 a 60 mil escravos por ano, aconteceu que, mesmo sem conhecerem as estatísticas exatas de importação, os fazendeiros, os homens políticos e habitantes em geral se dessem conta dessa progressão e "do desequilíbrio que ela ia produzindo entre as duas classes de livres e escravos, e pelo receio dos perigos gravíssimos a que esse desequilíbrio nos expunha".[111]

Até mesmo os que consideravam o fim do tráfico uma ruína para a economia "começaram a reconhecer quanto mais graves eram os perigos da sua continuação, e que na colisão dos males deviam sem hesitar decidir-se pela cessação do tráfico". A isso se somou o despertar dos lavradores, pois se deram conta de que eram os especuladores e os traficantes que ganhavam com o tráfico, enquanto eles ficavam com as dívidas, pois compravam a crédito e os escravos, em pouco tempo, morriam, além de a propriedade territorial acabar nas mãos daqueles. Numa lucidez incrível, os escravocratas perceberam que achavam a ruína onde procuravam riqueza, e desde esse momento o tráfico ficou "completamente condenado". Segundo Eusébio, uma revolução havia se operado nas ideias e na opinião pública do país, e "mais dia menos dia, qualquer que fosse a política, qualquer que fosse o ministério, havia de ser sinceramente repressor do tráfico, como nós [os conservadores] fomos". No entanto:

> se a opinião completamente favorável à repressão do tráfico tinha operado no país essa revolução, era preciso ainda que uma ocasião se apresentasse para que ela se fizesse conhecer. Alguns acontecimentos ou antes sintomas de natureza gravíssima, que se foram revelando em Campos, no Espírito Santo, e em alguns outros lugares como nos importantes municípios de Valença e Vassouras, produziram um terror, que chamarei salutar, porque deu lugar a que se desenvolvesse e fizesse sentir a opinião contrária ao tráfico. Todas as pessoas que então se achavam no Rio de Janeiro e se tivessem ocupado desta matéria reconheceram que nesta época os mesmos fazendeiros que até ali apregoavam a necessidade do tráfico, eram os primeiros a confessar que era chegado o momento de dever ser reprimido. Eis a razão por que, sendo eu deputado da oposição, fiz uma alusão a esses acontecimentos que a ocasião era urgentíssima, no que não prossegui porque se me fez ver que o governo já anteriormente se ocupava desta matéria.[112]

Projetando a questão para 1850, o único mérito dos conservadores teria sido perceber e aproveitar essa mudança de opinião para reprimir o tráfico. Como Robert Slenes já havia notado, as passagens são "especialmente significativas" quando se considera que o objetivo de Eusébio "era atribuir a lei de 1850 à sabedoria da elite sociopolítica, menosprezando dessa forma o papel da pressão britânica – e, presume--se, de qualquer outro grupo 'estrangeiro' – em sua elaboração". Para o autor, a conspiração de 1848 no Vale do Paraíba e "a truculência inglesa no início desse ano, pode[m] ter *criado* a 'opinião', e não, como queria Eusébio, simplesmente fortalecido um consenso já emergente a respeito do tráfico".[113] Tâmis Parron chamou a atenção às segundas intenções do discurso e ressaltou que Eusébio "atribuiu à opinião pública – e somente a ela – o porvir do infame comércio", o que nitidamente ele fez, mas, com base nisso, o autor desconsiderou tudo o que pode ser utilizado com proveito, o que somente pode ser feito cotejando o discurso com outras fontes e informações.[114]

Eusébio, no discurso de 1852, disse ter feito alusão às insurreições escravas em 1848 e salientado a urgência em se tomar alguma medida quanto ao tráfico. Acabamos de ver mais acima que ele realmente fez essa intervenção em 1º de agosto. Segundo expôs naquela ocasião, uma legislação que protegesse a colonização era "reclamada pelas circunstâncias", e a ocasião era urgentíssima e não podia ser mais própria. Esse não era o momento de tratar de eleições, que eram importantes, mas não tinham uma aplicação imediata e "não trariam nenhum perigo ao país se fossem adiadas". Uma legislação que provisse o país com colonos era assunto conexo ao fim do tráfico, e é provável que as alusões fizessem referência aos movimentos de luta dos escravos pelo país. A ocasião, disse Eusébio, era urgentíssima e não podia ser mais própria, o que me parece uma dupla referência: era urgente, pois se temia a qualquer momento um rompimento com Rosas e Oribe, e também para diminuir a probabilidade de insurreições num futuro próximo, que poderia ser de guerra (Eusébio e Paulino, antes de tratarem do tráfico, se detiveram na questão platina e mostraram-se preocupados com seu desfecho); e a ocasião não podia ser mais própria pois certa opinião, pelo menos naquele momento e sem ser consensual, havia se voltado contra o tráfico.

No início de agosto de 1848, ambos também chamaram a atenção para a necessidade de se estabelecer um regulamento para serem julgadas as embarcações apreendidas por tráfico. Em 1852, Eusébio explicou que a legislação que naquele tempo "vigorava não autorizava o governo a apreender um navio qualquer por maiores que fossem os indícios que houvessem que ele se empregava no tráfico: era necessária a condição de haverem africanos a bordo". Mesmo nesse caso, o julgamento seria decidido pelo tribunal do júri, onde dificilmente alguém seria condenado. Essas mesmas considerações, usando palavras diferentes, foram feitas por Paulino, o que significa dizer que importantes medidas para uma efetiva repressão, e que foram consignadas na lei de 4 de setembro de 1850, haviam sido mencionadas por ambos, muito antes da aprovação dessa lei, como um entrave a ser solucionado caso se quisesse realmente reprimir e acabar com o tráfico.

Cumpre averiguar, contudo, até que ponto a relação estabelecida por Eusébio entre aumento do tráfico, desequilíbrio entre livres e escravos e o "receio de perigos gravíssimos" era compartilhada em 1848. Além das evidências indiretas já vistas de que parte da população estava inquieta com as ações escravas, interessa ver mais, mesmo já tendo visto bastante, a respeito da percepção da elite política. O deputado Ferraz, parlamentar pela Bahia, disse ter lembrado ao ministério (do qual era aliado) que era necessário tomar alguma medida a respeito do tráfico, e até se propunha a apresentar projeto sobre a matéria, apesar da "penúria" de suas ideias e do pouco conhecimento da legislação, mas que depois poderia ser aperfeiçoado. O objeto requeria toda a atenção, "e que eu julgo de grande momento, ou uma necessidade palpitante, segundo a expressão moderna". Em sua opinião:

> Se, senhores, o governo atual não tomar toda a consideração sobre a repressão do tráfico, eu receio muito que nós venhamos a sofrer com o grande número de escravos que constantemente aportam às nossas praias. Homens entendidos avaliam que neste ano dentro de nossos portos tem desembarcado perto de 15.000 Africanos. Nos anos passados a importação foi não menor. Segundo os documentos que anualmente se distribuem no parlamento inglês ver-se-há que de certa data em diante a importação no Brasil teve grande aumento.[115]

A intervenção do deputado toca os mesmos pontos mencionados por Eusébio em 1852 e que teriam sido cruciais para uma mudança de percepção: aumento do tráfico, receio de que a população "sofresse" com isso e, portanto, a necessidade de reprimi-lo. Em 26 de agosto, voltou ao assunto dos boatos de insurreição na Bahia e deu como testemunhas outros parlamentares de sua província, nem todos da sua filiação política, para atestarem que a Assembleia provincial havia trabalhado 15 dias em sessões secretas por conta da questão.[116] No relatório da "comissão especial" sobre a conspiração no Vale do Paraíba, os representantes do Rio de Janeiro observaram que essa não tinha sido "a primeira vez em que a tranquilidade pública tem sido ameaçada por cousas semelhantes" e, em sua opinião, não seria a última. A existência da escravidão, o pequeno "número de homens brancos em relação aos milhões de escravos" e a "insuficiência e improbidade da nossa legislação criminal" impossibilitavam que se acabasse com "os receios de insurreição de escravos". Além disso, devia se acrescentar a avidez com que os proprietários rurais procediam à compra de escravos para manter seus estabelecimentos, "animando por este modo e entretendo em grande escala o tráfico ilícito e a introdução sempre crescente de africanos, mais fundados parecerão os receios da comissão" acerca de novos levantes de escravos (embora a solução apontada fossem medidas policiais, e não o fim do tráfico).[117]

Domiciano Leite Ribeiro, presidente da província de São Paulo, em relatório de 25 de junho, da mesma forma que Justiniano fizera n'*O Brasil*, chamou a atenção para o perigo das divisões políticas no país e para a necessidade de serem reforçadas as instituições monárquicas, ainda que considerasse que "toda a revolução social é um impossível". Referia-se aos acontecimentos na Europa, e tinha em mente a população livre. No entanto:

> Eu disse Srs. que uma revolução social fora um impossível no Brasil: enganei-me infelizmente. Não me lembrava da diferença muito essencial de condições, que existe entre nós; mal imenso, perigo muito sério; mas que de dia a dia é agravado pela detestável cobiça de uns, e fatal imprevidência de outros. Na atualidade uma luta encarniçada de partidos fora talvez o sinal da derrota para todos!... Isto mais que tudo deve levar-nos a abraçar com reconhecimento essa justa e santa política, que nos foi anunciada pela Coroa, e que o Governo Imperial tanto se empenha em realizar. Peço desculpa se com riscos de transpor a reserva devida à minha posição animei-me a chamar a atenção pública para o ponto, onde eu enxergo o maior e mais iminente perigo da nossa organização social.[118]

Leite Ribeiro referia-se aos receios de uma insurreição escrava que apareceram nos municípios de Campinas, Piracicaba e Itu, e que avultaram ainda mais em Indaiatuba, a ponto de alguns fazendeiros abandonarem suas propriedades (informação que só foi revelada em seu relatório seguinte).[119] A divisão da sociedade entre livres e escravizados era um perigo muito sério, e continuamente era agravada pela cobiça dos traficantes e pela imprevidência dos fazendeiros que continuavam comprando escravos. Por isso a luta entre os partidos devia ser acalmada, pois seria a derrota de todos, ao mesmo tempo que devia ser abraçada a política imperial relativa à colonização e ao fim do tráfico. Como todos os demais, Leite Ribeiro falava através de subterfúgios, e basta lembrar como a elite política (ou associados) procurava referenciar os escravos sem dizerem esse nome: "elementos", "fazendas vivas", "propriedades vivas", "certa classe de gente" etc. Havia exceções, mas, de forma geral, assuntos relacionados aos escravos deviam ser tratados com toda circunspecção e, de preferência, que não se desse publicidade aos acontecimentos. Por isso o presidente se desculpou por transpor a reserva devida, mas a situação chegara a um nível que fora levado a falar.

Em 16 de outubro, no relatório com o qual entregou a presidência da província, e talvez por isso mesmo, resolveu ser mais sincero quanto ao seu pensamento. Chamou a atenção para os receios de insurreições que pontilharam a província de São Paulo e fez ver as medidas que tomou a respeito. Nada havia que indicasse a existência de um plano "mais ou menos meditado, à disposição de meios para o fim que se temia", nada que revelasse uma "direção inteligente", ou seja, a participação de estrangeiros. Leite Ribeiro desabafou: "confesso que tranquilizei-me"; ainda mais porque da fuga dos fazendeiros não se seguiu nenhum "atentado" que poderia ter sido provocado por "esta imprudência".[120] Como Robert Slenes já havia observado, uma debandada mais generalizada "teria provocado a própria rebelião que [os senhores] se empenhava[m] em evitar".[121] Na opinião do presidente, isso desvanecia "a ideia de um plano &c". Entretanto:

> Longe de mim querer apartar as vistas do Governo sobre este objeto: pelo contrário nenhum mais digno de suas sérias meditações. É uma verdade, que se nota geralmente nesta raça certa agitação, e um desenvolvimento de ideias até a pouco desconhecido: este estado de cousas pode se tornar assustador de um momento para outro; e no meio das nossas complicações políticas qualquer desagradável emergência pode ocasionar males incalculáveis.[122]

Se a preocupação quanto à participação de estrangeiros fora desvanecida, e a atitude de certos fazendeiros não fez eclodir uma insurreição em Indaiatuba, o assunto continuava a merecer sérias meditações. Além de "certa agitação" que geralmente se notava nos escravos, as autoridades descobriram um "desenvolvimento de ideias" que até então desconheciam, ideias amalgamadas (presume-se) para se levantarem contra a escravidão. Em meio às complicações políticas do

Brasil – numa referência às divisões partidárias, mas também é possível que fizesse alusão às relações diplomáticas –, esse "desenvolvimento de ideias" a qualquer momento poderia tornar-se assustador, e qualquer cisão na sociedade poderia "ocasionar males incalculáveis". Cumpria, pois, que o governo tomasse "providências permanentes e próprias a desviar o perigo". Para tanto, havia feito recomendações às autoridades policiais, e o novo presidente devia ampliá-las ou modificá-las da maneira que entendesse. Todavia somente providências policiais não bastariam para prevenir os perigos, sendo necessário dotar o país de medidas que levassem ao fim do tráfico:

> Todas as nações carregam por anos e séculos com as más consequências de sua origem e organização viciosa, que depois se modificam ou desaparecem com o progresso da civilização e correr dos tempos. *Parece que já bastante temos carregado com a infâmia do tráfico, que se foi um mal necessário, hoje não passa de um crime, e erro funesto, condenado pelo interesse da segurança pública e individual, pela humanidade, e pelos cálculos mais triviais da ciência econômica.* Deploro que a imprensa não tenha procurado levar a convicção aos ânimos de nossos Concidadãos; e que os nossos Estadistas distraídos por interesses de outra ordem não tenham dotado ao País com as medidas indispensáveis para uma transição inevitável.[123]

No relatório de junho, já havia manifestado apoio à política anunciada pelo imperador em sua fala do trono. Agora, em outubro, deplorava que o Parlamento não tivesse dotado o país com uma legislação indispensável à transição que julgava inevitável, pois a infâmia do tráfico, além de condenada pela humanidade e pelos cálculos econômicos, era prejudicial à segurança pública e individual. Esses foram os mesmos termos utilizados pelo imperador a 3 de maio, e não custa lembrar que o crime de insurreição era tipificado na parte reservada aos crimes públicos e definido como um crime "contra a segurança interna do Império, e pública tranquilidade".[124] Em 2 de agosto, Bernardino José de Queiroga, presidente de Minas Gerais, participou o governo sobre as medidas tomadas depois do levante quilombola de fevereiro, relatando que muitos estavam presos e já haviam sido julgados pelo júri. No momento em que escrevia não havia mais receios de que a tranquilidade pública fosse alterada, mas, ainda assim, "boatos de insurreição correram por toda a parte, e estes sucessos de Baependy e Ayuruoca vieram despertar todas as atenções". Apesar de depois se descobrir que não tinham fundamentos, deu todas as providências que julgou necessárias:

> Não obstante porém o que fica dito cumpre que não estejamos desprevenidos: a nossa lavoura é toda mantida por braços escravos; *e se o número d'estes for em aumento*, se os abolicionistas continuarem em seus projetos, ao passo que não for promovida com afinco a colonização Europeia, *nós estaremos sobre um formidável vulcão*.[125]

Autoridades máximas das províncias do Rio de Janeiro, de São Paulo, de Minas Gerais e da Bahia, senadores e deputados e, provavelmente, até mesmo o imperador, demonstraram temor com os movimentos de luta dos escravos e passaram a considerar a continuidade do tráfico um grave problema à segurança interna do Império. Vale lembrar o testemunho insuspeito de Vasconcelos, já que era contra qualquer medida que vedasse o tráfico. Em 1848 estava se passando o mesmo que em 1835, quando até o regente se deixou possuir com o medo causado pelo levante malê, quando parlamentares da Bahia e do Rio de Janeiro se atemorizaram. Hoje, disse ele, se reproduzia o mesmo. Todos se julgavam perdidos, demonstravam medo e recuavam; numa alusão mais que provável ao recuo quanto à manutenção do tráfico.

Muitíssimo mais difícil de aferir é a percepção dos fazendeiros e demais escravistas. O redator d'*O Brasil* mencionou que a população do Sudeste ficou assustada, que era indispensável tranquilizar os espíritos, e, embora não se deva duvidar de que em muitos lugares esse receio tenha sido momentâneo (até porque não tinham toda a dimensão da política imperial), ainda assim foi real, como indica a fuga de fazendeiros em Indaiatuba por temerem por suas vidas. Moraes Sarmento, deputado pelo Rio Grande do Norte, no início dos debates sobre o projeto de repressão ao tráfico, embora não tenha tocado na questão da rebeldia escrava, deixou testemunho importante sobre a situação:

> Não pode deixar passar a ideia emitida na casa, de que a lei de 7 de novembro de 1831 não tinha sido executada, assim de como o não será essa quando for decretada, porque o tráfico encontra

apoio quase unânime na população. Concorda na primeira parte da proposição, que a lei de 7 de novembro não foi executada, e também na segunda que a lei que se elabora agora não será também rigorosa, [e] fielmente executada; mas no que não pode concordar é em que assim suceda, porque a unanimidade do povo esteja persuadido de que o tráfico é bom e deve continuar. Está persuadido de que é justamente o contrário, e que grande parte do povo brasileiro está persuadido de que o tráfico é mau (*Apoiados*). Na casa [na Câmara dos Deputados] diversos membros tem se pronunciado contra o tráfico, e um Sr. deputado por Minas asseverou que muitos agricultores lhe tinham escrito pedindo-lhe que promovesse uma medida qualquer que tendesse a acabar com o tráfico. Muitos outros dados tem o orador pelos quais é induzido a crer que já grande parte da população tem santo ódio contra o tráfico.[126]

A intervenção do deputado reforça o que já fora visto em outros relatos, e relatos contundentes proferidos em 1848, de uma mudança de percepção por parte da elite política e da "população", indo ao encontro do que Eusébio assinalou em 1852. Segundo Moraes Sarmento, agricultores de Minas Gerais estariam clamando por qualquer medida tendente a acabar com o contrabando, e certamente assim procediam em decorrência do levante quilombola que se estendeu por três municípios mineiros e deixou a população inquieta e apreensiva. O presidente Queiroga, se não chegou a ser explícito quanto ao fim do tráfico, observou que, se continuasse a aumentar a introdução de africanos, se os abolicionistas seguissem em seus projetos e se não fosse providenciada a colonização europeia, os escravocratas estariam "sobre um formidável vulcão".

O aumento exponencial do tráfico, o desequilíbrio demográfico entre livres e escravos nas principais regiões escravistas e o receio de que sua continuação sem limite seria um perigo para a segurança interna de fato passaram a preocupar muitos em 1848, o que era uma mudança significativa onde o tráfico vigorava há três séculos. Todavia, a fala de Eusébio pode ser lida como uma preocupação sobretudo da elite política que ele projetou à "opinião pública", pois somente os estadistas conheciam as graves questões diplomáticas e podiam imaginar que a situação se agravaria muito mais em caso de guerra, o que não pressupõe desconsiderar os efeitos que as descobertas dos planos de insurreição causaram à percepção dos senhores de escravos, mesmo que por determinado período de tempo.

À exceção de Vasconcelos, eminentes políticos do Partido Conservador também passaram a solicitar medidas para reprimir o tráfico, e escravocratas convictos, como Honório Carneiro Leão, se calaram (pelo menos até o fim das sessões secretas que trataram do artigo 13 do projeto de 1837). Quanto ao gabinete 31 de maio, Vasconcelos referiu-se a ele, em setembro de 1848, como o "ministério dos terrores". Iniciou com receios da repercussão dos acontecimentos da França no Brasil; em seguida, os ministros "deixaram-se possuir ou dominar de outro terror, e foi o das insurreições. Passou esse terror, lá se foi não sei como"; no que Limpo de Abreu interviu: "o das insurreições é anterior"; e, logo depois, o Visconde de Abrantes emendou: "isso é um anacronismo". Somente após os apartes, Vasconcelos, "todo corajoso" como era (no dizer irônico de Costa Ferreira), pôde prosseguir:

> Veio depois o terror do tráfico. Ora, um ministério que tem receios e receios tão graves que poderiam submergir o país nas maiores calamidades, não poderia deixar de estar muito prevenido, muito alerta. E não era só obrigação do ministério prevenir os males que receava, não era só sua obrigação reprimi-los, ainda cumpria aos Srs. ministros estarem mais cuidadosos das coisas públicas pelos receios, pelos temores que manifestavam dessas repercussões, desses tráficos, dessas outras coisas.[127]

Deixando de lado a ordem mencionada, não cabe dúvida de que o "terror do tráfico" estava relacionado ao "terror das insurreições", que efetivamente ou foram debeladas antes de romperem ou pouco tempo depois de os escravos insurgirem-se. Eram "terrores conexos", por assim dizer. Todavia, não foi somente o gabinete liberal que demonstrou apreensão com a continuidade do tráfico de africanos, de modo que é possível afirmar que grande parte da elite política passou a percebê--lo como um problema que precisava ser resolvido por uma questão de ordem interna, tendo em mente as relações externas, a fim de diminuir a incidência e o risco de novos movimentos de luta dos escravos.

Às vésperas de o gabinete 31 de maio apresentar o projeto de repressão ao tráfico à Câmara dos Deputados, a situação era mais ou menos esta, no que tange ao tema tratado: planos insurrecionais, levante quilombola e boatos de insurreições a correrem o Brasil nos primeiros meses do ano; situação tensa no Sul – que beirava o rompimento do Brasil com a Argentina e o governo *blanco* de Manuel Oribe –, redobrada com a cisão da fronteira entre um território livre e um escravista e o aumento da resistência escrava; abolição da escravidão em diversas regiões da América e a não entrega dos escravos fugitivos; desconfiança de um possível ataque do exército aliado do Rio da Prata ao Rio Grande do Sul; receio de que emissários britânicos e rio-platenses estivessem propagando ideias abolicionistas e incitando os escravos à rebelião recorrendo à ilegalidade de sua condição, que nesse momento compreendia centenas de milhares de africanos; o Bill Aberdeen de 1845 em pleno vapor na Costa da África e com possibilidade de recair em breve em águas territoriais brasileiras, perigo sinalizado com um apresamento no início do ano; recrudescimento do tráfico a partir de 1846, atingindo seu ápice em todo o período da ilegalidade no biênio 1847-1848.

A lei de repressão ao tráfico, com base no projeto de 1837 modificado com algumas emendas, foi aprovada na Câmara até o artigo 12, momento em que se chegou ao "artigo capital dela, o que regula, em bem da ordem social, o estado dos escravos em nosso país", como publicado n'*O Brasil*. Conforme a letra do artigo 13, "nenhuma ação poderá ser tentada contra os que tiverem comprado escravos, depois de desembarcados, e fica revogada a lei de 7 de novembro de 1831, e todas as outras em contrário".[128] Segundo Leslie Bethell, a rejeição ao artigo "ameaçaria a 'propriedade' da maioria dos homens influentes do país", enquanto sua aprovação "enfraqueceria seriamente qualquer tentativa de acabar com o tráfico negreiro e privaria milhares de africanos da liberdade [do direito a ela, bem entendido] – não apenas os que já tinham sido ilegalmente importados, mas os que poderiam vir a sê-lo no futuro".[129]

Justiniano, evidentemente, posicionou-se a favor da aprovação do artigo, pois sua doutrina era "indispensável no estado atual das cousas para evitar perigos que podem de um momento para o outro aniquilar o país e reduzi-lo à condição da Nigrícia". No entanto, era sabido que a "diplomacia inglesa" se opusera à adoção dessa lei no passado (em 1837), sobretudo de seu último artigo, e em início de setembro de 1848 contra ela novamente protestou. O deputado Rodrigues dos Santos apresentou moção para que a matéria fosse discutida em sessões secretas, que ocorreram nos dias 22, 23, 25 e 26 de setembro. Justiniano estava indignado com a situação, pois antes da aprovação da moção alguns homens do ministério "declararam que votariam contra esse *abominável* artigo".[130]

No dia 25, publicou um editorial onde defendeu veementemente sua aprovação, "pois a sua rejeição importaria um perigo tão grave como a proclamação da *emancipação*". Cumpria, pois, antes de tudo, que a sociedade (escravista) fosse salva e que houvesse "segurança para a propriedade" (adquirida em contravenção à lei). O que queriam esses senhores abalando "os fundamentos da segurança dos cidadãos (escravistas)?". Ainda ontem (dia 24), Paula Souza "falava nos perigos dos *elementos*", nas insurreições, justamente no momento em que chegavam notícias do Haiti, da Martinica e de Santa Cruz.[131] Poucos dias antes, Justiniano havia publicado comentários lacônicos sobre esses eventos: "No *Hayti* tinha havido graves desordens. Na *Martinica* continuava a correr sangue. Na ilha dinamarquesa de *Santa Cruz* rebentou uma insurreição, que foi abafada com auxílio de forças espanholas idas de Porto Rico".[132] O *Correio da Tarde*, no entanto, disse mais. Informações do ministro da Marinha à Assembleia Nacional de Paris, a 22 de junho, dava conta da

> completa insurreição da Martinica e Guadalupe, onde a população preta se tinha sublevado em massa, cometendo atrocidades inauditas contra os brancos, que indistintamente mataram, saqueando e incendiando-lhes as propriedades: os governadores dos dois referidos pontos não podendo vencer a revolta aderiram a ela, proclamando imediatamente a abolição da escravatura.[133]

A revolução de 1848 na França levou ao poder forças antiescravistas, e a emancipação da escravidão nas colônias foi decretada em 27 de abril, depois de passar por uma comissão instaurada pelo governo provisório. No entanto, a chegada da notícia da queda da Monarquia de Julho levou os escravos da Martinica a insurgirem-se antes de terem conhecimento do decreto de abolição, gerando movimentos semelhantes em Guadalupe. As notícias dos acontecimentos na França eram interpretadas da maneira que mais convinha aos escravos, e eles passaram a abandonar as *plantations*, enquanto a ordem escravista se desfazia a olhos vistos.[134] Justiniano, ao que tudo indica, percebia perigo idêntico ao se tratar do artigo 13, pois poderia chegar aos ouvidos dos escravos que o Parlamento rejeitara um artigo que pretendia mantê-los em escravidão (uma das leituras possíveis), por isso afirmara que sua rejeição seria o mesmo que declarar a emancipação. Atônito, procurou prevenir os parlamentares que tratavam da matéria:

> Snrs. isto é sério, mais sério do que calculais; isto não é questão de partidos, isto é questão de existência do país, e se estais tão loucos que vos quereis suicidar, tendes mil meios de o fazer, sem querer que vos acompanhe a nação brasileira... Não vos prepareis tardios e inúteis arrependimentos. Não vos devíeis ter ocupado com essa lei; devíeis ter aconselhado aos vossos ministros que providenciassem a esse respeito regulamentarmente e por meios secretos e policiais; mas já que quisestes fazer uma lei, toda a discussão é um perigo a que só a loucura ou o frenesim podem expor uma nação. *Crianças, não brinqueis com essa arma que vos pode arrebentar nas mãos.*[135]

Em 25 de setembro, ainda informou que nesse dia mais uma sessão secreta teria lugar, mas, como era impossível manter-se segredo entre oitenta e tantas pessoas, tinha conhecimento de que "a sorte do artigo 13 será hoje decidida: e presume-se que será rejeitado". No dia 26, apenas comunicou que a Câmara ainda trabalhava em sessão secreta e, no seguinte, publicou outro longo artigo, escrito antes de saber que fora aprovado o adiamento da votação. A Câmara atual, jurando "não deixar pedra sobre pedra no edifício social brasileiro, apresentou-se eivada desse espírito de falso filantropismo que a Inglaterra tem procurado desenvolver em toda parte", "com que muito e muito havia de exultar o *brasileirismo* das legações inglesa e argentina".

Depois, porém, surgiam embaraços. Os britânicos reclamavam com a insolência de costume e procuravam a proscrição e até o extermínio "do partido político votado aos seus ódios", enquanto os "energúmenos" (os argentinos) querem a "subversão profunda da sociedade brasileira".

> Para esses o definhamento da lavoura, a ruína de todas as fortunas particulares é nada, para esses as horríveis cenas que se estão representando na Martinica e em Sta. Cruz, que se representaram no fim do século passado [em São Domingos], e que ainda hoje de vez em quando se reproduzem, em uma das grandes Antilhas, são delícias...[136]

Em meio a tantas dificuldades e perigos, contudo, o gabinete resolveu discutir o artigo 13. Menos mal que as sessões onde apresentavam suas "ideias filantrópico-incendiárias têm sido secretas", evitando assim a execração pública que se erguia contra "abomináveis projetos".[137]

Com regozijo, na terceira página do número do dia 27, noticiou: "Terminou enfim a sessão secreta; terminou por um triunfo da oposição". A oposição, segundo sua leitura dos acontecimentos, previdente dos embaraços e perigos da proposta, ciente de que, desde 1837, todos os ministérios e legislaturas deixaram-na "morta no arquivo, não podia deixar de admirar a louca imperícia com que este ano, no meio de tantos perigos do país, como se estes não bastassem, ia o ministério suscitar novos perigos tratando desta proposta". Em vista disso, como forma de reprovação, a oposição se calou nos debates na Câmara. Quando se chegou ao artigo 13, o ministério se dividiu, "as mais subversivas ideias são por alguns deles ostentadas", e a sorte da lei ficara nas mãos da oposição. O deputado Carvalho Moreira apresentou moção de adiamento, que nada mais era que uma condenação do ministério, aprovada por 32 votos contra 29.[138] O ministério caiu, e em 29 de setembro um gabinete conservador assumiu o poder.

Eusébio, tempos depois, explicou que *a maioria* (ou seja, a situação, os liberais na Câmara) fracionou-se, uma grande parte tendo abandonado o governo, "sustentando que todo o mérito da lei seria perdido se acaso fosse aprovada a disposição do artigo 13". A oposição teria aderido quase unânime à rejeição do artigo, e uma fração da maioria que assim pensava ligou-se à oposição. Ambos os lados temeram colocar o artigo em votação e "chegou-se a um acordo de adiamento, e o artigo foi adiado". Eusébio afirmou que o gabinete 31 de maio desejava sinceramente reprimir o tráfico, embora duvidasse que conseguiria com as emendas propostas, pois, além do "erro capital" do artigo 13 (que, pela supressão de outro, passou a ser 12), "o ministério tinha acabado o melhor e mais importante pensamento do projeto, que era aquele que arrancava o conhecimento do crime do tráfico ao júri para entregá-lo a um juízo privativo". De fato, os apresamentos das embarcações seriam julgados em primeira instância pela auditoria da Marinha, e, em segunda, pelo Conselho de Estado. No entanto, o processo das *pessoas* incursas no crime de importação de escravos, ou de tentativa de importação, correria nas mãos dos auditores da Marinha somente até a pronúncia, enquanto o julgamento dos pronunciados seria feito no foro comum, portanto pelos jurados.[139]

Paula Souza era a favor da aprovação do artigo 13, e em maio de 1850 explicou como entendia a matéria. Disse não ter votado a favor da lei de 1831, taxando-a da "mais absurda e ruinosa" já aprovada no Brasil. Não se recordava "de país algum que abolisse o tráfico em que por um artigo de lei se qualificassem como livres os Africanos que nele depois fossem introduzidos, conservando esse país em si entretanto a escravidão". Em 1837 já havia tentado, juntamente com o Marquês de Barbacena, "fazer passar uma lei alterando esse artigo" "e dando outras providências para que realmente se pudesse obstar o tráfico". Relembrou que, em 1848, quando esteve no ministério, procurou novamente fazer passar uma medida a esse respeito, mas a discussão ficou adiada com a retirada do ministério. Considerava que a doutrina da lei de 1831 causava males imensos ao país e afirmou que já começavam a aparecer os "efeitos da imprudência" desse artigo, sendo necessário que se tomasse "uma providência qualquer, que nos tire dos perigos iminentes".[140]

No início de 1848, o apresamento pela marinha britânica do Bella Miquellina certamente serviu de alerta sobre os perigos que sobreviriam, não somente por se tratar de uma captura na costa brasileira, mas pelo acolhimento a bordo do *Grecian* de um escravo (africano) fugitivo que buscara a liberdade sob a proteção da bandeira britânica. O africano alegou ser natural de Serra Leoa, portanto súdito inglês, e tinha sido capturado em Popó e dali "transportado para o Brasil violentamente". As autoridades inglesas não duvidaram em lhe conceder asilo, e lorde Palmerston, ministro britânico, em nota oficial de 18 de setembro, defendeu o procedimento de seus agentes no Brasil. Além de as autoridades terem feito bem em não entregar o Bella Miquellina, cumprindo assim as instruções passadas de acordo com o *bill* de 1845, considerou a lei britânica imperfeita "por não aplicar a pena de pirataria aos indivíduos [envolvidos no tráfico] encontrados à bordo dos navios negreiros".

Quanto ao africano fugitivo, "aquele comandante não se poderia justificar, se o não tivesse recebido a bordo, *porque existindo hoje no Brasil poucos pretos que não tenham direito à sua liberdade, segundo a lei de 7 de novembro de 1831, havia toda a probabilidade de ser ele legalmente livre*, além do que no Brasil ninguém tem o direito de conservar em escravidão um súdito de S. M. a Rainha". As reclamações seguiram por 1848, e ainda foram mencionadas em detalhe em janeiro de 1850, quando Paulino de Souza, ministro dos estrangeiros, relembrou os eventos e a discussão diplomática em seu relatório. Paulino considerou o procedimento das autoridades britânicas uma violência às leis do país, à sua soberania e independência. Vociferou porque "o estado de liberdade do africano asilado a bordo do brigue só podia ser ventilado e decidido" pelos tribunais do Brasil, mas as autoridades britânicas arvoravam-se "juízes da condição de um indivíduo dentro da própria jurisdição do Império".[141]

Parte da discussão diplomática ocorreu durante a administração do gabinete 31 de maio, e Paula Souza certamente estava inteirado do caso, pois abriu um precedente perigosíssimo. Não menos alarmante era o fato da existência de "uma infinidade de escravos" "cuja posição legal é completamente irregular", o que poderia ser a "causa dos nossos maiores males", sobretudo em caso de guerra, como ressaltado pelo redator d'*O Brasil*. Justiniano e Paula Souza, portanto, estavam conformes sobre a matéria. Se a aprovação do artigo 13 visava regular a "propriedade" adquirida ilegalmente por contrabando e cortar pela raiz a possibilidade de os africanos proporem ações de liberdade fundadas na lei de 1831, também tinha em mente evitar procedimentos idênticos ao caso Bella Miquellina, e não deixar em vigor um direito que poderia ser utilizado por emissários estrangeiros em suas propagandas abolicionistas, fazendo ver aos africanos introduzidos depois de 1831 a ilegalidade de sua condição de escravizados, motivo (presume-se) suficiente para insuflá-los à rebelião.[142]

No entanto, ao que parece, muitos parlamentares tinham mais medo das ações do governo britânico caso o artigo passasse, por isso, aparentemente, estavam dispostos a rejeitá-lo, como de fato viriam a fazer em 1850, sem nenhum objetivo humanitário. Novamente, Eusébio explicou a situação. A intenção do gabinete 29 de setembro teria sido desde o início fazer cair o artigo 13, para logo pôr em discussão outras emendas. "Para reprimir o tráfico de africanos, sem excitar uma revolução [dos escravocratas] no país", fazia-se necessário: 1) atacar com vigor as novas introduções, esquecendo e anistiando as anteriores à lei; 2) dirigir à repressão contra o tráfico no mar, ou no momento do desembarque, enquanto os africanos estivessem na mão dos introdutores. A intenção era clara: suprimir o artigo 13, mas manter seu pensamento, pois o gabinete

Paula Souza "proclamou diretamente o que só por meios indiretos devera tentar, isto é, extinguiu todas as ações cíveis e crimes da lei de 7 de novembro; por outra, legitimou a escravidão dos homens que essa lei proclamara livres!".[143]

Essas medidas contrariavam de frente "os princípios de direito universal" e excediam "os limites naturais do poder legislativo". Por um lado, elevaria os escrúpulos de muitos e, por outro, provocaria "enérgicas reclamações do governo inglês, que podia acreditar ou bem aparentar, a crença de que assim o Brasil iria legitimando o tráfico, não obstante a promessa de proibi-lo como pirataria". Por mais de uma razão, portanto, a doutrina era insustentável de ser consignada em lei.[144] A discussão, por fim, foi adiada, o que aparentemente é difícil compreender, pois, apesar das diferentes opiniões sobre o artigo 13, o projeto foi submetido à discussão com urgência. Segundo Vasconcelos,

> entendeu-se que o Brasil ficava perdido, se este ano já e já não se trancasse as portas do tráfico, isso era patriótico, era humanitário, era de maior interesse do Brasil! Gastaram muito tempo nessa discussão, fizeram suas sessões secretas, e o que veio ao público foi que se julgou afinal dispensável a adoção da lei no corrente ano.[145]

Qual era a urgência, por que o Brasil estaria perdido e por que, ao fim, se julgou dispensável a aprovação da legislação nas sessões secretas de setembro de 1848? Penso que, para responder a essas questões, é preciso olhar para a situação na fronteira sul.

As bases de negociação apresentadas pelos ministros anglo-franceses para o fim da intervenção no Rio da Prata foram repelidas por Rosas e Oribe no final de maio e, na segunda metade de junho, o governo imperial já tinha conhecimento do fracasso da quarta missão de paz.[146] Todavia, houve uma tentativa de negociação entre o governo colorado de Montevidéu e Juan Manuel de Rosas "para o fim de resolver pacificamente, e por comum acordo, as questões, que tem dado lugar à guerra atual na Banda Oriental, e ao cerco de Montevidéu", conforme comunicou o ministro dos Estrangeiros, Bernardo de Souza Franco, ao presidente Soares de Andrea. A notícia do fracasso dessa negociação, ao que consta por séria dissensão entre Rosas e Oribe, só chegou ao conhecimento do governo imperial entre o fim de julho e o início de agosto, levando à suposição de que "toda a demonstração de próxima invasão da província do Rio Grande do Sul [...] perdeu assim sua ocasião e força".[147]

Entretanto, desde junho, sabia-se dos preparativos feitos em Buenos Aires de "grande quantidade de mulas para artilharia montada", servindo "também de base a juízos de probabilidade de próxima guerra, que começando talvez pelo ataque do Paraguai, venha recair imediatamente sobre essa província". Soares de Andrea instava para o Império sair da defensiva, mas o imperador mandara declarar que não convinha ao Brasil ser agressor de seus vizinhos e, mesmo se o Paraguai fosse atacado, era preciso aguardar "instruções e ordens do governo imperial sobre o procedimento que deva ter". A política de neutralidade devia ser mantida, pois não era intenção do governo provocar a luta. Porém, em consequência da marcha dos acontecimentos, estava dando providências para elevar o exército à "força respeitável" para a defesa da província.[148]

Em suma, embora houvessem fracassado as tentativas de paz com as potências interventoras e entre Montevidéu e Buenos Aires, a apreensão de uma invasão do Rio Grande do Sul não fora totalmente desvanecida; Rosas, por seu turno, também estava ciente dos preparativos de guerra feitos no Rio Grande do Sul. A situação ainda manteve-se indecisa pelos desdobramentos da revolução na França, pois Lamartine, que anteriormente já havia se manifestado publicamente a favor da Argentina e contra a intervenção, assumiu o Ministério dos Estrangeiros, e o governo imperial passou a desconfiar que uma nova missão de paz pudesse ser enviada a Buenos Aires.[149] Somente a 21 de setembro, um dia antes do início das sessões secretas que trataram do projeto de repressão ao tráfico na Câmara dos Deputados, Bernardo de Souza Franco, ministro dos Estrangeiros, escreveu reservadamente a Soares de Andrea dando conta das últimas informações que chegaram ao conhecimento do governo.

De início, disse ser satisfatória a notícia da cessação, "ou falta de voga da tendência para a separação e independência" do Rio Grande do Sul, que já deveria ter cessado desde 1845. O Brasil, por sua parte, estava vigiando seus vizinhos rio-platenses, e o presidente ficaria habilitado a tempo com os meios precisos para qualquer eventualidade que ocorresse a fim de sustentar os direitos do Império. Entretanto, as notícias estavam mais bem esclarecidas pelas que ultimamente tinham vindo da Europa, "e pelos fatos posteriores do Rio da Prata que tem chegado ao conhecimento do governo imperial, e dos quais se pode concluir que as tentativas <u>diretas</u> contra o Império têm de ser espaçadas; e igualmente que muito conviria melhor conhecer o que diz respeito à[s] tentativa[s] de insurreições de escravos, à sedução e favor que os fugidos recebem nos Estados vizinhos e pouco mais ou menos seu número, sobre o que espero as informações exigidas dessa presidência".[150]

Souza Franco, o mesmo que dissera na Câmara dos Deputados que as informações de Fernandes Chaves eram destituídas de crédito, deixa evidente na troca de ofícios reservados a apreensão do governo imperial com o desfecho da questão platina, a ponto de solicitar, ainda em setembro de 1848, mais informações a respeito das insurreições de escravos, sobre a proteção que os fugitivos gozavam no Estado Oriental do Uruguai e dados que dessem conta do número aproximado dos que conseguiram transpor a fronteira. De fato, o desfecho da intervenção anglo-francesa no Rio da Prata *passou a ser* uma variável extremamente importante na tomada de decisões do Estado imperial quanto ao tráfico, tanto em 1848 como em 1850. O raciocínio era simples, e parte dele já foi mencionado algumas vezes.

O fim da intervenção significaria a vitória de Manuel Oribe e a tomada de Montevidéu, o término dos bloqueios navais de Buenos Aires e do Buceo e a liberação do exército argentino sob o seu comando, que, somado ao contingente *blanco*, somava 18 mil homens. Juan Manuel de Rosas, portanto, poderia dispor de um exército bem mais numeroso, fosse para atacar o Paraguai, que considerava uma província rebelde, ou para investir contra o Rio Grande do Sul, a fim de reivindicar os limites de 1777 e assim recompor o vice-reino do Rio da Prata. Isso era questão antiga, mas o ponto de inflexão para o governo imperial ocorreu com os desdobramentos da abolição da escravidão no Uruguai, em 1846: liberdade a todos os escravos existentes no território da República, a maior parte propriedade de brasileiros; proteção aos fugitivos e seu armamento; e o incitamentos às fugas de escravos do Rio Grande do Sul. O ponto culminante, todavia, foi a descoberta da conspiração mina-nagô em Pelotas.

A resistência escrava, em sentido amplo, tornara-se mais decidida, e a província (ou parte dela) *parecia* ter entrado em convulsão: boatos de insurreição aqui, outros acolá, ao que parece uma tentativa de levantamento em Cachoeira, e fugas e mais fugas de escravos para o Uruguai e para as províncias argentinas de Corrientes e Entre Ríos. No Rio da Prata passou-se a propagar que o exército aliado entraria no Rio Grande do Sul proclamando a liberdade dos escravos, e tais suspeitas foram levadas na devida consideração. Era um ponto extremamente frágil do Império a existência da escravidão em meio a repúblicas que não mais admitiam a instituição, fragilidade que poderia ser utilizada com proveito em caso de guerra. O território contestado havia se tornado um território escravista, e pouquíssimas estâncias não possuíam cativos, além de terem entrado na última década 20 mil escravos na província. Ademais, o fim da intervenção passou a ser uma variável importante ainda em outro sentido. Se até então o *bill* de 1845 estava praticamente restrito à costa africana e ao alto-mar, após um acordo de paz no Rio da Prata a marinha britânica ali estacionada ficaria livre para rumar para o litoral brasileiro. O precedente do Bella Miquellina deixou evidente que a lei de 1845 em breve se faria extensiva à costa brasileira.

Os pontos vistos acima são centrais para entender os motivos que levaram ao adiamento da discussão do projeto de repressão ao tráfico, mas não explicam de forma satisfatória as razões pelas quais ele fora apresentado. Não fosse a descoberta de planos bem organizados de insurreições escravas nas principais províncias do país, sobretudo no Rio de Janeiro e São Paulo, ambas com grande concentração de escravos; não fosse o levante quilombola em Minas Gerais e os boatos que correram o Brasil, em especial os que grassaram na Bahia; da mesma forma que se não fosse a resistência imposta pelos escravos na fronteira Sul e a conspiração em Pelotas, certamente o governo imperial não teria se alarmado de tal forma. Não teria motivos para temer a contínua introdução de africanos, tampouco o desequilíbrio demográfico que ela ocasionava nas principais zonas escravistas.

A agitação rebelde dos escravos em 1848, ano de revoluções pelo mundo, informam bastante sobre uma suposta acomodação dos escravos e a baixa incidência de levantes. Os escravos não ignoravam que um enfrentamento frontal com os senhores e com a sociedade escravista seria uma luta extremamente desigual, um caminhar para a autoaniquilação, porém uma mudança de contexto, condições favoráveis e a possibilidade de contar com apoio, elementos que estiveram presentes em 1848, facilmente poderiam levar à organização de planos bem tramados para levantes gerais de escravos, trazendo esperança à luta, como de fato ocorreu em diversos recantos do Império. Interessante que Justiniano usou repetidamente *rastilho da mina* como metáfora para os movimentos de luta dos escravos que haviam sido descobertos. Rastilho, segundo a definição dos dicionários, é um "fio coberto de pólvora ou embebido em qualquer substância combustível, para comunicar fogo a algo", para fazer explosão. Outro significado possível, entretanto, é ainda mais revelador. No sentido figurado, rastilho é "aquilo que constitui a causa, a origem de evento de forte repercussão social e política".[151] Os significados não podiam ser mais adequados ao impacto causado pelos movimentos rebeldes dos escravizados no Brasil.

Notas

1 Sessão de 5 de maio de 1848. *Anais do Senado do Império do Brasil*, t. 1, p. 20.
2 Leslie Bethell. *A Abolição do tráfico de escravos no Brasil. A Grã-Bretanha, o Brasil e a questão do tráfico de escravos, 1807-1869*. Rio de Janeiro, Expressão e Cultura/ São Paulo, Edusp, 1976, pp. 232-254.
3 Sessão de 24 de maio de 1848. *Anais do Senado do Império do Brasil*, t. 1, pp. 173-175.
4 Em 1849 desembarcaram 60.682 africanos; em 1850, 34.239; em 1851, 6.014; em 1852, 984; e em 1856, 320. Considerando o período entre 1832 e 1856, foram introduzidos 787.332 africanos no país. O acordo antitráfico anglo-brasileiro de 1826, no entanto, passou a valer desde março de 1830, de modo que, se considerarmos os anos entre 1830 e 1856, desembarcaram e foram escravizados ilegalmente no Brasil algo em torno de 844.833 africanos. Dados disponíveis em SlaveVoyages. *The Trans-Atlantic Slave Trade Data Base*. Disponível em <http://www.slavevoyages.org>. Acesso em 5/3/2016.
5 O texto da lei de 7 de novembro de 1831 encontra-se em *Collecção de Leis do Imperio do Brazil de 1831. Primeira Parte*. Rio de Janeiro, Typographia Nacional, 1875, pp. 182-184.
6 Leslie Bethell. *A Abolição do tráfico de escravos no Brasil*, pp. 88-91, 276-278 (citação na página 89). Sobre o projeto de 1837, ver, ainda, Robert Conrad. *Tumbeiros. O tráfico escravista para o Brasil*. São Paulo, Editora Brasiliense, 1985, pp. 111-114; Beatriz Mamigonian. "O direito de ser africano livre: os escravos e as interpretações da lei de 1831". *In*: Silvia Lara & Joseli Mendonça (org.). *Direitos e justiças no Brasil. Ensaios de história social*. Campinas, Editora da Unicamp, 2006, pp. 129-160 (esp. pp. 136-137); Tâmis Parron. *A política da*

escravidão no Império do Brasil, 1826-1865. Rio de Janeiro, Civilização Brasileira, 2011, pp. 146-156; Sidney Chalhoub. *A força da escravidão. Ilegalidade e costume no Brasil oitocentista*. São Paulo, Companhia das Letras, 2012, pp. 72-84. O projeto de 1837 é antecedido por uma exposição de motivos do Marquês de Barbacena e pode ser consultado em *Anais do Senado do Império do Brasil*, t. único. Sessão em 30 de junho de 1837, pp. 175-181.

7   Leslie Bethell. *A abolição do tráfico de escravos no Brasil*, pp. 88-91, 278-280. Sobre a discussão da alçada a que caberia o julgamento do crime, se seguiria nas mãos do júri ou passaria a "juízo privativo", e as emendas aconselhadas pela Seção de Justiça do Conselho de Estado, ver discurso de Eusébio de Queiroz na Câmara dos Deputados em 16 de julho de 1852. *Jornal do Commercio*, n. 197, 18 jul. 1852. As sessões secretas foram realizadas em 22, 23, 25 e 26 de setembro de 1848. *Relatorio e Synopse dos Trabalhos da Camara dos Srs. Deputados na Sessão do anno de 1885 contendo andamento de todos os projectos e pareceres, discussão especializada do orçamento e prerrogativas, projectos sobre o elemento servil desde 1871 até 1885, sessões secretas, decisões da Camara dos Srs. Deputados na verificação de poderes, diferentes documentos, quadros estatisticos e outros esclarecimentos*. Organizados na Secretaria da mesma Camara. Rio de Janeiro, Imprensa Nacional, 1886, pp. 273-274. Para o início da sessão legislativa de 1850, *Anais do Senado do Império do Brasil*, t. 1; Assembleia Geral Legislativa, Sessão Imperial de Abertura em 1º de janeiro de 1850.

8   Leslie Bethell. *A abolição do tráfico de escravos no Brasil*, pp. 276-277. Sobre o apresamento do Miquellina, ver Dale Graden. "*Bella Miquellina*: tráfico de africanos, tensões, medos e luta por liberdade nas águas da Baía de Todos-os-Santos em 1848". *In*: Lisa Earl Castilho et al. *Barganhas e querelas da escravidão. Tráfico, alforria e liberdade (séculos XVIII e XIX)*. Salvador, Edufba, 2014, pp. 61--100.

9   Robert Slenes. "'Malungu, n'goma vem!': África coberta e descoberta no Brasil". *Revista da USP*, n. 12, 1991/1992, pp. 48-67 (citação página 66); Idem. "L'Arbre *nsanda* replanté: cultes d'affliction kongo et identité des esclaves de plantation dans le Brésil du sud-est (1810-1888)". *Cahiers du Brésil Contemporain*, n. 67/68, 2007, (partie II), pp. 217-313 (esp. pp. 290-304). Uma versão com menos dados etnográficos foi publicada em português, "A árvore de *Nsanda* transplantada: Cultos *Kongo* de aflição e identidade escrava no Sudeste brasileiro" . *In*: Douglas Cole Libby & Júnia Ferreira Furtado (org.). *Trabalho livre, trabalho escravo. Brasil e Europa, séculos XVII e XIX*. São Paulo, Annablume, 2006, pp. 273-314. Slenes também analisou os significados políticos da conspiração, de onde retirei a citação sobre os "africanos livres", em "Tumult and Silence in Rio de Janeiro, 1848: Central-African Cults of Affliction (and Rebellion) in the Abolition of the Brazilian Slave Trade". Texto inédito, apresentado no XXVI International Congress of the Latin American Studies Association (LASA), March 15-18, 2006.

10 Beatriz Mamigonian. *To Be a Liberated African in Brazil. Labour and Citizenship in the Nineteenth Century*. Tese de Doutorado. University of Waterloo, Canada, Ontario, 2002, pp. 184-190; *Idem*. "A Grã-Bretanha, o Brasil e as 'complicações no estado atual da nossa população': revisitando a abolição do tráfico atlântico de escravos (1848-1851)". *Anais do 4º Encontro Escravidão e Liberdade no Brasil Meridional*. Florianópolis, UFSC, 2009; *Idem. Africanos livres. A abolição do tráfico de escravos no Brasil*. São Paulo, Companhia das Letras, 2017, pp. 216-223, *passim*. As razões que levaram à aprovação de nova lei de repressão ao tráfico, em 4 de setembro de 1850, foi objeto de pesquisa de muitos autores, mas no momento interessam explicações para a apresentação do projeto em 1848.

11 Tâmis Parron. *A política da escravidão*, pp. 231-236, 246 (citações nas páginas 234-235); *Idem*. "The British empire and the suppression of the slave trade to Brazil: a global history analysis". *Journal of World History*, v. 29, n. 1, pp. 1-36, 2018 (esp. pp. 25-28); Jeffrey Needell. "The Abolition of the Brazilian Slave Trade in 1850: Historiography, Slave Agency and Statesmanship". *Journal of Latin American Studies*, vol. 33, n. 4, nov. 2001, pp. 681-711.

12 Thomas Flory. *El juez de paz y el jurado en el Brasil imperial, 1808-1871. Control social y estabilidade política en el nuevo Estado*. Cidade do México, Fondo de Cultura Económica, 1986, pp. 222 (nota 49), 232 ss.

13 Quando fez essa afirmação, Justiniano reportava-se a fatos ocorridos em 1848. *O Brasil*, n. 1632, 23 jul. 1850. Embora se possa aceitar, em linhas gerais, sua confissão, aparentemente, Justiniano estava mais alinhado às ideias de Bernardo Pereira de Vasconcelos, e, ainda assim, é possível captar divergências sobre determinados temas. Portanto, não parece ponto incontroverso tomar *O Brasil* como pensamento de todos os políticos conservadores, como fazem alguns historiadores, além de dever ser considerado que a discussão apresentada n'*O Brasil* também influenciava os membros do partido.

14 Ver, por exemplo, *O Brasil*, n. 1031 e n. 1038, 13 e 22 jan.; n. 1064 e n. 1066, 23 e 25 fev.; n. 1070 e n. 1074, 1º e 6 mar. 1848.

15 *O Brasil*, n. 1063, 22 fev. 1848. Grifos meus.

16 *O Brasil*, n. 1067, 26 fev. 1848. Grifo meu.

17 *Monitor Campista*, 18 mar., extratado n'*O Brasil*, n. 1091, 29 mar. 1848. Também apareceu n'*O Correio da Tarde*, n. 84, 14 abr. 1848.

18 *Idem*. As críticas ao ministério e à administração da província pela política seguida com os governos do Rio da Prata provavelmente tiveram algum peso na mudança de gabinete e na demissão de Galvão, substituído pelo general Francisco José de Souza Soares de Andrea, que assumiu as funções de presidente e chefe do exército do Rio Grande do Sul. A saída de Galvão da presidência da província, ao que parece, guardou relação com a saída de Saturnino de Souza e Oliveira da pasta dos Estrangeiros. Saturnino foi substituído, por alegado motivo de doença, a 29 de janeiro, por José Antônio Pimenta Bueno, que foi substituído por Limpo de Abreu em 8 de março de 1848.

19 *Monitor Campista*, 18 mar., extratado n'*O Brasil*, n. 1091, 29 mar. 1848. Grifo meu.

20 Reservado n. 10, de 30 de março de 1848. Arquivo Histórico do Itamaraty, Missões Diplomáticas Brasileiras, Montevidéu, Ofícios Reservados (AHI, MDB/M/OR), códice 222-4-4. Grifo meu.

21 Dale Graden há tempos vem chamando a atenção para esses vários casos, embora sem se deter em suas repercussões para a apresentação do projeto de 1837 em 1848. Dale Graden. "Slave resistance and the abolition of the trans--Atlantic slave trade to Brazil in 1850". *História Unisinos*, vol. 14, n. 3, 2010, pp. 282-293; Idem. *Disease, Resistance and Lies. The Demise of the Transatlantic Slave Trade to Brazil and Cuba*. Louisiana State University Press, 2014, pp. 120-149; ver, ainda, Jaime Rodrigues. *O infame comércio. Propostas e experiências no final do tráfico de africanos para o Brasil (1800-1850)*. Campinas, Editora da Unicamp, 2000, pp. 60-61.

22 Dale Graden. "An Act 'Even of Public Security': Slave Resistance, Social Tensions, and the End of the International Slave Trade to Brazil, 1835-1856". *Hispanic American Historical Review*, vol. 76, n. 2, May, 1996, p. 267.

23 *Mercantil*, 12 fev., extratado no *Diario do Rio de Janeiro*, n. 7734, 26 fev. 1848. Grifos meus.

24 Idem.

25 *O Correio da Tarde*, n. 46, 28 fev. 1848.

26 Sessão da Câmara dos Deputados, 29 de julho, discurso do Sr. Ferraz. *Correio Mercantil*, n. 212, 5 ago. 1848. Grifo meu.

27 *Relatorio que no ato de entregar a Administração da Província de Minas Geraes ao 4º Vice Presidente o Ex.mo. Doutor Manoel José Gomes Rebello Horta apresenta o Presidente da mesma o Ex.mo. Sr. José Pedro Dias de Carvalho no dia 10 de abril de 1848, por virtude do Aviso da Secretaria d'Estado dos Negocios do Imperio de 11 de março do dito ano*. Manuscrito sem paginação. Disponível em <http://www-apps.crl.edu/brazil/provincial/minas_gerais>. Acesso em 7/5/2016.

28 Sobre a insurreição escrava de 1833, ver Marcos Ferreira de Andrade. "Rebelião Escrava na Comarca do Rio das Mortes, Minas Gerais: o caso Carrancas". *Afro-Ásia*, n. 21-22, 1998-1999, pp. 45-82. Idem. "'Nós somos os caramurus e vamos arrasar tudo': a história da Revolta de Carrancas, Minas Gerais (1833)". In: João José Reis & Flávio Gomes (org.). *Revoltas escravas no Brasil*. São Paulo, Companhia das Letras, 2021, pp. 262-324.

29 Ver, por exemplo, *O Correio da Tarde*, n. 73, 81, 89, 1º abr. 1848; 11 abr. 1848; 22 abr. 1848; e n. 179, 17 ago. 1848; e *Diario do Rio de Janeiro*, n. 7763, 1º abr. 1848.

30 O relatório foi analisado por Jaime Rodrigues. *O infame comércio*, pp. 60-61; Dale Graden. "An Act Even of Public Security", pp. 260-261; Beatriz Mamigonian. *Africanos livres*, pp. 216-223. Sociedade gregoriana refere-se a uma associação de cunho abolicionista. Sobre o assunto, ver Marco Morel. *A Revolução do Haiti e o Brasil escravista. O que não deve ser dito*. Jundiaí, SP, Paco, 2017.

31 Ofício do juiz municipal de Lorena, José Rodrigues de Souza, ao vice-presidente da província de São Paulo, Bernardo José Pinto Gavião Peixoto. ALESP, cx. 48.7.8, 11 de abril de 1848. Os documentos sobre o plano insurrecional encontram-se transcritos no Anexo "Papéis Avulsos: a insurreição dos escravos no Vale do Paraíba", revista da Divisão de Acervo Histórico da Assembleia Legislativa de São Paulo. *Acervo Histórico*, São Paulo, n. 3, 2005, pp. 64-70 (documento citado pp. 67-68). Os documentos e o plano insurrecional foram anteriormente analisados por Robert Slenes. "Tumult and Silence in Rio de Janeiro, 1848"; e, mais recentemente, por Beatriz Mamigonian. *Africanos livres*, pp. 216-223.

32 Ofício do juiz municipal de Lorena, José Rodrigues de Souza, ao vice-presidente da província de São Paulo, Bernardo José Pinto Gavião Peixoto. ALESP, cx. 48.7.8, 11 de abril de 1848. *Acervo Histórico*, São Paulo, n. 3, 2005, pp. 64-70 (documento citado pp. 67-68).

33 Ofício do juiz de direito da comarca de Guaratinguetá, Francisco Lourenço de Freitas, ao presidente da província de São Paulo, Domiciano Leite Ribeiro. ALESP, cx. 48.7.14, 8 de junho de 1848. *Acervo Histórico*, São Paulo, n. 3, 2005, p. 70.

34 *Idem, ibidem*.

35 Ofício do secretário do governo da província de São Paulo ao doutor Francisco Antônio do Nascimento Lessa, 1º secretário da assembleia legislativa provincial de São Paulo. ALESP, cx. 48.7.1, 30 de junho de 1848. *Acervo Histórico*, São Paulo, n. 3, 2005, p. 64.

36 *O Brasil*, n. 1096, 4 de abril de 1848.

37 *Idem*. Grifos meus.

38 *Idem*.

39 Sessão de 5 de maio de 1848. *Anais do Senado do Império do Brasil*, t. 1, p. 20.

40 *Relatorio com que o Desembargador Manoel de Jesus Valdetaro entregou a administração da Província do Rio de Janeiro ao seu sucessor o Visconde de Barbacena em 7 de junho de 1848*. Manuscrito sem paginação. Disponível em <http://www-apps.crl.edu/brazil/provincial/rio_de_janeiro>. Acesso em 7/5/2016. Grifos meus. Pode-se inferir que as informações chegaram ao conhecimento do ministro da Justiça em 11 de maio através de documentos citados por Ricardo Salles. *E o Vale era o escravo. Vassouras, século XIX: senhores e escravos no coração do Império*. Rio de Janeiro, Civilização Brasileira, 2008, pp. 189-191.

41 *Relatorio com que o Desembargador Manoel de Jesus Valdetaro entregou a administração da Província do Rio de Janeiro ao seu sucessor o Visconde de Barbacena em 7 de junho de 1848*. Manuscrito sem paginação. Disponível em <http://www-apps.crl.edu/brazil/provincial/rio_de_janeiro>. Acesso em 7/5/2016. Grifo meu.

42 Robert Slenes. "L'Arbre *nsanda* replanté", p. 290; *Idem*. "Malungu, n'goma vem!", pp. 66-67. Ver, ainda, Beatriz Mamigonian. *To Be a Liberated African in Brazil*, p. 184 ss; *Idem*. *Africanos livres*, pp. 216-223.

43 *O Brasil*, n. 1163, 6 jul. 1848. Todos os grifos são meus.
44 *Idem*.
45 *Idem*.
46 *O Brasil*, n. 1164, 7 jul. 1848.
47 Marcus J. M. de Carvalho. *Liberdade: rotinas e rupturas do escravismo no Recife, 1822-1850*. Recife, Ed. Universitária da UPFE, 2010, pp. 203-207 (citações nas páginas 203-204).
48 *O Brasil*, n. 1164, 7 jul. 1848; Marcus de Carvalho. *Liberdade*, p. 205.
49 *O Brasil*, n. 1164, 7 jul. 1848. Grifos meus.
50 Carolyn Fick. "The Haitian Revolution and the Limits of Freedom: Defining Citizenship in the Revolutionary Era". *Social History*, vol. 32, n. 4, nov., 2007, pp. 394-414 (esp. pp. 395-96).
51 Robin Blackburn. *A queda do escravismo colonial: 1776-1848* [1988]. Rio de Janeiro, Record, 2002, pp. 179-284 (citações nas páginas 277, 279). A bibliografia sobre o tema é vasta, a começar pelo clássico de C. L. R. James. *Os jacobinos negros. Toussaint L'Ouverture e a revolução de São Domingos* [1938]. São Paulo, Boitempo, 2000. Entre outros títulos, Carolyn Fick. *The Making of Haiti: The Saint-Domingue Revolution from Below*. Knoxville, University of Tennessee Press, 1990; David Geggus (ed.). *The Impact of the Haitian Revolution in the Atlantic World*. Columbia, University of South Carolina Press, 2001; *Idem. Haitian Revolutionary Studies*. Bloomington & Indianapolis, Indiana University Press, 2002; Laurent Dubois. *Os vingadores do Novo Mundo. A história da Revolução Haitiana*. Niterói, Eduff, 2022. Sobre a vida de Toussaint Louverture, ver Sudhir Hazareesingh. *O maior revolucionário das Américas: a vida épica de Toussaint Louverture*. Rio de Janeiro, Zahar, 2021. Sobre as repercussões da Revolução Haitiana no Brasil, ver João José Reis & Flávio dos Santos Gomes. "Repercussions of the Haitian Revolution in Brazil, 1791-1850". *In*: David Geggus & Norman Fiering (org.). *The World of the Haitian Revolution*. Bloomington/Indianapolis, Indiana University Press, 2009, pp. 284-313, e, sobretudo, Marco Morel. *A Revolução do Haiti e o Brasil escravista*.
52 Ofício de 20 de fevereiro de 1845. Miguel Maria Lisboa, Encarregado de Negócios na Venezuela, ao Ministro dos Negócios Estrangeiros, Ernesto Ferreira França. AHI, códice 208-03-24. *Cadernos do CHDD*, ano 7, n. 13, 2008, pp. 115-118.
53 *Idem*, pp. 118-119.
54 Beatriz Mamigonian. *To Be a Liberated African in Brazil*, p. 189; Márcia Berbel; Rafael Marquese & Tâmis Parron. *Escravidão e política: Brasil e Cuba, c. 1790--1850*. São Paulo, Hucitec, Fapesp, 2010, pp. 278-282, 290-303.
55 Ofício de 20 de março de 1845. Miguel Maria Lisboa, Encarregado de Negócios na Venezuela, ao Ministro dos Negócios Estrangeiros, Ernesto Ferreira França. AHI, 208-03-24. *Cadernos do CHDD*, ano 7, n. 13, 2008, pp. 118-120.

56 Sobre o decreto de abolição da escravidão nas colônias francesas em decorrência dos acontecimentos na França que levaram à Segunda República e à extensão do princípio do solo livre francês a esses territórios, ver Consulta de 5 de fevereiro de 1849. "Brasil-França. Aviso do governador da Guiana Francesa sobre a impossibilidade da devolução de escravos refugiados naquele território". *Conselho de Estado. Consultas da Seção dos Negócios Estrangeiros*, vol. 3: *1849-1853*. Brasília, Câmara dos Deputados/Ministério das Relações Exteriores, 1979, pp. 41-49. A situação nos Estados Unidos a respeito da escravidão, que também envolvia questões entre territórios livres e escravistas, era acompanhada pelos principais jornais do Rio de Janeiro, sobretudo o *Jornal do Commercio*.

57 Robert Slenes. "L'Arbre *nsanda* replanté", pp. 220-221, 227, 230.

58 *Idem*, pp. 290-294.

59 Robert Slenes. "'Eu venho de muito longe, eu venho cavando': jongueiros *cumba* na senzala centro-africana". *In*: Silvia Hunold Lara & Gustavo Pacheco (org.). *Memória do jongo: as gravações históricas de Stanley J. Stein. Vassouras, 1949*. Rio de Janeiro, Folha Seca/Campinas: CECULT, 2007, pp. 123-124. Sobre os "cultos de aflição-fruição", além de "L'Arbre *nsanda* replanté", ver, do mesmo autor, "Metaphors to Live by in the Diaspora: Conceptual Tropes and Ontological Wordplay among Central Africans in the Middle Passage and Beyond". *In*: Ericka A. Albaugh & Kathryn M. de Luna (ed.). *Tracing Language Movement in Africa*. New York, Oxford University Press, 2018, 343-63 e "Exigindo respeito: economia moral e estratégias para a liberdade entre cativos da África Central (o Sudeste do Brasil durante a 'Segunda Escravidão', c. 1781-1888)". *In*: Vagner Gonçalves da Silva *et al*. (org.). *Através das águas: os bantu na formação do Brasil*. São Paulo, FEUSP, 2023, pp. 56-121. Slenes vem documentando a presença entre os escravos do Sudeste da "crença em torno dos espíritos territoriais e ancestrais", práticas relacionadas ao "fogo sagrado" "como veículo para a comunicação com os gênios tutelares e os espíritos dos recém-mortos", a relação entre o jongo e a religião escrava e o papel que desempenharam na formação de uma comunidade escrava. Além dos trabalhos citados, ver, ainda: *Idem*. "The Great Porpoise-Skull Strike: Central African Water Spirits and Slave Identity in Early-Nineteenth-Century Rio de Janeiro". *In*: Linda Heywood (org.). *Central Africans and Cultural Transformations in the American Diaspora*. Cambridge, Cambridge University Press, 2002, pp. 183-208; *Idem. Na senzala uma flor: esperanças e recordações na formação da família escrava – Brasil Sudeste, século XIX*. 2ª ed. corrig. Campinas, Editora da Unicamp, 2011, cap. 4. Sobre a importância da devoção a Santo Antônio nos dois lados do Atlântico e a "assimilação desse fazedor de milagres ao complexo de crenças nos espíritos bisimbi". *Idem*. "Saint Anthony at the Crossroads in Kongo and Brazil: 'Creolization' and Identity Politics in the Black South Atlantic, ca. 1700-1850". *In*: Boubacar Barry; Elisée Soumonni & Livio Sansone (ed.).

Africa, Brazil and the Construction of Trans-Atlantic Black Identities. Lawrenceville, New Jersey, Africa World Press, 2008, pp. 209-254.

60 Robert Slenes. "Malungu, n'goma vem!", pp. 66-67.

61 *O Brasil*, n. 1164, 7 jul. 1848. Grifos meus.

62 O cálculo compreende apenas a cidade propriamente dita, sem computar as freguesias rurais. Luiz Carlos Soares. *O "povo de Cam" na capital do Brasil. A escravidão urbana no Rio de Janeiro do* século XIX. Rio de Janeiro, Faperj/7Letras, 2007, pp. 26-30.

63 Consulta de 8 de maio de 1848. "Política a adotar no Rio da Prata quando tenha fim a intervenção anglo-francesa". *Conselho de Estado. Consultas da Seção dos Negócios Estrangeiros*, vol. 2: *1846-1848*. Direção de José Francisco Rezek. Brasília, Câmara dos Deputados, 1978, pp. 379-383.

64 Pandiá Calogeras. *A política exterior do Império. Da regência à queda de Rozas* [1933]. Brasília, Senado Federal, 1998, pp. 567-572. Contemporâneos entenderam a questão da mesma forma. *Correio da Tarde*, n. 89, 22 de abril de 1848; Ladislau dos Santos Titára. *Memórias do Grande Exército Alliado Libertador do Sul da América*. Rio Grande do Sul, Typographia de B. Berlink, 1852, pp. 50-52.

65 As cartas e notas oficiais foram enviadas pelo Ministro de Relações Exteriores do Uruguai, Plenipotenciário na Corte, Andrés Lamas, e pelo Encarregado de Negócios do Brasil em Montevidéu, Silva Pontes. Consulta de 8 de maio de 1848. "Política a adotar no Rio da Prata quando tenha fim a intervenção anglo-francesa". *Conselho de Estado. Consultas da Seção dos Negócios Estrangeiros*, vol. 2: *1846-1848*. Direção de José Francisco Rezek. Brasília, Câmara dos Deputados, 1978, pp. 379-383.

66 *Idem*.

67 *Idem*.

68 *Idem*.

69 Sessão de 20 de maio de 1848. *Anais do Senado do Império do Brasil*. t. 1, pp. 114-117. Ladislau Titára. *Memórias do Grande Exército*, pp. 50-52.

70 Ofício Reservado n. 1, de 24 de junho de 1848. Arquivo Histórico do Rio Grande do Sul (AHRS), Correspondência Expedida pelos Presidentes de Província ao Ministro dos Negócios Estrangeiros (CEPP/MNE), códice A-2.19, ff. 12-13v.

71 *Idem*. Grifos meus.

72 Ofício com data rasurada (agosto/setembro? de 1848). João Francisco Vieira Braga ao presidente general Soares de Andrea. AHRS, *Documentação dos Governantes*, cx. 12, maço 19. Grifos meus.

73 Ver Robin Blackburn. *A queda do escravismo colonial*; Dale Tomich. "A 'segunda escravidão': trabalho escravo e a transformação da economia mundial no século XIX". *Pelo prisma da escravidão: trabalho, capital e economia mundial*. São Paulo, Edusp, 2011, pp. 81-97.

74 Ofício Reservado C, de 19 de junho de 1848. AHRS, CEPP/MNE, códice A-2.19, ff. 10v-11v. O ofício foi, por engano, endereçado a Pimenta Bueno, que nessa altura já não estava mais no cargo de ministro da Justiça, em vista da mudança de gabinete em 31 de maio. Nos parágrafos seguintes, salvo citação em contrário, acompanho esse ofício.
75 *Idem*. Grifos meus.
76 *Idem*.
77 *Idem*.
78 James Scott. *Domination and the Arts of Resistance: Hidden Transcripts*. New Haven, Yale University Press, 1990, pp. 144-148.
79 Sessões da Câmara dos Deputados de 26 e 29 de julho de 1850, extratadas no *O Rio-Grandense*, n. 645, 13 ago. 1850.
80 Parte da Sessão da Câmara de 17 de julho de 1848, em que os deputados debateram questões relativas à província e ao Rio da Prata, encontra-se publicada no *Correio Mercantil*, n. 198, 22 jul. 1848. Salvo citação em contrário, sigo o debate nas páginas seguintes. Todos os grifos são meus.
81 Ver os diversos ofícios trocados entre o presidente da província com os ministros do Império em *Documentação dos Governantes*, AHRS, cx. 12, maço 19.
82 Sessão da Câmara dos Deputados de 3 de agosto. *Correio Mercantil*, n. 215?/216?, 9 ago. 1848. Grifos meus.
83 Sigo novamente a Sessão da Câmara de 17 de julho. *Correio Mercantil*, n. 198, 22 jul. 1848.
84 Sessão de 2 de junho de 1851. *Anais do Senado do Império do Brasil*, t. 2, pp. 2-3.
85 Sessão da Câmara de 17 de julho. *Correio Mercantil*, n. 198, 22 jul. 1848.
86 *Idem*.
87 *Idem*.
88 *Idem*.
89 SlaveVoyages. *The Trans-Atlantic Slave Trade Data Base*. Disponível em <http://www.slavevoyages.org>. Acesso em 7/4/2016.
90 Ofício reservado do presidente da província, Soares de Andrea, ao ministro da Guerra, João Paulo dos Santos Barreto, 1º de agosto de 1848. AHRS, CEPP/MNE, códice A-2.19, ff. 18v-19v. Grifo meu.
91 *Falas do Trono. Desde o ano de 1832 até o ano de 1889. Acompanhadas dos respectivos votos de graça da Câmara Temporária. E de diferentes informações e esclarecimentos sobre todas as sessões extraordinárias, adiamentos, dissoluções, sessões secretas e fusões com um quadro das épocas e motivos que deram lugar à reunião das duas câmaras e competente histórico*. Coligidas na Secretária da Câmara dos Deputados. Prefácio de Pedro Calmon. São Paulo, Melhoramentos, 1977, pp. 263-264. Grifos meus.
92 *Idem*, pp. 254-255.
93 *O Brasil*, n. 1164, 7 jul. 1848.
94 Thomas Flory. *El juez de paz*, p. 267.

95 *O Brasil*, n. 1164, 7 jul. 1848.
96 Sessão de 11 de julho de 1848. *Anais do Senado do Império do Brasil*, t. 1, pp. 248-250.
97 Sessão de 21 de agosto de 1848. *Idem*, pp. 396-397.
98 *Idem*, pp. 398-399. Grifos meus.
99 Tâmis Parron. *A política da escravidão*, pp. 234-236.
100 Sessão de 5 de setembro de 1848. *Anais do Senado do Império do Brasil*, t. 1, pp. 16-18.
101 Sessão de 11 de setembro de 1848. *Idem*, p. 102.
102 Sobre a vinculação do projeto de lei de terras à colonização com braços africanos proposta por Vasconcelos em 1843, ver Tâmis Parron. *A política da escravidão*, pp. 208-219.
103 Sessão de 13 de setembro de 1848. *Anais do Senado do Império do Brasil*, t. 1, pp. 182-186.
104 *Idem, ibidem*. Grifo meu.
105 Sessão de 11 de julho de 1848. *Anais do Senado do Império do Brasil*, t. 1, p. 238.
106 Sessão de 10 de julho de 1848. *Anais do Senado do Império do Brasil*, t. 1, pp. 209-210.
107 Sessão da Câmara dos Deputados de 1º de agosto de 1848. *Jornal do Commercio*, n. 213, 2 ago. 1848. Grifos meus.
108 Sessão da Câmara dos Deputados de 3 de agosto de 1848. *Correio Mercantil*, n. 216, 9 ago. 1848.
109 Sidney Chalhoub. *Visões da liberdade. Uma história das últimas décadas de escravidão na Corte*. São Paulo, Companhia das Letras, 1990, pp. 194-198; Robert Slenes. "*L'Arbre nsanda replanté*", pp. 303-304; Tâmis Parron. *A política da escravidão*, p. 246 ss.
110 Discurso de Eusébio de Queiroz na Câmara dos Deputados em 16 de julho de 1852. *Jornal do Commercio*, n. 197, 18 jul. 1852. Paulino José Soares de Souza, na sessão de 29 de maio de 1852 no Senado, já havia procurado refutar as insinuações de James Hudson. *Três Discursos do Ill.mo. e Ex.mo. Sr. Paulino José Soares de Souza Ministro dos Negócios Estrangeiros*. Rio de Janeiro, Typographia Imp. e Const. de J. Villeneuve e C., 1852, pp. 38-62.
111 Discurso de Eusébio de Queiroz na Câmara dos Deputados em 16 de julho de 1852. *Jornal do Commercio*, n. 197, 18 jul. 1852.
112 *Idem*.
113 Robert Slenes. "L'Arbre *nsanda* replanté", pp. 303-304.
114 Tâmis Parron. *A política da escravidão*, pp. 250-251.
115 Sessão da Câmara dos Deputados de 4 de agosto de 1848. *Correio Mercantil*, n. 216, 10 ago. 1848.
116 Sessão da Câmara dos Deputados de 26 de agosto de 1848. *Correio Mercantil*, n. 242, 4 set. 1848. Sobre a situação na Bahia, ver, ainda, Dale Graden. "An Act 'Even of Public Security'; *Idem*. "Slave resistance and the abolition".

117 Reservada – Paço da Assembleia [no Rio de Janeiro] em Sessão Secreta aos 8 de julho de 1848. F. S. Dias da Motta. José Alves Carneiro Montezuma. Secret. Report of the Select Committee of the Provincial Assembly of Rio de Janeiro on Secret Societies of African in Province of Rio de Janeiro, July 8, 1848. Mr. Hudson to Viscount Palmerston, Slave Trade, n. 7 of 20 February 1850. *Brazil: Mr. Hudson, Despatches*. Foreign Office 84/802, 1850 Jan./Feb., ff. 325-358. Transcrição em português, ff. 325-340v; transcrição em inglês, ff. 343-358 (citação ff. 326-326v). Disponível em <https://discovery.nationalarchives.gov.uk>. Acesso em 9/6/2022.

118 *Discurso recitado pelo Ex.mo. Senhor Doutor Domiciano Leite Ribeiro. Presidente da Província de São Paulo. Na abertura da Assembleia Legislativa Provincial no dia 25 de junho de 1848*. São Paulo, Typographia do Governo, 1848, pp. 6-7. Disponível em <http://www-apps.crl.edu/brazil/provincial/s%C3%A3o_paulo>. Acesso em 9/5/2016.

119 *Relatório. Apresentado [em 16 de outubro] ao Ex.mo. e Rvm. Sr. Doutor Vicente Pires da Motta, pelo Ex.mo. Sr. Dr. Domiciano Leite Ribeiro, ao entregar a presidência*. São Paulo, Typographia do Governo, 1848, pp. 3-4. Disponível em <http://www-apps.crl.edu/brazil/provincial/s%C3%A3o_paulo>. Acesso em 9/5/2016.

120 *Idem*.

121 Robert Slenes. "Malungu, n'goma vem!", p. 67.

122 *Relatório. Apresentado [em 16 de outubro] ao Ex.mo. e Rvm. Sr. Doutor Vicente Pires da Motta, pelo Ex.mo. Sr. Dr. Domiciano Leite Ribeiro, ao entregar a presidência*. São Paulo, Typographia do Governo, 1848, pp. 3-4. Disponível em <http://www-apps.crl.edu/brazil/provincial/s%C3%A3o_paulo>. Acesso em 9/5/2016.

123 *Idem*. Grifos meus.

124 *Colecção das Leis do Império do Brazil de 1830*. Actos do Poder Legislativo, Parte I. Rio de Janeiro, Typographia Nacional, 1876, pp. 142-200 (a tipificação do crime de insurreição encontra-se na página 163).

125 *Falla dirigida [em 2 de agosto] a Assembleia Legislativa Provincial de Minas Gerais, na Sessão Ordinária do ano de 1848: pelo Presidente da Província Bernardino José de Queiroga*. Ouro Preto, Typographia Social, 1848, pp. 2-3. Disponível em <http://www-apps.crl.edu/brazil/provincial/minas_gerais>. Acesso em 9/5/2016. Grifos meus.

126 *Sessão da Câmara dos Deputados de 5 de setembro de 1848. Jornal do Commercio*, n. 248, 6 set. 1848.

127 *Sessão de 12 de setembro de 1848. Anais do Senado do Império do Brasil*, pp. 166--167.

128 *A Abolição no Parlamento. 65 anos de luta, 1823-1888*. Brasília, Senado Federal, Subsecretaria de Arquivo, 1988, pp. 100-102.

129 Leslie Bethell. *A abolição do tráfico de escravos no Brasil*, p. 279.

130 *O Brasil*, n. 1225, 22 de setembro de 1848 (grifo no original). Sobre o protesto de James Hudson, ministro britânico no Brasil, ver Leslie Bethell. *A abolição do tráfico de escravos no Brasil*, p. 279. Para os dias em que ocorreram as sessões, *Relatorio e Synopse dos Trabalhos da Camara dos Srs. Deputados...*, pp. 273-274, ou a sequência de artigos publicados por Justiniano n'*O Brasil* a partir do dia 22 de setembro de 1848. Sobre a questão, ver ainda, Sidney Chalhoub. *A força da escravidão*, cap. 5.

131 *O Brasil*, n. 1227, 25 set. 1848. Grifos no original.

132 *O Brasil*, n. 1225, 22 set. 1848.

133 *Correio da Tarde*, n. 197, 9 set. 1848.

134 Robin Blackburn. *A queda do escravismo colonial*, pp. 530-532; Dale Tomich. *Pelo prisma da escravidão*, pp. 209-210.

135 *O Brasil*, n. 1227, 25 set. 1848, grifo no original.

136 *O Brasil*, n. 1229, 27 set. 1848.

137 *Idem, ibidem*.

138 *Idem*. Sobre a votação, ver Leslie Bethell. *A abolição do tráfico de escravos no Brasil*, p. 279; e *Relatorio e Synopse dos Trabalhos da Camara dos Srs. Deputados*, pp. 273--274.

139 Discurso de Eusébio na Câmara em 16 de julho de 1852. *Jornal do Commercio*, n. 197, 18 jul. 1852; *Relatorio e Synopse dos Trabalhos da Camara dos Srs. Deputados*, pp. 280-281.

140 Sessão de 13 de maio de 1850. *Anais do Senado do Império do Brasil*, pp. 15-16.

141 *Relatorio da Repartição dos Negocios Estrangeiros apresentado a Assembleia Geral Legislativa* [em 7 de janeiro de 1850], *na Primeira Sessão da Oitava Legislatura, pelo respectivo Ministro e Secretario de Estado Paulino José Soares de Souza*. Rio de Janeiro, Typographia Imperial e Constitucional de J. Villeneuve e Comp., 1850, pp. 10-11. Grifo meu. Uma análise minuciosa do caso encontra-se em Dale Graden. "*Bella Miquellina*", pp. 61-100, que, no entanto, deixou escapar esse importante documento.

142 Sobre o objetivo de prescrever ações fundadas na lei de 1831, ver o debate entre Paulino de Souza e Paula Souza. Sessão de 27 de maio de 1850. *Anais do Senado do Império do Brasil*, esp. pp. 116, 119-120; e a defesa de Paula Souza de projeto a respeito do tráfico de africanos na sessão de 1º de julho de 1850, pp. 50-53.

143 Discurso de Eusébio na Câmara em 16 de julho de 1852. *Jornal do Commercio*, n. 197, 18 jul. 1852.

144 *Idem*.

145 Sessão de 27 de setembro de 1848. *Anais do Senado do Império do Brasil*, p. 398.

146 Ladislau Titára. *Memorias do Grande Exército*, pp. 50-51; Pandiá Calogeras. *A política exterior do Império*, pp. 567-570.

147 Ofício reservado de 17 de agosto de 1848. Ministro dos Estrangeiros, Bernardo de Souza Franco, ao presidente Soares de Andrea. AHRS, Documentação dos Governantes, cx. 12, maço 19.

148 *Idem*.
149 Pandiá Calógeras. *A política exterior do Império*, pp. 570-571.
150 Ofício reservado de 21 de setembro de 1848. Ministro dos Estrangeiros, Bernardo de Souza Franco, ao presidente Soares de Andrea. AHRS, *Documentação dos Governantes*, cx. 12, maço 19. Grifo no original.
151 Ver, por exemplo, <https://www.aulete.com.br/rastilho>, <https://www.lexico.pt/rastilho/>, <https://www.dicio.com.br/rastilho/>. Acessos em 4/3/2016.

NEC HERCULES CONTRA DUO:
A LEI DE 1850 E A ABOLIÇÃO DO TRÁFICO

Com o adiamento da discussão do projeto de repressão ao tráfico e a subida dos conservadores ao poder, Leslie Bethell observa que era razoável esperar "que o novo governo simpatizasse muito mais com os interesses dos grandes proprietários e, por conseguinte, se dispusesse a cooperar com o tráfico ilegal de escravos", expectativa apoiada em suas anteriores atuações quando estiveram no poder (1837-1839 e 1841-1844). Segundo Tâmis Parron, depois da queda do gabinete liberal, os conservadores não demonstraram medo algum de uma correlação entre ataques da marinha britânica e ações dos escravizados, como o plano de rebelião no Vale do Paraíba. Liderados por Bernardo Pereira de Vasconcelos, reverteram completamente a agenda do gabinete anterior, e o Visconde de Olinda, ministro dos negócios estrangeiros, enterrou os projetos contra o tráfico de africanos e a colonização europeia.[1]

Eusébio de Queiroz, no discurso de 16 de julho de 1852, procurou explicar e dar sua versão à política seguida pelo gabinete 29 de setembro, do qual era ministro da Justiça. Defendeu que entre os primeiros pensamentos do gabinete estava o de "encarar como ideia capital da nova administração a repressão do tráfico", aproveitando a "opinião que se desenvolvia no país" para fazer passar uma lei efetivamente repressiva. No entanto, seria um erro atacar o contrabando desde o princípio, pois a legislação não permitia apreender navio algum sem que tivesse africanos a bordo, por maiores que fossem os indícios de que fosse destinado ao tráfico; e, ainda, havia a questão do julgamento que seria realizado pelo tribunal do júri. Com essa "legislação defeituosa", argumentou, é que deveriam "lutar contra um crime que pelo longo tempo de sua tolerância, pelos grandes interesses que tinha criado, pelas preocupações que ainda existiam, embora começasse a ser abalado, contudo tinha força demasiada para que pudéssemos entrar em uma luta séria, tão desarmados pela lei".[2]

A opinião dos membros do gabinete era de que "qualquer governo que tentasse reprimir o tráfico sucumbiria na luta", se não contasse com os "meios legislativos necessários", o que seria de grande préstimo aos traficantes, pois apenas conseguiriam retardar "a época da repressão". Era necessário, antes de tudo, "ir preparando os meios antes de travar o combate". Como as sessões legislativas foram marcadas para reiniciarem em 1850, para não perder tempo, ordenou que o chefe de polícia do Rio de Janeiro procurasse "por diferentes meios fazer sentir aos homens, que a opinião apontava como contrabandistas de africanos, as disposições em que o governo estava de reprimi-lo com todas as forças logo que tivesse passado certo período: esse período era o tempo em que julgávamos necessário para obter as medidas legislativas". O chefe de polícia, segundo disse, havia desempenhado bem essa missão. Para que os traficantes não considerassem que se tratava apenas de "vãs ameaças", ordenou que a polícia da Corte fizesse "cessar o escândalo com que em alguns arrabaldes da cidade havia depósitos de africanos para serem vendidos, e esses depósitos efetivamente desapareceram; a polícia deu mesmo buscas", e em alguns armazéns encontraram e apreenderam africanos que depois foram julgados livres.[3]

Assim teriam os conservadores assinalado o início da administração, "procurando acostumar a opinião, e prudentemente diminuir as dificuldades futuras", enquanto faziam ver aos contrabandistas que o governo não receava "seu suposto poderio". Como ministro da Justiça, Eusébio fora encarregado de preparar emendas ao projeto de repressão ao tráfico, depois de o gabinete ter decidido que colocaria em discussão o que fora adiado em 1848, pois a "matéria era tão delicada, exigia tantas atenções, e era tão urgente, que devíamos evitar, quanto fosse possível, longa demora em sua discussão". Por fim, detalhou as emendas apresentadas aos outros membros do gabinete em sua "exposição de motivos", emendas que foram incluídas e aprovadas na lei de 4 de setembro de 1850.[4]

Cumpre recordar que ele procurava contrarrestar as insinuações de Hudson e da oposição, esta principalmente a acusar os conservadores de só terem agido após a marinha britânica soar os canhões no litoral e portos brasileiros, entre junho/julho de 1850. O ex-ministro da Justiça se esforçava em demonstrar justamente o contrário, defendendo que os conservadores, desde que subiram ao poder, passaram a se ocupar com a repressão. Essa ideia não pode ser aceita sem ser confrontada a outras evidências que a possam ou não confirmar. Vimos que Eusébio solicitou medidas contra o tráfico em agosto de 1848, momento em que afirmou que a ocasião era urgentíssima e não podia ser mais própria, e fez ver a necessidade de proteger a colonização e mudar a legislação vigente.

Antes de ser denominado "partido conservador", contudo, o movimento regressista de meados da década de 1830 se autodenominava "partido da ordem" e, como observa Thomas Flory, "ordem, naturalmente, significava controle social".[5] Justiniano, n'*O Brasil*, Honório e Vasconcelos, na tribuna do Senado, advogavam medidas policiais contra os movimentos de luta dos escravos, e não o fim do contrabando, enquanto na Câmara, Paulino e Eusébio assinalaram a necessidade de medidas contra o tráfico. Não seria impensável, todavia, que ambos tivessem mudado de opinião após os conservadores subirem ao poder, mas também não se pode tomar o Partido Conservador como um partido totalmente coeso em suas ideias, como se não houvesse posições divergentes, como fazem muitos historiadores.

Os motivos que levaram à discussão e à quase aprovação do projeto de 1848, contudo, não se desfizeram totalmente, enquanto uma resolução definitiva das graves questões diplomáticas somente havia sido postergada. Portanto, é quase certo que Eusébio se ocupou com a preparação de emendas a serem oferecidas no momento em que a discussão do projeto novamente se tornasse necessária e urgente, pois precisava tê-las na manga, por assim dizer. De fato, as principais emendas ao projeto de 1848 foram por ele apresentadas em sessão secreta da Câmara dos Deputados em 16 de julho de 1850, e todas foram aprovadas e consignadas na lei de 4 de setembro.[6] Certamente não foram pensadas de última hora, e algumas ideias ali apresentadas já estavam em sua mente desde quando se pronunciou no Parlamento em agosto de 1848.

Se os conservadores imaginavam que os movimentos de luta dos escravos cessariam ou diminuiriam através de rigorosa vigilância e demais medidas policiais, seu pensamento rapidamente foi colocado à prova, e a relação entre rebeldia escrava e introdução incessante de escravos por contrabando se manteve como uma preocupação. Em 19 de março de 1849, "um grande grupo de escravos armados invadiu a igreja da povoação de Queimado", província do Espírito Santo, no momento em que era celebrada a missa, e aos "gritos" proclamaram "liberdade" e "alforria". Dali os insurgentes seguiram para diversas fazendas a fim de aliciarem mais escravos e, em outras, obrigaram os senhores a alforriarem seus cativos, engrossando rapidamente em 300 o número de rebeldes, segundo noticiou o *Correio da Victoria*. No mesmo dia, às três horas da tarde, o presidente soube da insurreição e ordenou a ida do chefe de polícia acompanhado de tropas devidamente armadas para o local. No dia 20 foram batidos tanto em Queimado quanto na vila da Serra "dois grandes grupos daqueles criminosos que ou morreram, ou fugiram em completa debandada, deixando no campo armas e munições que conduziam".[7]

O chefe de polícia, conforme ofício remetido ao presidente da província, chegou à povoação de Queimado às quatro da manhã do dia 20, e pouco tempo depois encontrou um grupo de 50 escravos armados com quem travou combate durante meia hora, resultando na morte de oito escravos, na prisão de outros seis e de uma escrava, esposa de um dos rebeldes.[8] Em 28 de março, o *Correio da Victoria* noticiou que os habitantes de Queimado já estavam se "libertando do terror que os havia assombrado" graças às medidas tomadas pelo presidente. Constava que muitos rebeldes haviam se apresentado aos seus senhores, exceto os cabeças, e já estavam presos mais de 30 insurgentes. No entanto, a companhia de guerrilhas seguiu para a vila da Serra "a fim de bater o sertão Caiuába onde se supõe estarem reunidos o resto dos insurgidos, que ainda não foram capturados, nem se apresentaram aos seus senhores". Na vila de Itapemirim notícias davam conta de terem se "ausentado" 20 escravos da fazenda Safra, porém se ignorava o rumo que tinham tomado.[9]

Como se expressou um autor anônimo, fora "uma insurreição levada a efeito". Os insurgentes invadiram a igreja aos gritos de "*viva a liberdade, queremos nossas alforrias*", e "o povo que estava no templo, amedrontado, por este acontecimento não esperado, correu espavorido".[10] Segundo Vilma Paraíso de Almada, a revolta estava "ligada à repercussão de ideias políticas, religiosas e sociais que imprimiram força" ao movimento, pois havia suspeitas de participação de um missionário capuchinho, além da "crença dos escravos na interferência da 'Rainha' que, através de Frei Gregório, lhes concederia a liberdade". A autora levanta uma hipótese interessante, pois, como o período estava marcado pela pressão britânica contra o tráfico, torna-se possível "pensar que em Queimado, 'Rainha' fosse uma alusão à 'Inglaterra', tomada pelos escravos como uma pessoa importante que os queria libertar".[11]

Entre 31 de maio e 2 de junho os insurgentes foram julgados pelo júri extraordinário no paço da Câmara Municipal de Vitória, que sentenciou cinco escravos à forca, como cabeças da insurreição, e outros 25 a açoites; seis foram absolvidos e quatro não foram julgados por estarem foragidos.[12] Em 9 de julho, no expediente do dia, a secretaria do governo informou que "os documentos e mais papéis tendentes aos escravos cabeças da insurreição do Queimado, que foram sentenciados pelo júri desta cidade a pena última", foram enviados ao ministro da Justiça. No relatório de 11 de janeiro de 1850, Eusébio prestou informações sobre o "movimento insurrecional". Logo que o governo imperial teve notícia

> de semelhantes ocorrências fez partir imediatamente o vapor *Paquete do Sul* com cem praças de linha, e munições de guerra, mas, independente d'esse auxílio, o movimento foi comprimido pelas acertadas e prontas medidas da presidência, e cooperação dos habitantes da província, não tendo felizmente consequências mais desagradáveis.[13]

Eusébio, portanto, estava bem informado sobre a insurreição. Em 1852, quando enumerou alguns (mas não todos) movimentos de luta dos escravos que pesaram na decisão de colocar em discussão o projeto de 1848, citou, entre outros "acontecimentos ou antes sintomas de natureza gravíssima", a insurreição escrava no Espírito Santo, levante que só teve lugar no ano seguinte, o que demonstra que o caso permaneceu em sua memória. No ano de 1849, apesar de uma pequena diminuição em relação aos dois anos anteriores, entraram 60.682 africanos por contrabando no Brasil.[14] Evidentemente, ele não tinha o conhecimento estatístico que temos hoje, e o ano havia mal começado quando rompeu a insurreição, mas certamente não era indiferente ao fato de que o tráfico seguia a todo vapor. Na época do levante alguns jornais já haviam cerrado fileiras contra o contrabando e a escravidão, e os que mais se destacavam eram *O Philantropo* e *O Americano*, este tido e havido como uma folha argentina publicada na Corte com fins subversivos.

Em 27 de abril, *O Philantropo* publicou um artigo denominado "A Revolta dos Escravos", onde começava defendendo a promoção da colonização e esforços para "desterrar d'entre nós os escravos", pois "meia dúzia de escravos aí se alevantam, e perturbam o nosso repouso. E é que tememos, e tememos seriamente; porque conhecemos que o oprimido tem direito de reivindicar a sua liberdade". Se diminuísse o número de escravos, haveria menos motivos para temer suas "imoralidades" e "traições", seu preço baixaria "e assim não excitaremos mais a negra cobiça desses condenados do inferno, contrabandistas réprobos".

Diminuamos sem demora o número dos escravos e as revoltas não serão tão frequentes. Vê-se pelo que dizemos que a causa mais provável das revoltas ultimamente havidas no Queimado na província do Espírito Santo, e em Pelotas na do Rio Grande do Sul, são a grande quantidade de escravos que n'esses lugares existem; não queremos todavia afirmar que outras não hajam, mas as consideramos secundárias.[15]

O ministro da Justiça não ignorava que, enquanto o tráfico se mantivesse nos patamares dos últimos anos, a possibilidade de diminuição dos movimentos de luta dos escravos seria improvável, ainda mais porque não era indiferente à propaganda abolicionista (de nacionais e estrangeiros) que se espalhava pelo país. Independentemente de o gabinete conservador ter entrado com a ideia capital de reprimir o tráfico ou não, o fato é que, alguns meses após o início de sua administração, passou a tomar algumas medidas, no que provavelmente contribuiu a insurreição levada a efeito em Queimado. Em resposta a seu discurso de 1852, Souza Franco (ministro dos Estrangeiros no gabinete Paula Souza) minimizou as medidas adotadas por Eusébio, mas confirmou a mudança dos depósitos de africanos existentes na Corte, quando questionou: "Para onde, senhores? Para fora do Brasil? Para algumas léguas, somente, distantes desta cidade". No que interviu Moraes Sarmento: "Qual léguas [sic]! Bem perto daqui continuaram a haver esses depósitos".

Para Souza Franco, "continuou-se a tolerar o tráfico, e por ventura nós não tínhamos vos dado o exemplo mandando fazer tomadias de africanos que se verificaram, na outra banda, em Niterói? Senhores, havia embaraços, nós os encontramos, vós também os encontrastes".[16] Deixando de lado a troca de farpas para ver quem menos tinha reprimido o tráfico, tanto o gabinete liberal quanto o conservador foram obrigados a tomar (ou anunciar) algumas medidas contra o contrabando e os traficantes, mudança que se não pode entender sem alinhavar diversos fatores de ordem interna e externa, como procurei mostrar no capítulo anterior, entre os quais desponta o papel desempenhado pela resistência escrava.

Em 8 de junho de 1849, *O Philantropo* noticiou que o ministro da Justiça

> mandara fazer uma revista nos depósitos de africanos na Ponta do Cajú. É um passo que muito louvamos. Esperamos porém ainda da atividade desse ilustre ministro sérias medidas para a repressão da audácia dos *contrabandistas de carne humana*; a fim de que não só não possamos acusar o governo de negligente, como ainda o louvemos com merecidas palavras.[17]

Ainda que as medidas fossem notoriamente tímidas e ineficazes para reprimir o tráfico feito às escâncaras, o próprio Eusébio confessou (com desfaçatez) que se tratava de um aviso aos traficantes, um período para ir acostumando a opinião e assim diminuir as "dificuldades futuras", quando chegasse a época da repressão. No início de janeiro de 1850, informou o resultado das apreensões de africanos desde maio de 1848, em número (pífio) de 279: em Niterói foram apreendidos 96; na província de Alagoas, 73; "e na baía do Rio de Janeiro pela polícia da Corte, 110"; todos foram declarados livres e seus serviços, distribuídos a estabelecimentos públicos, "onde sua liberdade é mais eficazmente garantida".[18]

Na abertura da Assembleia Geral, em 1º de janeiro de 1850, o imperador, em sua fala do trono, após referir-se à Rebelião Praieira que desde novembro de 1848 grassava em Pernambuco, novamente tocou nas questões diplomáticas e na necessidade de legislação que provesse à colonização. Com desvelo, se esforçaria para "manter as relações pacíficas que existem entre o Brasil e as potências estrangeiras" [sic], mas somente "enquanto puder fazê-lo sem quebra de honra e dignidade nacional", ao mesmo tempo que chamava a atenção para a necessidade de aumentar as forças do Exército e da Marinha. Recomendava "muito especialmente" que o Parlamento providenciasse "sobre o modo de suprir à lavoura os braços que diariamente lhe vão faltando" [sic], legislação conexa a medidas antitráfico.[19]

Poucos dias depois, no relatório dos Negócios Estrangeiros, Paulino de Souza acompanhou a fala do imperador. Segundo disse, "a questão do tráfico é inquestionavelmente uma das de maior transcendência, não só quanto às nossas relações internacionais, mas ainda quanto ao estado interno e futuro do país". A referência à primeira parte é fácil concluir, até porque se deteve nas relações diplomáticas com a Grã-Bretanha. A segunda, que não chegou a desenvolver, apesar de anunciá-la, me parece uma evidente alusão à relação entre o tráfico e as revoltas escravas, por isso a questão também era da maior relevância ao estado interno e futuro do país, ou seja, à sua segurança interna. Para resolver a questão, se fazia urgente e necessária uma legislação que estabelecesse um sistema de colonização em larga escala, pois, antes disso, lutar-se-ia "sem vantagem contra o tráfico de escravos".[20]

Salientou a necessidade de resolver as dúvidas sobre a quem competia o "julgamento criminal pela introdução de africanos", sobre o "casco da embarcação e sua carga" e sobre a "questão civil da liberdade dos africanos". Tornava-se necessária, portanto, a adoção de providências que resolvessem essas dúvidas para satisfazer "a obrigação que contraímos pelo art. 1º da convenção de 23 de novembro de 1826". O projeto, que ficara adiado na Câmara dos Deputados em 1848, podia, a seu ver, "mediante algumas emendas, satisfazer essa necessidade".[21] No relatório da Justiça, Eusébio tocou o mesmo diapasão. Era necessário cumprir os compromissos a que o Brasil estava ligado, adotando medidas prontas e eficazes à repressão do tráfico, sendo "indispensável distinguir quanto à penalidade, e sobretudo quanto à forma do processo duas fases muito diversas de sua existência, o transporte e desembarque dos africanos, ou sua introdução no país; e depois sua compra aos introdutores". Em outras palavras, dever-se-ia dirigir a repressão aos traficantes, os "verdadeiros autores do crime e seus provocadores", isentando os que comprassem escravos de contrabando, pois assim se conseguir-se-ia um "poderoso apoio da opinião pública" (leia-se dos senhores de escravos, já que a repressão não seria dirigida contra eles). Para tanto, existia o projeto de 1848, cuja discussão estava bastante adiantada, embora carecesse "por certo de importantes modificações, que o governo promete submeter à vossa consideração, quando d'ele vos ocupardes".[22]

Desnecessário dizer que as medidas anunciadas foram mencionadas por ambos como necessárias à repressão do contrabando, em agosto de

1848, na Câmara dos Deputados. A meu ver, importa menos discutir se eles estavam decididos a reprimir o tráfico desde essa época ou desde que os conservadores subiram ao poder. Bem sabiam que, se não fossem solucionadas as questões diplomáticas e se as revoltas escravas ou os planos de insurreição permanecessem na ordem do dia, dificilmente haveria outra saída a não ser dar um fim ao contrabando. Por isso precisavam ao menos não ser pegos de surpresa, e as parcas medidas e discussões sobre a matéria adotadas e entabuladas em 1849 tinham exatamente esse objetivo. Por outro lado, seria um erro ver na política conservadora uma ação linear, mesmo que a questão do tráfico tenha sido retomada (a bem da verdade, anunciada) em janeiro de 1850, já que o próprio Paulino deu um passo atrás em maio desse ano, esperando uma definição da discussão no Parlamento britânico (moção Hutt) sobre se a política antitráfico deveria ou não ser mantida na costa da África, o que poderia, caso fossem interrompidas as atividades repressivas da marinha inglesa, ensejar uma discussão sobre a revogação do *bill* de 1845 e o trato de outra convenção entre o Brasil e a Grã-Bretanha.[23]

O fato é que, em janeiro de 1850, anunciaram que em breve retomariam a discussão do projeto de repressão ao tráfico. Por quê? Em 14 de julho de 1849, portanto depois das primeiras buscas dadas em depósitos de africanos no Rio de Janeiro, a marinha britânica voltou à carga. Várias embarcações nacionais passaram a ser visitadas e detidas e seus papéis, examinados por autoridades inglesas, "não só junto à costa, mas ao entrar, e já dentro da barra da cidade da Bahia". Em setembro, por meio de notas diplomáticas, o governo protestou contra as "graves ofensas feitas à soberania do Império", pois as investidas passaram a ser realizadas em seus mares territoriais. Se o proceder da marinha inglesa não fosse coibido, a repetição desses casos ocasionaria conflitos pelos quais não seria responsável o governo imperial, "a quem cumpre manter ilesa a soberania e independência do país".[24]

Não fosse o suficiente, parte da esquadra britânica disposta no Rio da Prata fora deslocada para o litoral do Brasil depois que se chegou a um acordo com a Argentina para o fim da intervenção. Tão logo chegaram à costa brasileira, vapores ingleses fizeram cinco capturas e bloquearam parcialmente o porto de Santos. No fim do ano outro navio de guerra foi enviado ao Rio de Janeiro e, em janeiro de 1850, navios britânicos detiveram e revistaram diversas embarcações em águas territoriais do

Império, "o mês de maior sucesso para a marinha britânica em quase uma década", como observa Bethell. A questão platina, por sua vez, deteriorava-se, e o Visconde de Olinda fora substituído por Paulino de Souza na pasta dos Estrangeiros, por "preferir a diplomacia a uma intervenção direta".[25]

A situação (em alguns pontos) era semelhante a 1848. O fim da intervenção anglo-francesa colocava no horizonte a guerra entre o Brasil e a Argentina, apoiada pelos *blancos* de Oribe. A convenção com a Inglaterra foi assinada em Buenos Aires em 24 de novembro de 1849, embora fosse ratificada somente em maio do ano seguinte. O governo britânico ainda se comprometeu a conseguir que a França desarmasse sua legião estrangeira em Montevidéu, abandonasse a posição de hostilidade e também celebrasse um tratado de paz, pondo fim à intervenção.[26] Antes mesmo de a convenção ser assinada, mas provavelmente por estar convencido de um desfecho positivo, o governo argentino aproveitou o ensejo de um acontecimento ocorrido no início do ano para manifestar suas reivindicações territoriais.

Em setembro de 1849, Thomaz Guido, ministro argentino no Rio de Janeiro, reclamou que um oficial facultativo do Paraguai e outro do Brasil, junto ao presidente Soares de Andrea, foram reconhecer e demarcar um local "no território das antigas Missões Argentinas", entre os rios Uruguai e Paraná, a fim de abrir um caminho que facilitasse a comunicação entre o Paraguai e o Brasil. Guido protestou alegando ilegitimidade na abertura do caminho, pois estava sendo executada em território argentino. Disse ser incontestável o direito da Argentina a essa região pelo tratado de 1777, embora houvesse razões para acreditar que o governo imperial considerava rescindido esse tratado pela guerra de 1801 entre Portugal e Espanha. A guerra, porém, não poderia anular um "pacto celebrado em caráter perpétuo, uma precaução contra as ambições da França e da Inglaterra". Contestou ainda as invasões luso-brasileiras ao "território argentino [em 1816 e 1817], ocupando todos os povos das Missões ocidentais do Uruguai, e da costa oriental do Paraná", em evidente infração de leis internacionais. Por fim, deixou outra vez explícito que "a província argentina do Paraguai é um membro refratário e rebelado contra a Confederação, da qual é parte integrante".[27]

Os ofícios de Guido despertaram o governo imperial, que até então se baseava em suposições apoiadas em reivindicações muito antigas, em especial dos caudilhos orientais quanto à questão de limites (embora o protesto argentino pelo reconhecimento da independência do Paraguai houvesse evidenciado parte de suas pretensões). Agora, no entanto, não poderia mais haver dúvida de que Juan Manuel de Rosas estava determinado a recompor o território do vice-reino do Rio da Prata e iria contestar parte do território do Rio Grande do Sul que estava em posse do Império, além de assumir como "território argentino" um território que antes de 1801 fazia parte da antiga Banda Oriental. Em 5 de dezembro, Guido subiu o tom ao responder uma nota do Visconde de Olinda, datada de 25 de julho. O ministro dos Estrangeiros redigira o ofício em tom conciliador, ao responder antigas reclamações da legação argentina sobre o não reconhecimento do bloqueio do porto de Montevidéu em 1843; missão do Visconde de Abrantes; desconhecimento do bloqueio argentino a portos uruguaios em 1845; concessão de passaportes a Fructuoso Rivera; suposta proteção dada ao general Paz e o reconhecimento da independência do Paraguai.[28]

O ministro argentino, todavia, respondeu que, por mais cortês que fossem os termos da nota de Olinda, sentia "ver na citada exposição das altas vistas do governo imperial uma deficiência tal de consideração pelas justas reclamações da Confederação, que o governo argentino poderia tomá-la como uma recusa de justiça". Ademais, exigiu uma reparação e satisfação conjunta, pois as questões eram simultâneas e inseparáveis, além de acusar o governo de ter guardado por muito tempo silêncio "sobre os seis pontos, para dar-lhes as soluções desconformes com a justiça internacional que o governo argentino tomou em consideração e julga inadmissíveis".[29] Nesse momento Paulino de Souza já havia assumido a pasta dos Estrangeiros, mas responderia à nota de Guido somente em maio. Contudo, desde então se dera conta das complicações que sobreviriam. Em 7 de janeiro de 1850, alertou os parlamentares que o desfecho da questão platina dependia da posição que a França tomasse, pois a Inglaterra havia se retirado da intervenção:

> Qualquer que seja o aspecto que tomem esses negócios, é indispensável, senhores, que o estado militar da província do Rio Grande do Sul seja posto em pé respeitável. O estado das nossas fronteiras, as complicações que sempre nos trazem os refugiados políticos dos estados vizinhos, e que é preciso conter, a paz que muito convém conservar, assim o exigem.[30]

Embora ainda não tivesse conhecimento, quando Paulino apresentou seu relatório à Assembleia Geral, a situação na fronteira sul chegara a um ponto limite. Há poucos dias o Uruguai havia sido invadido por forças irregulares de brasileiros, capitaneadas pelo barão de Jacuí (Francisco Pedro de Abreu, ou Chico Pedro, que comandou o massacre dos soldados negros que lutavam nas hostes farrapas em 1845), juntamente com dissidentes argentinos (unitários) e orientais (colorados). Juan Manuel de Rosas tomaria a questão para si e exigiria reparações solenes do Império e a punição do barão e seus sequazes. O governo imperial dissimularia e não as levaria na consideração desejada. Nas páginas que seguem analiso as complicações advindas com a guerra do gado, que, ao final, não se tratava somente disso, mas serviu de pretexto para embaraçar ainda mais as relações entre os dois países; e os debates diplomáticos para a devolução dos escravos fugidos do Rio Grande do Sul para as repúblicas do Rio da Prata. Em alguns meses, tudo isso levaria ao rompimento entre o Brasil e a Argentina. Mais que em qualquer outro momento, uma guerra contra Rosas e Oribe estava diante do Império, e ela trazia um perigo ainda mais grave: uma guerra interna dos escravos.

*

Em 1845, Oribe havia proibido a passagem de gado do Uruguai para o Brasil e teve início o "vexame e opressões" dos proprietários brasileiros residentes no Estado Oriental. Em vista do bloqueio anglo-francês aos portos sob o domínio dos *blancos* que logo se seguiu, desapareceram as causas das queixas e reclamações, pois era preciso que Oribe procurasse uma saída para o comércio do território oriental na província do Rio Grande do Sul. Paulino de Souza, ao recapitular os acontecimentos que levaram às incursões de brasileiros a fim de arrebatarem gados no Uruguai, observou que "foi por tanto a lei da necessidade, e não uma justa atenção pelas reclamações do Brasil, o motivo do desaparecimento temporário daqueles vexames". Tanto que em 1847, após o fim do bloqueio, logo reapareceram os vexames e violências contra os brasileiros estabelecidos além do Quaraim.[31]

Em 13 de janeiro de 1849, o presidente Soares de Andrea oficiou a Oribe dando conta de um requerimento que alguns brasileiros estabelecidos no Estado Oriental lhe haviam apresentado quando chegou a Alegrete. Os proprietários pediam, por seu intermédio, a permissão de Oribe para disporem do produto anual de suas estâncias. O presidente sabia que o negócio em questão estava fora de suas atribuições, pois dizia respeito a bens existentes além dos domínios imperiais, portanto sujeitos às regras e ordens estabelecidas pelas autoridades orientais. Soares de Andrea resolveu intervir, pois a pretensão dos brasileiros ainda era em vantagem da República. Segundo disse,

> pode bem ser que nesse sentido sejam as ordens de V. Ex.ª proibindo a saída dos gados para que os donos dos terrenos os não despovoem, mas isto é muito diferente de disporem unicamente do produto anual de cada estância, e me parece que esta é a única pretensão dos peticionários.[32]

Em 10 de fevereiro, Oribe expôs os motivos para a proibição da passagem de gado. Disse tratar-se de uma medida excepcional e transitória, a fim de proteger as propriedades dos que estavam defendendo com armas a República, pois se encontravam bastante prejudicados para concorrer nessa espécie de comércio. O único meio de salvá-los desses inconvenientes era proibir temporariamente a total extração de gados para o Brasil. Todavia, se a medida afetava os proprietários brasileiros, não menos onerosa era para o Estado Oriental, pelo que tocava aos direitos fiscais e interesses do comércio. A permissão requerida para disporem do produto anual de suas estâncias, portanto, foi negada.[33]

A proibição da passagem de gado era cumprida com todo o rigor pelo coronel Lamas, pelo menos na fronteira de Quaraim, segundo informou o presidente. O objetivo era "obrigar a todos a levarem seus gados às charqueadas do Buceo, aonde se lhes oferece 20 reales por cabeça que são 2 pezos e meio, e pouco mais produz isso do que as despesas de condução". Além do mais, ainda eram esbulhados de seus gados para o sustento das forças dos blancos, e "os amigos e protegidos nada sofrem, e os outros tudo". No entender de Soares de Andrea, "estes fatos e a restrição com que o coronel Lamas cumpre as ordens, tem posto os brasileiros moradores entre Quaraim e Arapey em tal irritabilidade, que se não for atendido o requerimento que fizeram se tornará talvez inevitável algum ato de desesperação".[34]

Essa situação afetava os criadores rio-grandenses que tinham estâncias nos dois países. No Estado Oriental, sofriam com as medidas de Oribe e eram coagidos a vender suas tropas de gado que acabavam beneficiando as charqueadas localizadas no Buceo. Em muitos casos suas propriedades e seus bens estavam sendo embargados pelos *blancos*, forçando-os a emigrarem para o Rio Grande do Sul. Na província as consequências da proibição também foram sentidas, pois potencializaram a crise do gado decorrente da peste e da seca e do mau gerenciamento das estâncias. Os criadores com estâncias em ambos os lados da fronteira se viram privados de grande parte do seu rebanho, que era invernado no Uruguai e depois trazido para a província para ser abatido nas charqueadas. As medidas de Oribe afetavam também os charqueadores e as exportações provinciais, já que a cada dia tinham menos animais para serem transformados em carne-seca.

Em 5 de maio, o comandante da 1º Brigada da cidade de Rio Grande participou mais uma disposição de Oribe. Ordens foram expedidas para que se retirassem todos os escravos de brasileiros que trabalhavam nas charqueadas de São Servando, fronteira com Jaguarão, "e aqueles que não saíssem no prazo marcado ficariam libertos". Essa medida fez com que 400 escravos regressassem a Jaguarão e Pelotas, os quais seriam substituídos nos trabalhos das charqueadas por igual número de emigrados. Com isso, dizia o comandante, aumentaram os receios dos moradores de Jaguarão pela falta de policiamento da fronteira, já que a falta de emprego para os emigrados os levava ao roubo de gado e a contínuas correrias.[35] A medida do governo do Cerrito mais uma vez afetou os proprietários residentes no Uruguai, nesse caso, privando os charqueadores de sua força de trabalho escrava. Porém, Oribe apenas executava a lei que abolira a escravidão, a qual era constantemente desrespeitada pelos escravocratas rio-grandenses. Além do mais, estabeleceu um prazo para que fosse possível retirar os escravos, e somente depois é que ficariam libertos.

Entre junho e julho de 1849, o barão de Jacuí arrebatou clandestinamente de 6 a 7 mil cabeças de gado do Uruguai. Grande parte dos animais era de sua propriedade e do criador Hipólito Cardoso, mas havia animais *ajenos*, de outros proprietários. O próprio barão encabeçou as três incursões realizadas para atravessar as tropas de gado clandestinamente ao Brasil, contando com o serviço de dezenas de peões. A formação das tropas precisava de bastante coordenação, pois, depois de prontas, era preciso conduzi-las e, ao transpor a fronteira, ludibriar a guarda oriental, já que em nenhum dos casos havia intenção de confrontá-

-la. O objetivo era apenas atravessar o gado sem pagar os direitos devidos ao governo do Cerrito. Em cada tropa foram conduzidas entre 1.500 e 3 mil reses, e a transposição da fronteira se dava antes do sol raiar, ou mais para o fim da manhã, quando a guarda se retirava. Quatorze peões que participaram da formação e condução das tropas foram presos e interrogados pelas autoridades orientais, gerando um rico sumário sobre os contrabandos. As propriedades do barão foram embargadas até resolução em contrário de autoridade superior. Os bens constituíam-se de uma estância entre Tacumbú e Ñaquiñá, com 1.200 animais vacuns em costeio, de 6 a 8 mil cabeças alçadas, além de cavalares.[36]

Thomaz Guido, no final de dezembro de 1849, informou a Paulino de Souza que a justificativa para o embargo das propriedades do barão podia ser apreciada através do sumário que lhe enviara e que tal medida havia sido provocada pelas atitudes do barão. Guido esperava a retidão do governo imperial a fim de intimá-lo a pagar "à recebedoria respectiva do Estado Oriental os direitos que deve pelo gado que tirou por contrabando para vendê-lo no Rio Grande". Em 30 de novembro, Villademoros (ministro do Exterior do Cerrito) escreveu a Guido fazendo uma recapitulação dos eventos e dando conta das disposições de Oribe. Disse que os contrabandos praticados pelo barão transgrediam as resoluções gerais do governo em relação à proibição da passagem de gado e se configuravam um crime, por compreender "nessa reprovada operação uma grande parte de gado alheio".[37]

Tudo isso justificava plenamente o sequestro de sua estância, "seja pelos respeitos devidos à autoridade pública, ou a bem dos interesses particulares prejudicados". As autoridades orientais agiram sem serem levadas "por nenhum sentimento injurioso nem mesquinho, como erradamente parece dar a entender o Sr. General Andrea"; isto é, prenderam os contrabandistas respeitando os procedimentos legais e sem abuso de poder. Apesar de tudo, Oribe relevaria as atitudes do barão por considerar esse fato já consumado e sem mais resultado, embora se julgasse autorizado a usar de severidade em caso de reincidência. No entanto, o barão não devia escusar-se "do pagamento dos direitos fiscais estabelecidos", e competia ao comandante do departamento do Salto fazê--lo ciente dessa determinação "com todas as suas circunstâncias". Quando se verificasse o pagamento dos direitos, seria levantado o sequestro de seus bens, e seriam libertados os brasileiros que se achassem detidos, e os que fossem orientais seriam remetidos para o quartel general do Cerrito.[38]

Em 10 de outubro de 1849, salteadores correntinos assaltaram as estâncias de Francisco das Chagas Araújo Ribeiro, parente do barão, e de Ricardo José Landim. Na de Ribeiro foram assassinados o capitão Palacios, o capataz e três peões, e agressões foram cometidas na propriedade de Landim. Segundo Paulino de Souza, "esses fatos exasperam os ânimos e provocam represálias, que em uma extensa e aberta fronteira nem sempre se pode evitar". Guido respondeu que esses atentados haviam sido cometidos por facinorosos, "fora do alcance da lei e da força pública, como consta da manifestação solene do Sr. Governador de Corrientes". De nada adiantou observar que nem as autoridades argentinas nem as *blancas* tinham tido participação, pois tais acontecimentos serviram de pretexto para forças irregulares invadirem o Uruguai. De fato, há muito tempo estancieiros da fronteira desejavam um rompimento com Oribe, e os atentados poderiam servir de justificativa e talvez forçar o Império a sair da neutralidade.[39] Uma ampla soma de fatores aí pesaram, como o embargo aos bens do barão, a prisão de seus peões e todos os vexames, opressões e assassinatos de que se queixavam os súditos do imperador; tão ou mais importante, todavia, era a indignação com a liberdade dos escravos residentes no Uruguai advinda com a abolição e a proteção e armamento dos escravos fugidos da província do Rio Grande do Sul.[40]

Desde pelo menos novembro de 1849 o governo do Cerrito estava a par da preparação de *reuniões* de grupos armados para invadirem o Estado Oriental. Aos brasileiros descontentes, juntaram-se emigrados orientais (colorados) e unitários argentinos que haviam abandonado a Confederação pela perseguição movida por Rosas. Uma intensa troca de correspondências dava conta dos preparativos que se faziam na fronteira do Rio Grande do Sul. Emissários de Oribe deram parte ao governo imperial, que pouco caso fez da situação. Em 30 de dezembro, o barão remeteu uma carta ao tenente coronel José Ferreira:

> É chegada a hora de levantarmos o jugo e a tirania, e o pouco caso com que somos tratados nessa província [Cisplatina]: é preciso que nós não tivéssemos uma gota de sangue brasileiro para não nos incomodarmos com tantas ofensas e opressões feitas aos nossos patrícios e à nação inteira.

O barão convidava José Ferreira e os homens que estavam sob seu comando para lhe ajudarem nessa empresa, e desde já contava "com a sua espada para nos ajudar".[41]

Se até então as incursões tinham por objetivo o roubo de gado, em 5 de janeiro de 1850 bandos armados invadiram o Uruguai a fim de hostilizarem as tropas de Oribe, mas foram fustigados por Diogo Lamas e tiveram que bater em retirada. Ainda tentariam mais algumas investidas nos meses seguintes. As autoridades imperiais asseguravam que o barão de Jacuí agia por conta própria, contrariando a neutralidade que devia ser observada pelos súditos do Império. Em 13 de fevereiro, Guido escreveu a Paulino exigindo satisfação às repúblicas aliadas do Rio da Prata, "com uma manifestação correspondente à magnitude do ultraje". Referia-se à gravidade do último atentado do barão e da responsabilidade que pesava sobre sua cabeça e a de seus cúmplices, pois aniquilava todas as leis internacionais e violava a disciplina e a honra militar à qual o barão estava ligado.[42]

Perguntou o ministro argentino:

O que pretende o barão, renunciando a seus precedentes, e convertendo-se em um capitão de uma quadrilha numerosa de bandidos? Arrebatar gados do Estado Oriental? Pretende-se arrastar o governo de S. M. a uma guerra insensata, forçando-o a subscrever uma política inspirada em danadas paixões?

Guido denunciou a quarta invasão do barão como um ato de guerra contra as repúblicas do Rio da Prata e exigiu do governo imperial "uma solene reparação pelo ataque do barão de Jacuí e seus cúmplices contra a República Oriental".[43]

Em 8 de março, Paulino respondeu que, não tendo o governo imperial reconhecido Oribe como presidente do Uruguai, também não poderia admitir "uma reclamação solene feita nesta qualidade", pois a circunstância de ser aliado da Confederação, "muito principalmente ignoradas a extensão e condições" dessa aliança, não era bastante para autorizar a intermediação de Guido. Do mesmo modo, se o ministro argentino não podia admitir as reclamações do governo imperial pelos agravos sofridos por súditos brasileiros no Uruguai, "é evidente que por essa mesma falta não pode pedir reparações solenes pelos fatos que tem sua principal origem naqueles agravos".[44]

Reconhecia, todavia, que os inimigos de Oribe (colorados) e os da Confederação Argentina (unitários) procuravam se aproveitar e tirar partido da "irritação em que se acham a população da fronteira" a fim de fomentar um rompimento, em uma referência aos emigrados que viviam na província. Também entendia ser o estado de guerra excepcional, "e que um país que a sofre tem de adotar muitas vezes medidas que na paz não toleraria". Não pretendia que os brasileiros ficassem isentos de pagar os impostos que outros pagavam, já que estavam sujeitos às leis orientais. Porém, "entre as medidas que permitem o estado de guerra, nas circunstâncias que ela aí se acha, e a aniquilação completa e geral, a que se acha reduzido o direito de propriedade dos brasileiros no Estado Oriental, há muita distância".[45]

Propunha, portanto, medidas simultâneas de ambos os governos. Oribe deveria atender às reclamações que lhe eram feitas, fazendo cessar os vexames e violências que sofriam os brasileiros no Uruguai, ou, pelo menos, permitir que se retirassem com seus gados e dispusessem de outras propriedades. O Brasil, por seu turno, se comprometia a expedir ordens e tomar as medidas necessárias para que as reuniões na fronteira fossem dispersas e seus autores, presos. Comunicava ainda que o barão havia sido detido, mas no caminho a Porto Alegre simpatizantes do caudilho conseguiram resgatá-lo. Além do mais, o governo imperial não aprovava — nem poderia aprovar — as atitudes tomadas pelo barão.[46]

Em 17 de abril, o chefe da divisão naval do Império, Pedro Ferreira de Oliveira, argumentou com Oribe, num encontro com o caudilho e seu ministro Villademoros no quartel general do Cerrito, que as incursões de grupos armados para roubarem gado no Uruguai estavam ocorrendo em represália às violências e aos assassinatos cometidos na estância do barão e na de Araújo Ribeiro, ao desespero em que estavam os proprietários brasileiros por iguais fatos, à proibição da passagem de gado decretada em meados de 1848 e à não devolução dos escravos fugidos da província do Rio Grande do Sul.[47]

Manoel Oribe, por sua vez, exigia que o governo imperial fizesse cessar as hostilidades do barão, "desarmando-o e punindo conforme as leis do Império aos delinquentes", e que somente depois disso trataria da revogação do decreto proibitivo da passagem de gado. Ferreira de Oliveira lamentou tal atitude a Villademoros, pois as circunstâncias entre os dois países era muito melindrosa: e que para manter o sossego, preciso era que os Governantes de ambos [os países] tivessem muita prudência em seus atos; porque havia um terceiro partido, cujos esforços se dirigiam a levar as cousas a um estado de rompimento, porque nisto estava a sua salvação.[48]

*

As fugas de escravos para as repúblicas do Rio da Prata já haviam tomado dimensões inéditas no fim de 1847, antes mesmo de descoberta a conspiração mina-nagô em Pelotas. Em vista dessa situação, o governo imperial tomou providências por meio de sua diplomacia para estabelecer princípios que regessem a extradição de escravos fugidos e a indenização pela propriedade perdida por brasileiros, decorrentes das leis de abolição. Por aviso de 22 de novembro de 1847, Silva Pontes foi incumbido de endereçar dois ofícios, um para cada autoridade do Estado Oriental, ambos datados de 18 de janeiro de 1848. O conteúdo dos ofícios enviados ao governo de Montevidéu (colorado) e ao do Cerrito (*blanco*) é bastante semelhante, mas cito aqui o endereçado a Manuel Oribe, já que os problemas com os *blancos* eram muito mais sérios.

O governo imperial estava de posse de muitos documentos comprobatórios das contínuas fugas de escravos da província de São Pedro para o Estado Oriental e da decidida proteção que encontravam de parte dos comandantes da fronteira pertencentes ao exército de Oribe. Os comandantes, quando solicitados a restituírem os fugitivos, recusavam--se a entregá-los,

> ora alegando que segundo as ordens de V.Ex[a.] devem reputar-se livres todos os escravos vindos do Brasil para a República, ora alegando que esperam deliberação de V.Ex[a.], ora alegando que V.Ex[a.] reservou para si a decisão especial de qualquer caso destes, que possa ter lugar, e de tudo resultando que se não entrega o escravo fugido.[49]

O fato de muitos fugitivos serem encontrados uniformizados em alguns corpos da fronteira aumentava a suspeita de que as repetidas fugas "não são meramente o resultado natural da abolição da escravidão aquém da linha divisória do Império", mas seriam fomentadas e desenvolvidas por indivíduos que, qualquer que fosse seu fim, "fazem sobressair aos olhos dos escravos os atrativos do fácil gozo de sua liberdade, e com este engodo os aliciam para a fuga". Contudo, afirmava estar persuadido de que Oribe era estranho a tais sugestões, se é que elas existiam [sic]. Esperava que o caudilho avaliasse, por um lado, "o precioso direito de emancipar homens", e respeitasse por outro "o sagrado direito de propriedade, e o santo princípio de *não lançar a desordem, e anarquia em um país vizinho* debaixo de qualquer pretexto que seja". O governo esperava que Oribe tomasse as medidas convenientes para combinar dessa forma os direitos da República e os do Império.[50]

Para tanto, entendia ser necessário fazer a distinção entre duas épocas, sendo a primeira todo o tempo decorrente antes da emancipação dos escravos e a segunda posteriormente à abolição. No tocante aos escravos introduzidos no Estado Oriental durante a primeira época, o governo imperial entendia que "os respectivos donos podem exigir a competente indenização no caso de que se lhes denegue a faculdade de fazerem sair do território da República os escravos aí introduzidos". Em relação ao segundo período, se os escravos tivessem ido ao Uruguai fugidos, violentados ou aliciados, o governo entendia ter o direito de exigir a extradição dos fugitivos ou o pagamento imediato do seu valor. Instava ainda que "no sentido que acabo de expender, tenho ordem do governo imperial para solicitar a V.Ex[a.] que se digne determinar aos comandantes de fronteira que dada alguma destas hipóteses, entreguem os escravos, ou o seu valor a quem de direito seja".[51]

Sobre o assunto, Silva Pontes expressou sua opinião ao ministro dos Estrangeiros após redigir o ofício acima citado. Primeiro, entendia haver uma indefinição sobre qual data deveria ser considerada verdadeira em relação à emancipação dos escravos, pois, além de diversas, o Brasil mantinha relações mais bem estabelecidas com o governo de Montevidéu. No tocante à indenização sobre perdas de propriedades ou à entrega do escravo fugido, acreditava que nada se conseguiria de nenhum dos dois governos, pois repulsava terem de entregar os fugitivos novamente à escravidão além de todos os partidos do Rio da Prata contarem com as insurreições para fazer ruir o Império.

Por fim, chamou a atenção do governo imperial, pois, se fosse admitido o princípio de não se poder reclamar a extradição nem o valor do escravo conduzido voluntariamente a um Estado onde a escravidão estava abolida, "é de presumir que a aplicação deste princípio se queira fazer aos escravos que tripulam em grande parte os nossos navios mercantes".[52] Aqui se deu a primeira abertura do governo imperial, mesmo a contragosto de Silva Pontes, para a aceitação bastante parcial do princípio do solo livre oriental, e ela estava condicionada à restituição dos fugitivos e à indenização aos senhores brasileiros pelos escravos libertados conforme os decretos de abolição. Ainda assim, pela primeira vez, se admitiu que os escravos que entrassem com consentimento de seus senhores no Uruguai tinham direito à liberdade.

Em maio de 1850, três casos de pedidos de extradição chegaram ao conhecimento do ministro dos Estrangeiros na Corte. O primeiro é de suma importância, pois, a partir dele, se estabeleceram regras gerais para a devolução de escravos entre o governo do Cerrito e o Brasil, pelo menos em teoria. Em 1847 fugiram de uma fazenda em Camaquã quatro escravos de João Leite Penteado e se dirigiram ao Estado Oriental. Penteado teve notícias que eles se encontravam nas forças de Dionísio Coronel, comandante da fronteira em Tapambahy. Para lá rumou em posse de uma justificação (junta por certidão) a reclamar pessoalmente a entrega dos fugitivos, "e conquanto o suplicante visse ali os seus escravos, e apresentasse o ofício, lhe respondeu o Coronel Dionísio: *que naquele Estado não havia escravos*". Diante da negativa, e por intermédio da presidência da província, julgou necessário recorrer "aos bons ofícios da legação do Brasil em Montevidéu". Em 23 de março de 1848, Silva Pontes remeteu ao governo do Cerrito o requerimento e a justificação de Penteado pedindo providências para a extradição dos quatro fugitivos. Dois dias depois recebeu uma contestação do ministro Villademoros sem nenhuma deliberação, pois iria consultar Oribe sobre a questão.[53] O pedido de restituição ficou parado por dois anos até ter seguimento.

O mesmo aviso de novembro de 1847 determinou que as reclamações para reaver os fugitivos deviam ser preparadas com justificações e provas do domínio alegado.[54] Em 4 de outubro de 1848, o presidente da província oficiou aos delegados de polícia determinando que mandassem comparecer às delegacias os senhores que tivessem escravos fugidos a fim de prestarem informações, conforme exigido pelo ministro dos estrangeiros, Souza Franco, em 21 de setembro. No mesmo mês as delegacias e subdelegacias divulgaram pela imprensa e por editais o conteúdo do ofício circular, de modo que os senhores ficassem cientes. Entre novembro de 1848 e janeiro de 1849 algumas localidades enviaram as relações solicitadas. Em 30 de janeiro de 1849, por exemplo, o delegado de Rio Pardo oficiou estar remetendo "a informação circunstanciada das pessoas de todos os distritos do termo desta cidade que têm escravos fugidos no Estado Oriental ou nas províncias vizinhas, cuja relação inclusa contém o nome dos escravos e de seus donos, e distritos de suas moradas".[55] No entanto, poucas foram as localidades que enviaram as relações.[56]

Ainda que o governo tenha começado a juntar provas sobre as fugas de escravos, a questão só seria retomada meses depois. Em 1849, uma reclamação para a devolução de oito escravos fugidos para a província de Corrientes, de propriedade do coronel Manoel dos Santos Loureiro, comandante superior da guarda nacional de Missões, ensejou uma promessa para a entrega dos fugitivos. Em 27 de junho, Guido comunicou que "por parte de seu governo se expedirão ordens aos governos de Corrientes e Entre-Rios para que fossem imediatamente entregues a seus senhores todos os escravos dos súditos brasileiros, que fugissem para aquele território". Em 19 de novembro, Paulino informou ter enviado ao ministro argentino "a inclusa relação dos escravos fugidos do Rio Grande do Sul para as províncias de Corrientes e Entre-Rios, a fim de que se sirva dar-lhe conveniente destino para verificar-se a devolução dos que existirem ali, ou em qualquer outra parte".[57]

Um dia depois, comunicou reservadamente a Soares de Andrea os motivos de não ter mencionado os escravos fugidos para o Estado Oriental. Segundo disse, eram constantes as leis da república argentina que "consideram libertos todos os escravos que entram no seu território, e proíbem a devolução dos que forem reclamados". A resposta de Rosas ao governador de Corrientes baseava-se numa lei especial de 1838

> e, por conseguinte, não terá essa ordem aplicação às outras províncias da Confederação, embora diga o General Guido que – "a devolução dos escravos é um ponto resolvido pelo Governo Argentino" – pois que a esta asserção se opõe as leis constitutivas da República, que Rosas não quer, nem pode abolir.

Nessas circunstâncias, redigiu em termos ambíguos o ofício a Guido, a fim de que, querendo Rosas, possa entregar também os escravos que se acharem nas outras províncias da Confederação; e se não quer, nada adiantaríamos com argumentações, de que ele se aproveitaria em prejuízo nosso, por isso é que carecemos de direito perfeito.

Os escravos fugidos para o Uruguai não foram incluídos na relação, "pois seria considerar o território oriental sob conquista por um exército argentino". Também não encaminhou outra relação para ser enviada a Oribe, pois ver-se-ia nesse ato o reconhecimento de Guido como seu representante na Corte, portanto chefe supremo da República Oriental.[58]

Ademais, em qualquer um dos casos, poder-se-ia argumentar que a escravidão estava abolida e seria infrutífero qualquer tipo de reclamação, "tendo por único resultado precipitar uma discussão que, por um lado iria aumentar o número de prófugos, e por outro privar-nos da restituição de alguns, que talvez se obtenha por meio de reclamações menos categóricas". Depois que as repúblicas do Rio da Prata proclamaram a liberdade dos escravos e proibiram a restituição dos que entrassem em seu território, "*forçoso é reconhecer o risco que corre essa propriedade dos súditos brasileiros, e a deficiência do nosso direito para exigir a entrega dos que fogem do Brasil*". Paulino ordenou que Soares de Andrea, na qualidade de presidente da província, se dirigisse a Oribe e enviasse a relação de fugitivos, solicitando que se dignasse a ordenar suas devoluções. Em vista da resposta que Oribe lhe desse, o governo imperial resolveria como julgasse conveniente.[59]

Em 29 de novembro, Paulino informou que Guido reclamou não constar na relação de fugitivos a filiação e indicação dos sinais dos escravos, que, segundo o ministro, "muito contribuiria para serem reconhecidos aonde se acharem". Todavia, "sendo poucos os que trazem essa indicação no mapa enviado por V.Ex[a.], julguei conveniente não mencionar esses a fim de evitar que se exigisse o mesmo de todos, que será difícil senão impossível". Outra relação em duplicata devia ser realizada para ser enviada a Corrientes e a Entre Ríos, "exigindo dos senhores de escravos quantos sinais eles possam dar de cada um deles, para assim eliminar pelo modo possível a dificuldade ou falta indicada pelo general Guido".[60]

Na hipótese de a restituição se efetivar, Soares de Andrea sugeriu alguns procedimentos, visando ao modo de recebê-los. Uma vez reconhecidos os escravos cuja entrega se reclamava, poderiam ser eles enviados às comarcas ou municípios a que pertenciam, ou à fronteira que ficasse mais próxima, onde os estariam esperando escoltas e autoridades encarregadas de entregá-los a seus donos. Em sua opinião, porém, essa medida não resultaria proveito algum aos proprietários nem à província, "porque bem depressa todos esses escravos estariam de volta aos lugares donde fossem vindos, e não é provável que os governadores das províncias nossas vizinhas estejam dispostos a torná-los a entregar".[61]

A melhor maneira de recebê-los

> seria irem eles para essa Corte, e serem ali empregados em trabalhos públicos com toda a segurança, ficando escravos do governo, e sendo seus donos pagos por um preço geral e determinado, dentro de três ou quatro anos, sem dar direito a mais reclamações algumas de seus senhores, nem consentir por modo algum que tais escravos voltem mais a esta província.[62]

Embora sem ser explícito, sabia que seria um problema à segurança interna da província a restituição de escravos rebeldes que haviam alcançado a liberdade do outro lado da fronteira e empunhado armas. Por isso propunha que fossem mandados à Corte e empregados com segurança, já que acreditava que voltariam a fugir se ficassem na província.

Em vista da abertura de Guido para a devolução dos fugitivos, promessa que ao fim não se cumpriu e certamente não passava de um logro, Silva Pontes resolveu voltar à questão dos quatro escravos fugidos de João Leite Penteado, pois fora informado que Oribe seguiria os mesmos princípios adotados pela Confederação Argentina, de modo que, em fevereiro de 1850, refez o pedido de restituição dos escravos. Em 8 de abril, Villademoros enviou à legação brasileira a resposta de Oribe sobre a questão:

> Consequentemente, o Ex.mo. Sr. presidente ordenou que o abaixo assinado responda que ao longo desta semana enviará as devidas ordens às autoridades da fronteira para que[,] a pedido do requerente e prévia apresentação dos comprovantes correspondentes[,] entreguem a seus proprietários os escravos, que fugidos do Brasil para este território se encontrem em suas respectivas jurisdições e para que assim se pratique também no futuro. = Mas se o escravo

a que se refere Penteado tivesse, como aconteceu nos primeiros momentos de sua entrada no território da República, embora com um número muito pequeno deles, sido alistado pelo comandante do departamento em suas forças, e tendo já servido algum tempo nelas, há fundamento esperar do governo uma medida que o mantenha em sua nova condição de homem livre. Nesse caso, por mais que esse procedimento tenha sido alheio à vontade de V. Ex., será forçado a isentá-lo das ordens acima mencionadas e assim determinará ao referido comandante, mas concederá em tempo oportuno a indenização correspondente ao proprietário Penteado. Com esta medida S. Ex. acredita conciliar todos os interesses = No mesmo despacho, o abaixo assinado devolve a S.S. o requerimento do senhor Penteado e a justificação que a acompanhou.[63]

Silva Pontes mostrou-se satisfeito com "esta justa e sábia deliberação", mas confessou que ela seria mais completa se Oribe anuísse a três modificações, pois, na prática, algumas disposições poderiam causar embaraços. Em primeiro lugar, pediu que a ordem para a restituição de escravos fosse passada não apenas às autoridades da fronteira, mas a todas do Estado Oriental que estavam sob suas ordens. No seu entender, era certo existirem escravos fugidos que se haviam internado pelo interior e outros que assim procederiam. Não deveriam, portanto, se aproveitar dessa situação com prejuízo de seus senhores por se acharem fora da jurisdição das autoridades da fronteira, ou se no futuro burlassem sua vigilância.

Observou, além disso, haver uma modificação que merecia algum reparo. Se algum ou alguns dos escravos de Penteado tivessem assentado praça nas forças de algum departamento, seria tido por liberto; e seu dono, em vez de ter seu escravo restituído, teria de se contentar com a promessa de uma indenização futura. Silva Pontes não negava o direito reconhecido pelo governo imperial de se entregar o escravo fugido ou a indenização correspondente, mas entendia que essa indenização devia ser o quanto antes liquidada caso, não se quisesse devolver o escravo. Além disso:

> Cumpre observar ainda que estabelecido *o precedente de se ter por homem livre todo o escravo, que fugindo para o território da República obtiver que lhe*

assente praça no exército, ou nas forças de algum departamento, estabelecido ficará um precedente, que deve animar a fuga dos escravos do território do Brasil para o território da República Oriental do Uruguai: e tanto mais temo os abusos, que pela fronteira se possam cometer neste sentido, quanto parece que V. Ex. se reputa obrigado a manter no gozo da liberdade os escravos fugidos a que se assentar praça, ainda quando este último ato seja totalmente alheio da vontade de V. Ex.[64]

Por último, observou que, não tendo Oribe decidido sobre a pretensão de João Leite Penteado, parecia dar a entender "que as provas por este apresentadas não foram julgadas suficientemente comprobatórias do domínio alegado", incidente que também concorreria para embaraçar a pretendida restituição dos escravos fugidos. Em sua opinião, os termos tão gerais acerca das provas de domínio que as autoridades incumbidas da restituição dos escravos deviam exigir dos reclamantes eram dignos de atenção, pois isso parecia indicar que "aos olhos de Oribe a justificação de domínio, e fuga dos escravos produzidas nos tribunais do Brasil não entra na classe dos comprobantes correspondientes".[65] A partir dessas considerações, esperava providências, a fim de se evitarem os inconvenientes apontados.

Quanto ao princípio que se queria estabelecer, de se considerar liberto todo escravo fugido que assentasse praça, Silva Pontes acrescentou que isso não lhe parecia justo nem, muito menos, político, pois, dessa forma, "*tornaria inútil em grande parte o resultado que da restituição dos escravos fugidos se promete ao governo imperial para a pacificação da fronteira do Rio Grande do Sul, e desta República*".[66] No entanto, ou Silva Pontes omitia resoluções anteriores ou as desconhecia, pois o que estava em questão não era apenas o estabelecimento de um precedente, mas o próprio entendimento oriental sobre a condição que passavam a gozar os escravos fugidos que lutassem em defesa da pátria. Desde o final da década de 1830 essa disposição já consta como regra estabelecida pelo governo constitucional do Estado Oriental e, quando Oribe a incluiu nas disposições para a extradição de fugitivos, nada mais fez que a retomar. Continuava, portanto, assegurando a liberdade aos escravos fugidos que estivessem lutando pela República, embora reconhecesse o direito de propriedade dos senhores e se comprometesse a indenizá-los num futuro próximo.[67]

Outros dois casos chegaram ao conhecimento do ministro dos Estrangeiros por intermédio de Silva Pontes, e também permitem entrever os embaraços contidos na ordem de Oribe para a restituição dos fugitivos. Em 29 de março de 1849, os escravos João, Antônio e Lúcio, de propriedade de Porfírio Saraiva do Amaral, fugiram da cidade de Pelotas e se apresentaram ao tenente oriental Tristão de Azambuja, comandante da guarda em Jaguary, departamento de Taquarembó. Soares de Andrea requisitou à legação brasileira que requisitasse a extradição dos escravos junto ao governo do Cerrito. No geral, o caso correu de forma semelhante ao de Penteado, e a resposta dada por Oribe foi praticamente idêntica ao caso precedente. A contestação de Silva Pontes, por sua vez, acrescentou uma proposição em relação às provas de domínio: que seria conveniente "estabelecer alguma regra conforme os princípios do direito internacional para evitar arbítrios, ou dificuldades, que aliás não será estranho que tenha lugar".[68]

Januário, por sua vez, escravo de Lino da Silva Caldeira, fugiu de Alegrete em 14 de fevereiro de 1848 e, segundo se supunha, seduzido, tinha se apresentado às forças do coronel Diogo Lamas. Caldeira, em posse de uma carta precatória expedida pelo juízo de Alegrete e da circular da presidência da província de 27 de novembro de 1847, rumou ao Estado Oriental em busca de seu escravo.[69] No dia 12 de abril, depois de uma semana de viagem, chegou à povoação do Salto. Ali apresentou uma reclamação ao coronel Lucas Pires, comandante militar do local, que nem se dignou a lê-la sob o pretexto de que o escravo tinha seguido no dia 8 para o Buceo. O coronel Lamas, em 18 de março, já havia enviado uma leva de escravos para essa localidade, expediente regularmente utilizado pelos comandantes da fronteira, remetendo os fugitivos para serem incorporados às forças que sitiavam Montevidéu.

Lucas Pires disse a Caldeira "que ainda quando ali estivesse o meu ou outro qualquer [escravo] nenhum efeito produziria sobredita reclamação", pois tinha ordens para assim proceder. Caldeira apresentou então um requerimento anexado à dita reclamação (provavelmente a carta precatória), mas "tão pouco se dignou deferir pela razão acima alegada, e apesar de que eu lhe apresentasse a circular da presidência desta província, de 27 de novembro, tive em resposta que a mesma era só efetiva no território desta província". Em vista da denegação, redigiu um ofício ao delegado de polícia para que seu caso fosse levado ao conhecimento das autoridades competentes. O delegado enviou os documentos ao chefe de polícia, que acabaram em mãos do presidente da província. Este, por fim, remeteu o caso à legação brasileira no Uruguai para requisitar a extradição de Januário pela via diplomática.[70]

Novamente, o andamento do caso e as respostas dadas pelo governo do Cerrito foram praticamente as mesmas acerca das reclamações de João Leite Penteado e de Porfírio Saraiva do Amaral. Porém, uma das preocupações e embaraços que Silva Pontes antevira já estava ocorrendo, pois, indo Caldeira buscar seu escravo no Salto, departamento da fronteira, ele já havia sido remetido com outros para o quartel-general do Cerrito, onde, por uma questão de jurisdição, não haveria mais base para a reclamação. Além disso, o encarregado de negócios chamou a atenção para o fato de que

> do arbítrio deixado às autoridades da fronteira acerca de provas pode resultar o inconveniente de que uma dessas autoridades julgue provado o que outra não julgue provado, ou que se exijam provas por tal modo difíceis e dispendiosas que uma tal exigência possa equiparar-se a uma denegação de justiça.[71]

Em 5 de agosto de 1850, o então presidente da província, Pimenta Bueno, relatou a Paulino que, em vista da demora dos esclarecimentos exigidos pela presidência, somente agora enviava a relação por duplicata exigida aos proprietários

> com as filiações e sinais extraídos daqueles esclarecimentos, ficando outros idênticos para serem remetidos como vou fazer diretamente aos governadores de Entre-Rios e Corrientes, suspendendo por ora igual diligência em relação ao general Oribe até que se verifiquem circunstâncias mais oportunas.

Tais relações contabilizavam 197 escravos refugiados no Estado Oriental, 29 em Corrientes, cinco em Entre Ríos e quatro no Paraguai.[72] O documento relativo às fugas que vem sendo trabalhado e citado exaustivamente por diversos historiadores, no entanto, dá conta de um número bem mais expressivo de fugitivos.

A *Relação e descrição dos escravos (por proprietários) fugidos da província para Entre-Ríos, Corrientes, Estado Oriental, República do Paraguai e outras províncias brasileiras* abrange escravos fugidos desde 1827 até 1850, mas principalmente após 1835, relacionando, portanto, muitos escravos que fugiram durante a guerra civil.[73] Antes de tudo, porém, importa esclarecer que se trata de *relações* de escravos fugidos e, ao se observar com atenção, é possível verificar que efetivamente existem as tais relações mencionadas pelo Ministério dos Estrangeiros e pela presidência da província: uma relativa aos escravos fugidos para Corrientes, outra para Entre Ríos, uma para o Paraguai – para o qual, devido ao diminuto número de prófugos, nem eram cogitados os pedidos de devolução –, e uma quarta, mais volumosa, para o Estado Oriental.

A quinta e última relação é bem menos detalhada e, no geral, traz apenas o nome do senhor e o do escravo, o local de onde e para onde fugiu e, em alguns casos, a origem, se africano ou crioulo. No entanto, existem variações, dependendo da localidade em que as listas foram produzidas, pois elas relacionam os escravos por municípios de origem, e do maior ou menor detalhamento exigido pelas autoridades ou fornecido pelos senhores. Além do mais, nessa relação é onde se encontra o maior número de fugitivos. Uma pista dessa lista aparece em ofício do presidente Pimenta Bueno para o encarregado de Negócios Estrangeiros em Montevidéu. Tratando sobre as devoluções acordadas por Oribe, concluía que as promessas de remissão de escravos diante das condições impostas eram "totalmente ilusórias". Em vista disso, "deixo de enviar a V. Ex.ª uma extensa relação de novos escravos fugidos que se estava concluindo com as observações competentes".[74]

Muitos nomes de senhores e de escravos se repetem nessas cinco relações e, fazendo a devida eliminação das repetições, se contabilizam 232 fugitivos nas *relações principais*, de um total de 99 senhores. As relações que não foram enviadas às repúblicas do Rio da Prata, ou seja, as com menos detalhes, embora mais extensas, dão conta de 400 fugitivos de 158 proprietários de escravos. No total, portanto, as listas reúnem 632 escravos fugidos de 257 senhores diferentes.[75] Essas relações, porém, não dão conta de todos os fugitivos do período, já que muitas localidades não enviaram as relações solicitadas.

Tentando completar as informações sobre as regiões de onde fugiram os escravos, cruzei os nomes dos senhores com dados obtidos através de inventários.⁷⁶ Desses, localizei a região de origem da fuga em 162 casos dos 232 escravos listados na relação principal. As listas "não enviadas" trazem essas informações por comarcas, mas, ao cruzá-las com as remetidas às delegacias de polícia em fins de 1848 e início de 1849, consegui detalhes sobre os municípios e distritos dos quais fugiram os cativos, do mesmo modo que foi possível corrigir, na quase totalidade dos casos, as informações mais gerais por comarcas, completando-as com referências mais precisas. Também foram corrigidas as informações referentes aos locais para onde fugiram os escravos, mesmo que em alguns casos isso não passasse de suposição dos senhores.

No cômputo geral de fugitivos (632), identifiquei em 88% dos casos o município de origem da fuga. Dessa forma, foi possível saber com segurança as localidades que prestaram as informações requeridas pelas autoridades policiais, e 92,5% das informações sobre as localidades provêm de apenas duas comarcas e dois municípios, o que requer algumas considerações.⁷⁷ A primeira e mais óbvia é que a grande maioria das regiões da província não enviaram as listas solicitadas pelas delegacias de polícia. Em São Borja, por exemplo, em ofício datado de 3 de novembro de 1848, se acusa o recebimento da circular de 4 de outubro, mas não consta que as listas tenham sido produzidas, muito menos enviadas.⁷⁸ A segunda é que a maior incidência de fugas por localidades específicas provêm de Uruguaiana, o único município da fronteira que enviou as relações requeridas.

Em relação às localidades para onde os escravos fugiram, em alguns casos, os senhores tinham informações seguras do paradeiro dos fugitivos, às vezes, apenas indícios e, em outros casos, não passava de suposição. A maioria dos fugitivos buscou refúgio no Estado Oriental, contabilizando 526 escravos (83,3%); 57 se dirigiram à província argentina de Corrientes (9%) e 40, para a província de Entre Ríos (6,3%); apenas seis constam ter fugido para o Paraguai. Esses dados revelam que a abolição da escravidão no Estado Oriental tornou o território uruguaio o principal destino dos escravos fugidos da província de São Pedro. O gráfico 8, ademais, demonstra que, depois de um aumento das fugas em 1836, decorrente da tomada de Pelotas pelos farrapos, o grande salto se deu exatamente a partir de 1846, ano do decreto de abolição pelo governo do Cerrito.⁷⁹ No entanto, aproximadamente cem escravos (15%) fugiram para as províncias argentinas que faziam fronteira com o Rio Grande do Sul.

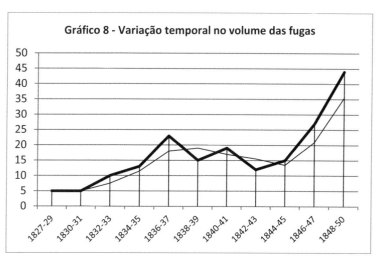

Fonte: AHRS. *Relação e descrição dos escravos (por proprietários) fugidos* [...]. Estatística, documentação avulsa, maço 1, 1850.

Além das relações de 1850, existe outra lista de escravos fugidos para o Estado Oriental, datada de 1851, em que constam 270 fugitivos (afora 43 que foram capturados) de um total de 157 senhores (afora 38 que tiveram escravos recuperados). Essa relação estava em posse de um "agarrador de escravos fugidos" empenhado na captura dos prófugos no Uruguai, tendo em vista que os pedidos de restituição não eram efetivados.[80] Fazendo as devidas eliminações das repetições, as duas relações juntas (somados os capturados) informam a fuga de 922 escravos de 444 senhores diferentes.[81] Como as duas relações estão longe de dar conta de todos os fugitivos do período, pode-se afirmar que bem mais de mil escravizados fugiram para as repúblicas platinas nas décadas de 1830 e 1840, sobretudo após o decreto de abolição de 1846. A maioria dos fugitivos eram homens (92%), tinham entre 20 e 39 anos de idade, com uma presença significativa de africanos (61%), sobretudo da África Centro-Ocidental, e com os escravos que trabalhavam nas lides pecuárias formando o núcleo principal.

Embora diversos trabalhos tenham se dedicado ao estudo das relações de 1850, muitas perguntas deixaram de ser feitas à documentação. A primeira questão refere-se justamente a pensar a produção dessas relações. Na verdade, muita atenção foi dada às relações em si, mas pouca, ao contexto mais amplo daquela sociedade, que informava diretamente sobre a maior ou menor incidência das fugas. Também pouco ou nada foi feito para recuperar nos debates da época o impacto e a apreensão das autoridades diante das fugas de escravos e sua relação direta com o processo de abolição da escravidão no Estado Oriental do Uruguai na década de 1840. Se as autoridades imperiais tinham objetivos específicos na matéria, o curso dos acontecimentos levou ao entrelaçamento das questões domésticas dos senhores de escravos rio-grandenses com questões de ordem política do governo imperial.

Ao contrário da lista de fugitivos de 1851 que fora organizada de forma particular, as relações de 1850 foram realizadas para servirem como prova e justificativa da perda de propriedade de brasileiros, que pretendiam com elas validar os pedidos de devolução de escravos junto aos governos do Rio da Prata, ou sua indenização futura ou imediata. Deviam também informar o mais detalhadamente possível as características dos escravos para a sua apreensão, o que, na maioria dos casos, não se realizou, haja vista que as listas principais de 1850 representam pouco mais de um terço do total. Tinham ainda a finalidade de servir como prova a fim de sustentar e pressionar o governo oriental para a convenção de um tratado de extradição dos escravos fugidos e dos que viessem a fugir do Império.

Um tratado de extradição de escravos estava no horizonte do governo brasileiro desde meados da década de 1830. Porém, em consequência da abolição da escravidão, uma convenção seria necessariamente não recíproca, pois nenhuma contrapartida traria ao Uruguai, país onde por lei não mais existiam escravos. No fim, a assinatura do tratado ocorreu somente momentos antes do desfecho final da Guerra Grande, quando o Estado imperial acordou com o governo colorado uma série de tratados no contexto da iminente tomada da praça de Montevidéu por Manuel Oribe. Quanto às relações de 1850, de nada adiantou sua feitura, pois o governo do Cerrito e a Confederação Argentina não devolveram à escravidão os fugitivos reclamados, vindo a piorar ainda mais as relações com o Brasil.

*

Após as investidas da marinha britânica e os sucessos na fronteira sul no início de 1850, o governo imperial parecia mais decidido a colocar em discussão o projeto para a repressão do tráfico, como anunciara em janeiro. Eusébio de Queiroz, no relatório do Ministério da Justiça de 11 de maio, disse que o governo não estava poupando esforços para cumprir seu dever em prol da extinção do contrabando, e deu conta da apreensão de 569 africanos desde o último relatório. Solicitou "pela extinção do tráfico de Africanos que as Leis proíbem", e prometeu que o governo haveria "de promover com esforço o exame do projeto de Lei" de 1848, mas deixava para expor os meios que julgava mais eficazes para quando fosse discutido. Assinalou que ia se

> desvanecendo a opinião, que tanto se havia generalizado, de ser infalível a morte da nossa agricultura, logo que cessasse a introdução de novos braços escravos; *e pelo contrário a opinião, que vê na continuação do tráfico um grave perigo contra a nossa segurança interna, vai fazendo notáveis progressos. É essa convicção que há de produzir a cessação completa do tráfico.*[82]

No discurso de 1852, Eusébio citou o relatório para demonstrar aos parlamentares que ele "explicava as causas por que devíamos reprimir o tráfico pela mesma maneira por que faço hoje. Era o conhecimento do perigo que o excesso de africanos trazia ao país a causa principal da modificação que ia se operando na opinião".[83] Penso que se tratava novamente de uma preocupação do governo imperial que ele projetava para a opinião pública, sem desconsiderar que muitos proprietários pudessem estar notando que o desequilíbrio entre livres e escravos poderia gerar a qualquer momento resultados bem mais graves do que até então ocorrera, mas é provável que, para os fazendeiros, a resposta se encontrasse na vigilância e repressão senhorial e policial, não no fim do contrabando.

Eusébio não ignorava as recentes descobertas da capacidade organizativa dos escravizados africanos, mesmo que, em geral, os brancos imaginassem sempre uma mão oculta por trás dos planos insurrecionais. No entanto, certamente não passou despercebido que a organização entre africanos de uma mesma nação era uma realidade que devia ser levada em conta. No início de dezembro de 1849, o chefe de polícia da Corte, Antônio Simões da Silva, dava parte que há algum tempo constava à polícia que pretos minas da cidade do Rio

> se reuniam em associações secretas onde sob impenetrável mistério haviam práticas e ritos, que se tornavam suspeitos, correspondendo-

-se entre si por escrituras de cifras; e constando ao mesmo tempo, que os pretos da mesma nação existentes na Bahia se correspondiam com eles, assim como os de São Paulo e Minas.

Como observam Eugênio Soares e Flávio Gomes, o documento demonstra "a complexa organização que os minas da Bahia tinham construído na Corte em 15 anos de exílio", desde que para lá foram depois do levante malê. A descoberta de associações secretas mina ocorreu no contexto da pressão inglesa para o fim do tráfico, e num momento em que os escravos estavam inquietos nas senzalas do café.[84]

O chefe de polícia ordenou que se dessem buscas nas casas suspeitas e apreendessem os indivíduos e tudo de suspeito que encontrassem. No dia 29 de novembro a busca foi realizada, e foram encontradas "uma infinidade de papéis escritos, com diferentes tintas e em caracteres desconhecidos, alguns livros também manuscritos". Peritos foram chamados para traduzi-los, "interpretarem ou decifrarem tais escrituras", descobrindo que "não se continham mais do que orações em grandes partes tiradas do Koran, em árabe espúrio e enxertado de palavras de línguas Minas e Malês". Após interrogar os presos, Simões concluiu que os papéis "se referiam a cousas religiosas", sendo obrigado a colocá-los em liberdade, pois não havia matéria criminal para prendê-los e processá-los. Entretanto:

> Entendo que tais pretos devem continuar a serem vigiados pela polícia; eles são indubitavelmente suspeitos, porque embora o fim ostensivo de suas práticas, associações, ritos, etc., seja o simples exercício de uma religião, que lei nenhuma proíbe sendo praticada particularmente; todavia é muito natural que o espírito de associação religiosa os leve mais adiante e que os prosélitos que ela for fazendo, fanatizados por seus princípios se aproveitem d'essa religião para fazer valer, e mediar as ideias contra a escravização, pois que vejo, por tudo quanto agora foi encontrado nas buscas que se deram, foi justamente o que na Bahia também se encontrou quando houve a insurreição dos escravos em 1835.[85]

O chefe de polícia estava suficientemente preocupado para manter vigilância cerrada sobre os pretos minas, pois a associação religiosa poderia levar a contestarem sua escravização, e o que fora achado nas buscas guardava semelhança com o material encontrado em 1835 na capital da Bahia. Se os proprietários podiam se contentar com vigilância e repressão policial, como o governo continuaria a administrar a introdução anual de dezenas de milhares de africanos num momento em que o país estava à beira de uma guerra internacional (ou duas), quando o adversário propagandeava que iria declarar a emancipação dos escravos tão logo entrasse no território do Brasil e quando a marinha britânica passara a capturar negreiros na costa brasileira e espreitar o momento de tornar as coisas ainda mais difíceis ao Império?

O levante em Queimado foi uma insurreição que envolveu centenas de escravos e, se não fossem as prontas medidas repressivas, poderia ter tomado outras dimensões. Os conservadores não ignoravam os movimentos de luta dos escravos em 1848 e sabiam que por pouco não romperam insurreições bem orquestradas e que, se chegassem a eclodir, as consequências poderiam ser imprevisíveis. No relatório de 11 de maio, na parte reservada à "segurança e tranquilidade pública e individual", Eusébio escreveu: "deveria agora dar-vos conta das ocorrências gravíssimas e sabidas da província do Rio Grande do Sul", mas, pela relação que mantinham com os Negócios Estrangeiros, teria lugar no relatório da repartição competente.[86] As ocorrências mencionadas no relatório dos Estrangeiros já foram vistas, e o que consta de novo é a reposta de Paulino à nota de Guido de 5 de dezembro de 1849.

O ministro notou que as questões pendentes eram muito antigas, remontavam aos anos de 1843 e 1845. O governo imperial havia dado "provas irrecusáveis", especialmente na nota de 25 de julho de 1849 do Visconde de Olinda, "do seu sincero desejo de terminar aquelas questões de uma maneira decorosa para ambos os países". Havia dado todas as explicações que podia dar, "fez quantas concessões quanto podia fazer sem quebra dos seus direitos e da sua dignidade", mas "quanto mais se tem explicado, quanto mais tem manifestado o desejo de chegar a um acordo, mais se tem alargado as exigências do governo argentino". Argumentou que a celebração do Tratado Definitivo de Paz teria cortado todas essas e outras questões, mas o governo argentino sempre alegou motivos mais urgentes que o impedia de firmá-lo. Ademais, a Confederação queria que o governo imperial cedesse a todas as suas exigências, desse satisfações "por todos os agravos que ela imagina, como se os tratados devessem ser celebrados quando não há diferenças entre as potências que os celebram, e antes não tivessem por fim remover as causas dessas diferenças".

O ministro brasileiro esperava que Guido reconsiderasse as exigências feitas em sua nota anterior, e se desse por satisfeito com as soluções contidas na nota de Olinda, "que são as que o Brasil pode dar sem ofensa da justiça e sem quebra dos seus direitos e dignidade".[87] Paulino, portanto, não fez outras concessões às reclamações argentinas, o que era um passo para o rompimento entre os dois países. Em vista disso, seria de se esperar que o governo imperial encaminhasse o quanto antes a discussão do projeto de repressão ao tráfico, mas a questão ainda estava pendente da posição que a França tomasse na intervenção no Rio da Prata. Antes de ser concluída uma convenção com Rosas e Oribe, os caudilhos ainda não poderiam obrar livremente.

Tâmis Parron argumenta que o governo imperial procurou postergar até quando pôde a apresentação do projeto e que a variável a ser considerada era o desfecho das discussões no parlamento inglês sobre se a esquadra antitráfico na costa africana deveria ou não ser mantida, e qual a melhor política a seguir para a supressão do tráfico, pois os custos envolvidos e todos os meios repressivos não haviam sido suficientes para diminuir o contrabando. As discussões em Londres teriam influenciado a tomada de decisões do governo brasileiro desde outubro de 1849 e depois, em decorrência da moção Hutt, de 19 de março de 1850. As medidas anteriormente tomadas pelos conservadores teriam sido um meio de "esvaziar temporariamente as razões para os bombardeios ingleses", enquanto arrastavam até o limite uma decisão definitiva. Os conservadores agiram assim "não apenas por convicções ideológicas ou expectativas políticas, senão também porque o fim do tráfico atingia em cheio os interesses de grupos sociais com que o partido tinha selado alianças profundas". O governo imperial resolveu tratar do projeto de 1848 somente depois da notícia da derrota da moção Hutt, e após o ministro britânico no Brasil comunicar a Paulino que Palmerston havia aprovado as investidas da marinha britânica no litoral brasileiro em janeiro de 1850.[88]

Ainda que persuasivo em alguns pontos, o argumento não leva em consideração a situação no Rio da Prata como uma variável importante e não atenta que a moção Hutt causou uma breve mudança de expectativa no ministro dos Estrangeiros, que foi manifestada somente em maio de 1850, e não antes. No final desse mês, Paulino reconheceu que era "indispensável sair do estado em que temos estado relativamente às questões do tráfico, que é preciso tomar uma resolução definitiva; mas esse assunto requer um exame e discussão especial". Não se devia "lançar mão de meios extremos senão depois de nos havermos convencido, por meio de todas as tentativas, de que não se pode obter uma solução por outros meios". É provável que tenha sido influenciado pelo discurso de Holanda Cavalcanti em 13 de maio, quando propôs um projeto para, de mútuo acordo, tratar com a Inglaterra modificações no tratado de 1826, a fim de que o Brasil pudesse regular o tráfico de escravos. Cavalcanti, mudando de opinião pela terceira vez em dois anos, tinha em mente os debates sobre o tráfico no *Select Committee for the Final Extinction of the African Slave Trade*, que, segundo sua opinião, eram favoráveis ao Brasil e à moção Hutt no parlamento britânico. De tal forma que Paulino, a 27 de maio, passou a cogitar que "o governo inglês há de convencer-se de que atos de violência não são meios próprios e eficazes para obter de nós a indispensável adesão, e medidas para a extinção do tráfico".[89] Note-se que a questão era de meios, não de finalidade, e tanto melhor se o Brasil pudesse chegar a um acordo que levasse o governo inglês a sustar os meios violentos de que estava lançando mão para reprimir o tráfico na costa brasileira, ações que atentavam contra a soberania e a independência do Império, além de colocar em risco sua segurança interna.

 Todavia, se os conservadores cogitaram uma mudança na política inglesa favorável ao Brasil, é pouco provável que a cogitassem desde outubro de 1849, ou desde o início do ano seguinte. No relatório de janeiro de 1850, Paulino destacou alguns pontos da fala de Palmerston no *Select Committee*, em março e agosto de 1849. Nessas ocasiões, o ministro inglês mencionou que Joaquim Tomás do Amaral, encarregado de negócios em Londres, estava esperando autorização do governo brasileiro para propor um tratado para a supressão do tráfico e que o governo inglês procurava induzir o Brasil a celebrar uma convenção para que fosse possível propor a revogação do *bill* de 1845. Ainda assim, o tratado seria semelhante ao convencionado com Portugal em 1842, proposta que o governo imperial jamais admitiria, além de, em várias circunstâncias, ter afirmado que só se disporia a tratar com a Grã-Bretanha após a supressão do Bill Aberdeen. As propostas eram inconciliáveis, apesar de Paulino afirmar que estava se ocupando com um contraprojeto para apresentar ao governo inglês, ao mesmo tempo que afirmava que colocaria em discussão no parlamento brasileiro o projeto de 1848. Deixava em aberto duas possibilidades para um suposto mesmo fim, já que fez ver a necessidade de adotar providências em relação ao tráfico.

Paulino, no entanto, em nenhum momento mencionou que a discussão no parlamento inglês era favorável ao Brasil, antes, pelo contrário, demonstrou-se preocupado com um ponto da fala de Palmerston, quando este observou que um tratado com o Império necessitava de disposições diferentes do firmado com Portugal. Embora considerasse "meras opiniões do ministro britânico, que não podem obrigar o Brasil, não sendo, como não são, fundadas no tratado", Palmerston afirmara "que se a lei de 1831 fosse executada como devia ser, um grande número de africanos tidos como escravos seria restituído à liberdade, à qual por essa lei tem direito". Inquirido no parlamento se a Inglaterra tinha direito de exigir o cumprimento dessa lei, Palmerston, enfático, respondeu "que ela tinha direito de exigir do Brasil a satisfação completa das obrigações que contraíra por tratados".[90]

Essa era uma questão potencialmente explosiva, como temos visto, pois centenas de milhares de africanos tinham direito à liberdade pelo tratado anglo-brasileiro de 1826 (que passou a valer em março de 1830) e pela lei de 1831, bastando recordar o abalo causado em 1848 com a discussão do artigo 13. As autoridades britânicas deram sinais de começar a se mover nesse sentido em novembro de 1849, quando passaram a notificar os "africanos livres" na Corte para se apresentarem no consulado a fim de prestarem informações sobre suas condições. Segundo Beatriz Mamigonian, o objetivo principal era fazer o governo imperial cumprir as obrigações contraídas no tratado bilateral a fim "de garantir a liberdade dos africanos que haviam sido emancipados durante a repressão ao tráfico de africanos", mas logo passaram a advogar que o direito à liberdade compreendia todos entrados ilegalmente no país e, por vezes, concederam asilo em navios ingleses a escravos fugidos que pediam proteção. Entre novembro de 1849 e julho de 1851, o consulado reuniu informações sobre 854 "africanos livres", e o maior número de apresentações ocorreu em julho e agosto de 1850, justamente quando se discutia o projeto de lei para reprimir o tráfico. A autora argumenta que essa "nova estratégia abolicionista britânica", ao ter causado certo alvoroço entre os "africanos livres" da Corte e também sobre os demais escravos, passou a ser temida pelos senhores e pelo governo imperial, sendo mais uma "razão pela qual os parlamentares e governantes brasileiros se sentiram compelidos a acabar com o tráfico de escravos em 1850", em vista de a ação abolicionista inglesa ter alcançado os escravos.[91]

Paula Souza, que em 1848 defendera a aprovação do artigo 13, voltou a se manifestar em maio de 1850, ocasião em que Holanda Cavalcanti e Cândido Batista apresentaram dois projetos distintos sobre o tráfico.[92] A questão "era talvez atualmente a mais importante do Brasil", sobretudo pelos males que causavam ao país os "vícios" da lei de 1831:

> Reconhecendo entretanto que é este um dos objetos mais importantes para o Brasil, não tanto por sua dignidade, por sua honra, que tem sido infelizmente tão pisada, e o mais que é possível pelo governo inglês, mas pelo interesse do país inteiro, pela sua paz, pelo seu sossego, *visto que já começam a aparecer os efeitos da imprudência do artigo a que me tenho referido, entendo que é preciso que se tome uma providência qualquer, que nos tire dos perigos iminentes.* Qual deva ser, não me atrevo a dizer, porque, embora tenha eu uma opinião, pode não ser esta a melhor. *Eu contentava-me que tomássemos alguma medida que fizesse ao menos cessar o perigo iminente em que existe a população do Brasil.*[93]

O senador entendia que a questão era muito grave (no que talvez aludisse às atividades britânicas na Corte), cabendo ao governo nomear uma comissão especial para analisar os projetos oferecidos, o que de fato veio a ocorrer.[94] Em 27 de maio, pouco antes de Paulino titubear se devia colocar em discussão o projeto de 1848 ou aguardar o desfecho das discussões em Londres, Paula Souza pediu que o governo refletisse "seriamente sobre o estado do Brasil: tudo está sombrio; todos descontentes e desconfiados; parece que há um pressentimento, um instinto de graves acontecimentos, de grandes perigos". O governo devia fazer alguns sacrifícios para tentar salvar o país, pois somente assim ele não sofreria insultos dos estrangeiros, numa referência às relações exteriores com a Grã-Bretanha e a Argentina. Segundo pensava, "em consequência dessa pior situação [externa] é que entendo que mais devemos trabalhar para melhorar a nossa situação interna, o que não é possível sem novo e diverso proceder do governo, e sem as reformas por que clamo".[95] Em suma, para fazer frente à guerra que se avizinhava contra Rosas e Oribe e poder enfrentar as investidas navais e a pressão diplomática britânica, junto a sua ingerência na questão dos "africanos livres" e dos ilegalmente escravizados, era preciso abolir o tráfico de africanos antes que fosse reaceso o rastilho da rebeldia escrava, sempre prestes a fazer explosão.

Foi nesse contexto que Paulino disse ser indispensável sair do estado em que o Brasil estava relativamente ao tráfico, mas negou que as relações no Rio da Prata estivessem piores do que em janeiro (o que não era verdade), afirmando que cumpria "fazer toda a diligência para que não chegue à necessidade extrema de resistir, mas tenho a esperança de que se ela chegar o país há de acompanhar o governo, e que as nossas divisões hão de desaparecer diante da necessidade de resistir ao estrangeiro".[96] Ainda que as relações exteriores estivessem abaladas e caminhando para desfechos extremos, o ministro brasileiro talvez ainda nutrisse esperanças de que pudessem ser resolvidas por meio da diplomacia e, dessa forma, quem sabe, pudesse encontrar uma saída diversa para a questão. Pura ilusão.

Após a derrota da moção Hutt, Palmerston teve conhecimento das investidas da marinha britânica no litoral brasileiro em janeiro de 1850 e não somente as aprovou como passou instruções para que continuassem e fossem intensificadas para "liquidar com o tráfico negreiro". Em 20 de junho, Hudson comunicou a Paulino as medidas que estava autorizado a adotar, enquanto o ministro brasileiro tentava em vão argumentar que o governo logo apresentaria nova legislação de repressão ao tráfico. No entanto, Bethell observa que "longe de cerrar fileiras contra a questão do tráfico negreiro, o governo brasileiro continuava apreensivo quanto a persuadir os grandes proprietários de terras, o legislativo e o Conselho de Estado". A partir do dia 23, navios britânicos passaram a navegar em águas territoriais brasileiras, entrar nos portos e expulsar navios aparelhados para o tráfico, capturar embarcações e incendiá-las. Entre o fim de junho e o início de julho teve lugar o incidente no porto de Paranaguá, onde três navios foram capturados, dois deles, incendiados e outro, conduzido a Santa Helena, não antes de o forte abrir fogo contra os ingleses e estes revidarem. Outras ocorrências se deram nos dias seguintes. Eram atos deliberados de guerra contra o tráfico. No dia 11 de julho o Conselho de Estado se reuniu com o imperador e demais ministros para debaterem a situação. No dia seguinte Eusébio apresentou o projeto de 1848 com novas emendas à Câmara dos Deputados e, desde então, a passos largos se caminhou para a aprovação da lei de repressão ao tráfico, assinada por sua majestade em 4 de setembro de 1850.[97]

Tudo isso foi crucial para que o projeto fosse efetivamente apresentado ao Parlamento e a lei, finalmente, aprovada, mas os estadistas estavam igualmente preocupados com a situação no Rio da Prata. A relação entre o fim do tráfico e a questão platina há muito fora enfatizada por José Antônio Soares de Souza, embora nas últimas décadas tenha sido completamente ignorada pelos historiadores, que deixaram de compreender em toda a extensão os motivos que levaram à aprovação da lei. Leslie Bethell também enfatizou a conexão, mas em nenhum momento procurou explicar quais eram as causas do agravamento das relações diplomáticas no Rio da Prata. Soares de Souza, em trabalhos muito bem documentados, traz à tona essas questões; porém, uma vez sequer as relaciona com o fato de elas estarem intimamente ligadas à escravidão.[98]

Antes de Hudson comunicar a Paulino que as investidas da marinha britânica seriam reiniciadas com ainda mais vigor, Thomaz Guido respondeu à nota do ministro dos Estrangeiros de 8 de maio, solicitando uma satisfação que fosse "suficiente para reparar o sanguinolento agravo cometido contra os estados aliados pelas invasões do barão de Jacuí e seus cúmplices contra a República do Uruguai, e o castigo exemplar desses réus, bem como das autoridades do Império que os protegeram ou consentiram". Antes disso não seria revogada a disposição proibitiva da passagem de gado nem outras, pois se Rosas e Oribe aceitassem "tal condição, sacrificariam seu decoro, reconheceriam por justificada a conduta do barão e seus satélites, que infelizmente o ministério do Brasil desculpa". Os governos do Rio da Prata considerariam "a recusa à realização deste pedido, ou uma desnecessária dilação, como negativa de justiça e como aprovação do atentado do barão de Jacuí, o qual, esterilizando o anelo da legação argentina pela melhor e mais cordial inteligência com o gabinete do Brasil, o obrigaria a retirar-se da Corte imperial".[99]

O ministro brasileiro, portanto, antes de saber que a situação com a Grã-Bretanha ficaria ainda mais difícil, estava ciente de que sua próxima nota à legação argentina levaria ao rompimento entre os dois países, pois não estava disposto a punir o barão de Jacuí, com quem contava para a guerra.[100] Em 11 de julho, horas antes de o Conselho de Estado se reunir para debater os atos de guerra da marinha britânica e o destino do tráfico, Paulino conferenciou com Andrés Lamas, ministro do governo colorado no Rio de Janeiro, que lhe apresentou um *memorandum* no qual detalhava os motivos pelos quais pedia um subsídio para a defesa da praça de Montevidéu. O contra-almirante Le Prédour estava prestes a celebrar nova convenção com Juan Manuel de Rosas, encaminhando o fim da intervenção, além de a França ter diminuído o subsídio que prestava aos colorados. Lamas argumentou que Rosas e Oribe em breve absorveriam o Paraguai ou atacariam vigorosamente a província do Rio Grande do Sul.[101] Paulino não duvidou.

A reunião do Conselho de Estado foi precedida pela leitura de um ofício de Silva Pontes, datado de 17 de junho. Ali se mostrava que Oribe se recusava a anuir às reclamações do governo imperial pelos vexames de que se diziam vítimas "os brasileiros residentes no território por ele ocupado militarmente", enquanto o Uruguai e a Argentina "não obtiverem o desagravo, e satisfação, a que têm direito em consequência dos últimos fatos praticados por alguns brasileiros, tendo à sua frente o barão de Jacuí". Lido o ofício, consta uma apreciação da situação com a Grã-Bretanha antes de os conselheiros darem seus pareceres aos quesitos apresentados. Segundo o ministro dos estrangeiros:

> O Governo Britânico fundando-se em que o Brasil não quer, ou não pode reprimir o tráfico, e armado com o Bill de 1845, está deliberado a fazer a repressão por si mesmo, e com os meios fortíssimos, que tem à sua disposição, visitando, detendo, e julgando as nossas embarcações, entrando em nossos portos, queimando nossos navios, e destruindo toda resistência, que se lhe opuser. Os fatos provam. A posição do Brasil é muito perigosa. Este estado de coisas abala-o, e agita-o, e há de dar lugar a novos conflitos, e represálias, que hão de agravar o mal, e que é impossível prevenir. Tira a força moral ao Governo, paralisa o nosso comércio, influi sobre as nossas rendas públicas, *e agrava terrivelmente as complicações dos nossos negócios no Rio da Prata*.[102]

Os conselheiros entenderam a gravidade da situação e admitiram que não havia outra solução a não ser colocar um ponto final no tráfico, já que somente aprovar uma lei não tiraria o país da posição perigosa em que se encontrava. Além do mais, segundo José Antônio Soares de Souza, a intromissão inglesa a favor de Rosas vinha de longa data, e Paulino soube disso desde que entrou no ministério, não sendo uma "simples coincidência que a questão do tráfico se verificou no momento justo de se liquidar a luta no Rio da Prata". Foi preciso "interferir numa para solver a outra".[103] No mesmo dia em que foi assinada a lei de repressão ao tráfico, Paulino respondeu à nota de Guido. O ministro não fez concessões, tampouco puniria o barão, e acusou que as reclamações da legação argentina "apresentaram um caráter diferente e tão extraordinário" depois da convenção com a Grã-Bretanha e da retomada de negociações com a França. Solicitou, por fim, novamente, uma reconsideração das exigências do governo argentino. O ministro Thomaz Guido não anuiu e, em 23 de setembro, pediu seus passaportes. As relações diplomáticas haviam sido rompidas.[104] A 30 do mesmo mês, Paulino escreveu a Joaquim Tomás do Amaral, encarregado da legação imperial em Londres:

> Muito mal será se a nova direção que o governo imperial tem procurado dar aos negócios relativos ao tráfico, não nos tornar mais propício o governo britânico. Uma das razões principais porque eu procurei dar aquela direção [para o fim do tráfico], é porque eu via que as complicações acumuladas pelo espaço de 7 anos, quanto às nossas relações com os generais Rosas e Oribe estavam a fazer explosão, *e o pobre Brasil, tendo em si tantos elementos de dissolução, talvez não pudesse resistir a uma guerra no Rio da Prata e à irritação e abalo que produzem as hostilidades dos Cruzeiros Ingleses. Nec Hercules contra Duo.* Não podemos arder em dois fogos. Estou convencido que a política inglesa não é estranha ao insolente procedimento que o gaúcho de Buenos Aires tem tido conosco.[105]

Se o fim do tráfico estava ligado às consequências presumíveis de duas guerras que o Brasil não poderia sustentar, guerras que muito facilmente poderiam levar à eclosão de insurreições escravas pelo país, então precisamos recontar a história da lei de 4 de setembro de 1850. Ainda que não conste o ofício de Silva Pontes que fora lido no Conselho de Estado, podemos imaginar um dos pontos tratados. Em ofício a Oribe, datado de 8 de julho, disse que eram "sabidas as perdas que tem causado aos proprietários brasileiros as fugas de escravos da província do Rio Grande do Sul", e o "acolhimento e proteção dada a esses escravos é uma das causas dessa efervescência". Era opinião geral que "a fuga dos escravos não é somente originada no amor natural à liberdade, mas também e principalmente é resultado do fato de aliciações". Ao retomar as discussões para a devolução dos fugitivos, enfatizou que o governo imperial considerava "como uma das causas da exacerbação dos espíritos" no Rio Grande do Sul a fuga dos escravos dessa província para o Uruguai, e o "acolhimento e proteção" que ali recebiam, vistos como uma "grave ofensa aos direitos de propriedade". A restituição dos escravos fugidos, portanto, "não podia deixar de considerar-se como um primeiro passo para aliviar o jugo sob que gemem os brasileiros residentes" no Uruguai, e a anuência de Oribe "não podia deixar de considerar-se como ato de justiça".[106]

O barão de Jacuí sofreu duras críticas na imprensa, na Câmara dos Deputados e no Senado imperial pela invasão do território oriental. Não era para menos, já que suas ações elevaram a tensão entre o Brasil e as repúblicas do Rio da Prata. Em sua defesa, publicou uma longa resposta defendendo sua conduta, onde elencou diversos pontos que a respaldava. A maior parte versa sobre a proibição da passagem de gado para o Brasil, motivo que o levou a arrebatar gados no Uruguai, que afiançou serem de sua propriedade. Digno de nota, no entanto, é que o primeiro ponto que defendeu para justificar as incursões armadas tratasse justamente da questão dos escravos:

> Em 1844 [sic] lavrou aquela intrusa autoridade um decreto para dar liberdade aos escravos que existissem na República, onde eram principalmente os brasileiros que possuíam esta espécie de bens, e para onde os tinham transportado sob uma tácita garantia de que lhes não seriam distraídos. Ao passo que astuciosamente se lhes ocultou a existência do decreto se mandaram instruções aos comandantes da fronteira para percorrerem as suas casas e estâncias, e delas arreganharem todos os escravos que encontrassem, a fim de serem remetidos para sentar praça no exército; e para não darem conhecimento da existência do decreto senão depois de executada

a tirada dos escravos. Como é, Sr. Redator, que se poderá justificar um procedimento tão iníquo? Onde é que um governo que resolve liberar escravos, sem nenhuma indenização, se julga autorizado a não prevenir ao menos os seus proprietários, mormente quando estes proprietários são súditos estrangeiros? Digam as pessoas imparciais se, apesar da filantrópica natureza das medidas deste gênero, não foi o caso de que se trata [de] um verdadeiro esbulho, e um odioso estratagema a que recorreu um chefe, acostumado a postergar toda a justiça, para aumentar sua força com o número de seus sequazes.[107]

A abolição de 1846 causou profundo estremecimento nas relações entre rio-grandenses e *blancos*, pois o decreto não apenas libertava todos os escravos existentes no território ocupado pelas forças de Oribe como as autoridades se encarregaram de fazer ver aos escravos seu direito à liberdade antes que fosse comunicado aos senhores: percorreram estâncias, resgataram escravos, incitaram outros tantos à fuga e incorporaram os homens adultos ao exército. Tratava-se, do ponto de vista escravocrata, de "um verdadeiro esbulho", "um odioso estratagema". Desde então o governo do Cerrito passou a emancipar e a armar centenas de escravos fugidos do Rio Grande do Sul, dando-lhes acolhimento e proteção e negando-se a devolvê-los à escravidão, o que era uma "grave ofensa aos direitos de propriedade" e "uma das causas da exacerbação dos espíritos" na província. E note-se, quando Oribe anuiu à devolução dos fugitivos (abril de 1850), as relações com o Brasil estavam no ponto mais grave, e as regras continham tantos empecilhos que impediam na prática a restituição. Oribe talvez estivesse tentando espaçar o rompimento, ao mesmo tempo que lançava um logro às pretensões escravistas, que o governo imperial não demorou a perceber.

A liberdade advinda com a abolição, os recrutamentos e aliciamentos, a proteção e o armamento dos fugitivos, a proibição da passagem de gado e o embargo de estâncias de brasileiros no Uruguai acirraram as tensões na fronteira e foram determinantes para o início das hostilidades entre rio-grandenses e *blancos*.[108] Se esses eram motivos suficientes para justificar a invasão do Uruguai, tão ou mais perigoso para a segurança interna da província era o incitamento às insurreições como meio de desestabilizar o Império e, no limite, levá-lo a uma guerra interna dos escravizados. Em 30 de setembro de 1850, Silva Pontes informou ao ministro dos Estrangeiros que se continuava a propalar a notícia de que na Confederação Argentina e no território dominado pelas forças de Oribe se faziam preparativos de guerra contra o Brasil: "se devo dar crédito ao que se diz e se acredita em geral, poderia também referir que *os inimigos do Império muito contam com a sublevação dos escravos, e com movimentos anárquicos na província do Rio Grande do Sul*". Estava certo, porém, que a vigilância do governo frustraria tais intenções, se é que elas realmente existiam.[109]

Em 13 de outubro, contudo, passou informações que vinham diretamente de Buenos Aires e davam conta das discussões ocorridas na Sala dos Representantes nos primeiros dias do mês, e das expressões "insólitas" e "impróprias" usadas pelos parlamentares com referência ao gabinete imperial. Para o encarregado de negócios, era certo "que o pensamento político predominante é a *destruição da única monarquia existente na América*". Para esse fim, os

> Representantes do Ditador adotam clara e despojadamente *meios tão bárbaros como a insurreição de nossos escravos, ou tão ignóbeis como instigar, e promover o desenvolvimento dessas más paixões*, que tendem à *desmembração do nosso florescente Império* para de cada província dele formar um Estado miserável subjugado por um caudilho.[110]

Em 3 de novembro, enviou outra nota com informações que haviam chegado ao conhecimento do chefe da divisão naval, Pedro Ferreira de Oliveira, agora no cargo de presidente da província. Oliveira dava conta de ajustes de Antônio de Souza Netto com Oribe e de que uma força estava estacionada na estância do ex-chefe farrapo (400 homens, segundo um informante; 700, de acordo com outro). A estância serviria de ponto para algum movimento "que se prepara dentro desta província, e que há de começar talvez por uma insurreição de escravos". Paulino anotou a lápis o ofício, mandando que se dissesse ao presidente que seus dois antecessores reputavam infundados os receios de que Netto estivesse ligado a Oribe. Todavia, a notícia devia ser averiguada com toda a prudência e cautela, pois podiam ser falsas, e não convinha que Netto soubesse que dele se desconfiava.[111] Sendo falsas ou não, o certo é que, após o rompimento diplomático, os governos do Rio da Prata passaram a falar abertamente na sublevação dos escravos, e que tão logo entrassem na província do Rio

Grande do Sul decretariam abolida a escravidão, chegando a veicular as ameaças no periódico *O Americano*, publicado no Rio de Janeiro, para assombro da elite política.

Em 24 de maio de 1851, Paulino ocupou a tribuna do Senado, onde fez um extenso discurso em resposta "a algumas doutrinas e proposições enunciadas" quatro dias antes por Holanda Cavalcanti. O senador por Pernambuco apresentou objeções à política seguida pelo governo quanto à repressão ao tráfico e à direção que se estava tomando na questão platina. Colocou em dúvida a extinção do contrabando e fez ver o que se seguiria depois de 1831, quando se aprovou a lei antitráfico, que pouco a pouco foi sendo iludida em sua execução e protegida pelos representantes da nação, até virar coisa "tão lícita como a venda e a compra do nosso café ou açúcar". Em 1850 Cavalcanti apresentou uma medida acerca do tráfico, "atendendo às dificuldades em que nos achávamos", mas em pouco tempo recrudesceu a repressão britânica, e "no meio de hostilidades adotou a Assembleia Geral uma lei para ver se se desviavam essas dificuldades". Os atos de guerra não cessaram com a lei, pois "os nossos portos tem sido invadidos, assim como as nossas costas, os nossos navios e as nossas fortalezas", de modo que só acreditaria que o tráfico estava acabado, ao contrário do que afirmara o imperador na fala do trono, quando a Grã--Bretanha renunciasse às suas pretensões. Segundo entendia, a lei de 1850 visava extinguir o tráfico por meios violentos, que não atendiam a "outra coisa senão a dissolução da sociedade brasileira".[112]

Em relação ao Rio da Prata, condenou os imensos recursos despendidos e o excessivo armamento que se estava fazendo para pedir satisfações ao general Manuel Oribe. "Seria necessário um armamento desta ordem, que nos faz uma guerra horrível?". Criticou ainda o recrutamento forçado de "uma chusma de desgraçados que vão para o matadouro", ao mesmo tempo que se mandava vir tropas estrangeiras da Europa. Ainda que dignos de apoio pelos insultos sofridos, "havemos de despovoar o Norte para juncar àquela província cadáveres baianos, pernambucanos, maranhenses?". O Brasil, segundo o senador, só podia ser amigo das potências americanas, e não escondeu seu respeito e simpatia por Juan Manuel de Rosas por "seus princípios de federação e integridade entre todos os Estados da América do Sul", sentimentos tão nobres aliados a "outros tão indignos".[113]

O ministro dos Estrangeiros rebateu tais proposições argumentando que prejudicavam "a marcha da atual administração". Cavalcanti tinha a vantagem de poder expor seu pensamento, pois comprometia "apenas a sua opinião individual para o futuro, se entender que a compromete". "Já eu", disse Paulino, "*como membro do ministério, tenho certos limites que não posso ultrapassar sem prejudicar os negócios públicos*, e isto me sirva de desculpa se não der ao nobre senador uma resposta tão completa como desejara dar-lhe". Cavalcanti abstraía os fatos, os antecedentes, os "*interesses que estão em jogo*", a "*posição que os acontecimentos nos fizeram*". Era necessário "*formular a posição tal como ela se apresenta diante de nós*", "*para que se possa apreciar bem a maneira por que temos chegado à situação presente*". O sistema seguido para a repressão do tráfico estava sendo executado como fora aprovado pelas câmaras legislativas, "com a força que dá o acordo e consenso de todos os ramos desse poder".[114]

Ademais, "o governo nunca entendeu, que o sistema de repressão por si só fosse suficiente para acabar o tráfico por tal maneira que não se desse o caso de uma ou outra especulação ousada, de um ou outro desembarque. Isto mesmo tenho declarado à legação britânica em algumas notas". Quanto ao desembarque recente de africanos aludido pelo senador, "e no qual teve lugar a apreensão, e o estado em que estava o tráfico, há uma diferença imensa". Era verdade que o governo britânico se negara a revogar as ordens de repressão ostensiva, contudo, "de tempos a esta parte, e depois que a lei de 4 de setembro começou a ter plena execução, não se tem repetido nas nossas costas as violências que presenciamos ano passado".[115] No entanto, Paulino ainda mostrava-se apreensivo. No ofício endereçado a Joaquim Tomás do Amaral, em 30 de setembro de 1850, observou que tudo dependia das disposições de Lorde Palmerston, pois seriam elas que esclareceriam a posição atual do Brasil. "É à vista desses esclarecimentos que me hei de resolver a fazer, ou não fazer, a fazer já, ou adiar, uma convenção para a repressão do tráfico. Em todo caso, esforçar-me-ei para reprimi-lo com os nossos meios". E, de fato, o governo imperial esforçava-se em reprimir o tráfico a fim de não dar margem a novos bombardeios ingleses. Ao final do ofício, perguntou ao encarregado de negócios do Brasil em Londres: "Não há esperança de que este maldito Palmerston caia?".[116]

Paulino não dava a tarefa por acabada, e ela não dependia apenas da legislação, mas necessitava de todos os meios indiretos para atingir seu fim. A proposta de Cavalcanti não passava de regulamentação do contrabando, fosse pela importação de escravos ou de colonos africanos. No entanto, questionou como se poderia propor à Grã-Bretanha que aceitasse revogar o tratado "quando os cruzeiros ingleses, reforçados de muitos vapores, ocupam a nossa costa, tendo ordens para reprimir o tráfico, fosse como fosse, e para não respeitarem sequer a independência do nosso território?". Há mais de 40 anos o sistema do governo inglês baseava-se na repressão. Esse era o sistema do *bill* de Lorde Palmerston que sujeitara os navios portugueses, como era o *bill* de 1845 de Lorde Aberdeen "que sujeitou os navios brasileiros a leis inglesas". Ignorava, porventura, a moção de Mr. Hutt no parlamento inglês para a redução da esquadra empregada na repressão do contrabando, e que o "chefe do ministério, lorde John Russell, e lorde Palmerston, fizeram dessa redução questão ministerial, e declararam que deixariam o governo se a redução passasse?".[117]

Não era possível, portanto, fazer tais proposições à Inglaterra. "Senhores", disse o ministro, "não é o melhor aquilo que é o melhor abstratamente, e em tese. É o melhor aquilo que é exequível". Nas circunstâncias em que se achava o Brasil em 1850, foi necessário *"curvar-nos à força de certos acontecimentos, de certos fatos consumados, e não podendo dominar a sua força, dirigir a nossa política pelo trilho que eles traçaram"* – referia-se aos acontecimentos e a "todo o nosso passado":

> E porventura são aquelas as únicas considerações que nos devem guiar? *Quando a escravidão está extinta em quase todo o mundo, e especialmente nos Estados da América Meridional que nos cercam, e que recusam restituir--nos os escravos que para eles fogem, com o fundamento de que pisando o seu território ficam livres*; quando a questão da escravidão ameaça romper o laço que liga o poderoso colosso da União Norte-Americana; quando é impossível resistir à pressão das ideias do século em que vivemos; quando as ideias humanitárias vão em progresso, vivendo nós em um país no qual felizmente pode cada um dizer e escrever o que sente; quando já nesta capital aparecem jornais abolicionistas, conviria que continuasse a importar todos os anos para o Brasil, 50, 60, 100.000 africanos? Não nos aconselhariam todas as considerações de moral, de civilização, *da nossa própria segurança e de nossos filhos, que puséssemos um termo à importação de africanos*, ainda mesmo que a Inglaterra, em virtude de um tratado, a não exigisse?[118]

Após tecer considerações sobre o tráfico de africanos, medidas para sua repressão e razões que a ditaram, o ministro dos Estrangeiros retomou ponto a ponto as questões diplomáticas pendentes entre o Brasil e a Argentina, as complicações em que estavam os brasileiros residentes no Uruguai sob o domínio de Manuel Oribe e a reivindicação dos limites de 1777, que retirava uma terça parte do território do Rio Grande do Sul e parte importante do Mato Grosso.[119] A essa altura, 24 de maio de 1851, Manuel Oribe já havia rompido relações com o encarregado de negócios em Montevidéu (7 de janeiro) e, em poucos dias, seria firmado um convênio de aliança entre o Império e as províncias argentinas de Entre Ríos e Corrientes e a Montevidéu *colorada*. A opção pela guerra era fato consumado e o convênio tinha caráter secreto, de modo que nem os parlamentares tinham dele conhecimento, o que explica a falta de entendimento que invariavelmente mostravam da marcha seguida pelo governo imperial nas questões com os governos das repúblicas vizinhas.[120]

Se as ações mais incisivas da Inglaterra em relação ao tráfico junto ao acirramento das tensões no Rio da Prata andavam de mãos dadas no cálculo político do governo imperial, há, no entanto, razões mais profundas nesse delineamento, e o próprio Paulino oferece uma rara entrada para a questão. Certamente crucial, não foi somente a repressão ostensiva dos cruzadores britânicos na costa brasileira que entrou em consideração para a implementação da lei de 4 de setembro. Entre outros pontos, salientou que a escravidão estava abolida em quase todo o mundo. Os processos de abolição nas Américas traziam não só a questão do isolamento escravista brasileiro, mas o aumento das fugas nas fronteiras e a não devolução dos escravos fugitivos, o que significava a deslegitimação do pretenso direito de propriedade dos senhores de escravos e, por conseguinte, da própria instituição escravista do Brasil. O ministro dos Estrangeiros, aliás, já havia enfatizado essa situação em seu relatório de janeiro de 1850:

> Um assunto que sempre mereceu a atenção do governo imperial vai--se tornando cada dia mais grave. Sendo os escravos considerados pelas nossas leis como propriedade dos súditos brasileiros, tem, com esse fundamento, o governo imperial reclamado a devolução dos que fogem para os estados vizinhos por extensas e desertas fronteiras, por onde é a fuga inevitável. Quase todos esses estados tem-se recusado a essa entrega, alegando que suas leis desconhecem essa propriedade,

e são contrárias a semelhante devolução. Não obstante, o governo imperial não há de deixar de insistir, e empregará todos os meios ao seu alcance para que tenha lugar a entrega dos referidos escravos, e quando não se possa verificar, a indenização de seu valor.[121]

Ainda que os escravos fossem considerados uma propriedade no Brasil, quase todos os países onde a escravidão não mais existia recusavam-se a restituir os fugitivos, pois, desde então, suas leis passavam a desconhecer esse direito. Em meados do século todas as repúblicas vizinhas já haviam suprimido o tráfico de escravos e decretado leis do ventre livre, e as que não tinham abolido a escravidão estavam em vias de decretá-la.[122] Em 18 de novembro de 1848, o cônsul francês comunicou ao presidente da província do Pará que a escravidão havia sido abolida nas colônias francesas por decreto de 27 de abril e que seria impossível "dar seguimento às demandas de extradição", pois o "princípio que o solo da França liberta o escravo que o toma é igualmente aplicável a nossas colônias". O presidente do Pará de pronto considerou que seria "preciso fazer terminantes recomendações às autoridades da fronteira para impedir quanto for possível a fuga dos escravos, que contando com um asilo seguro nessa colônia [Guiana Francesa] farão toda a diligência de passar-se para aí". Ao repassar as informações ao ministro dos Estrangeiros, enfatizou novamente a questão: "logo que os escravos desta província souberem que a Caiena Francesa é o asilo seguro para sua liberdade; as fugas serão extraordinárias, quando mesmo antes desta circunstância elas já eram muito repetidas para aquele lugar". Ao discutirem a questão no Conselho de Estado, os conselheiros da seção dos Estrangeiros não colocaram em dúvida que os escravos passariam a utilizar a seu favor a cisão da fronteira norte. Mais uma frente de luta havia sido aberta.[123]

A província de São Pedro, todavia, era certamente a região de fronteira mais tensa e importante e onde a clivagem entre um território livre e um escravista (num contexto de guerra) resultou num processo crescente de resistência escrava. Além da conspiração em Pelotas, do levantamento de escravos em Cachoeira (como referido por dois deputados) e dos boatos que grassaram na capital, em maio de 1849 uma "assustadora trama" insurrecional rompeu no segundo distrito de Jaguarão, mas, em tempo, foram tomadas "poderosas medidas preventivas". Segundo Titára, alguns vizinhos se reuniram e conseguiram prender os "indigitados cabeças, depois de morto um, que mais resistiu". O objetivo dos negros depois de "realizado o assassinato, e roubo da população", era passarem ao território ocupado pelas forças de Oribe, "o que deu mais uma prova da perfídia com que ele, e seu patrão dissimulados fomentam o mais terrível, e sanguinolento plano". Titára imputava tudo quanto ocorria às maquinações dos caudilhos platinos, mas, nesse sentido, compartilhava o entendimento das autoridades brasileiras. O capitão do exército ainda deixou testemunho importante, afirmando que no final da década de 1840 "quadruplicava-se de dia em dia, o número d'escravos fugidos do território Brasileiro para o Oriental, e Correntino, indo alguns depois de assassinarem seus Srs., ou Feitores". Nenhum dos caudilhos do Prata, no entanto, "prestavam-se à restituição dos fugitivos" quando reclamados por seus senhores.[124] De fato, a agitação nas fronteiras causada pelas fugas em massa e pelas insurreições escravas estava a ponto de comprometer a ordem escravista no Rio Grande do Sul.

Interessante que a argumentação de Paulino levou em consideração não só a situação do Brasil no contexto sul-americano, onde o isolamento do Império escravista era cada vez mais patente, mas pinçou o exemplo das tensões entre territórios livres e escravistas que ameaçavam romper o laço que ligava "o poderoso colosso da União Norte-Americana". Não podia ser mais significativo. Tais tensões levaram ao acordo de 1850, que tinha por objetivo fornecer uma resolução final para a questão da escravidão a fim de salvar a União. Nos termos do acordo, a Califórnia foi admitida como estado livre, o comércio de escravos foi abolido no distrito de Colúmbia e o território do Novo México foi organizado sem qualquer referência à escravidão. Em compensação, uma nova e radical lei para a extradição de escravos fugidos foi aprovada em 18 de setembro (*Fugitive Slave Act*). Para os sulistas, como observa Steven Lubet, a lei era muito importante pelo fato de significar a aceitação da escravidão como uma instituição nacional legítima, tornando os nortistas cúmplices em sua preservação. Porém, ao transformá-los em potenciais caçadores de escravos, a lei gerou uma resistência imediata no Norte, sendo vista não só como um insulto e uma desonra, mas principalmente por representar uma intrusão da escravidão nos territórios livres. A resistência se deu nas ruas e nos tribunais, tornando-se uma importante fonte de conflito interseccional, que teria peso na guerra civil americana.[125] O ministro dos Estrangeiros certamente acompanhou a discussão, já que a resistência à lei foi imediata e os mais importantes jornais do Rio de Janeiro publicavam as notícias relativas à escravidão nos Estados Unidos.[126]

Digno de nota é que, após dizer que os países sul-americanos se recusavam a restituir os escravos fugidos, "com o fundamento de que pisando o seu território ficam livres", tenha Paulino citado a clivagem da escravidão nos Estados Unidos, onde sabia que a questão das fugas gerava a cada dia mais tensão. Nesse sentido, não era diferente a situação do Brasil com o Uruguai. A abolição da escravidão transformou o mapa do extremo sul, ao delimitar a fronteira em jurisdições legais distintas, cujas tensões aumentaram em decorrência da guerra, do antagonismo com o Brasil e sobretudo pelas iniciativas mais ousadas de luta dos escravizados. Não admira que, na carta enviada a Joaquim Tomás do Amaral, Paulino dissesse que o Brasil não podia arder em dois fogos, *tendo em si tantos elementos de dissolução.*

Referia-se, sem dúvida, ao potencial de luta dos escravos, mesmo que pudesse ser uma alusão conjunta às divisões entre os brancos e às ideias republicanas. No Senado, tempos depois, perguntou: conviria ao Brasil continuar importando dezenas de milhares de africanos anualmente, mesmo se não houvesse um tratado com a Inglaterra? A decisão de acabar com o tráfico não seria aconselhada por uma questão de segurança interna do Império, ou "da nossa própria segurança e de nossos filhos"? A preocupação não era nova. Em 15 de julho de 1850, após a reunião no Conselho de Estado, Paulino tomou a tribuna da Câmara para argumentar em favor de uma legislação que desse fim ao tráfico, pedindo uma "ampla e inteira confiança" do Parlamento e "uma cooperação larga e completa", colocando em jogo a própria existência do gabinete conservador, pois, caso rejeitassem o pedido, cairia o ministério.[127]

Ao citar dados estatísticos do tráfico de africanos compilados pelas autoridades britânicas, o ministro fez ciente aos deputados o incrível crescimento das importações a partir de 1846, acima dos 50 mil escravos importados anualmente, e perguntou: "Onde iremos parar com isto, senhores!".[128] Desnecessário dizer que a relação estabelecida inúmeras vezes por Eusébio de Queiroz entre o crescente desequilíbrio demográfico entre livres e escravos e os perigos advindos com a incessante introdução de africanos, num contexto de agitação rebelde em diversas províncias com grande concentração de cativos, estava nas considerações do ministro dos Estrangeiros, que ainda se referiu ao perigo potencial da existência de "africanos livres" em meio aos escravos:

> Como pode conciliar-se a coexistência no Brasil de Africanos livres distribuídos para o serviço doméstico, sendo eles submetidos às mesmas condições de servidão que em nada os discriminam dos escravos, sem o risco quase certo (em numerosas hipóteses) da perda de uma emancipação mal garantida para tais indivíduos, ou, o que é ainda pior, sem comprometer gravemente os interesses de um sem número de proprietários brasileiros, e mesmo em alguns casos a segurança pública? [129]

Alguns autores argumentam que nesse discurso o ministro não versou sobre o perigo de insurreições como um problema à segurança interna do Império, sendo essa uma suposta prova de que não tiveram influência na decisão política do gabinete conservador. Acontece que Paulino fez inúmeras citações que é necessário decifrar, e é impossível decifrá-las sem cruzar diversas fontes. Jeffrey Needell e Tâmis Parron entendem que, se essas questões não estão nos anais parlamentares, é porque não estavam no mundo ou na mente dos estadistas – como se a fonte permitisse tal conclusão, e não permite, a não ser em uma análise rasteira dos discursos. Problema metodológico suficiente, a leitura que ambos fazem dos anais é parcialíssima e direcionada com vistas a refutar o papel das ações escravas, pois, como temos visto, em inúmeras ocasiões essas questões foram abordadas no Parlamento.[130]

Paulino, em 24 de maio de 1851, foi taxativo ao dizer que sua posição de ministro impunha certos limites que não podia ultrapassar sem prejudicar os negócios públicos, e que por isso não dava uma resposta tão completa quanto desejava dar a Holanda Cavalcanti. O mesmo pode ser dito em relação ao discurso de 15 de julho de 1850. Needell e Parron não compreendem que a guerra que se avizinhava no Rio da Prata e a propaganda subversiva da ordem escravista com promessas de insurreições e emancipação dos escravos impossibilitavam sequer tocar nesses assuntos. Como trazer à discussão o medo que pairava de levantes de escravos em caso de uma guerra estrangeira em território brasileiro?

Como reconhecer seu calcanhar de Aquiles, cujos debates nos dias seguintes eram publicados na imprensa? Grave e elementar erro político, com seríssimas consequências, seria dar a ver a argentinos e oribistas que o Império temia o uso político que faziam das insurreições escravas.

O ministro dos Estrangeiros explicou, no discurso de 15 de julho, que, quando entrou no ministério, teve de se inteirar do estado em que estavam as questões com a Grã-Bretanha, reconhecendo que a maior parte, "ou talvez todas as soluções que elas poderiam ter, estavam prejudicadas ou embaraçadas". Além do mais, "tive também de examinar e procurar aprofundar outras questões gravíssimas que pendem", numa alusão às questões no Rio da Prata e na fronteira do Rio Grande do Sul. Porém "esperava ocasião oportuna para dar-lhes solução", ou, em outras palavras, esperava os desdobramentos da intervenção anglo-francesa, e depois o desfecho dos debates de março no parlamento inglês, mas em vista do agravamento das relações diplomáticas era "preciso cortar as dificuldades, dar-lhes uma solução pronta, franca, clara e terminantemente (*Apoiados*)".[131]

Essas questões, "todas práticas e gravíssimas", eram "pouco conhecidas no país", a não ser pelos ministeriais. No ponto em que haviam chegado, todavia, era "indispensável sair deste estado em que nos achamos", dar uma solução "a estas questões que provocam todos os dias conflitos, que podem trazer outros maiores". Que conflitos eram esses que poderiam trazer outros ainda maiores? Não envolviam por acaso todos eles o problema da escravidão? Quase no final do discurso, Paulino fez ver que não era somente contra a repressão britânica que se devia protestar, não era somente sobre esses fatos "que devemos chamar a atenção do país, e principalmente sobre o seu futuro (*Apoiados*). Há uma questão mais larga e importante, questão que devemos procurar todos os meios de resolver por maneira tal que não concorramos para prejudicar o futuro engrandecimento do país".

À primeira vista, as alusões de Paulino são de difícil entendimento, mas não quando pensadas e cotejadas à questão platina, ao problema do tráfico e aos movimentos de luta dos escravos, além de a resposta não se encontrar em seu discurso, e sim (pelo menos em parte) nos relatórios que apresentou em janeiro e maio de 1850, tendo por objetivo – segundo afirmou – juntar "todas as peças oficiais que pudessem habilitar a Câmara e o país para ajuizar sobre a questão importantíssima a que se referem os fatos ultimamente ocorridos".[132] Ali, de fato, se encontram os últimos desdobramentos das questões com a Grã-Bretanha e com a Argentina e o governo *blanco* de Manuel Oribe, e parte considerável delas envolviam a escravidão. O ministro versou em seus relatórios sobre o perigo de insurreições escravas num contexto projetado de guerra estrangeira? Não. Evidentemente, não.

Bernardo de Souza Franco, ministro dos Estrangeiros no gabinete Paula Souza — aquele mesmo que afirmou que a tentativa de insurreição em Pelotas tinha sido irrisória, se é que tinha existido —, quatro anos depois, na Câmara dos Deputados, num contexto de fala em que pouca diferença fazia mencionar o assunto ou não, evidenciou a apreensão que pairou em 1848 e que eu argumento que desde então nunca deixou de existir, de uma invasão estrangeira seguida da sublevação dos escravos:

> estava-se com receios de guerra [no Sul]; dizíeis que não tínhamos exército, e aproveito a ocasião para dizer ainda uma vez que tínhamos mais força ali do que depois tivestes. *Então se dizia, e até nesta casa por uma interpelação ao ministério, que estava próxima uma insurreição de escravos, uma invasão de inimigos externos.*

O deputado Penna retorquiu: "Mas o nobre deputado disse [naquela ocasião] que eram infundadas essas notícias"; Souza Franco respondeu: "Devíamos nós ficar com os braços atados? Já que dizíeis que isto tinha de acontecer, preparamo-nos: o bom capitão não deve dizer — não cuidei". O ex-ministro, no entanto, disse ter sempre acreditado que a guerra partiria do lado do Brasil, algo improvável no contexto brasileiro de 1848 e mesmo depois. Fernandes Chaves, autor da interpelação, estava presente à sessão, mas apenas mencionou laconicamente que a guerra viria (do lado platino) "se Rosas continuasse".[133]

A confissão involuntária do ex-ministro reforça a argumentação das razões que levaram à apresentação do projeto de repressão ao tráfico em 1848: o perigo de uma guerra estrangeira, juntamente com a sublevação dos escravos; perigo em que pairava o espectro do plano de levante geral dos minas-nagôs em Pelotas e suspeitas de terem contado com o apoio de agentes do Rio da Prata, e por deixar evidente a capacidade de organização de centenas de escravos (mas talvez mais de mil), com o objetivo de insurgirem-se, matarem todos os brancos e seguirem para o Estado Oriental – contando com marca distintiva, designação de postos, além de congregar escravos da mesma nação das zonas urbana e rural e, provavelmente, do município vizinho de Rio Grande.

Esse perigo fora tremendamente agravado com os movimentos de luta dos escravos nas mais importantes províncias brasileiras, tendo a conspiração centro-africana no Vale do Paraíba um peso importantíssimo, bem como a existência potencialmente explosiva de centenas de milhares de africanos ilegalmente escravizados no país – alvo principal (presume-se) dos emissários abolicionistas estrangeiros. Ademais, a Inglaterra deu sinais de que em breve a repressão aos negreiros se faria extensiva à costa brasileira. Como os estadistas não levariam em consideração o perigo crescente do aumento do desequilíbrio demográfico em decorrência do tráfico e mais probabilidades de insurreições africanas? Em 1850, a bem da verdade, a novidade era a política de repressão naval ostensiva dos cruzadores ingleses nos mares territoriais e portos do Império e uma posição mais decidida das autoridades britânicas em relação aos "africanos livres" e aos ilegalmente escravizados. Todos os outros elementos, porém, mantinham-se presentes e as questões tão longamente arrastadas entre o Brasil e as repúblicas do Rio da Prata chegaram a ponto de explosão.

Em 2 de junho de 1851, uma semana após o discurso de Paulino, subiu na tribuna o senador Cruz Jobim, disposto a falar sobre a "nossa independência e segurança interna". Não as julgava comprometidas imediatamente, mas há muito tempo meditava sobre o tráfico e o futuro do país, assunto que lhe trazia "sérias apreensões". O Brasil tinha questões "gravíssimas com potências marítimas muito mais fortes" e, como os recursos financeiros dependiam "da livre entrada e saída de nossos principais portos", qual seria a consequência se algum desses países resolvesse bloqueá-los? Jobim acreditava que não seria possível extinguir o tráfico, mesmo adotando "medidas ainda mais enérgicas e decisivas", mas julgava necessário meditar "muito seriamente" sobre a escravidão "em relação às províncias limítrofes cujas circunstâncias peculiares tornam semelhante medida talvez urgentíssima, qualquer que seja o modo de a executarmos". O senador provavelmente tinha em mente um desembarque clandestino ocorrido no Rio Grande do Sul no mês de maio,[134] dando a ver seu receio com a contínua introdução de africanos às vésperas de uma guerra estrangeira, além de possíveis represálias da marinha britânica, e instava o governo imperial a não perder "de vista o que se passa ao Sul do Império relativamente à escravidão":

> Sr. Presidente, como é que na província do Rio Grande do Sul podemos acreditar que haja perfeita segurança quando vemos que, não só a rebelião soube servir-se de certos homens, e fazer com eles um mal extraordinário ao Império pelo espaço de quase dez anos, mas também vemos que em uma invasão repentina se poderia tentar lançar mão deles? Não sabemos nós que sustos, que inquietações sofreram já os charqueadores de Pelotas? Os continuados cuidados, as vigilâncias incessantes por que passaram há pouco tempo? Temos nós segurança de que o inimigo não se servirá com proveito desta alavanca? Quando vemos que o Estado Oriental, que Buenos Aires, que a Bolívia, todos os nossos vizinhos enfim, extirparam esse cancro, não havemos nós de meditar ao menos sobre os meios de acabar o mesmo mal sem perigo público e sem ofensa dos direitos particulares? Não seria possível acabá-lo de todo nessa província, ao menos daqui a dez anos, sendo a gente que ali existe transportada para outros lugares onde o mal seja menor? [...] As circunstâncias daquela província são muito peculiares; não se podem considerar iguais às das outras do Brasil, onde não há os mesmos perigos.[135]

As circunstâncias peculiares da escravidão no Rio Grande do Sul referiam-se não só às guerras de fronteira como à recente clivagem com territórios livres, e o medo de uma invasão estrangeira, seguida da sublevação dos escravos, estava entranhado em seu discurso. O problema, todavia, era anterior e recente, pois os farrapos se utilizaram do contingente escravo na guerra contra o Império, fazendo com os soldados negros "um mal extraordinário" ao país durante longos anos; considerados pelo Conselho de Estado, como vimos, em estado insurrecional. Os próprios dissidentes rio-grandenses haviam dado o exemplo aos caudilhos platinos, não havendo garantia alguma de que numa invasão do território brasileiro os exércitos de Rosas e de Oribe não fossem lançar mão (com proveito) do incitamento às insurreições e do recrutamento dos escravos. Em 15 de maio de 1850, o comandante das armas da província salientou o inconveniente de enviar os emigrados orientais para as cidades de Pelotas e Rio Grande, atento não só serem aquelas cidades tão próximas à linha [de fronteira], como ao grande número de escravaturas ali existentes, que juntos àqueles orientais são prejudiciais, como iam sendo os escravos em 1848 na cidade de Pelotas por insinuações d'aqueles mesmos orientais que ali residiam.[136]

O receio de levantes de escravos instigados ou coadjuvados por agentes do Rio da Prata permaneceu latente, e o exemplo do que poderia vir a acontecer era dado pela conspiração dos rebeldes minas-nagôs. Não eram desconhecidos dos demais senadores os sustos e as inquietações, os "continuados cuidados" e as "vigilâncias incessantes" pelos quais haviam passado os charqueadores. Da mesma forma que alguns deputados em 1848, Jobim (que naquela ocasião preferiu o silêncio) deixou registrado o impacto e a apreensão que se fizerem sentir com os sucessos em Pelotas. Cruz Jobim via tantos perigos à segurança interna da província que clamava não só por medidas locais efetivas contra o tráfico como pela abolição da escravidão num prazo de dez anos, sem ofensa ao direito de propriedade e "sem perigo público", de forma que os escravos fossem transportados a outros lugares onde os perigos fossem menores.

Não fosse o bastante, estava preocupado com a existência de "propaganda com fins subversivos da ordem e das instituições estabelecidas no Brasil", receio compartilhado, entre outros, pelo próprio ministro da Justiça. Nas circunstâncias em que se encontrava o país, não se devia menosprezar um jornal que apregoava ideias de "democracia pura" justo na Corte imperial, pois tais doutrinas eram perigosas e podiam levar para o caminho errado.[137] O senador, muito provavelmente, se referia a *O Americano*, que, segundo Justiniano José da Rocha, "como geralmente se sabe, é uma folha da legação argentina cujo fim é arrastar o governo do Brasil a fazer o que a Rosas é conveniente".[138] Em agosto de 1850, *O Brasil* dedicou um número a bradar contra o periódico argentino, que até proclamava

> o princípio da emancipação dos escravos como um grande dogma do liberalismo-moderado-americano, e nem perdoa aos ministérios luzias, que se diziam liberais, o haver reclamado os escravos que do Rio Grande do Sul fugiam para o Estado Oriental; pois com tais reclamações cometiam esses ministros crime de leso americanismo-liberal.

Apesar de ser uma folha pouco lida, e por mais tolerante que fosse a liberdade de imprensa no país, tudo tinha limite. Por muito tempo *O Americano* se absteve de entrar em questões internas do Brasil, mas, desde o agravamento das relações diplomáticas, estava mudando sua direção, "e procurando suscitar, sob o título de *ideias americanas*, questões que completamente subverteriam a sociedade brasileira: cumpre atalhar--lhe o progresso; seja Rosas nosso inimigo no exterior, embora; mas não seja lícito aos seus agentes concitar-nos inimigos no interior". Justiniano citou o exemplo do redator francês e de "um brasileiro tresloucado" que estavam publicando artigos em defesa da causa argentina no Rio Grande do Sul e que, por esse motivo, foram deportados da província, dando a entender que se tomasse medida semelhante com o redator do periódico argentino.[139]

Quanto mais críticas ficavam as relações entre o Brasil e a Argentina, mais explícito passou a ser *O Americano* em relação ao incitamento às insurreições escravas, ainda que o tema apareça desde pelo menos 1849. Em 26 de outubro de 1850, passou a analisar as circunstâncias em que se encontravam os dois países em caso de guerra. A Confederação Argentina havia acabado com seus inimigos internos e nada tinha a recear de suas províncias interiores; apesar dos poucos recursos, quando comparada ao Brasil, possuía numerosas forças e um exército aguerrido e bem disciplinado; a França e a Inglaterra não conseguiram derrubar o poder e a influência de Rosas, que, ao contrário, aumentaram, ao fazer "duas nações poderosas aceitarem as condições, que ele julgou conveniente impor e exigir".[140] Esse, o estado da Confederação (embora se iludisse com a suposta situação interna estável e favorável ao caudilho bonaerense).

O Americano voltaria à carga somente após quatro meses, quando se deteve na análise das circunstâncias brasileiras.[141] A população do Brasil continha alguns milhões de escravos, que, "em virtude de sua miserável condição, são os inimigos naturais do país em que vivem". Os africanos, nesse "malfadado país", eram vítimas de um tratamento insuportável e de castigos cruéis que se reproduziam todos os dias, havendo "muita pertinácia em seguir um sistema tão contrário à humanidade; por que seu número, sempre em aumento, faz conceber aos habitantes do país os mais sérios receios sobre sua futura sorte". Era lamentável, ademais, que um país que se contava entre as nações civilizadas conservasse tão tenazmente a escravidão, agravando os sofrimentos de quem já se achava "em uma condição tão abjeta e desgraçada", sendo um dos poucos que ainda defendia a instituição, num período em que a liberdade avançava:

> Torna-se este procedimento do Brasil tanto mais para notar, quando a maior parte das Repúblicas Sul-Americanas julgaram do seu dever, logo depois de verificada sua emancipação política, dar a liberdade a todos os escravos, que se achavam e se encontrassem em seus territórios. E foi por ventura imitado este exemplo pelo Brasil logo depois de sua emancipação política? Não!!![142]

Enquanto as repúblicas do Sul da América procediam em prol da liberdade, ao passo que a Inglaterra extinguira a escravidão e a França fazia "contínuos e incessantes esforços para melhorar a condição dos escravos, que existem em suas colônias", o Brasil,

> tendo em pouco os luminosos princípios da humanidade, e desprezando os reiterados protestos, que há feito; e não dando cumprimento, como devera, aos tratados mais solenes, pelos quais se obrigou a reprimir e a findar com o tráfico da escravatura, prossegue em sua criminosa carreira, continuando com o comércio de carne humana, que tanto desdoura a nação!

O Brasil não se contentou em "manter estritamente os escravos que possuía" quando celebrou o tratado com a Grã-Bretanha, antes consentiu e fez "publicamente o tráfico em despeito dos referidos tratados, e não obstante os cruzeiros ingleses, aumentando desse modo rapidamente o número de infelizes, que sujeita às mais cruéis torturas contra todos os direitos, e contra as leis da humanidade":

> É fato por todos sabidos, que as desgraçadas vítimas da opressão, que temos deplorado, sofrem os maiores tormentos, e por isso com imenso regozijo seriam recebidos pelos infelizes os que viessem trazer--lhes algum alívio à sua condição tão miseranda. Do que acabamos de dizer são prova bem exuberante as fugas, que se verificam em todas as fazendas e habitações, e mostram demais a repugnância, com que eles se sujeitam ao sistema opressor que os contém. Podemos portanto dizer, sem receio de ser contraditados, que assim que as

tropas argentinas se aproximassem às fronteiras do Rio Grande, e proclamassem a emancipação dos escravos, as fugas em vez de se contarem por centenas, se deveriam enumerar por milhares.[143]

O Estado imperial não devia esquecer o que aconteceu em São Domingos no final do século 18. Os escravos, dentre os quais se fez célebre o general Toussaint Louverture, fundaram a República livre do Haiti, "hoje Império". Embora sujeitos a uma nação poderosa como a França, "a esperança de liberdade duplicou seus esforços, e o exército do general Clarke não pode conter e subjugar o ímpeto universal". Em meados do mesmo século, "os escravos africanos, refugiados nas montanhas azuis da Jamaica, havendo batido as forças inglesas, que contra eles foram mandadas, obrigaram o governador daquela ilha a celebrar um tratado, por via do qual mais de seis mil escravos foram declarados livres". Além disso, lhes deram terras para lavrar e foram estabelecidos regulamentos, "por via dos quais se melhorou a sorte dos outros escravos, que se não insurgiram". *O Americano* manifestava uma visão bastante aguçada da força dos escravizados, e das pequenas, mas significativas, conquistas advindas com seus movimentos de luta e resistência: "em outras colônias tem havido levantamentos da parte dos africanos, e nunca se tem conseguido apagar essa conflagração sem a concessão de algumas garantias".[144]

Exemplos existiam também na Antiguidade. Recordou a insurreição dos escravos na Síria, dirigida "pelo célebre Ennius, Syrianno, e escravo de condição". Apresentando-se como "inspirado pelos Deuses nos ergástulos", em pouco tempo estava rodeado de 10 mil escravos "prontos a toda a sorte de sacrifícios para romper as cadeias, que lhes roxeavam os pulsos. Seu exército cresceu rapidamente até sessenta mil homens, derrotou quatro pretores, e só sucumbiu por haver cometido a falta de se encerrar na cidade de Euna. Athenion não foi menos feliz do que ele...". Entretanto, "a mais terrível insurreição deste gênero em tempos remotos foi a que dirigiu Spartacus, o gladiador". Por três anos seu exército vagou triunfante por toda a Itália, "submetendo a Campânia, sitiando praças consideráveis, e metendo guarnições nas cidades principais". Spartacus derrotou sucessivamente quatro exércitos consulares, e só foi vencido depois que o Senado romano mandou vir reforços de outras partes do Império para juntarem-se ao exército de Crasso.[145]

Ninguém mais que o redator d'*O Americano* deplorava uma guerra entre o Brasil e a Argentina, mas a guerra considerada "debaixo do aspecto de ter em vista a emancipação dos escravos, seu horror desapareceria, e o bom êxito dela não ficaria muito tempo duvidoso":

> Se isso acontecesse, dentro em poucas semanas as províncias do Brasil arderiam em uma completa conflagração, que se tornaria universal, rompendo-se desse modo as cadeias de três milhões de escravos; e as tropas brasileiras não poderiam resistir a tantos combatentes, tendo de ceder o campo e largar as armas. A política e o interesse de nossa própria conservação far-nos-iam obrar desse modo.[146]

Ademais, a emancipação dos escravos não era a única arma que a Confederação poderia lançar mão, pois eram "muitos os milhares de descontentes no território brasileiro". Se a Argentina atacasse as fronteiras do Brasil e

> lançasse mão dessas duas alavancas, *a emancipação dos escravos e a república*, não poderia por ventura dentro em mui pouco tempo reunir em torno dessas bandeiras, que hasteasse, todos os escravos e os republicanos! De certo que sim! A quem havia eles de defender? Aos que reputam seus opressores, ou aos que vinham libertá-los, e os quais uniam suas simpatias? A resposta é bem óbvia!.[147]

No número seguinte, antes de findar sua longa apreciação das circunstâncias dos dois países iniciada no ano anterior, *O Americano* extratou um artigo do correspondente particular da França escrito em 9 de outubro de 1850. Na opinião do correspondente francês, a interrupção das relações diplomáticas não arrastaria os dois países à guerra, por diversos motivos que passou a citar. O comércio brasileiro teria a perder, pois fácil seria a Argentina boicotá-lo, estabelecendo direitos diferenciais para os produtos brasileiros e exportando carne salgada somente para Havana, em Cuba. O Brasil compunha-se de muitas províncias, "das quais as do Norte e do Sul são minadas por um espírito republicano" que muitas vezes tem se manifestado em revoltas, e poderiam tornar a arrebentar, abalando "a base efêmera e anormal desse Império plantado no meio das repúblicas". "O Brasil oferece ainda um outro lado bem vulnerável no caso de uma guerra estrangeira, que é a sua imensa população de escravos; fenômeno estranho, quando se considera que todos os outros países da América Meridional tem emancipado os seus!".[148]

O comércio de cabotagem seria aniquilado, como ocorrera em 1826-1827, quando o Império arruinou sua marinha e perdeu a província Cisplatina. Esses pontos impeliam o Brasil a não declarar a guerra, mas havia outros que o faziam hostil à Argentina. Enquanto se prolongasse o estado de incerteza no Rio da Prata, o costeio das charqueadas do Uruguai estaria paralisado e, com isso, ganhava o Rio Grande do Sul, além de estorvar o restabelecimento das relações comerciais entre o Paraguai e a Argentina. Contudo, ainda havia outro

> móvel poderoso que impelia o Brasil a portar-se de uma maneira tão pouco leal e é o não ter ainda de todo perdido a esperança de tornar a pilhar o Estado Oriental, no qual tem tido sempre em mira, sem se lembrar que a Inglaterra, a França e a República Argentina, interessadas na independência desse Estado, lhe servirão de constante obstáculo.[149]

Para concluir sua análise, *O Americano* ameaçou que a Argentina passaria cartas de marca a todos os navios mercantes, que se armariam e passariam "a andar a corso". Em pouco tempo o litoral brasileiro estaria "coberto de cruzadores sob o pavilhão argentino; impediriam toda a comunicação entre a capital e as províncias, arruinariam completamente seu comércio, e dessa maneira causariam uma bancarrota universal!!!". Ademais:

> Podia também acontecer que a Inglaterra, cujas despesas anuais para impedir o tráfico de negros, montam a quatrocentas mil libras esterlinas, se aproveitasse dessa ocasião, quiçá a única, para ajudar os Argentinos, e destruir o principal foco da escravidão. Tem mostrado a experiência que enquanto ela existir, sempre o tráfico dos negros há de ser bastante lucrativo, e há de haver homens prontos a sacrificar tudo, e a iludir os cruzadores a fim de empreender tão odioso tráfico. Também, não era para admirar que, lançando a Confederação Argentina mão de uma tão nobre causa como é a emancipação dos escravos, atraísse as simpatias das nações mais

cultas, e principalmente das que não estão na melhor inteligência com o Império; e este apoio seria um baluarte, que muito vantajoso se tornaria para a Confederação.[150]

O Americano não duvidava que o Brasil haveria de "empregar todos os meios ao seu alcance para usar de represálias, sustentaria seu exército nas fronteiras, daria ordens as suas esquadras [para] que bloqueassem os portos da Confederação". Contudo:

> Não é menos provável que o exército brasileiro não poderia resistir ao ímpeto das forças aguerridas, disciplinadas dos Argentinos, sendo apoiada pelos escravos, e pelos republicanos, que acenderiam simultaneamente no país o facho da guerra civil, a mais desoladora e a que é mais para temer.[151]

As esquadras brasileiras também não seriam mais venturosas do que as esquadras combinadas da intervenção anglo-francesa, embora esta e outras questões, só o tempo poderia responder. Analisando comparativamente as circunstâncias dos dois países, a Argentina apresentava mais recursos

> e menos riscos do que o Império, sobrecarregado de uma dívida enorme, consumido pela guerra civil, ainda há bem pouco tempo, e exposto aos perigos de uma sublevação de escravos, e das dissensões, que apareceriam (pode-se dizer com certeza) se por ventura rompesse a guerra entre os dois Estados![152]

Poucos dias depois, o periódico retomou ponto a ponto as reclamações do governo argentino, sem que nenhuma tivesse obtido desagravo do Brasil, culminando com a invasão do Uruguai por tropas comandadas pelo barão de Jacuí. Em vista disso, "devemos nós também, Srs., em justa represália, promover do mesmo modo a sublevação dos escravos, invadir o território brasileiro, e corresponder assim aos procederes hostis, as traições, com que nos tem já fatigado o governo do Brasil".[153]

As edições citadas talvez sejam as peças mais incríveis de propaganda de guerra subversiva contra a escravidão, de modo que seria difícil não acompanhar o raciocínio do redator. As notas de Silva Pontes e toda a discussão sobre a devolução dos escravos fugidos deixou evidente a importância dada pelo Império à questão da escravidão e, acima de tudo, à sua segurança interna. *O Americano* tornou explícito o uso político das insurreições escravas, jogando com os receios e temores do Estado imperial e dos escravistas. Milhões de escravos em condições de opressão equivaliam a milhões de inimigos internos, e o número de africanos sempre em aumento nutria os receios dos habitantes do país sobre sua própria sorte. Jogou na cara do Brasil o estranho fenômeno de conservar tenazmente a escravidão e defender com unhas e dentes uma instituição que passou a ser abominada na maior parte das Américas, contribuindo para o isolamento escravista do Império e aumentando o desprezo das demais nações sul-americanas por suas instituições – a monarquia e a escravidão.

Enquanto as repúblicas da América do Sul, a Inglaterra e a França emancipavam os escravos existentes em seus territórios ou colônias, o Brasil prosseguia em sua "criminosa carreira" do tráfico, a despeito de tratados internacionais, crime consentido e realizado pelo governo imperial na escravização de centenas de milhares de africanos "contra todos os direitos e contra todas as leis da humanidade". Citando exemplos históricos de insurreições escravas em diferentes lugares e períodos, fez ver os perigos a que estava exposta a sociedade escravista brasileira. As vítimas de tamanha opressão receberiam com júbilo os que viessem libertá-los, e as fugas eram a prova concreta da repugnância com que os escravos se sujeitavam ao sistema opressor que os continha. O uso político da liberdade dos escravos, tão logo as tropas argentinas alcançassem a fronteira do Rio Grande do Sul, faria as fugas passarem de centenas a milhares e, depois de invadido o território brasileiro, em poucas semanas o país arderia em "completa conflagração", de modo que seria impossível conter e resistir a tantos combatentes negros, às forças argentinas e quiçá aos republicanos.

Ainda que fosse uma folha pouco lida, segundo o redator d'*O Brasil*, cumpre sublinhar o perigo potencial e o impacto causado no meio político pelas ideias subversivas da ordem escravista consignadas no periódico argentino. E se elas alcançassem os escravos? Justiniano se mostrou apreensivo, o senador Jobim e o ministro da Justiça, Eusébio de Queiroz, igualmente. Em 19 de março de 1851, um artigo publicado no

Jornal do Commercio iniciava com uma crítica ao *Correio Mercantil* e ao *Grito Nacional*, mas fez questão de frisar que a imprensa oposicionista não se resumia a esses periódicos. No Rio de Janeiro existiam mais dois jornais de oposição "mil vezes mais abusivos e perigosos", que faziam "todos os possíveis esforços para inundar o Brasil em um dilúvio de sangue". O autor do artigo (assinado com as iniciais *R. B.*) não atribuía à oposição liberal "a paternidade" das folhas *O Americano* e *O Philantropo*, pois elas revolviam "perigos de tal ordem que nenhum partido político" teria tido a ousadia de criá-las:

> São folhas estrangeiras, e que se algum Brasileiro as escreve, digamo-lo francamente, é porque o entusiasmo lhe tolda a inteligência, a irreflexão o arrasta... ou então é que não tem ele mãe, não tem irmã, não tem mulher, não tem filhos, não tem amor a própria vida... ou então ainda não leu ele uma única cena da história de S. Domingos. São essas duas folhas o argentino *Americano* e o *Philanthropo*, não sabemos se devemos dizer com a mesma segurança *britânico*.[154]

Ambas eram "sustentadas com um fim sinistro de propaganda, não queremos dizer de conspiração". O *Americano* acabara de ressuscitar, depois de haver "desaparecido da cena do jornalismo", quando o ministro Guido se retirou da Corte, propugnando "todas as subversivas ideias com que a mazorca da rua e a da *honrada sala* de Buenos Aires, em nome de Rosas, ameaçaram o Brasil, acham-se estudadamente desenvolvidas, propagadas por esse papel". Qualquer pessoa que lesse *O Philantropo* se condoeria "do imprudente menino que brinca com fogo ao pé de barris de pólvora...". *O Americano*, devotado às pretensões de Rosas e do general Oribe em sua "missão insurrecionista", era distribuído em profusão e "habilmente redigido", embora não fizesse "muita sensação". No entanto:

> Impossível porém é que lentamente não vão calando, lentissimamente, no espírito de alguns suas prédicas, e são elas tão funestas que basta essa ação lenta, circunscrita, por mais lenta e circunscrita que a imaginamos, para que constitua um perigo sério que não deve ser desprezado, em um país de elementos tão heterogêneos, de tanta instabilidade nas ideias, como é o Brasil, pelo homem prudente que sabe que *gutta cavat lapidem* [a gota de água cava a pedra].[155]

Apesar das críticas, o *Correio Mercantil* prestara importante serviço ao publicar parte dos inquéritos do *Select Committee*, deixando a descoberto que a Grã-Bretanha passara a financiar alguns jornais de oposição para influir na opinião contra o tráfico de africanos. A consequência "lógica e natural" de certas publicações, segundo o autor do artigo, era "entregar o Brasil aos horrores da insurreição". Mesmo que essas prédicas pudessem ser "eternamente inúteis" e inofensivas em vista do interesse de autopreservação dos escravistas, "e porque aqueles a quem poderiam elas arrastar não as leem, nem as compreendem", entretanto "em frente de tal perigo é loucura dizer – é impossível! Pois a experiência mostra que se o bem às vezes é impossível, o mal nunca o é". Ademais, justamente quando se faziam preparativos de guerra no Brasil, seu inimigo mantinha "órgãos impunes e ousados das suas vontades, instrumentos de seus iníquos manejos".

> Pois bem, isso é o que presenciamos no Brasil em 1851! Prega-se escancaradamente a insurreição por conta do estrangeiro, por conta do inimigo, e prega-se impunemente!... E não há de o poder legislativo procurar meios de coibir tão *sanguinolentos* escândalos? Não; a liberdade de imprensa é um direito político do *cidadão brasileiro*.

O autor bradava por medidas que modificassem a lei de imprensa no país, e instava que a nação examinasse "suas armas de defesa".[156]

Sob o risco de repetição, cabe voltar ao discurso do ministro dos estrangeiros de 24 de maio, portanto pouco tempo depois da ofensiva da propaganda subversiva de guerra rosista na Corte imperial. Ao elencar diversos fatores que entraram em consideração na decisão de aprovar a lei de repressão ao tráfico, Paulino afirmou que era "impossível resistir à pressão das ideias do século", que progrediam rapidamente (ideias que sustentavam a emancipação dos escravos), ainda mais quando era permitido dizer e escrever o que se quisesse no país, e "quando já nesta capital aparecem jornais abolicionistas, conviria que continuasse a importar todos os anos para o Brasil" dezenas de milhares de africanos? "O governo não seria aconselhado por considerações de moral, de civilização e de segurança interna para por um fim" no tráfico?[157] A fala do ministro (no que toca à imprensa) certamente era informada, em parte, pelas recentes publicações d'*O Americano* e, por outra, pela ofensiva de jornais de cunho liberal que desde o início de 1850 hastearam a bandeira da abolição do tráfico. Os jornais abolicionistas e subversivos, porém, só se tornaram um perigo pelo fato de poderem vir a elevar o nível de luta dos escravos e comprometer não só a segurança interna como a própria integridade das instituições brasileiras.

*

Em 16 de março de 1851, o Império se comprometeu a coadjuvar a defesa de Montevidéu e a embaraçar sua tomada por Oribe, pois todas as soluções amigáveis pareciam impossíveis para obstar os vexames e opressões contra os brasileiros residentes na República. Em 29 de maio, firmou aliança secreta com as províncias argentinas de Entre Ríos e Corrientes e a Montevidéu colorada, que em breve levariam a guerra ao território dominado pelos *blancos*. Em 12 de junho o governo colorado prestou consentimento para a entrada do exército brasileiro no Uruguai, com a condição de que as tropas em operações não ofendessem "nem as pessoas nem as propriedades de nenhum dos habitantes pacíficos do território oriental[,] sem exceção".

Em 1º de julho, Silva Pontes expôs os motivos que levavam o Brasil a mais uma guerra na antiga Banda Oriental. O Estado imperial recorria às armas contra Oribe pela sua recusa em atender às reclamações brasileiras, e se assim procedia era porque sua existência no Uruguai "e *o seu procedimento é incompatível com a tranquilidade e segurança da província do Rio Grande do Sul*, e porque o governo oriental carece de forças necessárias para repeli-lo". Além do mais, a expulsão de Oribe abria caminho "e facilitava o arranjo de *questões que, perturbando há tanto tempo a paz e a tranquilidade no Rio da Prata, também a perturbam nas fronteiras do Império*", entre elas as fugas e a necessidade de um tratado de extradição dos escravos fugidos.[158] Em 14 de maio de 1852, o ministro dos estrangeiros explicou as razões que ditaram a política seguida pelo governo imperial no Rio da Prata:

> Os esforços feitos pelos generais Rosas e Oribe para separar do Império a província do Rio Grande do Sul; a maneira pela qual cortejaram a rebelião de 1835, e contribuíram para que engrossassem as exageradas pretensões de fazer reviver o nulo tratado de 1777, e de recobrar os povos de Missões que conquistamos, e dos quais há tão largo tempo estamos de posse: as continuadas tropelias, violências

e extorsões cometidas sobre súditos e propriedades brasileiras no território oriental e na fronteira, pondo em agitação a província do Rio Grande do Sul, e tornando iminente um rompimento de um dia para o outro, são circunstâncias que nos deviam fazer desejar e empenhar todos os esforços para uma solução definitiva dessas questões, que, arredando os perigos iminentes da posição em que se achava o Império, nos oferecessem garantias e nos permitissem viver tranquilos.[159]

As questões eram antigas e uma leitura isolada do excerto pouco informa sobre as efetivas tensões na fronteira. A questão de limites e a integridade territorial do Império não podem ser dissociadas da clivagem entre territórios com jurisdições legais distintas, bem como a reincorporação dos limites de 1777, para além da perda de território, não deixaria de significar outra cisão nas fronteiras entre a escravidão e a liberdade, onde esta ganharia mais terreno no sul da América. Da mesma forma, como compreender a agitação no Rio Grande do Sul – as tropelias, violências e extorsões em ambos os lados da fronteira – e os perigos iminentes em que se encontrava o país, se não colocarmos em primeiro plano as lutas dos escravizados no contexto da abolição e da guerra no Uruguai, com todas as suas consequências? Paulino não falou dessas questões em seu relatório, mas não sabemos nós que elas estavam na mente do governo imperial e eram de importância gravíssima?

Após mencionar as questões diplomáticas com a Confederação Argentina e com o governo do Cerrito até as complicações advindas com a invasão do barão de Jacuí, o ministro observou que o governo só tinha duas alternativas: ou a guerra, "acalmando assim a agitação das nossas fronteiras, e tomando a si essas questões como era de seu dever"; ou empregando a pouca força de linha que tinha no Rio Grande do Sul, "com evidente risco de conflagrar a província", já que os rio-grandenses obrariam por si e poderiam se voltar novamente contra o Império. A posição em que se encontrava o Brasil em outubro de 1850 era a de rompimento com Rosas, enquanto Oribe se negava a fazer cessar as violências e extorsões cometidas no Uruguai e na fronteira contra os brasileiros. Ademais, a assinatura do tratado Le Prédour, que entre outras cláusulas estabelecia nova eleição para presidente, consolidava o poder de Manuel Oribe e a influência de Juan Manuel de Rosas no Estado Oriental.[160]

Para que isso não ocorresse, era necessário reforçar o Exército e a Marinha e contrair alianças, "porque estava iminente o triunfo de Oribe, porque corríamos o risco de nos acharmos isolados em frente a Rosas", que esteve embaraçado enquanto durou a intervenção anglo-francesa. Justificava a política seguida não tanto por seus resultados, mas "pelo que aconteceria se ela não fosse seguida". Se permanecesse a política de neutralidade depois do rompimento com Rosas, da assinatura do tratado com a França e do domínio do caudilho argentino no Uruguai; se o Paraguai fosse incorporado à Confederação; se "o general Rosas arrojava sobre as nossas fronteiras os 46.000 homens reunidos em Monte-Caseros, aumentados e reforçados pelas forças que tiraria do Paraguai", "teríamos então uma luta de seis meses somente?".[161] Ainda que Paulino não tenha desenvolvido a questão, não deixou de mencionar as ameaças dos caudilhos platinos caso invadissem o Brasil. Além de a imprensa de Buenos Aires cobrir o Império de "baldões" e o ameaçar cotidianamente, na Sala dos Representantes "*dizia-se que era chegado o momento de arrancar de uma vez do Brasil a monarquia, que era uma planta exótica que repelia o solo da América, e de promover no Império a democracia e a sublevação dos escravos*".[162] O ministro sabia dos riscos que corria a integridade política e social do Estado imperial, ou a monarquia e a escravidão. A abolição do tráfico de africanos e a guerra levada ao Rio da Prata não podem ser compreendidas sem que se leve esses perigos na devida consideração.

O receio de insurreições escravas, aliás, não deixou de estar na ordem do dia quando o Exército brasileiro começou suas operações no Uruguai, em agosto de 1851. Caxias, comandante-geral do Exército, a 13 do mesmo mês, ordenou o brigadeiro Fernandes repassar com suas tropas o rio Jaguarão, a fim de cobrir essa fronteira e a de Rio Grande. Segundo Titára, a medida possivelmente foi tomada porque Oribe ordenou a Dionísio Coronel "para que, apenas o general em chefe penetrasse o território Oriental pela coxilha grande, o contornasse com os seus mil e tantos homens das três armas, e progredisse sobre Jaguarão, e às charqueadas, proclamando a liberdade da escravatura, e a independência da província". O plano de Oribe teria falhado por não ter tido a coadjuvação de Netto nem de outros brasileiros. A última cartada do general *blanco* foi registrada pelo vice-presidente da província no relatório de 2 de outubro de 1851: "Oribe, vendo a guerra iminente, concebeu o plano de sublevar esta Província, *envolvendo na luta um dos elementos perigosos, de que se compõe a nossa população*; suas esperanças porém foram frustradas pela falta de concurso dos rio-grandenses, com quem contavam". Ainda assim o governo estava "acautelado, e muito confia[va] no patriotismo de todos os seus concidadãos, e na força armada, que tem a sua disposição, para recear, que tais eventualidades se possam dar".[163] Os perigos ainda não haviam se dissipado totalmente, e cumpria estar vigilante e precavido.

Os inimigos do Império muito contavam com a sublevação dos escravos, pois percebiam um ponto extremamente vulnerável na organização social do Brasil que podia ser utilizado para fazer ruir toda a sua estrutura, segundo acreditavam. O governo imperial levou a ameaça a sério por ter disso consciência, e os planos insurrecionais e os levantes de 1848-1849 eram evidências de que os escravos se levantariam em caso de guerra estrangeira, fazendo do país um novo São Domingos. Os exemplos fervilhavam recentes. É fato que haviam contornado a situação, e é provável que somente os movimentos de luta dos escravos (do modo como se apresentaram) não tivessem levado à abolição do tráfico, mas o mesmo pode ser dito em relação às ações do governo britânico ou dos exércitos aliados do Rio da Prata.

Houve, no entanto, uma conjunção de fatores em que o potencial de enfrentamento dos escravizados pesava terrivelmente em caso de guerra estrangeira, e era central em qualquer ângulo e perspectiva do cálculo político. Tratava-se de uma guerra temida, guerra interna que podia resultar na luta de milhares de pessoas contra sua escravização, num momento em que centenas de milhares de africanos estavam sob escravização ilegal. Em qualquer projeção que fizessem, os estadistas teriam de considerar que, nos últimos anos, entre 50 e 60 mil africanos estavam sendo introduzidos anualmente no país. O governo percebeu a relação entre os recentes movimentos de luta dos escravizados e sua introdução maciça via tráfico, e a situação tornara-se potencialmente explosiva no contexto das ações britânicas, do incitamento à subversão da ordem escravista pelos caudilhos platinos e dos processos de emancipação nas Américas, sobretudo nas fronteiras meridionais. Se o Estado imperial não acabasse com o tráfico nem levasse a guerra ao Rio da Prata, o Império e a escravidão estariam em iminente perigo. Não haveria de sobreviver ardendo em três fogos.

Notas

1. Leslie Bethell. *A Abolição do tráfico de escravos no Brasil. A Grã-Bretanha, o Brasil e a questão do tráfico de escravos, 1807-1869*. Trad. Vera Nunes Neves Pedroso. Rio de Janeiro, Expressão e Cultura/São Paulo, Edusp, 1976, p. 280; Tâmis Parron. "The British empire and the suppression of the slave trade to Brazil: a global history analysis". *Journal of World History*, v. 29, n. 1, pp. 1-36, 2018, p. 27.
2. Discurso de Eusébio de Queiroz na Câmara dos Deputados, 16 de julho de 1852. *Jornal do Commercio*, n. 197, 18 jul. 1852.
3. *Idem*.
4. *Idem*.
5. Thomas Flory. *El juez de paz y el jurado en el Brasil imperial, 1808-1871. Control social y estabilidade política en el nuevo Estado*. Cidade do México, Fondo de Cultura Económica, 1986, p. 233.
6. *Relatorio e Synopse dos Trabalhos da Câmara dos Srs. Deputados na Sessão do anno de 1885 contendo andamento de todos os projectos e pareceres, discussão especializada do orçamento e prerrogativas, projectos sobre o elemento servil desde 1871 até 1885, sessões secretas, decisões da Câmara dos Srs. Deputados na verificação de poderes, diferentes documentos, quadros estatísticos e outros esclarecimentos*. Organizados na Secretaria da mesma Câmara. Rio de Janeiro, Imprensa Nacional, 1886, pp. 281-283.
7. *Correio da Victoria*, n. 20, 24 mar. 1849.
8. Citado em Vilma Paraíso Ferreira de Almada. *Escravismo e transição. O Espírito Santo, 1850-1888*. Rio de Janeiro, Edições Graal, 1984, p. 169.
9. *Correio da Victoria*, n. 21, 28 mar. 1849.
10. *Correio da Victoria*, n. 23, 4 abr. 1849, grifos no original.
11. Vilma Paraíso Ferreira de Almada. *Escravismo e transição*, pp. 170-171.
12. *Correio da Victoria*, n. 41, 6 jun. 1849. Sobre o tema, ver o estudo pioneiro de Afonso Cláudio, *Insurreição do Queimado. Episódio da história da província do Espírito Santo [1884]*. Apresentação e notas de Luiz Guilherme Santos Neves, com uma relação de documentos existentes no Arquivo Público Estadual, elaborada por Fernando Achiamé. Vitória, Editora da Fundação Ceciliano Abel de Almeida, 1979; e Lavínia Coutinho Cardoso. *Revolta do Queimado. Negritude, política e liberdade no Espírito Santo*. Curitiba, Appris, 2020.
13. *Relatório da Repartição dos Negócios da Justiça apresentado à Assembleia Geral Legislativa na 1ª Sessão da 8ª Legislatura* [em 11 de janeiro] *de 1850 pelo respectivo Ministro e Secretario d'Estado Euzebio de Queiroz Coitinho Mattoso Camara*. Rio de Janeiro, Typ. do Diario, de N. L. Vianna, 1850, p. 18.
14. SlaveVoyages. *The Trans-Atlantic Slave Trade Data Base*. Disponível em <http://www.slavevoyages.org>. Acesso em 8/7/2016.
15. *O Philantropo*, n. 4, 27 abr. 1849.

16 Sessão da Câmara dos Deputados, 16 de julho de 1852. *Jornal do Commercio*, n. 197,18 jul. 1852.
17 *O Philantropo*, n. 10, 8 jun. 1849. Grifo no original.
18 *Relatório da Repartição dos Negócios da Justiça* de 11 de janeiro de 1850, pp. 21-22; Leslie Bethell. *A abolição do tráfico de escravos no Brasil*, p. 299.
19 *Falas do Trono. Desde o ano de 1832 até o ano de 1889. Acompanhadas dos respectivos votos de graça da Câmara Temporária. E de diferentes informações e esclarecimentos sobre todas as sessões extraordinárias, adiamentos, dissoluções, sessões secretas e fusões com um quadro das épocas e motivos que deram lugar à reunião das duas câmaras e competente histórico.* Coligidas na Secretaria da Câmara dos Deputados. Prefácio de Pedro Calmon. São Paulo, Melhoramentos, 1977, p. 271.
20 *Relatório da Repartição dos Negócios Estrangeiros, apresentado à Assembleia Geral Legislativa, na Primeira Sessão da Oitava Legislatura* [em 7 de janeiro de 1850], *pelo respectivo Ministro e Secretário de Estado, Paulino José Soares de Souza*. Rio de Janeiro, Typographia Imperial e Constitucional de J. Villeneuve e Comp., 1850, p. 14.
21 *Idem*, p. 16.
22 *Relatório da Repartição dos Negócios da Justiça* de 11 de janeiro de 1850, p. 21; Leslie Bethell. *A abolição do tráfico de escravos no Brasil*, p. 299.
23 Sobre a espera dos conservadores do desfecho dos debates no parlamento britânico, ver Tâmis Parron. *A política da escravidão*, pp. 236-239. Sobre a moção Hutt, Leslie Bethell. *A abolição do tráfico de escravos no Brasil*, pp. 303--307. Para a indecisão de Paulino, manifestada somente em maio, sessões de 13 e 27 de maio de 1850. *Anais do Senado do Império do Brasil*, pp. 12-15, 115. Discuto mais à frente essas questões.
24 *Relatório da Repartição dos Negócios Estrangeiros* de 7 de janeiro de 1850, pp. 11, 107-109.
25 Leslie Bethell. *A abolição do tráfico de escravos no Brasil*, pp. 293-295.
26 Ladislau dos Santos Titára. *Memórias do Grande Exército Alliado Libertador do Sul da América*. Rio Grande do Sul, Typographia de B. Berlink, 1852, p. 56; Pandiá Calógeras. *A política exterior do Império: da regência à queda de Rozas*. Brasília, Senado Federal, 1998 [1933], p. 573.
27 Notas de 14 e 16 de setembro de 1849. Thomaz Guido, Ministro Argentino no Rio de Janeiro, ao Visconde de Olinda, Ministro dos Estrangeiros. Arquivo Histórico do Rio Grande do Sul (AHRS), Avisos do Ministério dos Estrangeiros (AME), códice B-1.27, s.p.
28 *Relatório da Repartição dos Negócios Estrangeiros apresentado a Assembleia Geral Legislativa* [em 10 de maio de 1850], *na Segunda Sessão da Oitava Legislatura, pelo respectivo Ministro e Secretario de Estado Paulino José Soares de Souza*. Rio de Janeiro, Typographia Universal de Laemmert, 1850, pp. 70-77.
29 *Idem, ibidem*.
30 *Relatório da Repartição dos Negócios Estrangeiros* de 7 de janeiro de 1850, p. 17.

31 Nota n. 42 de 8 de março de 1850. *Relatório da Repartição dos Negócios Estrangeiros* de 10 de maio de 1850, p. 54.
32 Nota de 13 de janeiro de 1849. AHRS, Correspondência das Autoridades Estrangeiras (CAE), códice A-3.01, s.p.
33 Nota de 10 de fevereiro de 1849. AHRS, CAE, códice A-3.01, s.p.
34 Nota n. 42 de 8 de março de 1850. *Relatório da Repartição dos Negócios Estrangeiros* de 10 de maio de 1850, p. 54.
35 Nota n. 284, de 5 de maio de 1849. AHRS, AME, códice B-1.27, s.p.
36 O sumário consta na nota de 28 de dezembro de 1849. AHRS, AME, códice B-1.27; ver, ainda, nota de 3 de outubro de 1849. *Relatório da Repartição dos Negócios Estrangeiros* de 10 de maio de 1850, p. 47.
37 Notas de 30 de novembro e 28 de dezembro de 1849. *Relatório da Repartição dos Negócios Estrangeiros* de 10 de maio de 1850, pp. 45-47.
38 Nota de 30 de novembro de 1849. *Relatório da Repartição dos Negócios Estrangeiros* de 10 de maio de 1850, p. 46.
39 Reservadíssimo n. 1 de 8 de abril; reservadíssimo n. 2 de 1º de maio; reservadíssimo de 29 de maio; e reservado n. 6 de 9 de agosto de 1849. AHRS, AME, códice B-1.27.
40 Nota n. 37, de 3 de janeiro de 1850, e Nota n. 38, de 5 de janeiro de 1850. *Relatório da Repartição dos Negócios Estrangeiros* de 10 de maio de 1850, pp. 43-45. De 1843 a 1846 foram relatados os assassinatos de 139 brasileiros no Uruguai, muito embora os dois casos que mais repercutiram na época, gerando copiosa documentação, tenham sido obra de tropas sob o comando de chefes colorados Os dois casos datam de 1845: o atentado de Tres Árboles em que foram degolados 30 brasileiros e três escravos, e o assassinato de Francisco Garcez e mais oito companheiros, também por degola. Ladislau dos Santos Titára. *Memórias do Grande Exército Alliado Libertador do Sul da América*, pp. 39--43, 229-230.
41 Nota de 26 de dezembro de 1849 e as que se seguem. AHRS, AME, códice B-1.27, s.p.; Carta do barão de Jacuí, de 30 de dezembro de 1849. *Relatório da Repartição dos Negócios Estrangeiros* de 10 de maio de 1850, p. 50.
42 Nota n. 41 de 13 de fevereiro de 1850. *Relatório da Repartição dos Negócios Estrangeiros* de 10 de maio de 1850, pp. 48-49.
43 *Idem, ibidem.*
44 Nota n. 42, de 8 de março de 1850. *Relatório da Repartição dos Negócios Estrangeiros* de 10 de maio de 1850, pp. 53-55.
45 *Idem, ibidem.*
46 *Idem, ibidem.*
47 Confidencial n. 1 de 17 de abril de 1850. Arquivo Histórico do Itamaraty (AHI), Missões Diplomáticas Brasileiras, Montevidéu, Ofícios Reservados (MDB/M/OR), códice 222-4-5.
48 *Idem.*

49 Ofícios datados de 18 de janeiro de 1848 (cópias n. 1 e n. 2), inclusas à nota n. 5 de 19 de janeiro de 1848. AHI, MDB/M, Ofícios (O), códice 221-3-7.
50 Idem. Grifo meu.
51 Idem. Em ambos os ofícios se rogava que "as providências indicadas acerca dos escravos fugidos poderiam ser acompanhadas de providências análogas acerca da extradição de criminosos". O ofício endereçado ao governo de Montevidéu é de conteúdo bastante semelhante ao visto acima, perdendo algumas especificidades, entretanto, que diziam respeito às situações específicas da fuga de escravos para a campanha.
52 Nota n. 5, de 19 de janeiro de 1848. AHI, MDB/M/O, códice 221-3-7.
53 Nota n. 22, de 7 de maio de 1850. AHI, MDB/M/O, códice 221-3-8. Grifo meu.
54 Nota n. 31, de 10 de outubro de 1849. AHRS, CEPP/MNE, códice A-2.09, s.p.
55 Ofício de 30 de janeiro de 1849. AHRS, Delegacia de Polícia, maço 26.
56 No Arquivo Histórico do Rio Grande do Sul ainda existem as relações avulsas de escravos fugidos de Pelotas, Rio Grande, Rio Pardo e São José do Norte. AHRS, Delegacia de Polícia. As relações de Pelotas encontram-se no maço 15, ofício de 28 de dezembro de 1848. Rio Grande enviou as relações em dois momentos: em 20 de dezembro de 1848, maço 50; e em 2 de janeiro de 1849, maço 24; Rio Pardo, em 30 de janeiro de 1849, maço 26; e São José do Norte, em 18 de novembro de 1848, maço 36.
57 "Reclamação do Governo Imperial para a devolução dos escravos que fogem da província do Rio Grande para a Confederação Argentina". Ofício n. 27, de 28 de julho de 1848 e Ofício n. 23, de 19 de novembro de 1849. *Relatório da Repartição dos Negócios Estrangeiros* de 10 de maio de 1850, pp. 58-59.
58 Reservado n. 27, de 20 de novembro de 1849. AHRS, AME, códice B-1.27, s.p.
59 Idem. Grifo meu.
60 Reservado n. 35, de 29 de novembro de 1849. AHRS, AME, códice B-1.27, s.p.; Nota n. 47, de 27 de dezembro de 1849. AHRS, CEPP/MNE, códice A-2.10, ff. 3v-4.
61 Nota n. 47, de 27 de dezembro de 1849. AHRS, CEPP/MNE, códice A-2.10, ff. 3v-4.
62 Idem.
63 Nota n. 22 de 7 de maio de 1850. AHI, MDB/M/O, códice 221-3-8.
64 Idem. Grifo meu.
65 Idem. Grifo no original.
66 Idem. Grifo meu.
67 Idem. Na mesma nota, Silva Pontes apontava ainda algumas dúvidas sobre a matéria e pedia instruções de como devia proceder nos negócios futuros: se devia instar para que a ordem de restituição de escravos fosse dada a todas as

autoridades sob as ordens de Oribe; se devia consentir ou se opor ao precedente que se queria estabelecer de que o escravo assentando praça adquiria direito à liberdade; em caso de não devolução do escravo, se devia exigir a indenização imediata, e quais termos deveria usar para esse fim; e, finalmente, se, no caso de aparecer a questão sobre a eficiência das provas produzidas por algum reclamante, por qual regra se devia reger nesse caso, acrescentando: "se devia exigir que sejam admitidas justificações dadas nos tribunais do Brasil, ou documentos passados pelas autoridades, ou oficiais públicos do Império". Não localizei a resposta do ministro dos Estrangeiros.

68 Nota n. 23, de 11 de maio de 1850. AHI, MDB/M/O, códice 221-3-8.

69 Não localizei a Circular da Presidência da Província de 27 de novembro de 1847, mas ela se refere aos princípios adotados pelo governo imperial para guiar os pedidos de extradição de escravos fugidos, referidos no Aviso de 22 de novembro de 1847 e nos ofícios que Silva Pontes endereçou aos governos de Montevidéu e do Cerrito, datados de 18 de janeiro de 1848.

70 Ofício de 29 de abril de 1848. AHRS, Polícia, Correspondências Expedidas da Delegacia de Polícia de Alegrete, maço 1, documentação avulsa.

71 Nota n. 25, de 14 de maio de 1850. AHI, MDB/M/O, códice 221-3-8.

72 Nota n. 35, de 5 de agosto de 1850. AHRS, CEPP/MNE, códice A-2.10, ff. 25v-26.

73 "Relação e descrição dos escravos (por proprietários) fugidos da província para Entre-Rios, Corrientes, Estado Oriental, República do Paraguai e outras províncias brasileiras". AHRS, Estatística, documentação avulsa, maço 1, 1850. Cabe ressaltar que a nomeação da relação foi dada pelos responsáveis pela guarda do documento no Arquivo Histórico do Rio Grande do Sul, a qual sigo (ou seja, não se trata de uma nomeação ou cota conferida pelos contemporâneos quando de sua realização).

74 Nota de 20 de junho de 1850. AHRS, CAE, códice A-3.03, ff. 23v-24v.

75 A contagem das relações por outros historiadores são diversas. Silmei Petiz, no primeiro trabalho que se dedicou mais especificamente ao estudo da documentação, relaciona 944 fugitivos de 378 senhores de escravos. Daniela Vallandro contabilizou 737 escravos fugidos, embora não mencione o número de senhores. A contagem que se aproxima da que encontrei é a de Mariana Flores, com uma diferença mínima no número de escravos fugidos: 647 na quantificação da autora, 632 na minha; o número de senhores é o mesmo nas duas contagens (257). Silmei Sant'Ana Petiz. *Buscando a liberdade. As fugas de escravos da província de São Pedro para o além fronteira (1815-1851).* Passo Fundo, UPF, 2006, p. 54; Daniela Vallandro de Carvalho. "Em solos fronteiriços e movediços: fugas cativas em tempos belicosos (Província de São Pedro, século XIX)". *In*: Keila Grinberg (org.). *As fronteiras da escravidão e da liberdade no sul da América.* Rio de Janeiro, 7Letras, 2013, p. 119; Mariana Flores da Cunha Thompson Flores. "Manejando soberanias: o espaço de fronteira como

elemento na estratégia de fuga e liberdade (relativa) de escravos no Brasil Meridional na segunda metade do século XIX". *Anais do 5º Encontro Escravidão e Liberdade no Brasil Meridional*. Porto Alegre, 2011.

76 Rio Grande do Sul. Secretaria da Administração e dos Recursos Humanos. Departamento de Arquivo Público. *Documentos da Escravidão. Inventários. O escravo deixado como herança*. Bruno Stelmach Pessi (coord.). Porto Alegre, Corag, 2010, 4 v.

77 A comarca de Rio Grande e seus arredores listaram 181 fugitivos (28,6% do total de prófugos): 44 da própria cidade de Rio Grande, 29 do Taim, 12 do Povo Novo, oito de Santa Vitória do Palmar, 29 de São José do Norte, 50 de Pelotas, e outros nove de lugares próximos. A comarca de Rio Pardo listou 143 fugitivos (22,6%): 42 de Rio Pardo, 63 de Encruzilhada, 23 de Cruz Alta, dez de Capivari, três de São José do Patrocínio; um de Couto e um de Cachoeira. O município de Triunfo relacionou 74 fugitivos (11,7%), enquanto o de Uruguaiana listou 122 (19,3%).

78 Delegacia de Polícia de São Borja. AHRS, maço 33.

79 Dos 632 escravos fugidos constantes nas relações de 1850, em apenas 188 casos consta a data da fuga (30%). Os dados, portanto, devem ser considerados uma tendência. No entanto, condizem e mantêm correlação com toda a documentação do período.

80 "Rellação dos Escravos fugidos da Província do Rio Grande cujos proprietários me authorizarão por suas cartas de Ordens para captura-los, conforme os signaes de cada hum 1851". *Processo Crime. Parte: a justiça. Réus: Maria Duarte Nobre, e Manoel Marques Noronha*. APERS, Comarca de Rio Grande, Tribunal do Júri (Juízo de Direito da Comarca do Rio Grande em Pelotas), processo n. 442, cx. 006.0309 (antigo maço 10a), 1854, ff. 40-44v. Uma análise detida da relação encontra-se em Thiago Leitão de Araujo. *Desafiando a escravidão. Fugitivos e insurgentes negros e a política da liberdade nas fronteiras do Rio da Prata (Brasil e Uruguai, 1842-1865)*. Tese de Doutorado. Campinas, Universidade Estadual de Campinas, 2016, cap. 8, pp. 328-378.

81 Para uma contagem e interpretação diversas, ver Jônatas Caratti. *O solo da liberdade: as trajetórias da preta Faustina e do pardo Anacleto pela fronteira rio- -grandense em tempos do processo abolicionista uruguaio (1842-1862)*. São Leopoldo, Oikos, Editora Unisinos, 2013, pp. 158-166.

82 *Relatório apresentado à Assembleia Geral Legislativa na Segunda Sessão da Oitava Legislatura* [em 11 de maio] *pelo Ministro e Secretario d'Estado dos Negócios da Justiça Eusebio de Queiroz Coutinho Mattoso Camara*. Rio de Janeiro, Typographia Nacional, 1850, p. 12. Grifo meu.

83 Discurso de Eusébio de Queiroz na Câmara dos Deputados, 16 de julho de 1852. *Jornal do Commercio*, n. 197, 18 jul. 1852.

84 Carlos Eugênio Líbano Soares & Flávio Gomes. "'Com um pé sobre um vulcão': africanos minas, identidades e repressão antiafricana no Rio de Janeiro (1830-

-1840). *Estudos Afro-Asiáticos*, ano 23, n. 2, 2001, pp. 1-44 (citação páginas 30-31).

85 Secretaria de Polícia da Corte, 2 de dezembro de 1849. Do Chefe de Polícia, Antônio Simões da Silva, ao Conselheiro Euzebio de Queiroz Coutinho Mattoso Camara, Ministro e Secretario d'Estado dos Negócios da Justiça. *Diario do Rio de Janeiro*, n. 8270, 5 dez. 1849.

86 *Relatório dos Negócios da Justiça* de 11 de maio de 1850, p. 6.

87 Nota n. 53, de 8 de maio de 1850 (Paulino de Souza a Thomaz Guido). *Relatório da Repartição dos Negócios Estrangeiros* de 10 de maio de 1850, pp. 77-83.

88 O encarregado de Negócios do Brasil em Londres, Joaquim Tomás do Amaral, comunicou a derrota da moção Hutt em ofício ao ministro dos Estrangeiros datado de 26 de abril de 1850; portanto, não deve ter chegado ao conhecimento do governo brasileiro antes do início de junho. Tâmis Parron. *A política da escravidão*, pp. 236-239, 264 (nota 98) (citação na página 239). Sobre a moção Hutt e o comunicado de Hudson a Paulino, ver Leslie Bethell. *A abolição do tráfico de escravos no Brasil*, pp. 304-308, que já havia enfatizado a demora dos conservadores em "cerrar fileiras contra o tráfico".

89 Para a fala de Paulino, ver Sessão de 27 de maio de 1850, p. 115; e para a de Holanda Cavalcanti, ver Sessão de 13 de maio, pp. 12-15. *Anais do Senado do Império do Brasil*.

90 *Relatório da Repartição dos Negócios Estrangeiros* de 7 de janeiro de 1850, pp. 15--16. Em 7 de fevereiro de 1850, Paulino apresentou a Hudson as modificações que o governo faria no projeto de 1848, incluindo a supressão do artigo 13, e instava pelo término das ações inglesas nos mares territoriais do Brasil. Leslie Bethell. *A abolição do tráfico de escravos no Brasil*, pp. 299-300.

91 Beatriz Mamigonian. "A Grã-Bretanha, o Brasil e as 'complicações no estado atual da nossa população': revisitando a abolição do tráfico atlântico de escravos (1848-1851)". *Anais do 4º Encontro Escravidão e Liberdade no Brasil Meridional*. Florianópolis, UFSC, 2009; *Idem*. "Em nome da liberdade: abolição do tráfico de escravos, o direito e o ramo brasileiro do recrutamento de africanos (Brasil – Caribe britânico, 1830-1850)". *Revista Mundos do Trabalho*, vol. 3, n. 6, jul./dez., 2011, pp. 85-88; *Idem. Africanos livres: a abolição do tráfico de escravos no Brasil*. São Paulo, Companhia das Letras, 2017, pp. 250-256.

92 O projeto de Cândido Batista visava reforçar a lei de 1831 e, quando se manifestou no Senado, demonstrou grande preocupação com a epidemia de febre amarela que assolava o país, "um presente fatal que nos trouxeram os navios negreiros". Sessão de 13 de maio de 1850. *Anais do Senado do Império do Brasil*, pp. 16-17. Sobre a febre amarela como fator a influenciar os parlamentares à aprovação da lei de 1850, ver Sidney Chalhoub. *Cidade febril: cortiços e epidemias na Corte Imperial*. São Paulo, Companhia das Letras, 1996, pp. 71-76; Dale Graden. "An Act 'Even of Public Security'", pp. 270-273, 280-282.

93 Sessão de 13 de maio de 1850. *Anais do Senado do Império do Brasil*, pp. 15-16. Grifos meus.
94 *Idem*, p. 17.
95 Sessão de 27 de maio de 1850. *Anais do Senado do Império do Brasil*, pp. 114, 120. Beatriz Mamigonian, que tanto analisou a questão, deixou passar, no entanto, essas contundentes intervenções de Paula Souza no Senado imperial, que de fato assinalam um contexto ainda mais grave e potencialmente mais explosivo.
96 Sessão de 27 de maio de 1850. *Anais do Senado do Império do Brasil*, pp. 115, 117.
97 Em Paranaguá, um quarto navio aparelhado para o tráfico foi posto a pique pela própria tripulação. Leslie Bethell. *A abolição do tráfico de escravos no Brasil*, pp. 307, 309-313 ss.
98 José Antônio Soares de Souza. *A vida do Visconde do Uruguai (1807-1866)*. São Paulo, Brasiliana, 1944, pp. 200-299; *Idem*. *Honório Hermeto no Rio da Prata (Missão Especial de 1851/1852)*. São Paulo, Companhia Editora Nacional, 1959, pp. 24-25; Leslie Bethell. *A Abolição do tráfico de escravos no Brasil*, pp. 254-343, *passim*.
99 Nota de 16 de junho de 1850 (Thomas Guido a Paulino de Souza). *Relatório da Repartição dos Negócios Estrangeiros apresentado à Assembleia Geral Legislativa na Terceira Sessão da Oitava Legislatura* [em 14 de maio de 1851] *pelo respectivo Ministro e Secretário de Estado Paulino José Soares de Souza*. Rio de Janeiro, Typographia Universal de Laemmert, 1851, Anexo A, Negócios do Rio da Prata, pp. 1-5.
100 *Relatório da Repartição dos Negócios Estrangeiros apresentado à Assembleia Geral Legislativa na Quarta Sessão da Oitava Legislatura* [em 14 de maio de 1852] *pelo respectivo Ministro e Secretário de Estado Paulino José Soares de Souza*. Rio de Janeiro, Typographia Universal Laemmert, 1852, pp. xviii-xix.
101 *Memorandum* de 11 de julho de 1850 (Andrés Lamas a Paulino de Souza). *Idem*. Anexo D, Negócios do Rio da Prata, pp. 2-6. Tenho como certo que a conferência foi realizada antes da reunião do Conselho de Estado, que ocorreu às cinco horas da tarde.
102 Ata do Conselho de Estado de 11 de julho de 1850. In: José Honório Rodrigues (org.). *Atas do Conselho de Estado*. Brasília, Senado Federal, 1978, pp. 109-110. Grifo meu.
103 Soares de Souza. *Honório Hermeto no Rio da Prata*, pp. 24-25.
104 O tratado Le Prédour foi assinado em 31 de agosto. Nota de 4 de setembro 1850 (Paulino de Souza a Thomaz Guido) e nota de 23 de setembro de 1850 (Thomas Guido a Paulino de Souza). *Relatório da Repartição dos Negócios Estrangeiros* de 1851, Anexo A, Negócios do Rio da Prata, pp. 8-14, 30-36.
105 Carta do ministro dos Estrangeiros, Paulino José Soares de Souza, a Joaquim Tomás do Amaral, encarregado da Legação do Brasil em Londres. *Arquivo Histórico do Itamaraty*, Arquivo particular do Visconde de Cabo Frio, pasta Uruguai. In: José Antônio Soares de Souza. "O General Urquiza e o Brasil". *Revista do Instituto Histórico e Geográfico Brasileiro*, vol. 206. Rio de Janeiro,

Departamento de Imprensa Nacional, jan./mar. 1950, pp. 3-101 (o documento encontra-se no Anexo I, pp. 59-60). A ênfase do provérbio latino é do original.

106 Nota de 8 de julho de 1850 (Silva Pontes a D. Manuel Oribe). *Relatório da Repartição dos Negócios Estrangeiros* de 1851, Anexo A, Negócios do Rio da Prata, pp. 19-30 (citações nas páginas 22-23).

107 *O Rio-Grandense*, n. 652, 31 ago. 1850.

108 Muitas estâncias já haviam sido embargadas pelo governo do Cerrito ou abandonadas por seus proprietários, mas os sequestros aumentaram em meados de 1850, chegando a 101 estâncias, sem contar as abandonadas. Sobre as relações de estâncias, ver *Relatório da Repartição dos Negócios Estrangeiros* de 1851, Anexo A, Negócios do Rio da Prata, pp. 36-73; Ladislau Titára. *Memórias do Grande Exército*, pp. 69-74.

109 Nota n. 43, de 30 de setembro de 1850 (Silva Pontes, encarregado de Negócios do Brasil em Montevidéu, ao ministro dos Estrangeiros, Paulino José Soares de Souza). AHI, MDB/M/O, códice 221-3-8. Grifo meu.

110 Nota n. 45, de 13 de outubro de 1850 (Silva Pontes a Paulino). AHI, MDB/M/O, códice 221-3-8. Grifos meus.

111 Reservado n. 22, de 3 de novembro de 1850. AHI, MDB/M/OR, códice 222-4-5.

112 Sessão de 20 de maio de 1851. *Anais do Senado do Império do Brasil*, t. 1, pp. 197-211.

113 *Idem*.

114 Sessão de 24 de maio de 1851. *Anais do Senado do Império do Brasil*, t. 1, pp. 315-317. Grifos meus.

115 *Idem*, p. 317.

116 Carta do ministro dos Estrangeiros, Paulino José Soares de Souza, a Joaquim Tomás do Amaral, encarregado da Legação do Brasil em Londres. *Arquivo Histórico do Itamaraty*, Arquivo particular do Visconde de Cabo Frio, pasta Uruguai. In: José Antônio Soares de Souza. "O General Urquiza e o Brasil", pp. 59-60.

117 Sessão de 24 de maio de 1851. *Anais do Senado do Império do Brasil*, t. 1, p. 318. Grifos meus.

118 *Idem*, pp. 319-320.

119 *Idem*, pp. 320-337, 342.

120 "Convênio de 29 de maio de 1851, celebrado entre o Brasil, a República Oriental do Uruguay, e os Estados de Entre-Rios e Corrientes, para uma alliança offensiva e defensiva, a fim de manter a Independência e de pacificar o território daquella República". *Relatório da Repartição dos Negócios Estrangeiros* de 1852, Anexo F, pp. 6-11.

121 *Relatório da Repartição dos Negócios Estrangeiros* de 7 de janeiro de 1850, p. 11.

122 A Colômbia aboliu a escravidão no ano seguinte ao discurso de Paulino (1852); a Argentina, em 1853; o Peru e a Venezuela, em 1854. A Bolívia só

decretou a abolição em 1861 e o Paraguai, em 1869. George Reid Andrews. *América Afro-Latina, 1800-2000*. São Carlos, EdUFSCar, 2007, p. 87. Sobre os debates diplomáticos e a não devolução dos escravos fugidos para a Bolívia, ver Newman di Carlo Caldeira. *Nas fronteiras da incerteza: as fugas internacionais de escravos no relacionamento diplomático do Império do Brasil com a república da Bolívia (1825-1867)*. Dissertação de Mestrado. Rio de Janeiro, Universidade Federal do Rio de Janeiro, 2007.

123 Consulta de 5 de fevereiro de 1849. "Brasil-França. Aviso do governador da Guiana Francesa sobre a impossibilidade da devolução de escravos refugiados naquele território". *Conselho de Estado. Consultas da Seção dos Negócios Estrangeiros*, vol. 3: *1849-1853*. Brasília, Câmara dos Deputados/Ministério das Relações Exteriores, 1979, pp. 41-53.

124 Ladislau Titára. *Memórias do Grande Exército*, pp. 54, 67.

125 Steven Lubet. *Fugitive Justice. Runaways, Rescuers, and Slavery on Trial*. Cambridge, USA, Harvard University Press, 2010, pp. 1-10, 37-49. Ver, ainda, Stanley W. Campbell. *Slave Catchers. Enforcement of the Fugitive Slave Law, 1850-1860*. The University of North Carolina Press, 1968. Sobre as fugas de escravos, ver John Hope Franklin & Loren Schweninger. *Runaway Slaves: Rebels on the Plantations*. Oxford University Press, 1999.

126 Ver, por exemplo, *Jornal do Commercio*, n. 109, 21 abr. 1850; n. 295, 27 out. 1850; e n. 314, 16 nov. 1850; n. 29, 29 jan. 1851, e n. 62, 3 mar. 1851.

127 Discurso do ministro dos Estrangeiros, Paulino José Soares de Souza, pronunciado na sessão do dia 15 de julho de 1850 na Câmara dos Deputados, reproduzido em *Três Discursos do Ill.mo. e Ex.mo. Sr. Paulino José Soares de Souza Ministro dos Negócios Estrangeiros*. Rio de Janeiro, Typographia Imp. e Const. de J. Villeneuve e C., 1852, p. 37.

128 *Idem*, p. 9.

129 *Idem*, pp. 21-22.

130 Jeffrey Needell. "The Abolition"; Tâmis Parron. *A política da escravidão*. No mesmo sentido, mas a partir da análise de jornais, Alain El Youssef. *Imprensa e escravidão. Política e tráfico negreiro no Império do Brasil (Rio de Janeiro, 1822-1850)*. São Paulo, Intermeios, Fapesp, 2016, pp. 269-295.

131 Discurso de Paulino na Câmara dos Deputados em 15 de julho de 1850. *In*: *Três Discursos*, p. 34.

132 *Idem*, pp. 1, 35-36.

133 Sessão da Câmara dos Deputados em 8 de julho de 1852. *Jornal do Commercio*, n. 189, 10 jul. 1852. Grifo meu.

134 A viagem n. 4934, de 12/5/1851, registra 235 africanos desembarcados no Rio Grande do Sul, dos 286 que iniciaram a travessia atlântica. SlaveVoyages. *The Trans-Atlantic Slave Trade Data Base*. Disponível em <http://www.slavevoyages.org>. Acesso em 5/7/2016.

135 Sessão de 2 de junho de 1851. *Anais do Senado do Império do Brasil*, t. 2, pp. 2-3.

136 Ofício Reservado n. 5, de 15 de maio de 1850 (João Frederico Caldwell ao presidente da província, o Conselheiro José Antônio Pimenta Bueno). AHRS, Comando das Armas, cx. 14, maço 28.

137 Sessão de 2 de junho de 1851. *Anais do Senado do Império do Brasil*, t. 2, p. 5.

138 *O Brasil*, n. 1038, 22 jan. 1848.

139 *O Brasil*, n. 1636, 3 ago. 1850. Sobre os redatores deportados do Rio Grande do Sul e as notícias que publicavam sobre a possibilidade de Rosas libertar os escravos, vide o capítulo anterior.

140 *O Americano*, n. 322, 26 out. 1850.

141 *O Americano* ficou aguardando alguma deliberação do governo imperial após o rompimento, uma vez que se mostrava, segundo o redator, "decidido em favor da guerra". *O Americano*, n. 323, 26 fev. 1851. Na verdade, o governo não se pronunciou oficialmente sobre a questão, ainda que nos jornais e nas tribunas muito se falasse na inevitável e necessária guerra; posição, todavia, que estava longe de ser consensual.

142 *O Americano*, n. 323, 26 fev. 1851.

143 *Idem*.

144 *Idem*.

145 *Idem*.

146 *Idem*.

147 *Idem*.

148 *O Americano*, n. 324, 1º mar. 1851.

149 *Idem*.

150 *Idem*.

151 *Idem*.

152 *Idem*.

153 *O Americano*, n. 326, 8 mar. 1851.

154 *Jornal do Commercio*, n. 78, 19 mar. 1851.

155 *Idem*.

156 *Idem*.

157 Sessão de 24 de maio de 1851. *Anais do Senado do Império do Brasil*, t. 1, pp. 319--320.

158 Silva Pontes referia-se a diversas questões que seriam acordadas pelos tratados de 12 de outubro de 1851: limites, comércio e navegação, aliança, subsídios e extradição de escravos fugidos, criminosos e desertores. Para as notas citadas, *Relatório da Repartição dos Negócios Estrangeiros* de 1852, Anexo D, Negócios do Rio da Prata, pp. 7-9. Em 25 de dezembro de 1850, o Brasil firmou um tratado secreto de aliança defensiva com o Paraguai. Ver, no mesmo relatório, Anexo F, n. 1, ou p. xxi. Grifo meu. Sobre as divergências em torno dos tratados de 1851, em especial sobre a devolução de escravos fugidos e a escravidão, ver Thiago Leitão de Araujo. *Desafiando a escravidão*, esp. cap. 7 e 10, pp. 299-327, 402-417, *passim*; *Idem*. "Provas de escravidão: o tratado de extradição de 1851

entre o Brasil e o Uruguai e os pedidos de devolução de escravos fugidos". *Anais do 9° Encontro Escravidão e Liberdade no Brasil Meridional*, 2019.

159 *Relatório da Repartição dos Negócios Estrangeiros* de 1852, p. xiv.

160 *Idem*, pp. xiv-xix.

161 Discurso de Paulino na Câmara dos Deputados, sessão de 4 de junho de 1852. *In*: *Três Discursos*, pp. 84-86.

162 *Relatório da Repartição dos Negócios Estrangeiros* de 1852, p. xix. Grifo meu.

163 Ladislau Titára. *Memorias do grande exército*, pp. 94-95; *Relatorio do Vice-Presidente da Província de S. Pedro do Rio Grande do Sul Patricio Corrêa da Camara na abertura da Assembleia Legislativa Provincial em 2 de outubro de 1851*. Porto Alegre, Typographia do Mercantil, 1851, p. 4. Grifo meu.

EPÍLOGO

Em sua *Memória sobre a necessidade de abolir a introdução de escravos africanos no Brasil*, publicada em 1821, ainda no contexto do império ultramarino português, João Severiano Maciel da Costa, já de início, observava que o Brasil era uma potência, tendo proporções para ser um dos grandes impérios do mundo, mas não havia "dúvida que o sistema colonial que lhe convinha até agora, não lhe convém mais". O trabalho escravo obstava esse grande fim: ofendia os "direitos da humanidade," fazia "infeliz uma parte do gênero humano", colocava os homens em "perpétua guerra" uns com os outros e paralisava a indústria, que nunca poderia prosperar a não ser em "mãos de gente livre". A isso tudo, acrescia "o risco iminente e inevitável" da "multiplicação indefinida de uma população heterogênea, desligada de todo vínculo social, e por sua mesma condição, inimiga da classe livre". Por isso, entendia que a introdução de africanos no Brasil, "indefinida quanto ao número deles e quanto ao tempo de sua duração", era contrária à segurança do Estado e à sua prosperidade, e que, "independente das solicitações do governo britânico, deveríamos nós mesmos procurar evitar". Maciel da Costa fixava um prazo de 20 anos para a abolição da introdução de africanos, com média de 25 a 30 mil escravos entrados anualmente, de forma que, findo o período, "teríamos, dando desconto à mortalidade, entre quatrocentos e quinhentos mil sobre o que já temos; número, que na verdade sendo muito crescido, é ainda suportável vista a grande extensão do nosso território".[1]

Nas nações civilizadas a "classe do povo" formava a maioria da população, e por consequência era nela "que residia a força física nacional, e é dela que se tira os defensores da pátria". No Brasil, "por efeito do maldito sistema de trabalho por escravos", não existia uma classe que pudesse ser chamada povo, e isso trazia perigos. Após citar números da população de São Domingos antes da Revolução Haitiana, da Guiana Francesa e do Brasil, e mostrar o desequilíbrio demográfico entre livres e escravos, assinala que em breve teríamos a "África transplantada para o Brasil, e a classe escrava nos termos da mais decidida preponderância". O que seria feito dessa maioria de "população heterogênea, incompatível com os brancos, antes inimiga declarada?". Até o momento, as "ideias contagiosas de liberdade e quimérica igualdade" que haviam sido disseminadas pelos filantropos franceses aos escravos de São Domingos haviam sido afastadas "das nossas raias", mas quem garantia que, para o futuro, estaríamos "inteira e eficazmente preservados?". Não era isso, no entanto, o que mais lhe assustava.

> Um contágio de ideias falsas e perigosas não ganha tão rapidamente os indivíduos do baixo povo, que uma boa polícia lhe não possa opor corretivos poderosos; mas o que parece de dificílimo remédio é uma insurreição súbita, assoprada por um inimigo estrangeiro e poderoso, estabelecido em nossas fronteiras, e com um pendão de liberdade arvorado ante suas linhas. [...] Quando acontecer um tal desastre, de que nos servirão nossas forças militares? Que resistência faremos ao inimigo exterior, estando de braços com o interior, e composto de escravos bárbaros e ferozes? Um grande império, com este lado tão fraco, será na verdade a estátua de Nabucodonosor de pés d'argila.[2]

Em sua *Representação à Assembleia Geral Constituinte e Legislativa do Império do Brasil sobre a Escravatura*, de 1823, José Bonifácio de Andrada e Silva pugnava a necessidade de se abolir o comércio de escravos, melhorar o tratamento dos escravizados e providenciar acerca da emancipação gradual da escravatura. Como seria possível, sem se cair em flagrante contradição, quebrar os grilhões que nos prendiam a Portugal, tornarmo-nos uma nação livre e independente e, ainda assim, consentir no infame comércio de africanos e manter milhões de seres humanos na escravidão? "Já somos um povo livre e independente", dizia. "Mas como poderá haver uma constituição liberal e duradoura em um país continuamente habitado por uma multidão imensa de escravos brutais e inimigos?".[3] José Bonifácio também via a escravidão como um fator que enfraquecia a força militar do nascente país, "força tão necessária nas atuais circunstâncias, que não [se] pode tirar de um milhão de escravos", além de ser contrária à segurança do país e à tranquilidade pessoal.

Eia pois, legisladores do vasto Império do Brasil, basta de dormir: é tempo de acordar do sono adormecido, em que há séculos jazemos. [...] Se o mal está feito, não o aumentemos, senhores, multiplicando cada vez mais o número dos nossos inimigos domésticos, desses vis escravos, que nada tem que perder, antes tudo que esperar de alguma revolução como a de S. Domingos.[4]

Em 1837, Frederico Leopoldo Cezar Burlamaque publicou sua *Memória analítica acerca do comércio de escravos*, já no contexto do Brasil independente e da aprovação da lei de 1831. Escrita para participar do concurso da Sociedade Defensora da Liberdade e Independência Nacional, procurava mostrar "o odioso do comércio de escravos", não para "convencer os contrabandistas, seus cúmplices e protetores, mas aos indiferentes de que eles não devem coadjuvar de maneira alguma um comércio infame, e que se opõe às leis do seu país e à sua prosperidade". Sem contar ainda com informações precisas, não colocava a culpa no governo geral nem no Poder Executivo, mas sim na "maior parte das autoridades subalternas". Fosse por conveniência, ou "a persuasão funesta da necessidade de escravos no Brasil, o caso é que as autoridades locais pactuam com os infames contrabandistas, ou escondem os seus malefícios por uma mal entendida comiseração".[5]

Escrita para tratar do comércio de escravos, sua memória trata "mais particularmente dos inconvenientes da escravidão doméstica", pois todos os males vinham do "sistema da escravidão", ponto principal que se devia atacar. Por isso, propunha uma espécie de programa para a sua gradual e lenta abolição. Identificava o centro de tensão e conflito no domínio que os senhores exerciam sobre seus escravos e o potencial de reação destes. Como a sociedade estava dividida em duas classes e parte da população era "possuída pela outra a título de propriedade", existia "uma tendência natural ao mando absoluto, ao abuso da força", como também ao "despotismo o mais violento". Para "que um proprietário de homens" reinasse soberanamente, seus escravos não podiam conhecer "autoridade superior à sua vontade, e que a seus olhos os castigos, ou as recompensas, que distribui, não sejam contrabalançadas por outras recompensas, ou castigos maiores, tais quais apresenta a religião".[6]

Se os castigos corporais eram o meio pelo qual a "classe dominante" buscava manter sua segurança, a multiplicação dos escravos, as crueldades e os maus-tratos deviam, de contínuo, comprometê-la. Um país assim dividido nunca "formará uma nação homogênea; mas um mesclado heterogêneo de indivíduos estranhos uns aos outros, sempre inimigos, alternativamente opressores e oprimidos, cheios de prejuízos, e sempre prontos a lançarem mão das armas". A "liberdade futura" do país corria riscos, "e portanto a nossa independência como nação", se continuasse a existir a escravidão, pois o "quanto não devemos nós temer para o futuro de uma população mesclada e oprimida, que pode reagir?". Esse estado de coisas, no entanto, não podia ser eterno, pois a escravidão vinha sendo abolida na maior parte das nações americanas. Nesse momento, "a dominação dos senhores uns sobre os outros" já começava a ser sentida sem que fosse possível prever suas consequências, numa referência à luta entre as nações.

> Se uma tal nação [escravista] se achar em guerra com uma potência estrangeira, em lugar de um inimigo, pode contar com dois: a nação que a quer subjugar, e os inimigos caseiros que são os escravos. Será extraordinário que estas duas espécies d'inimigos não estejam d'inteligência bem depressa: os do interior servirão de guias aos do exterior à espera da ocasião a mais favorável para os ajudarem eficazmente. Assim deverão haver ao mesmo tempo dois exércitos; um que reprima as insurreições dos escravos, e outro que combata o inimigo externo. Mas, como formar dois exércitos, quando um já será superior às forças do país, pois que a existência da escravidão se opõe à propagação e multiplicação da população livre?[7]

Não havia guerra entre as nações modernas que não exigisse grandes despesas e a imposição de novas contribuições, que, sem dúvida, recairiam sobre os proprietários de escravos. Não só o número de contribuintes forneceria "fracos meios", pois seu número era limitado, como a escravidão era um "obstáculo à acumulação de capitais". Do que ficava dito, resultavam duas verdades: a primeira é que os senhores de escravos se encontravam entre dois inimigos, expondo-se a vindita de seus escravos ou a serem dominados por uma potência estrangeira; a segunda "é que todas as vezes que se formar uma verdadeira liga entre os inimigos internos, e os externos, não haverá meios humanos de resistência". A contínua introdução de escravos africanos teria o efeito "de aumentar estes males, calamidades, e perigos". Porém, tudo emanava da existência da escravidão, e enquanto ela subsistisse "as entranhas da pátria" seriam dilaceradas.[8]

Como se vê, a preocupação com uma guerra estrangeira em território brasileiro juntamente com sublevações dos escravizados, considerados inimigos, não era nova. Certamente os autores tinham em mente as complicações do Brasil com a Inglaterra em relação ao tráfico de escravos, mas é provável que ao menos estivessem a par dos riscos que provinham da fronteira sul. Na época de Maciel da Costa e de José Bonifácio, os luso-brasileiros já haviam invadido e conquistado a Banda Oriental e, na de Burlamaque, fazia uma década da Guerra da Cisplatina. Os autores localizavam uma fragilidade do Brasil no contexto de uma guerra estrangeira justamente pela existência da escravidão e pela contínua e incessante introdução de africanos anualmente no país. Por esse motivo, que todavia não era o único, propunham medidas para dar fim ao "odioso comércio de escravos", que, em suas considerações, era um risco à segurança interna do país.

Os estadistas do Império, eruditos como eram, muito provavelmente conheciam essas obras e as tinham em consideração,[9] e é possível supor que *O Americano* tenha lido tais memórias antes de publicar a propaganda subversiva de guerra rosista no Rio de Janeiro. *O Philantropo*, por sua vez, desde sua primeira edição, passou a transcrever a *Memória analítica acerca do comércio de escravos*, o que proporcionou certo destaque à obra.[10] Burlamaque participou da sessão preparatória da Sociedade Contra o Tráfico de Africanos e Promotora da Colonização e Civilização dos Indígenas, da qual *O Philantropo* era porta-voz, e também foi nomeado para redigir e emendar os estatutos da sociedade. Tratava-se do principal jornal abolicionista publicado na Corte, e as pessoas a ele associadas integravam o "partido abolicionista brasileiro", que contou com incentivo e financiamento secreto do governo britânico.[11]

Em seu periódico *O Brasil*, Justiniano José da Rocha, defensor ferrenho da continuidade da escravidão, nunca descuidou dessas questões, e logo percebeu que uma mudança significativa havia sido operada quando a abolição foi decretada nas fronteiras platinas. Os perigos que poderiam sobrevir com o surgimento de territórios livres foi sempre tratado com bastante preocupação, sobretudo no contexto do agravamento das relações diplomáticas entre o Brasil e a Argentina e o governo *blanco* de Manuel Oribe. Como se não bastassem as dificuldades sobrevindas da aliança entre o caudilho argentino e o oriental, no Rio Grande do Sul sempre haveria "uma dificuldade mais grave". Enquanto essas repúblicas,

> que nunca foram de grande lavoura, que nunca tiveram abundância de escravos, hoje já não admitem o cativeiro, descansa sobre o cativeiro toda a organização do trabalho, da lavoura, da propriedade no Império. Concebe-se agora que terríveis perigos para a propriedade e para a ordem pública no território brasileiro podem resultar da má vontade desses vizinhos.[12]

Após a aprovação da lei de 4 de setembro de 1850, *O Brasil* publicou diversos artigos em que chamava a atenção para os perigos que deveriam surgir com a repressão ao tráfico negreiro, que não apenas estava sendo executado por ordens do governo nos mares territoriais brasileiros, em seus portos e logo após o desembarque, mas também em terra. Forças policiais passaram a receber ordens para varejar fazendas atrás de africanos recentemente desembarcados, e o fim que se queria – a completa extinção do tráfico – poderia resultar na "emancipação violenta da escravatura". Em 30 de novembro de 1850, Justiniano travou polêmica com o jornal *O Século*, da Bahia. O jornal abolicionista baiano advogava que "querer a extinção do tráfico só por causa do tráfico, e não como um degrau para a emancipação da escravaria, é nada querer. Deve-se querê-lo para chegar à emancipação!".[13]

O Brasil, no entanto, defendia que se devia parar por ali, e, para tanto, pinçou o exemplo dos Estados Unidos. Tendo cessado o tráfico, o cativeiro se manteve e o número de escravos cresceu enormemente por meio da reprodução natural. Havia um grande interesse na continuidade da escravidão, "e tão universal é a opinião pública nos estados que tem escravos em apoio desses interesses, que por vezes, em luta com os estados do norte que, por isso que não tem escravos, são abolicionistas, tem levado a União a ponto de ser dissolvida pela guerra civil". O Brasil era um país de grande lavoura como esses Estados americanos, "e quer o Século que a emancipação venha não só fazer desaparecer toda a nossa produção, senão subverter todas as posições sociais, atirar-nos ao meio de lutas intermináveis e sanguinolentas... muita razão tem o *Século* de declarar-se revolucionário!".[14]

Justiniano estava particularmente preocupado com a propaganda abolicionista, pois, no contexto das tensas relações com a Inglaterra e com a Argentina, poderia facilmente levar à sublevação dos escravos: "Todos os órgãos, ainda os mais anárquicos, da facção subversiva que entre nós blasona de liberal e democrática, aplaudem a reação que se vai desenvolvendo, e a procuram acelerar, precipitá-la não sabemos onde".[15] Como já havia ponderado anos antes, a população escrava e africana existente no Brasil era diversa em sua posição, pois "uma infinidade de escravos há cuja posição legal é completamente irregular... cumpre que para isso atenda o político... pode ser essa a causa dos nossos maiores males".[16] Agora, no entanto, que a lei de repressão ao tráfico havia sido aprovada, as circunstâncias tornavam-se ainda mais perigosas.

> E quando se atende aos tantos elementos de nossa população; quando no país há uma escravatura legal, e outra que a lei da necessidade, a lei da salvação tem consagrado, e como tal há de sempre consagrar: quando, a par dessas duas escravaturas, há uma grande massa de domésticos livres, sujeitos porém a uma tutela severíssima, podemos descansar com toda a confiança em que a reação não irá frenética agitar esses elementos, e atirar-nos a uma Charybdes furiosa cujos cães ladradores e vorazes já com tantos horrores tem assustado a humanidade em países menos felizes que o nosso? O assunto é tão delicado que até fugimos de mais o explorar. [...] Cumpre desde o princípio por cobro a todo o espírito de reação, parar na meta, e não ir além... O tráfico deve cessar, convém que cesse: [...] ali porém deve parar; senão...".[17]

A questão da diversidade de posição dos escravizados no Brasil, contendo uma "escravatura legal", centenas de milhares na ilegalidade, além dos "africanos livres", podia ser facilmente usada pelos inimigos do Império, fazendo os escravos cientes da ilegalidade de suas condições e vindo a causar os "horrores" que havia "assustado a humanidade" em outros países. Certamente referia-se aos processos de emancipação que foram levados a cabo por meio da insurreição dos escravos em um contexto de guerra e conflito entre potências estrangeiras, como foi o caso de São

Domingos.[18] Como observou Justiniano em 1845, "o esquecimento em política seria o maior dos desatinos, sendo a ciência política o fruto da meditação e do estudo do passado que dê lições para o presente e para regra do futuro".[19]

Em 28 de novembro de 1850, circunstâncias que antes foram apenas previstas que pudessem acontecer no futuro fizeram com que Justiniano fosse mais explícito. Uma expedição policial que chegou a São João da Barra, no Rio de Janeiro, para dar buscas atrás de africanos recentemente desembarcados, suscitou "entre a escravaria algum movimento". Logo se espalharam boatos "de que essa força era de ingleses, ou vinha de combinação com eles para dar liberdade aos escravos". Alguns escravos se puseram em fuga "proclamando-se livres, meteram-se em um barco, assenhoraram-se dele, e dirigiram-se para o alto-mar, onde tiveram, muito a tempo, a fortuna de encontrar um navio inglês, o vapor Rifleman".[20]

O Brasil advogava que a perseguição em terra aos contrabandistas e aos africanos recém-desembarcados era "uma imprudência que, longe de auxiliar a desejada repressão ao tráfico, expõe a sociedade a sérios perigos; impossível é que dela não nasça o espírito de insubordinação na escravaria". Os escravos, por menor esforço que fizessem, logo reconheceriam "que os vindos ontem são tão livres como os vindos hoje, e que pois, se a autoridade desenvolve todo o seu aparato de força para proteger a uns, deve necessariamente proteger aos outros, e devem ainda mais esses mesmos auxiliar-se para que sejam pela autoridade auxiliados". O "resultado infalível" seria "senão uma insurreição geral, ao menos insurreições parciais, sucessivas: essa é a Charybdes que havíamos denunciado à prudência do governo que tratasse de evitá-la". No entanto, os escravos, supondo-se livres e fugindo do domínio de seus senhores, indicava, em sua visão, "a ação oculta de outras causas, e não o resultado da dedução lógica".

> Qual porém seria essa a causa? Aí não estão os heróis da oposição à frente da reação contra o tráfico, e querendo arrojá-la a todos os excessos? Aí não nos disse Rosas bem claro que contava contra nós dirigir a arma do bárbaro insurgido? E podemos descansar sem receio de que, a par da ação repressiva do governo, se vá desenvolvendo a ação secreta de agentes oposicionistas e rosistas para a insurreição? Tudo se deve prever, especialmente com gente tão afoita que nem

procura disfarçar suas intenções: Rosas a manifestou por mil modos; e os da oposição pelo órgão do *Século* declararam que nada se podia esperar de quem não fosse abolicionista.[21]

Na avaliação de Justiniano, esses escravos fugidos haviam sido aconselhados a fazer o que fizeram, alguém lhes havia dado esperança, e independentemente da insinuação de quem quer que fosse, conseguiram sua liberdade "sob a proteção da marinha inglesa". "Pode alguém calcular todo o efeito moral desse exemplo?".[22] Embora certamente suspeitasse que fosse obra dos ingleses, não descartava a participação de agentes secretos do Rio da Prata e mesmo da oposição. Em ambos os casos, tanto das supostas ações britânicas quanto a de agentes platinos, o que mais o preocupava era o quanto elas reverberariam e impulsionariam as ações dos escravos nesse contexto, e o quanto esse contexto poderia, de uma hora para outra, levar à "emancipação violenta da escravatura", ou seja, à emancipação pela força dos escravizados.[23]

Em julho de 1851, *O Constitucional*, de Alagoas, relatou o desembarque clandestino de 500 e tantos escravos na barra da Pituba, em Poxim, realizado pelo palhabote sardo *Sylphide*. Embora o governo tivesse expedido ordens de busca e varejo em fazendas, nenhum africano ainda havia sido encontrado em vista dos subornos com que eram pagas as autoridades locais pelos contrabandistas. O governo não podia admitir que suas mais terminantes ordens fossem descumpridas, ainda mais porque havia empenhado a palavra em tratados com a Grã-Bretanha, que se mantinha vigilante e exercendo pressão sobre o contrabando. Os traficantes, "esses homens degenerados", não se preocupavam "com as consequências terríveis de sua imperdoável conduta".

> Cegos não veem que pisam sobre um vulcão, que por um descuido imprudente, pelo concurso desta ou daquela imprevista eventualidade pode muito bem arrebentar! Não veem que o Brasil está situado entre Scylla e Charybdes (ou como vulgarmente se diz entre a cruz e a caldeirinha), entre o bombardeamento da poderosa Inglaterra e a insurreição geral da escravatura. O que tem os contrabandistas do Brasil a opor a uma ou outra desgraça dessas quando para a sua realidade acumularem-se os elementos até um grau tal que se não possam atenuar os seus efeitos? Pois havendo-se [em] alto e bom som

propalado-se na *Honrada Sala* de Rosas que um dos meios de guerrear o Brasil devia ser a promoção da insurreição, entende alguém que isso é muito impossível em um estado onde a população escrava já assusta pela sua força numérica? Meditai, senhores, no que fazeis enquanto é tempo. Acompanharemos o sábio governo em suas medidas tendentes a remover um e outro perigo, a destruir suas causas, em suma a salvar-nos do abismo e a civilizar-nos.[24]

Tal era a situação ainda em meados de 1851. *O Constitucional* antevia que o não cumprimento da lei de 1850 poderia levar o governo britânico a ordenar que sua marinha bombardeasse novamente os portos brasileiros a fim de coibir o contrabando, e que tais ações desencadeassem uma insurreição geral da escravatura. Por outro lado, ainda estava presente a preocupação com o fomento por parte de agentes rosistas de sublevações de escravizados no Brasil. Como observou o redator, "uma insurreição de escravos é um mal tão enorme e evidente que salta aos olhos de todos", e "de uns e de outros sinistros tem havido ensaios". Relembrou aos leitores o que se passara na Bahia em 1835, em Recife, por conta de Malunguinho em Catucá, dos ensaios no Espírito Santo em 1849, "da descoberta das tramas nos engenhos do Sergipe, e de semelhantes outros fatos". Contudo, os alagoanos não precisavam desses exemplos, pois "passaram pela prova a mais dura de um fato análogo, e para avivá-lo na memória dos que dele se deslembram daremos a descrição da República dos Palmares". Nesse número e no seguinte, *O Constitucional* reproduziu o estudo sobre Palmares de Rocha Pitta, constante em *América portuguesa*.[25]

Na noite de 18 de julho de 1852, um ano após a edição d'*O Constitucional*, estourou uma insurreição em Alagoas, no distrito da Ribeira de Gitituba, promovida pelos próprios escravizados, não contando, portanto, com participação de agentes secretos de nenhuma potência estrangeira. O levante teve início no engenho do Peixe, onde se reuniram 19 escravos. Ali atentaram contra a vida do proprietário, mataram um escravo que tomou a defesa de seu senhor, feriram a mulher do feitor e esse só não foi pego porque se atirou em uma lagoa, onde, assim mesmo, foi perseguido pelos insurgentes. Já em número crescido, se dirigiram ao engenho Gavião "e ali convergiram todos aos armazéns de molhados, e a golpe de machados e foices conseguiram arrombar as portas, e roubaram toda a pólvora, munição, armamento, fazendas e dinheiro". Feriram algumas pessoas, entre elas dois escravos, mas a maioria conseguiu escapar enquanto os escravos se muniam de armamentos. Outra parte do grupo, enquanto isso, "incendiavam as casas, sendo 9 as que ficaram reduzidas as cinzas".[26]

De posse de armamentos e munições, "e mais audazes pelo completo triunfo que acabavam de obter", contavam mais de cem rebeldes e seguiram para o engenho Retiro, onde "encontraram resistência, deixando apenas cinco escravos levemente feridos dos tiros que contra os mesmos dispararam". Em sua retirada, rumaram para o engenho Barreiros, onde feriram gravemente toda a família senhorial e mataram seu proprietário. Antes de se retirarem, incendiaram as casas de morada, de engenho e de purgar. Enquanto esses acontecimentos se desenrolavam, moradores do engenho Lagoa Vermelha receberam notícias do levante e foram imediatamente em socorro dos moradores do engenho Barreiros, à frente o capitão Marinho de Lima. O capitão conseguiu bater os escravos e fazê-los dispersar, tendo os rebeldes se internado "no centro das matas [de Juçara], onde não tem cessado as explorações para capturá-los".[27]

Nesse momento muitos proprietários da região já estavam mobilizados a fim de "exterminar a insurreição", e passaram a explorar as matas atrás dos insurgentes. O chefe de polícia, Herculano da Cunha, relatou sua marcha até o local, informando que fez um trajeto específico a fim de "prevenir que aparecesse alguma outra insurreição". Ao longo do caminho, foi agregando praças à sua tropa. Quando chegou ao engenho Gavião, no dia 21 de julho, encontrou uma força da Guarda Nacional com 103 praças, comandada pelos capitães Apolinário e seu irmão, Corrêa. Vinham eles do engenho Castanha Grande e, de pronto, marcharam contra os insurgidos, "e se não fosse essa marcha rápida mais sério seria o caráter da insurreição por estarem dispostos a ela os escravos do engenho Castanha Grande, primeiro ponto onde tocou aquela força".[28]

Os escravos vagavam em grupos pela mata da Juçara e procuravam alcançar as do engenho Cobra, "onde entranhados seria quase impossível desalojá-los". O chefe de polícia seguiu para o engenho Amolar, a fim de obstar a passagem dos rebeldes e explorar aquela região, enquanto ordenava que outro grupo marchasse para o engenho Papoam, "para que unidas a vinte e dois guardas exploradores daquelas matas, pudessem ali obstar qualquer agressão, e para fazer o cerco nos lugares em que eles se acoutam". Não muito tempo depois, descobriu-se que os receios de insurreição no engenho Castanha Grande eram infundados e que os proprietários estavam prevenidos. As diversas diligências realizadas por Herculano da Cunha resultaram "na prisão de 17 dos insurgidos, e se acham 10 cadáveres, 5 dos que se suicidaram, e 5 dos que resistiram". Não se podia avaliar o número de escravos que vagavam pelas matas, contudo o chefe de polícia afiançou que não era muito considerável.[29] Notícias posteriores informaram que grande parte dos rebeldes eram *boçais*, ou seja, africanos recentemente desembarcados na região.[30]

Em 18 de maio de 1853 foram intensamente debatidos na Câmara dos Deputados os recentes acontecimentos em Bracuhy, no Rio de Janeiro, e em Bananal, em São Paulo, por conta de um desembarque clandestino de escravos.[31] O governo, como já vinha procedendo desde o início da repressão ao tráfico, autorizou as forças policiais a varejarem as fazendas em busca dos africanos recém-desembarcados, o que gerou movimentações dos escravos e receios de insurreições, colocando os proprietários em estado de grande apreensão. Muitos parlamentares tocaram o mesmo diapasão de Justiniano, condenando as ações do governo por estarem fomentando sublevações da escravaria em suas buscas por africanos recentemente contrabandeados.

Em resposta às arguições dos parlamentares, Souza Ramos, ministro da Justiça do gabinete conservador, expôs seu entendimento sobre a questão: "o perigo de insurreições no meu conceito está principalmente na continuação da introdução de africanos (*apoiados*); por interesse dos mesmos fazendeiros é que deve haver todo o rigor na repressão".[32] Ao localizar, naquele contexto, o perigo principal de insurreições na continuidade do tráfico, Souza Ramos fazia eco a muitas vozes. Na edição de 1840 da *Representação* de José Bonifácio, o editor concluiu enfaticamente sua apresentação: "Não; não pode haver para o Brasil inimigos piores que os contrabandistas de negros africanos; são homens, que após um lucro vil, metem barris de pólvora na mina, que a todos nos ameaça de fazer saltar pelos ares".[33]

Notas

1. João Severiano Maciel da Costa. *Memoria sobre a necessidade de abolir a introdução dos escravos africanos no Brasil; sobre o modo e condições com que esta abolição se deve fazer; e sobre os meios de remediar a falta de braços que ela pode ocasionar*. Coimbra, Imprensa da Universidade, 1821, pp. 6-7, 14-16, 18, 40. Segundo Jaime Rodrigues, a proposta de Maciel da Costa expressa na Assembleia Constituinte de 1823, da qual participou como deputado por Minas Gerais, "de limitar vagamente o fluxo de africanos para o Brasil, num prazo dilatado, era muito mais uma resposta aos argumentos humanitários e a um medo do futuro da nação em termos de estrutura demográfica e racial, do que um projeto de abolir a escravidão começando por extinguir o tráfico". Jaime Rodrigues. *O infame comércio. Propostas e experiências no final do tráfico de africanos para o Brasil (1800-1850)*. Campinas, Editora da Unicamp, 2000, p. 73.
2. João Severiano Maciel da Costa. *Memoria sobre a necessidade de abolir a introdução dos escravos africanos no Brasil*, pp. 20-24. Sobre o medo da africanização e da haitianização do país nas memórias e obras políticas da primeira metade do século 19, ver Jaime Rodrigues. *O infame comércio*, pp. 49-62, *passim*.
3. Como se sabe, a Assembleia foi dissolvida e a representação não chegou a ser apresentada. José Bonifácio, junto com outros deputados, foi preso e deportado. A primeira edição foi publicada na França em 1825, e, no Brasil, somente em 1840. José Bonifácio de Andrada e Silva. *Representação à Assembleia Geral Constituinte e Legislativa do Império do Brasil sobre a Escravatura*. Paris, Typographia Firmin Didot, 1825, p. 7.
4. *Idem*, pp. 37-39.
5. Frederico Leopoldo Cezar Burlamaque. *Memoria analytica a'cerca do commercio d'escravos, e a' cerca dos malles da escravidão domestica*. Rio de Janeiro, Typographia Commercial Fluminense, 1837, pp. viii-xi, 14-15.
6. *Idem*, pp. 20, 42, 46, 53.
7. *Idem*, pp. 53-54. Robert Slenes, citando parte da mesma passagem, já havia enfatizado esse ponto em relação às questões do Brasil com a Grã-Bretanha no final da década de 1840. Robert Slenes. "'Malungu, n'goma vem!': África coberta e descoberta no Brasil". *Revista da USP*, n. 12, 1991/1992, pp. 48-67 (esp. p. 66).
8. Frederico Burlamaque. *Memoria analytica a'cerca do commercio d'escravos*, pp. 54-55.
9. A título de exemplo, ver a bibliografia citada por Paulino José Soares de Souza em seu *Ensaio sobre o direito administrativo* e a relação de seus livros levados a leilão após sua morte, em *A vida do Visconde do Uruguai*. Organização e introdução de José Murilo de Carvalho. São Paulo, Ed. 34, 2002, pp. 51-61. Ainda que os textos citados não constem na relação de seus livros, improvável que Paulino os ignorasse.

10 *O Philantropo*, n. 1, 6 abr. 1849.
11 O nome inicial era Sociedade dos Amigos da Cessação do Tráfico de Africanos, e Promotores da Colonização, e Civilização dos Indígenas. *O Philantropo*, n. 67, 12 jul. 1850. Para uma análise recente dessas questões, que enfatiza o periódico como veículo de pressão do "partido abolicionista brasileiro" e principal meio de formação de opinião contra o tráfico na época, ver Beatriz Mamigonian. *Africanos livres. A abolição do tráfico de escravos no Brasil.* São Paulo, Companhia das Letras, 2017, pp. 209-212, 230-238, 278-283.
12 *O Brasil*, n. 1031, 13 de janeiro de 1848.
13 *O Brasil*, n. 1684, 30 de novembro de 1850.
14 *Idem*.
15 *O Brasil*, n. 1666, 17 out. 1850.
16 *O Brasil*, n. 1096, 4 abr. 1848.
17 *O Brasil*, n. 1666, 17 out. 1850. Alguns desses artigos, especialmente os da série Scylla e Charybdes, foram analisados por Beatriz Mamigonian, que, no entanto, não deu destaque à questão platina. Beatriz Mamigonian. *Africanos livres*, pp. 260-271.
18 Como Justiniano já havia desenvolvido em *O Brasil*, n. 1163, 6 jul. 1848.
19 *O Brasil*, n. 657, 5 abr. 1845.
20 *O Brasil*, n. 1683, 28 nov. 1850.
21 *Idem*.
22 *Idem*.
23 O "medo geral da revolta negra", ou das também chamadas "guerras servis", era amplamente compartilhado no mundo atlântico, mesmo antes da Revolução Haitiana. Ver Vincent Brown, *Uma guerra afro-atlântica: a Revolta de Tacky e a resistência negra no Caribe.* Trad. Berilo Vargas. Rio de Janeiro, Zahar, 2024, p. 330. Note-se que a questão potencialmente explosiva dos africanos ilegalmente escravizados e dos "africanos livres" ganha um peso maior – diria mesmo consideravelmente maior – ao se abordarem conjuntamente as tensões e conflitos do Brasil com a Grã-Bretanha e a Argentina (no contexto da abolição da escravidão no Uruguai).
24 *O Constitucional* (AL), n. 25, 16 jul. 1851.
25 *Idem*. *O Constitucional* (AL), n. 26, 23 jul. 1851. A propósito, ver o excelente estudo de Silvia Lara, *Palmares & Cucaú. O aprendizado da dominação.* São Paulo, Edusp, 2021.
26 Engenho da Lagoa Vermelha, 23 de julho de 1852. O chefe de polícia interino, Herculano Antonio Pereira da Cunha, ao vice-presidente da província, Dr. Manoel Sobral Pinto. *Jornal do Commercio*, n. 227, 17 ago. 1852, p. 2.
27 *Idem*. *Jornal do Commercio*, n. 213, 3 ago. 1852, p. 2.
28 Engenho da Lagoa Vermelha, 23 jul. 1852. O chefe de polícia interino, Herculano Antonio Pereira da Cunha, ao vice-presidente da província, Dr. Manoel Sobral Pinto. *Jornal do Commercio*, n. 227, 17 ago. 1852, p. 2.

29 *Idem*.
30 *Jornal do Commercio*, n. 213, 3 ago. 1852, p. 2; *Diario de Pernambuco*, n. 187, 21 ago. 1852, p. 2.
31 Sobre o caso, ver Martha Abreu. "O caso Bracuhy". *In*: Hebe Maria Mattos de Castro Mattos & Eduardo Schnoor (org.). *Resgate. Uma janela para o Oitocentos*. Rio de Janeiro, Topbooks, 1995, pp. 165-195.
32 Souza Ramos, Ministro da Justiça, na Sessão da Câmara dos Deputados em 18 de maio de 1853. *Annaes do Parlamento Brazileiro. Camara dos Srs. Deputados. Primeiro Ano da Nona Legislatura. Sessão de 1853*. t 1. Rio de Janeiro, Typographia Parlamentar, 1876, p. 237.
33 José Bonifácio de Andrada e Silva. *Representação à Assembleia Geral Constituinte e Legislativa do Império do Brasil sobre a Escravatura*. Rio de Janeiro, Typographia J. E. S. Cabral, 1840, p. vi.

FONTES

Fontes manuscritas

AGNU, MRE – Archivo General de la Nación del Uruguay, Ministerio de las Relaciones Exteriores
Cx. 1726 (1830-1834)
Cx. 1727 (1834-1837)
Cx. 1728 (1838-1839)
Cx. 1729 (1840-1842)
Cx. 1730 (1841-1843)
Cx. 1718 (1841-1847)
Cx. 1731 (1844-1845)
Cx. 1732 (1846-1847)
Cx. 1719 (1847-1848)
Cx. 1720 (1848-1849)
Cx. 1733 (1848-1851)
Cx. 1721 (1850-1851)
Cx. 1722 (1851-1852)

AGNU, LBU – Legación del Brasil en el Uruguay
Cx. 125 (1850-1855)

AGNU, LUB – Legación del Uruguay en el Brasil
Cx. 106 (1852-1855)

AGNU, CUB – Consulados del Uruguay en el Brasil
Cx. 152 (1847-1868).

Archivo Histórico-Diplomático del Uruguay
Brasil, Legación en el Uruguay. Varios documentos:1853-1868. Estanteria 12, C. 2, E. 4, cx. 9, carpeta 3.

Arquivo Histórico do Itamaraty
Missões Diplomáticas Brasileiras em Montevidéu

AHI, MDB/M/O – Ofícios
Códice 221-3-3 (1842-1843)
Códice 221-3-5 (1846)
Códice 221-3-6 (1847)
Códice 221-3-7 (1848)
Códice 221-3-8 (1849-1850)
Códice 221-3-10 (1851)
Códice 221-3-11 (1852)
Códice 221-3-12 (1853)

AHI, MDB/M/OR – Ofícios Reservados
Códice 222-4-4 (1847-1849)
Códice 222-4-5 (1850-1851)
Códice 222-4-6 (1851-1852)
Códice 222-4-7 (1853)

Cartas/Ofícios
Códice 222-4-8 (1853).

Arquivo Nacional do Rio de Janeiro

Série Justiça: correspondência dos presidentes da província do Rio Grande de São Pedro aos ministros da Justiça
Maços IJ1-847 (1833-1836)
Maço IJ1-848 (1837-1841)
Maço IJ1-849 (1842-1849)
Maço IJ1-850 (1850-1856)

Arquivo Histórico do Rio Grande do Sul
Grupo A – Correspondência expedida

AHRS, CEPP/MNE – Correspondência expedida pelo presidente da província aos ministros dos Estrangeiros
Códice A-2.08 (1830-1844)
Códice A-2.09 (1844-1849)
Códice A-2.19 (1848-1849)
Códice A-2.10 (1849-1860)

AHRS, CAE – Correspondência expedida pelo presidente da província para autoridades estrangeiras
Códice A-3.01 (1848/1849-1851): para autoridades do Estado Oriental do Uruguai.
Códice A-3.03 (1848-1856): presidente da província para autoridades estrangeiras.
Códice A-3.02 – reservada (1854-1865): para autoridades do Estado Oriental do Uruguai, Paraguai e Buenos Aires.

Grupo B – Correspondência recebida

AHRS, AME – Avisos do Ministério dos Estrangeiros
Códice B-1.25 (1831-1845)
Códice B-1.26 (1845-1848)
Códice B-1.27 (1847-1853)

Consulados e legações
Consulado do Estado Oriental do Uruguai no Rio Grande do Sul
Maço CN-24, cx. 12 (1831-1858)

Fundo Estatística
Maço 1 (1741-1868)
Maço 2 (1823-1944)
Maço 4 (1857-1940)

APPENSO AO QUADRO ESTATÍSTICO E GEOGRÁFICO DA PROVÍNCIA DE SÃO PEDRO DO RIO GRANDE DO SUL PELO BACHAREL ANTÔNIO ELEUTÉRIO CAMARGO, ENGENHEIRO DA PROVÍNCIA - PRESIDENTE MARCONDES HOMEM DE MELLO (1868). Estatística, códice N. E-1, anexos ao E-1, estatística (1803-1867).

"QUADRO DA POPULAÇÃO NACIONAL LIVRE DA PROVÍNCIA DE S. PEDRO DO RIO GRANDE DO SUL EM 1846 ORGANIZADO PELO ENCARREGADO DA ESTATÍSTICA [O CONSELHEIRO ANTÔNIO MANUEL CORRÊA DA CÂMARA] SEGUINDO AS LISTAS PAROCHIAES, E DE DELEGADOS DA MESMA PROVÍNCIA".
Estatística, "Mapas, Quadros e Levantamentos Estatísticos", maço 1 (1741-1868).

MAPPA NUMERICO DAS ESTANCIAS EXISTENTES NOS DIFERENTES MUNICIPIOS DA PROVINCIA, DE QUE ATÉ AGORA SE TEM CONHECIMENTO OFICIAL, COM DECLARAÇÃO DOS ANIMAES QUE POSSUEM, E CRIÃO POR ANNO, E DO NUMERO DE PESSOAS EMPREGADAS NO SEU COSTEIO.
Estatística, maço 2 (1823-1944), documento avulso, sem data.

RELAÇÃO E DESCRIÇÃO DOS ESCRAVOS (POR PROPRIETÁRIOS) FUGIDOS DA PROVÍNCIA PARA ENTRE-RIOS, CORRIENTES, ESTADO ORIENTAL, REPÚBLICA DO PARAGUAI E OUTRAS PROVÍNCIAS BRASILEIRAS.
Estatística, documentação avulsa, maço 1, 1850.

Fundo Polícia

Secretaria de Polícia

Maço P-64: correspondência expedida pelo chefe de polícia ao presidente da província (1842-1844).

Maço P-65: correspondência recebida (1842/45-1846); interrogatórios (décadas de 1840-50-60).

Maço P-66: autos de qualificação (1844, 1846, 1852-53); correspondências expedidas; códice 136.

Delegacias de polícia: todos os maços referentes aos municípios de Alegrete, Bagé, Uruguaiana, Santana do Livramento e Dom Pedrito

Pelotas: maço 15 (1848)

Rio Grande: maço 50 (1848) e maço 24 (1849)

São Borja: maço 33 (1848)

São José do Norte: maço 36 (1848)

Subdelegacias de Polícia: Alegrete e Bagé

Autoridades militares
Maços 148 e 149 (1848)

Comando das Armas
Códice A-4.15 (1847-1848)
Códice A-4.16 (1848-1850)
Cx. 13, maços 25 e 26 (1847)
Cx. 14, maços 27 e 28 (1848-1850)

Documentação dos governantes
Cx. 12, maços 18 e 19 (1846-1848)
Cx. 13, maços 20 e 20-A (1849)
Cx. 14, maços 21 e 21-A (1850)

Câmaras Municipais: correspondência expedida

Câmara Municipal de Bagé
Códice AMU-21 (1847-1859).

Câmara Municipal de Piratini
Códice AMU-111 (1832-1836)
Códice AMU-112 (1845-1850)
Códice AMU-113 (1851-1857)

Câmara Municipal de Pelotas
Códice AMU-103 (1832-1836)
Códice AMU-104 (1844-1850)
Códice AMU-104 (1851-1857)

Câmara Municipal de Rio Grande
Códice AMU-212A (1847-1848)

APERS – Arquivo Público do Estado do Rio Grande do Sul

AUTOS CRIMES PELA IMPORTAÇÃO DE AFRICANOS ESCRAVOS NOVOS. Comarca de Rio Grande, São José do Norte, 1ª Vara Cível e Crime, cx. 005.0791, processo n. 10, 1838.

RELLAÇÃO DOS ESCRAVOS FUGIDOS DA PROVÍNCIA DO RIO GRANDE CUJOS PROPRIETÁRIOS ME AUTHORIZARÃO POR SUAS CARTAS DE ORDENS PARA CAPTURA-LOS, CONFORME OS SIGNAES DE CADA HUM 1851. APERS. Comarca de Rio Grande. Tribunal do Júri (Juízo de Direito da Comarca do Rio Grande em Pelotas). *Processo Crime. Parte: a justiça. Réus: Maria Duarte Nobre, e Manoel Marques Noronha.* Processo n. 442, caixa 006.0309 (antigo maço 10a), 1854, fls. 40-44v.

Inventários *post mortem* **(1845-1850)**

Comarca das Missões

Alegrete
1ª Vara Cível
Cx. 009.0001

Provedoria
Cx. 009.0273

Vara de Família
Cx. 009.0161
Cx. 009.0162
Cx. 009.0163
Cx. 009.0164
Cx. 009.0165

Uruguaiana
1ª Vara Cível
Cx. 095.0001

1ª Vara de Família
Cx. 095.0278
Cx. 095.0279

Comarca de Piratini

Jaguarão
Vara de Família e Sucessão
Cx. 008.0032
Cx. 008.0033
Cx. 008.0034
Cx. 008.0035
Cx. 008.0036
Cx. 008.0037
Cx. 008.0038

1ª Vara Cível
Cx. 008.0012

Comarca de Rio Pardo

Bagé
1ª Vara de Família
Cx. 016.0093
Cx. 016.0094
Cx. 016.0095

1ª Vara Cível
Cx. 016.0087

Santana do Livramento

Órfãos e Ausentes
Cx. 165
Cx. 166

Avulsos

TESTAMENTO DO CIRURGIÃO-MOR MANOEL FRANCISCO DE BASTOS. Provedoria de Rio Pardo, Comarca do Rio Grande do Sul e de Santa Catarina, cx. 007.0342, processo n. 94, 1790.

INVENTÁRIO *POST MORTEM* DO CORONEL JOSÉ ANTÔNIO DA SILVEIRA CASADO. Comarca do Rio Grande de São Pedro e Santa Catarina, 1º Cartório de Órfãos de Porto Alegre, cx. 04.822, processo n. 644, 1819.

INVENTÁRIO *POST MORTEM* DE DONA MARIA JOAQUINA DE CASTRO. Comarca do Rio Grande, 1º Cartório Cível de Rio Grande, maço 3, processo n. 74, 1840.

INVENTÁRIOS *POST MORTEM* DE ANNA BARBARÁ MACEDO DA FONTOURA E DO CORONEL BIBIANO JOSÉ CARNEIRO DA FONTOURA. Comarca de Porto Alegre, 2º Cartório de Órfãos de Porto Alegre, cx. 04.1439, processo n.158, 1857/1861.

INVENTÁRIO *POST MORTEM* DO VISCONDE DO JAGUARI. Comarca do Rio Grande, 1º Cartório da Vara Cível de Pelotas, maço 24, processo n. 348, 1852.

"INSTRUÇÕES PARA A ADMINISTRAÇÃO DE ESTÂNCIAS" DE JOSÉ ANTÔNIO DA SILVEIRA CASADO A BIBIANO JOSÉ CARNEIRO DA FONTOURA. Fazenda de Santa Isabel, 12 de julho de 1810. Livro Notarial de Transmissões e Notas, Bagé, livro 2 (1856-1858), ff. 61-62.

"INSTRUÇÕES PARA A ADMINISTRAÇÃO DE ESTÂNCIAS" DE BIBIANO JOSÉ CARNEIRO DA FONTOURA A ISIDORO BELMONTE URSUA DE MONTOJOS. Porto Alegre, 4 de agosto de 1845. Livro Notarial de Transmissões e Notas, Bagé, livro 2 (1856-1858), ff. 62v-63v.

Foreign Office (FO): Slave Trade

SLAVE TRADE (CLASS B). Manuscrito digitalizado.

MR. CONSUL MORGAN. N. 1. Relating to a conspiracy of the Slaves in this Province. British Consulate, Rio Grande do Sul. Morgan to Howden, Pelotas, 9th february 1848. Foreign Office (FO) 84/727, pp. 395-398.

MORGAN TO PALMERSTON. Rio Grande do Sul, February 15, 1848, FO 84/727, pp. 393-394.

HOWDEN TO PALMERSTON. Rio de Janeiro, March 20, 1848, FO 84/725, pp. 181-183. Disponível em <http://discovery.nationalarchives.gov.uk>.

GREAT BRITAIN. Parliament. House of Lords. *Report from the Select Committee of the House of Lords, appointed to consider the best Means which Great Britain can adopt for the Final Extinction of the African Slave Trade; and to report thereon to the house; together with the minutes of evidence and an appendix and index thereto. Session 1849.* London, by the House of Commons, 1850. Disponível em <https://babel.hathitrust.org>.

RESERVADA – Paço da Assembleia [no Rio de Janeiro] em Sessão Secreta aos 8 de julho de 1848. F. S. Dias da Motta. José Alves Carneiro Montezuma. *Secret. Report of the Select Committee of the Provincial Assembly of Rio de Janeiro on Secret Societies of African in Province of Rio de Janeiro, july 8, 1848.* 9 / In Mr. Hudson Slave Trade, n. 7 of 20 february 1850. *Brazil: Mr. Hudson, Despatches.* Foreign Office 84/802, 1850 Jan-Feb, ff. 325--358. Transcrição em português, ff. 325-340v; transcrição em inglês, ff. 343-358. Disponível em <https://discovery.nationalarchives.gov.uk>.

Fontes impressas

A ABOLIÇÃO NO PARLAMENTO. 65 ANOS DE LUTA, 1823-1888. Apresentação do senador Humberto Lucena. Brasília, Senado Federal/ Subsecretaria de Arquivo, 1988.

ACERVO HISTÓRICO, São Paulo, n. 3, 2005, pp. 54-70. Divisão de Acervo Histórico da Assembleia Legislativa do Estado de São Paulo. Papéis Avulsos: documentos sobre a insurreição dos escravos no Vale do Paraíba. Anexo, pp. 64-70.

ANAIS DO ARQUIVO HISTÓRICO DO RIO GRANDE DO SUL, vol. 5. Porto Alegre, 1981 (Coleção Varela).

ANAIS DO ARQUIVO HISTÓRICO DO RIO GRANDE DO SUL, vol. 7. Porto Alegre, 1983 (Coleção Varela).

ANAIS DO ARQUIVO HISTÓRICO DO RIO GRANDE DO SUL, vol. 21. São Leopoldo, Oikos, 2015 (Coleção Varela).

ANNAES DO PARLAMENTO BRAZILEIRO. Camara dos Srs. Deputados (1835-1853). Disponível em <http://bndigital.bn.br/hemeroteca-digital/>.

ANAIS DO SENADO DO IMPÉRIO DO BRASIL (1835-1853). Disponível em <www.senado.gov.br>.

ATAS DO CONSELHO DE ESTADO PLENO. Terceiro Conselho de Estado (1842-1850 e 1850-1857). Org. José Honório Rodrigues. Brasília, Senado Federal, 1978.

CADERNOS DO CHDD, ano 7, n. 13, 2008.

CADERNOS DO CHDD, ano 8, n. 15, 2009.

CADERNOS DO CHDD, ano 9, n. 16, 2010.

COLECÇÃO DAS LEIS DO IMPÉRIO DO BRAZIL DE 1830. Actos do Poder Legislativo, Parte I. Rio de Janeiro, Typographia Nacional, 1876.

COLLECÇÃO DE LEIS DO IMPERIO DO BRAZIL DE 1831. Primeira Parte. Rio de Janeiro, Typographia Nacional, 1875.

COLECÇÃO DE LEIS DO IMPERIO DO BRASIL DE 1842, t. 5, parte 2, secção 33. Rio de Janeiro, Typographia Nacional, 1843.

COLETÂNEA DE DISCURSOS PARLAMENTARES DA ASSEMBLEIA LEGISLATIVA DA PROVÍNCIA DO RIO GRANDE DO SUL. 1835/1889. Org. Helga Iracema Landgraf Piccolo. Porto Alegre, Assembleia Legislativa do Estado do Rio Grande do Sul, 1998.

COM A PALAVRA, O VISCONDE DO RIO BRANCO: a política exterior no parlamento imperial. Álvaro da Costa Franco (org.). Rio de Janeiro, CHDD/Brasília/Funag, 2005.

CONSULTAS DA SEÇÃO DOS NEGÓCIOS ESTRANGEIROS, vol. 1: *consultas de 1842-1845*. Direção, introdução e notas de José Francisco Rezek. Brasília, Câmara dos Deputados, 1978.

CONSULTAS DA SEÇÃO DOS NEGÓCIOS ESTRANGEIROS, vol. 2: *consultas de 1846-1848*. Direção de José Francisco Rezek. Brasília, Câmara dos Deputados, 1978.

CONSELHO DE ESTADO. CONSULTAS DA SEÇÃO DOS NEGÓCIOS ESTRANGEIROS, vol. 3: *consultas de 1849-1853*. Brasília, Câmara dos Deputados/Ministério das Relações Exteriores, 1979a.

CONSELHO DE ESTADO. CONSULTAS DA SEÇÃO DOS NEGÓCIOS ESTRANGEIROS, vol. 4: *consultas de 1854-1857*. Brasília, Câmara dos Deputados/Ministério das Relações Exteriores, 1979b.

PARECERES DOS CONSULTORES DO MINISTÉRIO DOS NEGÓCIOS ESTRANGEIROS. Centro de História e Documentação Diplomática. Rio de Janeiro, CHDD/Brasília, Funag, 2006.

FALAS DO TRONO. DESDE O ANO DE 1832 ATÉ O ANO DE 1889. ACOMPANHADAS DOS RESPECTIVOS VOTOS DE GRAÇA DA CÂMARA TEMPORÁRIA. E DE DIFERENTES INFORMAÇÕES E ESCLARECIMENTOS SOBRE TODAS AS SESSÕES EXTRAORDINÁRIAS, ADIAMENTOS, DISSOLUÇÕES, SESSÕES SECRETAS E FUSÕES COM UM QUADRO DAS ÉPOCAS E MOTIVOS QUE DERAM LUGAR À REUNIÃO DAS DUAS CÂMARAS E COMPETENTE HISTÓRICO. Coligidas na Secretaria da Câmara dos Deputados. Prefácio de Pedro Calmon. São Paulo, Melhoramentos, 1977.

RECENSEAMENTO GERAL DO BRASIL. IBGE, 1872.

RELAÇÕES DE ESTÂNCIAS DE BRASILEIROS NO ESTADO ORIENTAL DO URUGUAI. 1850.

RELATÓRIO DA REPARTIÇÃO DOS NEGÓCIOS ESTRANGEIROS APRESENTADO À ASSEMBLEIA GERAL LEGISLATIVA NA TERCEIRA SESSÃO DA OITAVA LEGISLATURA PELO RESPECTIVO MINISTRO E SECRETARIO DE ESTADO PAULINO JOSÉ SOARES DE SOUZA. Rio de Janeiro, Typographia Universal de Laemmert, 1851. Anexo A. Negócios do Rio da Prata, pp. 36-73.

RELATORIO E SYNOPSE DOS TRABALHOS DA CAMARA DOS SRS. DEPUTADOS NA SESSÃO DO ANNO DE 1885 CONTENDO ANDAMENTO DE TODOS OS PROJECTOS E PARECERES, DISCUSSÃO ESPECIALIZADA DO ORÇAMENTO E PRERROGATIVAS, PROJECTOS SOBRE O ELEMENTO SERVIL DESDE 1871 ATÉ 1885, SESSÕES SECRETAS, DECISÕES DA CAMARA DOS SRS. DEPUTADOS NA VERIFICAÇÃO DE PODERES, DIFERENTES DOCUMENTOS, QUADROS ESTATISTICOS E OUTROS ESCLARECIMENTOS. Organizados na Secretaria da mesma Camara. Rio de Janeiro, Imprensa Nacional, 1886.

Jornais
CORREIO MERCANTIL (Rio de Janeiro, 1848-1853)
CORREIO DA VICTORIA (Espírito Santo, 1849)
DIARIO DE PERNAMBUCO (Pernambuco, 1852)
DIARIO DO RIO DE JANEIRO (Rio de Janeiro, 1838-1853)

JORNAL DO COMMERCIO (Rio de Janeiro, 1845-1853)
O AMERICANO (Rio de Janeiro, 1848-1851)
O BRASIL (Rio de Janeiro, 1840-1852)
O CONSTITUCIONAL (Maceió, 1851)
O CORREIO DA TARDE (Rio de Janeiro, 1848-1853)
O PHILANTROPO (Rio de Janeiro, 1849-1852)
O IMPARCIAL (Rio Grande do Sul, 1844-1846)
O RIO-GRANDENSE (Rio Grande do Sul, 1849-1852)

Disponíveis em <http://bndigital.bn.br/hemeroteca-digital/>.

Relatórios dos presidentes da província do Rio Grande do Sul (1846-1868). Disponível na época da pesquisa em <http://www-apps.crl.edu/brazil/provincial/rio_grande_do_sul>.

RELATÓRIO COM QUE ABRIU A PRIMEIRA SESSÃO ORDINÁRIA DA SEGUNDA LEGISLATURA DA PROVÍNCIA DE S. PEDRO DO RIO GRANDE DO SUL NO 1º DE MARÇO DE 1846, O EXM.º SR. CONDE DE CAXIAS, PRESIDENTE DA MESMA PROVÍNCIA. Porto Alegre, Typographia de I. J. Lopes, 1846.

RELATÓRIO DO PRESIDENTE DA PROVÍNCIA DE S. PEDRO DO RIO GRANDE DO SUL O SENADOR CONSELHEIRO MANOEL ANTÔNIO GALVÃO NA ABERTURA DA ASSEMBLEIA LEGISLATIVA PROVINCIAL EM 5 DE OUTUBRO DE 1847. ACOMPANHADO DO ORÇAMENTO DA RECEITA E DESPESA PARA O ANO DE 1847 A 1848. Porto Alegre, Typographia do Argos, 1847.

RELATÓRIO DO VICE-PRESIDENTE DA PROVÍNCIA DE SÃO PEDRO DO RIO GRANDE DO SUL, JOÃO CAPISTRANO DE MIRANDA E CASTRO, NA ABERTURA DA ASSEMBLEIA LEGISLATIVA PROVINCIAL EM 4 DE MARÇO DE 1848. ACOMPANHADO DO ORÇAMENTO PARA O ANO FINANCEIRO DE 1848-1849. Porto Alegre, Typographia do Porto-Alegrense, 1848.

RELATÓRIO DO PRESIDENTE DA PROVÍNCIA DE SÃO PEDRO DO RIO GRANDE DO SUL O TENENTE GENERAL FRANCISCO JOZE DE SOUZA

SOARES DE ANDREA NA ABERTURA DA ASSEMBLEIA LEGISLATIVA PROVINCIAL NO 1º DE JUNHO DE 1849. ACOMPANHADO DO ORÇAMENTO DA RECEITA E DESPEZA PARA O ANNO DE 1849-1850. Porto Alegre, Typographia do Porto-Alegrense, 1849.

RELATÓRIO DO VICE-PRESIDENTE DA PROVÍNCIA DE S. PEDRO DO RIO GRANDE DO SUL PATRICIO CORRÊA DA CÂMARA NA ABERTURA DA ASSEMBLEIA LEGISLATIVA PROVINCIAL EM 2 DE OUTUBRO DE 1851. Porto Alegre, Typographia do Mercantil, 1851.

RELATÓRIO DO PRESIDENTE DA PROVÍNCIA DE SÃO PEDRO DO RIO GRANDE DO SUL, JOÃO LINS VIEIRA CANSANSÃO DE SINIMBÚ, NA ABERTURA DA ASSEMBLEIA LEGISLATIVA PROVINCIAL EM 6 DE OUTUBRO DE 1853. Porto Alegre, Typographia do Mercantil, 1853.

RELATÓRIO DO PRESIDENTE DA PROVÍNCIA DE SÃO PEDRO DO RIO GRANDE DO SUL. JOÃO LINS VIEIRA CANSANSÃO DE SINIMBÚ NA ABERTURA DA ASSEMBLEIA LEGISLATIVA PROVINCIAL EM 2 DE OUTUBRO DE 1854. Porto Alegre, Typographia do Mercantil, 1854.

RELATÓRIO COM QUE O CONSELHEIRO BARÃO DE MURITIBA ENTREGOU A PRESIDÊNCIA DA PROVÍNCIA DE S. PEDRO DO RIO GRANDE DO SUL AO EXM. SR. PRESIDENTE E COMANDANTE DAS ARMAS, CONSELHEIRO, E GENERAL JERONYMO FRANCISCO COELHO NO DIA 28 DE ABRIL DE 1856. Porto Alegre, Typographia do Mercantil, 1856.

RELATÓRIO DO PRESIDENTE DA PROVÍNCIA DE S. PEDRO DO RIO GRANDE DO SUL, ANGELO MONIZ DA SILVA FERRAZ, APRESENTADO A ASSEMBLEIA LEGISLATIVA PROVINCIAL NA 1º SESSÃO DA 8º LEGISLATURA. Porto Alegre, Typographia do Correio do Sul, 1858.

RELATÓRIO APRESENTADO A ASSEMBLEIA PROVINCIAL DE S. PEDRO DO RIO GRANDE DO SUL NA 2º SESSÃO DA 8º LEGISLATURA PELO CONSELHEIRO JOAQUIM ANTÃO FERNANDES LEÃO. Porto Alegre, Typographia do Correio do Sul, 1859.

RELATÓRIO APRESENTADO PELO PRESIDENTE DA PROVÍNCIA DE SÃO PEDRO DO RIO GRANDE DO SUL, ESPIRIDIÃO ELOY DE BARROS PIMENTEL, NA 1 SESSÃO DA 11 LEGISLATURA DA ASSEMBLEIA PROVINCIAL. Porto Alegre, 1864.

Relatórios da Repartição do Ministério de Estrangeiros (1830-1853). Disponível na época da pesquisa em <http://www-apps.crl.edu/brazil/ministerial/relacoes_exteriores>.

RELATÓRIO DA REPARTIÇÃO DOS NEGÓCIOS ESTRANGEIROS, APRESENTADO À ASSEMBLEIA GERAL LEGISLATIVA, NA TERCEIRA SESSÃO DA SEXTA LEGISLATURA, PELO RESPECTIVO MINISTRO E SECRETÁRIO DE ESTADO BARÃO DE CAYRÚ. Rio de Janeiro, Typografia Imperial e Constitucional, 1846.

RELATÓRIO DA REPARTIÇÃO DOS NEGÓCIOS ESTRANGEIROS APRESENTADO A ASSEMBLEIA GERAL LEGISLATIVA [EM 7 DE JANEIRO DE 1850], *NA PRIMEIRA SESSÃO DA OITAVA LEGISLATURA, PELO RESPECTIVO MINISTRO E SECRETARIO DE ESTADO PAULINO JOSÉ SOARES DE SOUZA.* Rio de Janeiro, Typographia Imperial e Constitucional de J. Villeneuve e Comp., 1850.

RELATÓRIO DA REPARTIÇÃO DOS NEGÓCIOS ESTRANGEIROS APRESENTADO A ASSEMBLEIA GERAL LEGISLATIVA [EM 10 DE MAIO DE 1850], *NA SEGUNDA SESSÃO DA OITAVA LEGISLATURA, PELO RESPECTIVO MINISTRO E SECRETARIO DE ESTADO PAULINO JOSÉ SOARES DE SOUZA.* Rio de Janeiro, Typographia Universal de Laemmert, 1850.

RELATÓRIO DA REPARTIÇÃO DOS NEGÓCIOS ESTRANGEIROS APRESENTADO À ASSEMBLEIA GERAL LEGISLATIVA [EM 14 DE MAIO DE 1851] *NA TERCEIRA SESSÃO DA OITAVA LEGISLATURA PELO RESPECTIVO MINISTRO E SECRETARIO DE ESTADO PAULINO JOSÉ SOARES DE SOUZA.* Rio de Janeiro, Typographia Universal de Laemmert, 1851.

RELATÓRIO DA REPARTIÇÃO DOS NEGÓCIOS ESTRANGEIROS APRESENTADO À ASSEMBLEIA GERAL LEGISLATIVA NA QUARTA SESSÃO DA OITAVA LEGISLATURA [EM 14 DE MAIO DE 1852] *PELO RESPECTIVO*

MINISTRO E SECRETÁRIO DE ESTADO PAULINO JOSÉ SOARES DE SOUZA. Rio de Janeiro, Typographia Universal Laemmert, 1852.

RELATÓRIO DA REPARTIÇÃO DE NEGÓCIOS ESTRANGEIROS APRESENTADO À ASSEMBLEIA GERAL LEGISLATIVA NA SEGUNDA SESSÃO DA DÉCIMA LEGISLATURA PELO RESPECTIVO MINISTRO E SECRETARIO DE ESTADO VISCONDE DE MARANGUAPE. Rio de Janeiro, Typographia Universal de Laemmert, 1858.

Relatórios do Ministério da Justiça (1835-1853). Disponível na época da pesquisa em <http://www-apps.crl.edu/brazil/ministerial/justica>.

Relatório da Repartição dos Negócios da Justiça apresentado à Assembleia Geral Legislativa na Sessão Ordinária de 1837, pelo respectivo Ministro e Secretário de Estado Gustavo Adolfo de Aguilar Pantoja. Rio de Janeiro, Typographia Nacional, 1837.

RELATÓRIO DA REPARTIÇÃO DOS NEGÓCIOS DA JUSTIÇA APRESENTADO À ASSEMBLEIA GERAL LEGISLATIVA NA 1º SESSÃO DA 8º LEGISLATURA [EM 11 DE JANEIRO] DE 1850 PELO RESPECTIVO MINISTRO E SECRETARIO D'ESTADO EUZEBIO DE QUEIROZ COITINHO MATTOSO CAMARA. Rio de Janeiro, Typ. do Diario, de N. L. Vianna, 1850.

RELATÓRIO APRESENTADO À ASSEMBLEIA GERAL LEGISLATIVA NA SEGUNDA SESSÃO DA OITAVA LEGISLATURA [EM 11 DE MAIO] PELO MINISTRO E SECRETARIO D'ESTADO DOS NEGÓCIOS DA JUSTIÇA EUSEBIO DE QUEIROZ COUTINHO MATTOSO CAMARA. Rio de Janeiro, Typographia Nacional, 1850.

Relatórios diversos de presidentes de províncias (1848)
DISCURSO RECITADO PELO EX.MO. SENHOR DOUTOR DOMICIANO LEITE RIBEIRO. PRESIDENTE DA PROVÍNCIA DE SÃO PAULO. NA ABERTURA DA ASSEMBLEIA LEGISLATIVA PROVINCIAL NO DIA 25 DE JUNHO DE 1848. São Paulo, Typographia do Governo, 1848. Disponível na época da pesquisa em <http://www-apps.crl.edu/brazil/provincial/s%C3%A3o_paulo>.
RELATÓRIO APRESENTADO [EM 16 DE OUTUBRO] AO EX.MO. E RVM. SR.

DOUTOR VICENTE PIRES DA MOTTA, PELO EX.MO. SR. DR. DOMICIANO LEITE RIBEIRO, AO ENTREGAR A PRESIDÊNCIA. São Paulo, Typographia do Governo, 1848. Disponível na época da pesquisa em <http://www-apps.crl.edu/brazil/provincial/s%C3%A3o_paulo>.

RELATÓRIO QUE NO ATO DE ENTREGAR A ADMINISTRAÇÃO DA PROVÍNCIA DE MINAS GERAES AO 4° VICE PRESIDENTE O EX.MO. DOUTOR MANOEL JOSÉ GOMES REBELLO HORTA APRESENTA O PRESIDENTE DA MESMA O EX.MO. SR. JOSÉ PEDRO DIAS DE CARVALHO NO DIA 10 DE ABRIL DE 1848, POR VIRTUDE DO AVISO DA SECRETARIA D'ESTADO DOS NEGOCIOS DO IMPERIO DE 11 DE MARÇO DO DITO ANO. Manuscrito sem paginação. Disponível na época da pesquisa em <http://www-apps.crl.edu/brazil/provincial/minas_gerais>.

FALLA DIRIGIDA [EM 2 DE AGOSTO] A ASSEMBLEIA LEGISLATIVA PROVINCIAL DE MINAS GERAIS, NA SESSÃO ORDINÁRIA DO ANO DE 1848, PELO PRESIDENTE DA PROVÍNCIA BERNARDINO JOSÉ DE QUEIROGA. Ouro Preto, Typographia Social, 1848. Disponível na época da pesquisa em <http://www-apps.crl.edu/brazil/provincial/minas_gerais>.

RELATÓRIO COM QUE O DESEMBARGADOR MANOEL DE JESUS VALDETARO ENTREGOU A ADMINISTRAÇÃO DA PROVÍNCIA DO RIO DE JANEIRO AO SEU SUCESSOR O VISCONDE DE BARBACENA EM 7 DE JUNHO DE 1848. Manuscrito sem paginação. Disponível na época da pesquisa em <http://www-apps.crl.edu/brazil/provincial/rio_de_janeiro>.

RIO GRANDE DO SUL. Secretaria da Administração e dos Recursos Humanos. Departamento de Arquivo Público. *Documentos da Escravidão. Catálogo seletivo das cartas de liberdade. Acervo dos tabelionatos do interior do Rio Grande do Sul.* Jovani de Souza Scherer & Marcia Medeiros da Rocha (coord.). Porto Alegre: Corag, 2006, 2 v.

RIO GRANDE DO SUL. Secretaria da Administração e dos Recursos Humanos. Departamento de Arquivo Público. *Documentos da Escravidão. Compra e venda de escravos. Acervo dos tabelionatos do Rio Grande do Sul.* Jovani de Souza Scherer & Marcia Medeiros da Rocha (coords.). Porto Alegre, Corag, 2010a, 2 v.

RIO GRANDE DO SUL. Secretaria da Administração e dos Recursos Humanos. Departamento de Arquivo Público. *Documentos da Escravidão. Inventários. O escravo deixado como herança.* Bruno S. Pessi (coord.). Porto Alegre, Corag, 2010b, 4 v.

RIO GRANDE DO SUL. Secretaria da Administração e dos Recursos Humanos. Departamento de Arquivo Público. *Documentos da Escravidão. Processos crime. O escravo como vítima ou réu.* Bruno S. Pessi & Graziela Souza e Silva (coord.). Porto Alegre, Corag, 2010c.

RIO GRANDE DO SUL. Secretaria da Administração e dos Recursos Humanos. Departamento de Arquivo Público. *Documentos da Escravidão. Testamentos. O escravo deixado como herança.* Bruno Stelmach Pessi (coord.). Porto Alegre, Corag, 2010d.

SLAVEVOYAGES. *The Trans-Atlantic Slave Trade Database* TSTD. Disponível em <http://www.slavevoyages.org>.

Fontes impressas – estatísticas populacionais

DIRETORIA GERAL DE ESTATÍSTICA. *Relatório e Trabalhos Estatísticos apresentados ao Illm. e Exm. Sr. Conselheiro Dr. João Alfredo Corrêa de Oliveira, Ministro e Secretário do Estado dos Negócios do Império, pelo Diretor Geral Conselheiro Manoel Francisco Correia.* Rio de Janeiro, Tipografia Franco--Americana, 1874.

DIRETORIA GERAL DE ESTATÍSTICA. *Relatório e trabalhos estatísticos apresentados ao Ilm.º e Exmo. Sr. Conselheiro Dr. João Alfredo Corrêa de Oliveira, Ministro e Secretário de Estado dos Negócios do Império, pelo Diretor Geral Interino Dr. José Maria do Coutto em 30 de abril de 1875.* Rio de Janeiro, Typographia de Pinto, Brandão & Comp., 1875.

DIRETORIA GERAL DE ESTATÍSTICA. *Relatório e trabalhos estatísticos apresentados ao Ilm.º e Exmo. Sr. Conselheiro Dr. José Bento da Cunha e Figueiredo, Ministro e Secretário de Estado dos Negócios do Império, pelo Diretor Geral Conselheiro Manoel Francisco Correia em 31 de dezembro de 1876.* Rio de Janeiro, Typographia de Hyppolito José Pinto, 1877.

DIRETORIA GERAL DE ESTATÍSTICA. *Relatório e trabalhos estatísticos apresentados ao Ilm.º e Exmo. Sr. Conselheiro Dr. Carlos Leoncio de Carvalho, Ministro e Secretário de Estado dos Negócios do Império, pelo Diretor Geral Conselheiro Manoel Francisco Correia em 20 de novembro de 1878*. Rio de Janeiro, Typographia Nacional, 1878.

Relatório apresentado à Assembleia Geral Legislativa [...] pelo Ministro e Secretário de Estado dos Negócios do Império Pedro Leão Velloso. Rio de Janeiro, Typographia Nacional, 1883.

Textos políticos, memórias, viajantes, tratados e outros

ALMEIDA, Gabriel Ribeiro de. "Memória sobre a Tomada dos Sete Povos de Missões da América Espanhola (1806)". *In*: SILVEIRA, Hemetério José Velloso da. *As Missões Orientais e seus Antigos Domínios* [1909]. Porto Alegre: Companhia União de Seguros Gerais, 1979, pp. 67-80.

A MISSÃO ESPECIAL DO VISCONDE DE ABRANTES, t. 1. Rio de Janeiro, Emp. Typ. Dous de Dezembro, 1853.

ANDRADA e SILVA, José Bonifácio de. *Representação à Assembleia Geral Constituinte e Legislativa do Império do Brasil sobre a Escravatura*. Paris, Typographia Firmin Didot, 1825.

ANDRADA e SILVA, José Bonifácio de. *Representação à Assembleia Geral Constituinte e Legislativa do Império do Brasil sobre a Escravatura*. Rio de Janeiro, Typographia J. E. S. Cabral, 1840.

ARARIPE, Tristão de Alencar. *Guerra Civil no Rio Grande do Sul: memória acompanhada de documentos lida no Instituto Histórico e Geográfico do Brasil* [1881]. Porto Alegre, Corag, 1986.

BARBOSA, Eni & CLEMENTE, Elvo. *O processo legislativo e a escravidão negra na Província de São Pedro do Rio Grande do Sul. Fontes*. Porto Alegre, Assembleia Legislativa do Estado do Rio Grande do Sul/Corag, 1987.

BURLAMAQUE, Frederico Leopoldo Cezar. *Memoria analytica a'cerca do commercio d'escravos, e a'cerca dos malles da escravidão domestica*. Rio de Janeiro, Typographia Commercial Fluminense, 1837.

CARAVIA, Antonio T. *Colleccion de Leyes, Decretos y Resoluciones Gubernativas, Tratados Internacionales, Acuerdos del Tribunal de Apelaciones y Disposiciones de Cáracter Permanente de las demas Corporaciones de la República Oriental del Uruguay por Antonio T. Caravia*, t. 1. Nueva edicion revisada y correjida. Montevideo, 1867.

CARVALHO, José Murilo de (org.). *Paulino José Soares de Sousa, Visconde do Uruguai*. São Paulo, Ed. 34, 2002.

CESAR, Guilhermino. *O Conde de Piratini e a Estância da Música. Administração de um latifúndio rio-grandense em 1832*. Porto Alegre, Escola Superior de Teologia São Lourenço de Brindes, 1978.

CHAVES, Antônio José Gonçalves. *Memórias ecônomo-políticas sobre a administração pública do Brasil* [1822-1823]. Porto Alegre, Companhia União Seguros Gerais, 1978.

CLÁUDIO, Afonso. *Insurreição do Queimado. Episódio da história da província do Espírito Santo* [1884]. Apresentação e notas de Luiz Guilherme Santos Neves, com uma relação de documentos existentes no Arquivo Público Estadual, elaborada por Fernando Achiamé. Vitória, Espírito Santo, Editora da Fundação Ceciliano Abel de Almeida, 1979.

CORRÊA DA CÂMARA, Antônio Manuel. *Ensaios Statisticos da Provincia de São Pedro do Rio Grande do Sul*. Porto Alegre, Typographia do Mercantil, 1851.

DREYS, Nicolau. *Notícia descritiva da Província do Rio Grande de São Pedro do Sul* [1839]. Introdução e notas de Augusto Meyer. Porto Alegre, Instituto Estadual do Livro, 1961.

ISABELLE, Arsene. *Viagem ao Rio da Prata e ao Rio Grande do Sul* [1834]. Trad. Teodemiro Tostes. Introdução de Augusto Meyer. Rio de Janeiro, Livraria Editora Zelio Valverde, 1949.

MACIEL DA COSTA. João Severiano. *Memoria sobre a necessidade de abolir a introdução dos escravos africanos no Brasil; sobre o modo e condições com que esta abolição se deve fazer; e sobre os meios de remediar a falta de braços que ela pode ocasionar*. Coimbra, Imprensa da Universidade, 1821.

MAGALHÃES, Manoel Antônio. "Almanack da Vila de Porto Alegre (1808)". *In*: FREITAS, Décio. *O capitalismo pastoril*. Porto Alegre, Escola Superior de Teologia São Lourenço de Brindes, 1980, pp. 76-102.

MALHEIRO, Agostinho Marques Perdigão. *A escravidão no Brasil: ensaio histórico-jurídico-social* [1866]. São Paulo, Cultura, 1944.

MORAES SILVA, Antonio de. *Diccionario da Lingua Portugueza composto pelo Padre D. Rafael Bluteau, reformado e acrescentado por Antonio de Moraes Silva*. Lisboa, Officina de Simão Thaddeo Ferreira, 1789. 2 tomos.

PAIVA, Vicente Ferrer Neto. *Elementos de Direito das Gentes*. 3ª ed. Coimbra, Imprensa da Universidade, 1850.

PAULA PESSOA, Vicente Alves de. *Codigo Criminal do Imperio do Brazil. Commentado e annotado com os principios de direito; legislação de diversos povos, leis do paiz, decretos, jurisprudencia dos tribunais, avisos do governo, interpretando, alterando ou revogando diversas de suas disposições até o anno de 1884*. 3ª ed. consideravelmente aumentada com um índice alfabético de todas as matérias pelo Conselheiro Vicente Alves de Paula Pessoa. Rio de Janeiro, Livraria Popular de A. A. da Cruz Coutinho, 1885.

PONTE RIBEIRO, Duarte da. *As relações do Brasil com as Republicas do Rio da Prata de 1829 a 1843* [1844]. Rio de Janeiro, Officinas Graphicas do Archivo Nacional, 1936.

ROSAS, Juan Manuel de. *Instrucciones a los mayordomos de estancias*. Buenos Aires, Theoría, 2007.

SAINT-HILAIRE, Auguste de. *Viagem ao Rio Grande do Sul* [1821]. Trad. Adroaldo Mesquita da Costa. Brasília, Senado Federal, Conselho Editorial, 2002.

SILVA, Joaquim Norberto de Souza e. *Investigações sobre os Recenseamentos da População Geral do Império e de cada Província per si tentados desde os tempos coloniais até hoje.* Memória Anexa ao Relatório do Ministério do Império, 1870. Edição Fac-Símile. São Paulo, IPE-USP, 1986.

SOARES, Sebastião Ferreira. *Notas estatisticas sobre a producção agricola e a carestia dos generos alimenticios no Imperio do Brazil.* Rio de Janeiro, Typ. Imp. e Const. de J. Villeneuve e Comp., 1860.

SOUZA, Paulino José Soares. *Três Discursos do Ill.mo. e Ex.mo. Sr. Paulino José Soares de Souza Ministro dos Negócios Estrangeiros.* Rio de Janeiro, Typographia Imp. e Const. de J. Villeneuve e C., 1852.

TITÁRA, Ladislau dos Santos. *Memórias do Grande Exército Alliado Libertador do Sul da América.* Rio Grande do Sul, Typographia de B. Berlink, 1852.

VATTEL, Emer de. *O Direito das Gentes* [1758]. Prefácio e trad. Vicente Marotta Rangel. Brasília, Editora UnB, 2004.

BIBLIOGRAFIA

ABREU, Martha. "O caso Bracuhy". *In*: MATTOS, Hebe Maria Mattos de Castro & SCHNOOR, Eduardo (org.). *Resgate. Uma janela para o Oitocentos*. Rio de Janeiro, Topbooks, 1995, pp. 165-195.

ACRUCHE, Hevelly Ferreira. *Escravidão e liberdade em territórios coloniais. Portugal e Espanha na fronteira platina*. Dissertação de Mestrado. Niterói, Universidade Federal Fluminense, 2013.

ALADRÉN, Gabriel. *Sem respeitar fé nem tratados. Escravidão e guerra na formação histórica da fronteira sul do Brasil (Rio Grande de São Pedro, c. 1777-1835)*. Tese de Doutorado. Niterói, Universidade Federal Fluminense, 2012.

ALMADA, Vilma Paraíso Ferreira de. *Escravismo e transição. O Espírito Santo, 1850--1888*. Rio de Janeiro, Edições Graal, 1984.

ANDRADE, Marcos Ferreira de. "Rebelião escrava na comarca do Rio das Mortes, Minas Gerais: o caso Carrancas". *Afro-Ásia*, n. 21-22, 1998-1999, pp. 45-82.

____. "Nós somos os caramurus e vamos arrasar tudo: a história da Revolta de Carrancas, Minas Gerais (1833)". *In*: REIS, João José & GOMES, Flávio (org.). *Revoltas escravas no Brasil*. São Paulo, Companhia das Letras, 2021, pp. 262-324.

ANDREWS, George Reid. *América Afro-Latina, 1800-2000*. Trad. Magda Lopes. São Carlos, EdUFSCar, 2007.

ARAUJO, Thiago Leitão de. *Escravidão, fronteira e liberdade. Políticas de domínio, trabalho e luta em um contexto produtivo agropecuário (vila da Cruz Alta, província do Rio Grande de São Pedro, 1834-1884)*. Dissertação de Mestrado. Porto Alegre, Universidade Federal do Rio Grande do Sul, 2008.

____. "Novos dados sobre a escravidão na província de São Pedro". *Anais do 5º Encontro Escravidão e Liberdade no Brasil Meridional*. Porto Alegre, 2011.

____. "A persistência da escravidão: população, economia e o tráfico interprovincial (província de São Pedro, segunda metade do século XIX)". *In*: XAVIER, Regina Célia Lima (org.). *Escravidão e liberdade. Temas, problemas e perspectivas de análise*. São Paulo, Alameda, 2012, pp. 229-253.

____. *Desafiando a escravidão. Fugitivos e insurgentes negros e a política da liberdade nas fronteiras do Rio da Prata (Brasil e Uruguai, 1842-1865)*. Tese de Doutorado. Campinas, Universidade Estadual de Campinas, 2016.

____. "Provas de escravidão: o tratado de extradição de 1851 entre o Brasil e o Uruguai e os pedidos de devolução de escravos fugidos". *Anais do 9º Encontro Escravidão e Liberdade no Brasil Meridional*. Florianópolis, 2019.

ARAUJO, Thiago Leitão de. Comércio interprovincial de escravos revisitado: província de São Pedro do Rio Grande do Sul, segunda metade do século XIX. Texto inédito.

BARRÁN, José Pedro. *Apogeo y crisis del Uruguay pastoril y caudillesco (1839-1875* [1974]. Montevideo, Ediciones de la Banda Oriental, 2007.

___ & NAHUM, Benjamín. *Historia rural del Uruguay moderno (1851-1885)*. Montevideo, Ediciones de la Banda Oriental, 1967.

BELL, Stephen. *Campanha Gaúcha. A Brazilian Ranching System, 1850-1920*. California, Standford University Press, 1998.

BENTANCUR, Arturo Ariel & APARÍCIO, Fernando. *Amos y esclavos en el Rio de la Plata*. Buenos Aires, Planeta, 2006.

BERBEL, Márcia; MARQUESE, Rafael & PARRON, Tâmis. *Escravidão e política. Brasil e Cuba, c.1790-1850*. São Paulo, Hucitec/Fapesp, 2010.

BERUTE, Gabriel Santos. *Dos escravos que partem para os portos do sul. Características do tráfico negreiro do Rio Grande de São Pedro do Sul, c.1790-c.1825*. Dissertação de Mestrado. Porto Alegre, Universidade Federal do Rio Grande do Sul, 2006.

___. *Atividades mercantis do Rio Grande de São Pedro. Negócios, mercadorias e agentes mercantis (1808-1850)*. Tese de Doutorado. Porto Alegre, Universidade Federal do Rio Grande do Sul, 2011.

BETHELL, Leslie. *A abolição do tráfico de escravos no Brasil. A Grã-Bretanha, o Brasil e a questão do tráfico de escravos, 1807-1869*. Trad. Vera Nunes Neves Pedroso. Rio de Janeiro/São Paulo, Expressão e Cultura/Edusp, 1976.

___ & CARVALHO, José Murilo de. "Brasil (1822-1850)". In: BETHELL, Leslie (ed.). *Historia de América Latina*, vol. 6. Barcelona, Editorial Crítica, 1991, pp. 319-377.

BLACKBURN, Robin. *A queda do escravismo colonial: 1776-1848* [1988]. Rio de Janeiro, Record, 2002.

___. "Por que segunda escravidão?". In: MARQUESE, Rafael & SALLES, Ricardo. *Escravidão e capitalismo histórico no século XIX. Cuba, Brasil e Estados Unidos*. Rio de Janeiro, Civilização Brasileira, 2016, pp. 13-54.

BORUCKI, Alex. *Abolicionismo y tráfico de esclavos en Montevideo tras la fundación republicana (1829-1853)*. Montevideo, Biblioteca Nacional/Universidad de la Republica/Facultad de Humanidades y Ciencias de la Educación, 2009a.

___. "The African Colonists of Montevideo: New Light on the Illegal Slave Trade to Rio de Janeiro and the Río de la Plata (1830-42)". *Slavery and Abolition*, vol. 30, n. 3, September 2009b, pp. 427-444.

BORUCKI, Alex; CHAGAS, Karla & STALLA, Natalia. *Esclavitud y trabajo. Un estudio sobre los afrodescendientes en la frontera uruguaya. 1835-1855*. 2ª ed. Montevideo, Mastergraf, 2009.

BORUCKI, Alex; ELTIS, David & WHEAT, David. "Atlantic History and the Slave Trade to Spanish America". *American Historical Review*, April 2015, pp. 433-461.

BORUCKI, Alex; ELTIS, David & WHEAT, David. "Introduction". *From the Galleons to the Highlands: Slave Trade Routes in the Spanish Americas*. Albuquerque, University of New Mexico Press, 2020a, pp. 1-14.

___. "The Size and Direction of the Slave Trade to the Spanish Americas". *From the Galleons to the Highlands: Slave Trade Routes in the Spanish Americas*. Albuquerque, University of New Mexico Press, 2020b, pp. 15-46.

BROWN, Vincent. *Uma guerra afro-atlântica. A Revolta de Tacky e a resistência negra no Caribe*. Trad. Berilo Vargas. Rio de Janeiro, Zahar, 2024.

CAÉ, Rachel. "Concepções de liberdade e escravidão na imprensa de Montevidéu (1842)". In: GRINBERG, Keila (org.). *As fronteiras da escravidão e da liberdade no sul da América*. Rio de Janeiro, 7Letras, 2013, pp. 69-89.

CALDEIRA, Newman di Carlo. *Nas fronteiras da incerteza. As fugas internacionais de escravos no relacionamento diplomático do Império do Brasil com a república da Bolívia (1825-1867)*. Dissertação de Mestrado. Rio de Janeiro, Universidade Federal do Rio de Janeiro, 2007.

CALÓGERAS, Pandiá. *A política exterior do Império. Da regência à queda de Rozas* [1933]. Brasília, Senado Federal, 1998.

CAMPBELL, Stanley W. *Slave Catchers. Enforcement of the Fugitive Slave Law, 1850-1860*. Chapel Hill, The University of North Carolina Press, 1968.

CARATTI, Jônatas Marques. *O solo da liberdade. As trajetórias da preta Faustina e do pardo Anacleto pela fronteira rio-grandense em tempos do processo abolicionista uruguaio (1842-1862)*. São Leopoldo, Oikos/Editora Unisinos, 2013.

CARDOSO, Fernando Henrique. *Capitalismo e escravidão no Brasil Meridional. O negro na sociedade escravocrata do Rio Grande do Sul* [1962]. Rio de Janeiro, Civilização Brasileira, 2003.

CARDOSO, Lavínia Coutinho. *Revolta do Queimado. Negritude, política e liberdade no Espírito Santo*. Curitiba, Appris, 2020.

CARVALHO, Daniela Vallandro de. *Fronteiras da liberdade. Experiências negras de recrutamento, guerra e escravidão (Rio Grande de São Pedro, c.1835-1850)*. Tese de Doutorado. Rio de Janeiro, Universidade Federal do Rio de Janeiro, 2013.

CARVALHO, Marcus J. M. de. *Liberdade. Rotinas e rupturas do escravismo no Recife, 1822-1850*. Recife, Ed. Universitária da UFPE, 2010.

CASTELHANOS, Alfredo. *La Cisplatina, la independencia y la república caudillesca (1820-1838)* [1974]. Montevideo, Ediciones de la Banda Oriental, 2011.

CAWEN, Inés Cuadro. "La crisis de los poderes locales. La construcción de una nueva estrutura de poder institucional en la Provincia Oriental durante la guerra de independencia contra el Imperio del Brasil (1825-1828)". In: FREGA, Ana (coord.). *Historia regional e independencia del Uruguay. Processo histórico y revisión crítica de sus relatos*. Montevideo, Ediciones de la Banda Oriental, 2011, pp. 65-100.

CHALHOUB, Sidney. *Visões da liberdade. Uma história das últimas décadas de escravidão na Corte*. São Paulo, Companhia das Letras, 1990.

CHALHOUB, Sidney. *Cidade febril. Cortiços e epidemias na Corte Imperial.* São Paulo, Companhia das Letras, 1996.

_____. *A força da escravidão. Ilegalidade e costume no Brasil oitocentista.* São Paulo, Companhia das Letras, 2012.

CLEMENTI, Hebe. *La abolición de la esclavitud en América Latina.* Buenos Aires, La Pléyade, 1991.

CONRAD, Robert Edgar. *Tumbeiros. O tráfico escravista para o Brasil.* Trad. Elvira Serapicos. São Paulo, Editora Brasiliense, 1985.

CORREA, Hortensio Sobrado. "Los inventarios *post-mortem* como fuente privilegiada para el estudio de la historia de la cultura material en la Edad Moderna". *Hispania*, vol. 63/1, n. 215, 2003, pp. 825-862.

CORRÊA DO LAGO, Luiz Aranha. *Da escravidão ao trabalho livre. Brasil, 1550--1900.* São Paulo, Companhia das Letras, 2014.

CORSETTI, Berenice. *Estudo da charqueada escravista gaúcha no século XIX.* Dissertação de Mestrado. Niterói, Universidade Federal Fluminense, 1983.

CORSO, Graziele. "Tráfico ilegal de escravos e características da escravidão em Porto Alegre (1831-1850)". Monografia de Conclusão de Curso. Porto Alegre, Universidade Federal do Rio Grande do Sul, 2013.

COSTA, Wilma Peres da. *A espada de Dâmocles. O exército, a Guerra do Paraguai e a crise do Império.* São Paulo, Hucitec/Editora da Unicamp, 1996.

DRESCHER, Seymour. *Abolição. Uma história da escravidão e do antiescravismo.* Trad. Antonio Penalves Rocha. São Paulo, Editora Unesp, 2011.

DUBOIS, Laurent. *Os vingadores do Novo Mundo. A história da Revolução Haitiana.* Trad. Henrique Antonio Ré. Niterói, Eduff, 2022.

ELTIS, David. "The Diaspora of Yoruba Speakers, 1650-1865: Dimensions and Implications". *In*: FALOLA, Toyin & CHILDS, Matt (org.). *The Yoruba Diaspora in the Atlantic World.* Bloomington, Indiana University Press, 2004, pp. 17-39.

FARINATTI, Luís Augusto. "Um campo de possibilidades: notas sobre as formas de mão de obra na pecuária (Rio Grande do Sul, século XIX)". *História*, São Leopoldo, Unisinos, vol. 7, n. 8, 2003.

_____. *Confins meridionais. Famílias de elite e sociedade agrária na fronteira sul do Brasil (1825-1865).* Tese de Doutorado. Rio de Janeiro, Universidade Federal do Rio de Janeiro, 2007.

_____. *Confins meridionais. Famílias de elite e sociedade agrária na fronteira sul do Brasil (1825-1865).* Santa Maria, Ed. da UFSM, 2010.

FEHRENBACHER, Don E. *The Slaveholding Republic. An Account of the United States Government's Relations to Slavery.* Oxford University Press, 2001.

FERREIRA, Gabriela Nunes. *O Rio da Prata e a consolidação do Estado imperial.* São Paulo, Hucitec, 2006.

FERREIRA, Roquinaldo. "The suppression of the slave trade and slave departures from Angola, 1830s-1860s". *História Unisinos*, vol. 15, n. 1, jan./abr. 2011, pp. 3-13.

FERRER, Ada. "Haiti, Free Soil, and Antislavery in the Revolutionary Atlantic". *American Historical Review*, vol. 117, n. 1, 2012, pp. 40-66.

___. *Freedom's Mirror. Cuba and Haiti in the Age of Revolution*. Cambridge, UK, Cambridge University Press, 2014.

FICK, Carolyn E. *The Making of Haiti. The Saint-Domingue Revolution from Below*. Knoxville, University of Tennessee Press, 1990.

___. "The Haitian Revolution and the Limits of Freedom: Defining Citizenship in the Revolutionary Era". *Social History*, vol. 32, n. 4, nov. 2007, pp. 394-414.

FLORENTINO, Manolo & AMANTINO, Marcia. "Fugas, quilombos e fujões nas Américas". *Análise Social*, Lisboa, n. 203, 2012, pp. 236-267.

FLORES, Mariana Flores da Cunha Thompson. "Manejando soberanias: o espaço de fronteira como elemento na estratégia de fuga e liberdade (relativa) de escravos no Brasil Meridional na segunda metade do século XIX". *Anais do 5º Encontro Escravidão e Liberdade no Brasil Meridional*. Porto Alegre, 2011.

FLORES, Moacyr. *Negros na Revolução Farroupilha. Traição em Porongos e farsa em Ponche Verde*. 2ª ed. rev. e ampl. Porto Alegre, EST, 2010.

FLORY, Thomas. *El juez de paz y el jurado en el Brasil imperial, 1808-1871. Control social y estabilidade política en el nuevo Estado*. Cidade do México, Fondo de Cultura Económica, 1986.

FRANKLIN, John Hope & SCHWENINGER, Loren. *Runaway Slaves. Rebels on the Plantations*. Oxford University Press, 1999.

FREGA, Ana. "La mediación británica en la guerra de las Provincias Unidas y el Imperio del Brasil (1826-1828). Una mirada desde Montevideo". *Historia regional e independencia del Uruguay. Processo histórico y revisión crítica de sus relatos*. Montevideo, Ediciones de la Banda Oriental, 2011a, pp. 101-130.

___. "La 'campaña militar' de las Misiones en una perspectiva regional: lucha política, disputas territoriales y conflictos étnico-sociales". *Historia regional e independencia del Uruguay. Processo histórico y revisión crítica de sus relatos*. Montevideo, Ediciones de la Banda Oriental, 2011b, pp. 131-168.

___ et al. "Esclavitud y abolición en el Río de la Plata en tiempos de revolución y república". *La ruta del esclavo en el Río de la Plata. Su historia y sus consecuencias (Memoria del Simposio)*. Montevideo, UNESCO, 2005, pp. 115-147.

FREITAS, Décio. *O capitalismo pastoril*. Porto Alegre, Escola Superior de Teologia São Lourenço de Brindes, 1980.

GARCIA, Elisa Frühauf. *As diversas formas de ser índio. Políticas indígenas e políticas indigenistas no extremo sul da América portuguesa*. Rio de Janeiro, Arquivo Nacional, 2009.

___. "A conquista das Missões de 1801: história e historiografia em perspectiva indígena". In: KUHN, Fábio & NEUMANN, Eduardo (org.). *História do extremo sul. A formação da fronteira meridional da América*. Rio de Janeiro, Mauad X, 2022, pp. 91-116.

GEGGUS, David Patrick (ed.). *The Impact of the Haitian Revolution in the Atlantic World*. Columbia, University of South Carolina Press, 2001.

____. *Haitian Revolutionary Studies*. Bloomington/Indianopolis, Indiana University Press, 2002.

GOLIN, Tau. *A fronteira. Governos e movimentos espontâneos na fixação de limites do Brasil com o Uruguai e a Argentina*, vol. 1. Porto Alegre, L&PM, 2002.

____. *A fronteira. Os tratados de limites Brasil – Uruguai – Argentina, os trabalhos demarcatórios, os territórios contestados e os conflitos na bacia do Prata*, vol. 2. Porto Alegre, L&PM, 2004.

GRADEN, Dale T. "An Act 'Even of Public Security': Slave Resistance, Social Tensions, and the End of the International Slave Trade to Brazil, 1835-1856". *Hispanic American Historical Review*, vol. 76, n. 2, May 1996, pp. 249-282.

____. "Slave resistance and the abolition of the trans-Atlantic slave trade to Brazil in 1850". *História Unisinos*, vol. 14, n. 3, 2010, pp. 282-293.

____. *Disease, Resistance and Lies. The Demise of the Transatlantic Slave Trade to Brazil and Cuba*. Baton Rouge, Louisiana State University Press, 2014a.

____. "*Bella Miquellina*: tráfico de africanos, tensões, medos e luta por liberdade nas águas da Baía de Todos-os-Santos em 1848". *In*: CASTILHO, Lisa Earl; ALBUQUERQUE, Wlamyra & SAMPAIO, Gabriela dos Reis (org.). *Barganhas e querelas da escravidão. Tráfico, alforria e liberdade (séculos XVIII e XIX)*. Salvador, Edufba, 2014b, pp. 61-100.

GRINBERG, Keila. "Escravidão, alforria e direito no Brasil oitocentista: reflexões sobre a lei de 1831 e o 'princípio da liberdade' na fronteira sul do Império brasileiro". *In*: CARVALHO, José Murilo de (org.). *Nação e cidadania no Império. Novos horizontes*. Rio de Janeiro, Civilização Brasileira, 2007, pp. 267-285.

____. "Fronteiras, escravidão e liberdade no sul da América". *In*: GRINBERG, Keila (org.). *As fronteiras da escravidão e da liberdade no sul da América*. Rio de Janeiro, 7Letras, 2013, pp. 7-24.

GUAZZELLI, César Augusto Barcellos. "Libertos, gaúchos, peões livres e a Guerra dos Farrapos". *In*: DANTAS, Monica Duarte (org.). *Revoltas, motins, revoluções. Homens livres pobres e libertos no Brasil do século XIX*. São Paulo, Alameda, 2011.

____. *O horizonte da província. A república rio-grandense e os caudilhos do Rio da Prata (1835-1845)*. Porto Alegre, Linus, 2013.

GUTIERREZ, Ester J. B. *Negros, charqueadas e olarias. Um estudo sobre o espaço pelotense*. 2ª ed. Pelotas, Ed. Universitária/UFPEL, 2001.

HAZAREESINGH, Sudhir. *O maior revolucionário das Américas. A vida épica de Toussaint Louverture*. Trad. Berilo Vargas. Rio de Janeiro, Zahar, 2021.

ISOLA, Ema. *La esclavitud en el Uruguay. Desde sus comienzos hasta su extinción (1743--1825)*. Montevideo, Publicaciones de la Comisión Nacional de Homenaje del Sesquicentenario de los Hechos Históricos de 1825, 1975.

JANOTTI, Aldo. "Uma questão mal posta: a teoria das fronteiras naturais como determinante da invasão do Uruguai por D. João VI". *Revista de História*, n. 103, São Paulo, 1975, pp. 315-341.

KARASCH, Mary C. *A vida dos escravos no Rio de Janeiro (1808-1850)* [1987]. Trad. Pedro Maia Soares. São Paulo, Companhia das Letras, 2000.

KODAMA, Kaori. "Os debates pelo fim do tráfico no periódico *O Philantropo* (1849-1852) e a formação do povo: doenças, raça e escravidão". *Revista Brasileira de História*, São Paulo, v. 28, n. 56, 2008, pp. 407-430.

KÜNH, Fábio. *Gente da fronteira. Família e poder no continente do Rio Grande (Campos de Viamão, 1720-1800)*. São Leopoldo, Oikos, 2014.

LEITMAN, Spencer. *Raízes sócio-econômicas da Guerra dos Farrapos. Um capítulo da história do Brasil no século XIX*. Trad. Sarita Linhares Barsted. Rio de Janeiro, Edições Graal, 1979.

____. "Negros farrapos: hipocrisia racial no sul do Brasil no século XIX". In: DACANAL, José Hildebrando (org.). *A Revolução Farroupilha. História & interpretação*. Porto Alegre, Mercado Aberto, 1985.

LOVEJOY, Paul. "Jihad e escravidão: as origens dos escravos muçulmanos da Bahia". *Topoi*, Rio de Janeiro, n. 1, 2000, pp. 11-44.

LUBET, Steven. *Fugitive Justice. Runaways, Rescuers, and Slavery on Trial*. Cambridge, USA, Harvard University Press, 2010.

MAESTRI, Mario. *O escravo no Rio Grande do Sul. A charqueada e a gênese do escravismo gaúcho*. Porto Alegre, Escola Superior de Teologia São Lourenço de Brindes, 1984.

____. "Insurreições escravas no Rio Grande do Sul (século XIX)". In: REIS, João José & GOMES, Flávio (org.). *Revoltas escravas no Brasil*. São Paulo, Companhia das Letras, 2021, pp. 458-511.

MAMIGONIAN, Beatriz Gallotti. *To Be a Liberated African in Brazil. Labour and Citizenship in the Nineteenth Century*. Tese de Doutorado. Ontario, University of Waterloo, 2002.

____. "O litoral de Santa Catarina na rota do abolicionismo britânico, décadas de 1840 e 1850". *Anais do 2º Encontro Escravidão e Liberdade no Brasil Meridional*. Porto Alegre, 2005.

____. "O direito de ser africano livre: os escravos e as interpretações da lei de 1831". In: LARA, Silvia Hunold & MENDONÇA, Joseli Maria Nunes de (org.). *Direitos e justiças no Brasil. Ensaios de história social*. Campinas, Editora da Unicamp, 2006, pp. 129-160.

____. "A Grã-Bretanha, o Brasil e as 'complicações no estado atual da nossa população': revisitando a abolição do tráfico atlântico de escravos (1848-1851)". *Anais do 4º Encontro Escravidão e Liberdade no Brasil Meridional*. Florianópolis, UFSC, 2009.

____. "Em nome da liberdade: abolição do tráfico de escravos, o direito e o ramo brasileiro do recrutamento de africanos (Brasil – Caribe britânico, 1830-1850)". *Revista Mundos do Trabalho*, vol. 3, n. 6, jul./dez. 2011, pp. 67-92.

MAMIGONIAN, Beatriz Gallotti. *Africanos livres. A abolição do tráfico de escravos no Brasil*. São Paulo, Companhia das Letras, 2017.

MARQUES, Alvarino da Fontoura. *Episódios do ciclo do charque*. Porto Alegre, EDIGAL, 1987.

MARQUESE, Rafael & TOMICH, Dale. "O Vale do Paraíba escravista e a formação do mercado mundial do café no século XIX". *In*: GRINBERG, Keila & SALLES, Ricardo (org.). *O Brasil Imperial*, vol. 2: *1831-1889*. Rio de Janeiro, Civilização Brasileira, 2009, pp. 341-383.

MELO, Karina. *Histórias indígenas em contextos de formação dos Estados argentino, brasileiro e uruguaio. Charruas, guaranis e minuanos em fronteiras platinas (1801--1818)*. Tese de Doutorado. Campinas, Universidade Estadual de Campinas, 2017.

MENEGAT, Carla. "Em interesse do Império, além do Jaguarão: os brasileiros e suas propriedades na República Oriental do Uruguai". *In*: GRINBERG, Keila (org.). *As fronteiras da escravidão e da liberdade no sul da América*. Rio de Janeiro, 7Letras, 2013, pp. 91-110.

MENZ, Maximiliano M. *Entre dois impérios. Formação do Rio Grande na crise do antigo sistema colonial (1777-1822)*. Tese de Doutorado. São Paulo, Universidade de São Paulo, 2006.

MILLER, Joseph C. "Central Africa During the Era of the Slave Trade, c.1490s-1850s". *In*: HEYWOOD, Linda (org.). *Central Africans and Cultural Transformations in the American Diaspora*. Cambridge, UK, Cambridge University Press, 2002, pp. 21-69.

MONIZ BANDEIRA, L. A. *O expansionismo brasileiro e a formação dos Estados na Bacia do Prata – Argentina, Uruguai e Paraguai. Da colonização à Guerra da Tríplice Aliança*. 3ª ed. Rio de Janeiro/Brasília, Revan/Editora UnB, 1998.

MOREIRA, Paulo Roberto Staudt. "Uma escola corânica de pretos minas: experiências de etnicidade, alforria e família entre africanos (Porto Alegre/RS – 1748-1888)". *In*: GUZMÁN, Florencia *et al.* (coord.). *Actas de las Segundas Jornadas de Estudios Afrolatinoamericanos del GEALA*. Buenos Aires, Mnemosyne/Instituto Ravignani/Univesidad de Buenos Aires, 2011.

MOREL, Marco. *A Revolução do Haiti e o Brasil escravista. O que não deve ser dito*. Jundiaí, Paco, 2017.

NEEDELL, Jeffrey D. "The Abolition of the Brazilian Slave Trade in 1850: Historiography, Slave Agency and Statesmanship". *Journal of Latin American Studies*, vol. 33, n. 4, nov. 2001, pp. 681-711.

OLIVEIRA, Vinicius Pereira de & CARVALHO, Daniela Vallandro de. "Os lanceiros Francisco Cabinda, João Aleijado, Preto Antônio e outros personagens da Guerra dos Farrapos". *In*: SILVA, Gilberto Ferreira da; SANTOS, José Antônio dos & CARNEIRO, Luiz Carlos Cunha (org.). *RS negro. Cartografias sobre a produção do conhecimento*. 2ª ed. rev. e ampl. Porto Alegre, ediPUCRS, 2010, pp. 63-82.

OSÓRIO, Helen. "Campeiros e domadores: escravos na pecuária sulista, séc. XVIII". *Anais do 2º Encontro Escravidão e Liberdade no Brasil Meridional*. Porto Alegre, 2005.

___. *O império português ao sul da América: estancieiros, lavradores e comerciantes*. Porto Alegre, Editora da UFRGS, 2007.

PALERMO, Eduardo. *Tierra esclavizada. El norte uruguayo en la primera mitad del siglo 19*. Montevidéu, Tierradentro Ediciones, 2013.

PARÉS, Luis Nicolau. *A formação do Candomblé. História e ritual da nação jeje na Bahia*. 2ª ed. rev. Campinas, Editora da Unicamp, 2007.

PARRON, Tâmis. *A política da escravidão no Império do Brasil, 1826-1865*. Rio de Janeiro, Civilização Brasileira, 2011.

___. "The British Empire and the Suppression of the Slave Trade to Brazil: A Global History Analysis". *Journal of World History*, vol. 29, n. 1, pp. 1-36, 2018.

PEABODY, Sue & GRINBERG, Keila. "Free Soil: The Generation and Circulation of an Atlantic Legal Principle". *Slavery & Abolition*, vol. 32, n. 3, pp. 331-339, 2011.

PELFORT, Jorge. *Abolición de la esclavitud en el Uruguay*. Montevideo, Ed. de la Plaza, 1996.

PETIZ, Silmei Sant'Ana. *Buscando a liberdade. As fugas de escravos da província de São Pedro para o além fronteira (1815-1851)*. Passo Fundo, Universidade de Passo Fundo, 2006.

PINTO, Natália Garcia. *A benção compadre. Experiências de parentesco, escravidão e liberdade em Pelotas, 1830/1850*. Dissertação de Mestrado. São Leopoldo, Universidade do Vale do Rio dos Sinos, 2012.

REIS, João José. *Rebelião escrava no Brasil. História do levante dos malês em 1835*. Ed. rev. e ampl. São Paulo, Companhia das Letras, 2003.

REIS, João José. "Entre parentes: nações africanas na cidade da Bahia, século XIX". In: SOUZA, Evergton Sales; MARQUES, Guida & SILVA, Hugo R. (org.). *Salvador da Bahia. Retratos de uma cidade atlântica*. Salvador/Lisboa, Edufba/CHAM, 2016, pp. 273-312.

REIS, João José & GOMES, Flávio dos Santos. "Repercussions of the Haitian Revolution in Brazil, 1791-1850". In: GEGGUS, David & FIERING, Norman (org.). *The World of the Haitian Revolution*. Bloomington/Indianapolis, Indiana University Press, 2009,pp. 284-313.

___ (org.). *Revoltas escravas no Brasil*. São Paulo, Companhia das Letras, 2021.

REIS, João José; GOMES, Flávio dos Santos & CARVALHO, Marcus J. M. de. *O alufá Rufino. Tráfico, escravidão e liberdade no Atlântico Negro (c.1822-c.1853)*. São Paulo, Companhia da Letras, 2010.

___ & MAMIGONIAN, Beatriz Gallotti. "Nagô and Mina: The Yoruba Diaspora in Brazil". In: FALOLA, Toyin & CHILDS, Matt (org.). *The Yoruba Diaspora in the Atlantic World*. Bloomington, Indiana University Press, 2004, pp. 77-110.

RODRIGUES, Jaime. *O infame comércio. Propostas e experiências no final do tráfico de africanos para o Brasil (1800-1850)*. Campinas, Editora da Unicamp, 2000.

SALLES, Ricardo. *E o Vale era o escravo. Vassouras, século XIX. Senhores e escravos no coração do Império*. Rio de Janeiro, Civilização Brasileira, 2008.

SANTANA, Aderivaldo Ramos de *et al*. "Repensando o tráfico transatlântico de africanos escravizados na era da ilegalidade". *Afro-Ásia*, n. 65, 2022, pp. 12-41.

SANTOS, Corcino Medeiros dos. *Economia e sociedade do Rio Grande do Sul: século XVIII*. São Paulo, Ed. Nacional/INL/Fundação Nacional Pró-Memória, 1984.

SCHERER, Jovani de Souza. *Experiências de busca da liberdade. Alforria e comunidade africana em Rio Grande, séc. XIX*. Dissertação de Mestrado. São Leopoldo, Universidade do Vale do Rio dos Sinos, 2008.

SCOTT, James. *Domination and the Arts of Resistance. Hidden Transcripts*. New Haven, Yale University Press, 1990.

SECRETO, Maria Verónica. "Asilo: direitos de gentes. Escravos refugiados no Império Espanhol". *Revista de História*, São Paulo, n. 172, jan./-jun. 2015, pp. 197-219.

SENRA, Nelson de Castro. *História das estatísticas brasileiras*, vol. 1. Rio de Janeiro, IBGE, 2006.

SILVEIRA, Renato da. "Nação africana no Brasil escravista: problemas teóricos e metodológicos". *Afro-Ásia*, n. 38, 2008, pp. 245-301.

SLENES, Robert W. *The Demography and Economics of Brazilian Slavery: 1850-1888*. Tese de Ph.D. Palo Alto, Stanford University, 1976.

____. "'Malungu, n'goma vem': África coberta e descoberta no Brasil". *Revista da USP*, n. 12, 1991/1992, pp. 48-67.

____. "The Great Porpoise-Skull Strike: Central African Water Spirits and Slave Identity in Early-Nineteenth-Century Rio de Janeiro". In: HEYWOOD, Linda (org.). *Central Africans and Cultural Transformations in the American Diaspora*. Cambridge, UK, Cambridge University Press, 2002, pp. 183-208.

____. "Tumult and Silence in Rio de Janeiro, 1848: Central-African Cults of Affliction (and Rebellion) in the Abolition of the Brazilian Slave Trade". Texto inédito, apresentado no XXVI International Congress of the Latin American Studies Association (LASA), March 15-18, 2006a.

____. "A árvore de *nsanda* transplantada: cultos *kongo* de aflição e identidade escrava no sudeste brasileiro". In: LIBBY, Douglas Cole & FURTADO, Júnia Ferreira (org.). *Trabalho livre, trabalho escravo. Brasil e Europa, séculos XVII e XIX*. São Paulo, Annablume, 2006b, pp. 273-314.

____. "L'Arbre *nsanda* replanté: cultes d'affliction kongo et identité des esclaves de plantation dans le Brésil du Sud-Est entre 1810 et 1888". *Cahiers du Brésil Contemporain*, EHESS, Paris, vol. 2, n. 67/68 (special issue: "L'Esclavage au Brésil: retour à l'archive. Nouvelles approches de l'historiographie brésilienne"), 2007a, pp. 217-313.

SLENES, Robert W. "'Eu venho de muito longe, eu venho cavando': jongueiros *cumba* na senzala centro-africana". *In:* LARA, Silvia Hunold & PACHECO, Gustavo (org.). *Memória do jongo. As gravações históricas de Stanley J. Stein. Vassouras, 1949*. Rio de Janeiro/Campinas, Folha Seca/CECULT, 2007b, pp. 109-156.

____. "Saint Anthony at the Crossroads in Kongo and Brazil: 'Creolization' and Identity Politics in the Black South Atlantic, ca. 1700-1850". *In:* BARRY, Boubacar; SOUMONNI, Elisée & SANSONE, Livio (ed.). *Africa, Brazil and the Construction of Trans-Atlantic Black Identities*. Lawrenceville, Africa World Press, 2008, pp. 209-254.

____. *Na senzala, uma flor. Esperanças e recordações na formação da família escrava*. 2ª ed. corrig. Campinas, Editora da Unicamp, 2011.

____. "Metaphors to Live by in the Diaspora: Conceptual Tropes and Ontological Wordplay among Central Africans in the Middle Passage and Beyond". *In:* ALBAUGH, Ericka A. & LUNA, Kathryn M. de (ed.). *Tracing Language Movement in Africa*. Oxford, Oxford University Press, 2018, pp. 343-63.

____. "Demanding Respect: Moral Economy and Strategies for Freedom among Enslaved Central Africans and their Children (Southeastern Brazil during the 'Second Slavery', ca. 1781-1888)". Texto inédito (versão 11A, 19 set. 2022).

____. "Exigindo respeito: economia moral e estratégias para a liberdade entre cativos da África Central (o Sudeste do Brasil durante a 'Segunda Escravidão', c.1781-1888)". *In:* SILVA, Vagner Gonçalves da *et al.* (org.). *Através das águas. Os bantu na formação do Brasil*. São Paulo, FEUSP, 2023, pp. 56-121.

SOARES, Carlos Eugênio Líbano & GOMES, Flávio. "'Com um pé sobre um vulcão': africanos minas, identidades e repressão antiafricana no Rio de Janeiro (1830-1840). *Estudos Afro-Asiáticos*, ano 23, n. 2, 2001, pp. 1-44.

SOARES, Luiz Carlos. *O "povo de Cam" na capital do Brasil. A escravidão urbana no Rio de Janeiro do século XIX*. Rio de Janeiro, Faperj/7Letras, 2007.

SOARES DE SOUZA, José Antônio. *A vida do Visconde do Uruguai (1807-1866)*. São Paulo, Brasiliana, 1944.

____. "O General Urquiza e o Brasil". *Revista do Instituto Histórico e Geográfico Brasileiro*, Rio de Janeiro, Departamento de Imprensa Nacional, vol. 206, jan./mar. 1950, pp. 3-101.

____. *Honório Hermeto no Rio da Prata (Missão Especial de 1851/1852)*. São Paulo, Companhia Editora Nacional, 1959.

____. "O Brasil e o Rio da Prata até 1828". *In:* HOLANDA, Sérgio Buarque de (dir.). *História geral da civilização brasileira*, tomo 2: *O Brasil monárquico*, vol. 1: *O processo de emancipação*. São Paulo/Rio de Janeiro, DIFEL, 1976, pp. 300-328.

SOUZA, Susana Bleil de & PRADO, Fabrício Pereira. "Brasileiros na fronteira uruguaia: economia e política no século XIX". *In:* GRIJÓ, Luiz Alberto *et al. Capítulos de história do Rio Grande do Sul*. Porto Alegre, Editora da UFRGS, 2004, pp. 121-145.

STALLA, Natalia. "A população de origem africana e afrodescendente no litoral e na fronteira do Estado Oriental na década de 1830: um olhar comparativo através dos censos". *In*: GRINBERG, Keila (org.). *As fronteiras da escravidão e da liberdade no sul da América*. Rio de Janeiro, 7Letras, 2013, pp. 43-68.

TAVARES, Luís Henrique Dias. *Comércio proibido de escravos*. São Paulo, Ática, 1988.

TOMICH, Dale. *Pelo prisma da escravidão. Trabalho, capital e economia mundial*. São Paulo, Edusp, 2011.

VARELA, Alfredo. *Historia da Grande Revolução*. Porto Alegre, Oficinas Gráficas da Livraria do Globo, 1933, 6 vol.

VARGAS, Jonas Moreira. *Pelas margens do atlântico. Um estudo sobre elites locais e regionais no Brasil a partir das famílias proprietárias de charqueadas em Pelotas, Rio Grande do Sul (século XIX)*. Tese de Doutorado. Rio de Janeiro, Universidade Federal do Rio de Janeiro, 2013.

VASCONCELOS, Albertina Lima. "Tráfico interno, liberdade e cotidiano no Rio Grande do Sul: 1800-1850". *Anais do 2º Encontro Escravidão e Liberdade no Brasil Meridional*. Porto Alegre, 2005.

VELLOSO DA SILVEIRA, Hemetério. *As Missões Orientais e seus antigos domínios* [1909]. Porto Alegre, Companhia União de Seguros Gerais, 1979.

VERGER, Pierre. *Fluxo e refluxo do tráfico de escravos entre o Golfo do Benin e a Bahia de Todos os Santos. Dos séculos XVII a XIX*. Trad. Tasso Gadzanis. 3ª ed. Salvador, Corrupio, 1987.

____. *Notas sobre o culto aos orixás e voduns na Bahia de Todos os Santos, no Brasil, e na Antiga Costa dos Escravos, na África* [1998]. Trad. Cláudio Eugênio Marcondes de Moura. São Paulo, Edusp, 2012.

____. *Orixás. Deuses iorubás na África e no Novo Mundo* [1981]. Trad. Maria Aparecida da Nóbrega. Salvador, Fundação Pierre Verger, 2018.

WISSENBACH, Maria Cristina Cortez. "Dinâmicas históricas de um porto centro-africano: Ambriz e o baixo Congo nos finais do tráfico atlântico de escravos (1840-1870)". *Revista de História*, São Paulo, n. 172, jan./jun. 2015, pp. 163-195.

YOUSSEF, Alain El. *Imprensa e escravidão. Política e tráfico negreiro no Império do Brasil (Rio de Janeiro, 1822-1850)*. São Paulo, Intermeios/Fapesp, 2016.

Título	Rastilhos da mina: conspirações escravas, o Rio da Prata e a abolição do tráfico de africanos no Brasil
Autor	Thiago Leitão de Araujo
Coordenador editorial	Ricardo Lima
Secretário gráfico	Ednilson Tristão
Preparação dos originais	Clarissa Penna
Revisão	Luciana Moreira
Editoração eletrônica	Ednilson Tristão
Projeto gráfico e design de capa	Ana Basaglia
Formato	14 x 21 cm
Papel	Avena 80 g/m^2 – miolo Cartão supremo 250 g/m^2 – capa
Tipologia	Perpetua e RelayComp
Número de páginas	440

ESTA OBRA FOI IMPRESSA NA GRÁFICA **CAMACORP VISÃO GRÁFICA**
PARA A EDITORA DA UNICAMP EM DEZEMBRO DE 2024.